ACTION

DU

MINISTÈRE PUBLIC

EN MATIÈRE CIVILE

TRAVAUX DU MÊME AUTEUR

Études financières

LE MONOPOLE DES TABACS (*Revue politique et littéraire*, tome IX, 1872).

LES DROITS SUR LES ALCOOLS (*Revue politique et littéraire*, tome IX, 1872).

L'IMPÔT SUR LES SUCRES. — LA QUESTION DES SUCRES (*Revue politique et littéraire*, tomes XI et XIII, 1873 et 1874).

LES DROITS SUR LA MARINE MARCHANDE (*Revue politique et littéraire*, 1872).

L'IMPÔT DES VALEURS MOBILIÈRES ET CELUI DES MATIÈRES PREMIÈRES (*Revue politique et littéraire*, 1872).

LA DETTE HYPOTHÉCAIRE EN FRANCE COMME BASE D'IMPÔT (*Revue politique et littéraire*, 1872).

Études économiques agricoles et industrielles

LES VIGNOBLES DU BORDELAIS (*Revue scientifique*, tome X, 1872).

LA PRODUCTION ET LE COMMERCE DU BLÉ, crise des subsistances en 1873 (*Revue politique et littéraire*, tome XII, 1873).

LES HAUTS FOURNEAUX DE LA VOULTE (*Revue scientifique*, tome XII, 1873).

LA FABRICATION DIRECTE DU FER ET DE L'ACIER (*Revue scientifique*, tome XI, 1873).

LE BASSIN A FLOT DE BORDEAUX (*Revue scientifique*, tome X, 1872).

L'ÉCOLE VÉTÉRINAIRE DE LYON, HISTOIRE DE L'ENSEIGNEMENT VÉTÉRINAIRE EN FRANCE (*Revue scientifique*, tome XII, 1873).

L'ENSEIGNEMENT DES CLASSES OUVRIÈRES A BORDEAUX (*Revue scientifique*, tome X, 1872).

Études d'histoire et questions d'enseignement

DES JURIDICTIONS CIVILES CHEZ LES ROMAINS jusqu'à l'introduction des *Judicia extraordinaria* (Paris, Germer Baillière, 1868). 2 fr. 50

L'ÉCOLE DES CHARTES, son histoire et son enseignement (*Revue des cours littéraires*, tome II, 1865).

LE CONCOURS POUR LES CHAIRES D'ENSEIGNEMENT SUPÉRIEUR (*Revue scientifique*, tomes VIII et IX, 1871 et 1872).

FRANÇAIS ET ALLEMANDS (*Revue scientifique*, tome VIII, 1871).

HISTOIRE DE L'ÉCOLE DE MÉDECINE DE BORDEAUX (*Revue scientifique*, tome X, 1872).

LE MUSÉUM D'HISTOIRE NATURELLE ET LE JARDIN BOTANIQUE DE LYON (*Revue scientifique*, tome XII, 1873).

PARIS. — IMPRIMERIE DE E. MARTINET, RUE MIGNON, 2

ACTION

DU

MINISTÈRE PUBLIC

ET

THÉORIE DES DROITS D'ORDRE PUBLIC

EN MATIÈRE CIVILE

PAR

ÉMILE ALGLAVE

PROFESSEUR AGRÉGÉ A LA FACULTÉ DE DROIT DE DOUAI

Archiviste paléographe

DEUXIÈME ÉDITION

TOME PREMIER

PARIS

LIBRAIRIE GERMER BAILLIÈRE

17, RUE DE L'ÉCOLE DE MÉDECINE

1874

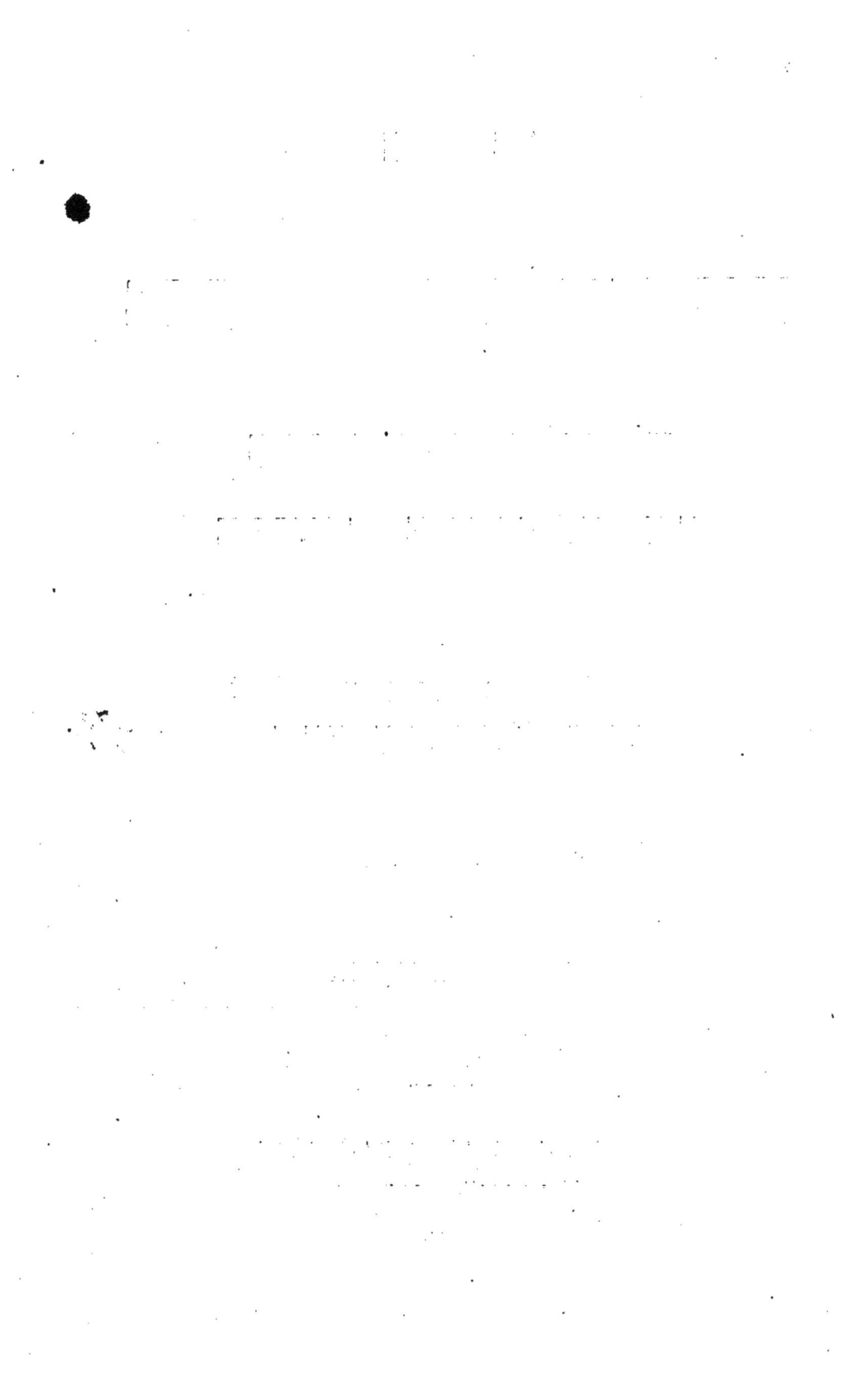

INTRODUCTION

L'ORDRE PUBLIC ET LE MINISTÈRE PUBLIC

Une grande partie du premier volume de cet ouvrage
est consacrée à une controverse qui a beaucoup passionné
le monde juridique il y a quelques années : le ministère
public peut-il agir par voie d'action en matière civile pour
assurer l'exécution de toutes les lois qui intéressent
l'ordre public ?

Les procureurs généraux et impériaux, agents révocables du gouvernement, étaient quelquefois mêlés aux
luttes politiques et toujours soupçonnés d'y puiser leurs
inspirations. Aussi arriva-t-il de cette question comme de
beaucoup d'autres : on la résolvait en homme de parti,
non en jurisconsulte, et les arguments de droit servaient à
colorer les passions politiques. Libéraux et opposants n'ad-
mettaient pas que les agents du pouvoir exécutif eussent
le droit d'intenter contre les particuliers des procès civils
les autorisant à intervenir dans les affaires privées pour
satisfaire les rancunes gouvernementales. Conservateurs
et impérialistes soutenaient que l'article 46 de la loi du
20 avril 1810 avait corrigé les principes anarchiques de
1790 et rendu au ministère public les armes nécessaires
à la défense de l'ordre social.

Nous avons écarté tous ces sentiments extrajuridiques

et cherché à découvrir la pensée véritable du législateur de 1810 sans songer à nos préférences personnelles. Cette recherche a été facilitée par la découverte de documents restés jusqu'ici tout à fait inconnus. Nous avons eu le bonheur de retrouver, — dans les archives du conseil d'État si tristement détruites à l'agonie de la Commune, — une partie des travaux préparatoires de la loi de 1810, et notamment le projet primitif du ministre de la justice, qui remonte à 1808 (voyez le chapitre V, troisième partie, § VII, page 335).

Cette date, bien plus reculée qu'on n'avait lieu de le croire, fait remonter la rédaction de la loi précisément à l'époque où le ministre de la justice ordonnait aux procureurs généraux de Bruxelles et de Pau d'agir d'office dans l'intérêt de l'ordre public. Comment le ministre n'aurait-il pas inséré dans la loi le droit que ses instructions ordonnaient en ce moment même d'exercer par avance ? Il est consacré, en effet, sans la moindre ambiguïté dans la première rédaction : «En matière civile les procureurs généraux agiront d'office *dans tous les cas qui intéresseront l'ordre public* et qui sont spécifiés par la loi» (voyez page 337). C'est le conseil d'État qui a donné lieu à l'équivoque actuelle, en transportant d'un alinéa à un autre les mots décisifs qui chargent les procureurs généraux de poursuivre l'exécution des lois intéressant l'ordre public. Ce changement est très-fâcheux au point de vue de la clarté du texte ; mais il ne permet pas le moins du monde d'attribuer au conseil d'État l'intention de priver le ministère public du droit d'agir pour la défense de l'ordre public ; une pareille intention se serait exprimée en supprimant et non en déplaçant la phrase qui instituait ce droit. Une fois l'attention appelée sur ce point, les mots contestés ne pouvaient plus rester nulle part que si l'on voulait consacrer la prérogative du ministère public.

Les documents que nous avons découverts jettent donc un jour tout nouveau sur cette question, objet de tant de controverses. Ils joueront, sans doute, un rôle décisif lorsqu'elle reparaîtra en jurisprudence.

Mais il ne suffit pas d'étudier le problème en jurisconsulte, il faut aussi l'apprécier en philosophe et en législateur, il faut se demander s'il est bon que le ministère public ait le droit d'agir en matière civile toutes les fois que l'ordre public est intéressé.

Le cheval de bataille de ceux qui réprouvent un pareil droit, c'est le caractère indéfinissable de l'idée d'ordre public, qui se plie aux interprétations les plus diverses, par conséquent les plus arbitraires et les plus dangereuses. Nous avons attaqué l'objection par la base même, en délimitant d'une manière précise cette idée qui passait pour insaisissable (voy. chap. VII, p. 572 et suiv.).

La définition de l'ordre public se trouve écrite, suivant nous, en toutes lettres dans l'article 6 du Code civil : il embrasse toutes *les lois auxquelles on ne peut déroger par des conventions particulières*. Mais il faut que cette défense soit absolue et permanente comme la société elle-même, dont l'ordre public est l'expression juridique et que la loi est chargée de sauvegarder. Les interdictions limitées à certaines époques ou à certaines circonstances ne concernent pas l'ordre public, nécessairement immuable dans la pensée de ceux qui le déterminent. On ne doit y voir qu'une présomption de vice ou d'insuffisance de la volonté des contractants, par suite des circonstances au milieu desquelles elle se produit ; il est, dès lors, naturel que cette présomption disparaisse avec les circonstances qui la motivaient. Tel est le caractère des règles qui défendent de renoncer à la prescription non acquise, à la rescision pour lésion de plus des sept douzièmes, à une succession non ouverte, à l'action en nullité fondée sur des incapacités ou des vices de volonté qui n'ont pas encore pris fin, etc.

Dans certains cas, le législateur interdit formellement la renonciation, déclare toute prescription impossible, on sanctionne ses ordres par une peine : il ne peut alors y avoir aucun doute, on est sur le terrain de l'ordre public et ce terrain est parfaitement délimité. Quand, au contraire, le législateur n'exprime pas directement sa volonté, il faut examiner si le droit est ou non susceptible d'un équivalent pécuniaire. S'il n'admet pas un pareil équivalent, c'est qu'il intéresse l'ordre public ; s'il peut être évalué en argent, c'est qu'il rentre dans le pur droit privé : il appartient entièrement aux citoyens. En effet, la monnaie est la commune mesure des intérêts privés de tout genre ; lorsqu'elle ne peut plus remplir sa fonction, c'est qu'il y a en jeu autre chose que des intérêts privés : c'est que l'ordre public est engagé. Mais lorsqu'elle peut suffire à tout compenser exactement, c'est qu'on n'a pas atteint l'ordre social, car celui-ci n'est pas soumis à la commune mesure pécuniaire. L'intérêt social ne pourrait alors entrer en scène que par une volonté spéciale et directe du législateur attribuant à une règle juridique un caractère qu'elle n'avait pas naturellement.

Cette définition de l'ordre public écarte les difficultés qui donnaient lieu aux objections les plus spécieuses ; mais elle en laisse subsister d'autres qui prennent leur source dans le caractère du ministère public.

La réorganisation de ce corps par les lois du premier Empire l'a placé dans une situation intermédiaire entre l'administration et les tribunaux. Comme les juges, les membres du ministère public appartiennent à la magistrature ; ils ont droit à la plus entière indépendance, et nous avons montré que le garde des sceaux lui-même ne pouvait ni dicter leurs paroles ni forcer leurs actes. Mais, d'un autre côté, ils sont comme les préfets, toujours révocables au gré du gouvernement qui les nomme ; ils doivent lui recueillir des renseignements, lui servir d'intermédiaire auprès des tribunaux et veiller en son nom à leur discipline. Des circulaires ministérielles guident au moins sa conduite, — si elles ne la règlent pas d'une façon précise, — et l'on ne rencontrerait plus aujourd'hui de procureurs généraux qui repousseraient avec indignation des instructions ministérielles leur prescrivant de ne pas poursuivre certains délits. Peut-être, même, bien des hommes impartiaux ne verraient-ils qu'une simple insubordination dans cet héroïsme du devoir.

On s'est habitué de plus en plus à considérer le ministère public comme le représentant du pouvoir exécutif auprès des tribunaux : c'est la main du gouvernement dans la justice, et l'intervention de cette main ne froisse plus personne pourvu qu'elle ne s'étende pas à certains objets qu'on lui interdit d'une façon jalouse, précisément à cause de l'inspiration qui la dirige. Le caractère administratif du ministère public nuit ainsi à ses fonctions judiciaires où devrait se renfermer son rôle tout entier, et lui fait parfois contester des attributions qui lui appartiennent naturellement.

On le rendrait populaire si on lui donnait une indépendance certaine et visible. En 1790, on l'avait déclaré inamovible. C'est là certainement une garantie qui produirait de très-heureux effets. Mais on peut aller plus loin. Je voudrais que les membres du ministère public soient nommés par la Cour d'appel. Le parquet ne serait plus alors que l'œil de la justice, cherchant partout les fautes et dénonçant tout ce qu'il découvre. On ne verrait plus, suivant les vicissitudes politiques, des poursuites inutilement tracassières succéder à une tolérance scandaleuse, et la loi cesserait de varier dans son application tant qu'elle ne varierait pas dans son texte.

Dira-t-on que ces tempéraments sont l'effet d'une sage politique ne lésant aucun intérêt privé, et que l'application rigoureuse de certaines lois créerait parfois des dangers? — Eh bien, supprimez-les : une loi qu'on peut ou qu'on doit laisser sommeiller quelquefois est une loi inutile ou dangereuse, — et, quand la volonté du pouvoir exécutif la réveille, elle devient une loi arbitraire.

Une objection plus fondée en apparence, c'est la crainte de rendre le pouvoir exécutif impuissant vis-à-vis d'un ministère public qui refuserait de poursuivre les délits. — Mais ne pourrait-on pas tout aussi bien redouter que les juges refusent de les punir, et proposerait-on de les rendre amovibles pour éviter ce danger ?

D'ailleurs, le pouvoir exécutif aurait le droit de saisir lui-même les tribunaux, comme le font les citoyens, avec l'aide d'avocats et d'avoués. C'est ce qui arrive déjà aujourd'hui pour le Domaine, quand le préfet ne juge pas à propos de le faire représenter par le ministère public. Dans les affaires ordinaires, le gouvernement n'aurait jamais besoin de recourir à ce moyen, et, en matière politique, on aurait ainsi sauvegardé ses prérogatives et même ses susceptibilités. Mais le ministère public, débarrassé d'une attache compromettante, acquerrait bien vite un tout autre prestige et n'exciterait plus de soupçons en réclamant des droits qu'il est utile et juste de lui accorder.

Tel est le cas du droit d'action en matière civile. Comme les intérêts privés, l'intérêt de la société doit avoir un représentant autorisé à le défendre ; autrement, le droit social, l'ordre public, n'est plus qu'une conception théorique dépourvue de sanction concrète, et il vaudrait mieux supprimer toutes les lois qui, en prétendant le protéger sans décréter de peine, ne font que le mieux désigner aux insultes des intérêts privés en révolte.

Une société, comme un animal, vit par une combinaison d'immobilité et de mouvement, de permanence et de variabilité. L'ordre public, c'est l'ensemble de ces choses fixes que la société défend à ses membres d'ébranler. Les autres sont livrées aux essais des initiatives individuelles. En se concentrant dans certains sens et sur certains points, ces initiatives élaborent de nouveaux éléments fixes qui modifient les premiers et préparent l'évolution de la société future, l'avénement de principes plus parfaits. Ce travail, c'est le progrès, la civilisation, la marche de l'humanité vers sa destinée. Mais la condition qui le rend possible, c'est un point d'appui, l'ordre public permanent, qu'il faut bien dès lors protéger, dans l'intérêt même du progrès, contre les initiatives désordonnées qui

le compromettent et pourraient le détruire. Il y a là une
sorte de répartition des forces sociales, les unes employées
à former le point d'appui, les autres à produire le mouvement : double fonction convergeant vers un même bu,
qui crée cependant un véritable antagonisme, car ce que
les premières gagnent, les secondes le perdent forcément
et *vice versa*.

Chez tous les peuples, on trouve deux grands partis:
les conservateurs qui ralentissent le mouvement pour élargir le point d'appui, et les libéraux qui rétrécissent le point
d'appui pour activer le mouvement. Dans un pays progressif comme l'Europe moderne, le point d'appui n'a pas
besoin d'avoir une grande étendue ; l'on peut ainsi augmenter la somme des forces civilisatrices actives, c'est-à-
dire des libertés individuelles. En langage juridique, cela
signifie que les lois d'ordre public doivent être peu nombreuses. Mais, moins elles sont nombreuses, plus le point
d'appui doit racheter son étroitesse par sa solidité.

Comment lui assurer cette solidité si essentielle ? Les
peines fournissent assurément le moyen le plus simple e
le plus énergique. L'action civile est bien moins dure, et il
est beaucoup de cas où elle suffit. Loin de la combattre
les libéraux doivent chercher à l'étendre pour arriver
ainsi à restreindre le domaine de la pénalité.

ÉMILE ALGLAVE.

Avril, 1874.

DROIT D'ACTION

DU

MINISTÈRE PUBLIC

EN MATIÈRE CIVILE

CHAPITRE PREMIER

DU MINISTÈRE PUBLIC EN MATIÈRE CIVILE.

En matière civile, le ministère public joue, suivant les cas, deux rôles très-distincts ; tantôt celui de *partie jointe*, tantôt celui de *partie principale*.

Comme *partie jointe*, il a seulement ce qu'on appelle la *voie de réquisition*. Sa mission est d'éclairer les juges, de faire entendre, après les plaidoiries contradictoires des parties adverses, une voix impartiale et désintéressée. Il examine les circonstances de la cause, ainsi que les questions de droit qui s'y trouvent engagées, et donne son avis, ses *conclusions*, en faveur de celle des parties dont les prétentions lui paraissent fondées. On pourrait

ALGLAVE. — MINIST. PUBL.

1

dans ce cas comparer le ministère public à une autorité consultative et son *réquisitoire* à un rapport.

Il n'est donc point *partie* au procès dans le sens ordinaire de ce mot, et, par suite, il ne peut en étendre ou en modifier ni l'objet ni les limites telles que les parties les ont tracées. Sans doute il n'est pas obligé de se borner à reproduire ou à résumer dans ses conclusions les plaidoiries des avocats; si son expérience personnelle, sa pratique des lois ou ses études juridiques lui suggèrent de nouveaux arguments, il peut et il doit même les faire valoir, car il est avant tout l'organe de la loi. Mais on s'accorde généralement à reconnaître qu'il ne pourrait invoquer un moyen particulier de défense, comme une prescription, un payement, etc., que les parties auraient passé sous silence dans leurs conclusions, à moins que ce moyen ne constitue une des exceptions que le juge doit relever d'office, par exemple l'incompétence *ratione materiæ* du tribunal saisi (voy. art. 170 C. de Pr. civ.), etc.

Dans ce dernier cas, la plupart des auteurs et des arrêts le considèrent encore comme ne cessant point d'être partie jointe, et lui refusent en conséquence le droit d'interjeter appel du jugement intervenu, droit qui n'appartient qu'aux parties contendantes. Nous examinerons plus loin si cette doctrine est exacte et si, en réalité, il ne prend pas alors le rôle de partie principale.

Comme *partie principale*, le ministère public a la *voie d'action*. De rapporteur impartial et désintéressé il devient alors une des parties contendantes; à ce titre, il doit autant que possible être traité en tout comme le se-

rait une partie privée ; du reste, il en acquiert aussi les
diverses prérogatives, notamment le droit d'interjeter
appel et de se pourvoir en cassation. Nous indiquerons
plus loin les exceptions qui résultent de sa situation spéciale. Ajoutons qu'il ne peut plus être récusé, car, si l'on
récuse un juge, on ne récuse pas un adversaire (voy. art.
381 C. de Pr. civ.).

En général, dans les procès civils, le ministère public
est seulement partie jointe. Ce principe est formellement
exprimé par l'article 2 du titre VIII de la loi des 16-24 août
1790 qui a posé les fondements de notre organisation
judiciaire. « Au civil, dit cet article, les commissaires du
» roi (aujourd'hui les procureurs généraux et impériaux)
» exerceront leur ministère non par voie d'action, mais
» seulement par celle de réquisition, dans les procès dont
» les juges auront été saisis. »

L'article 83 du Code de procédure civile a déterminé
les causes qui doivent être communiquées au ministère
public, et dans lesquelles il est obligé de donner ses conclusions, c'est-à-dire de jouer le rôle de partie jointe. Des
lois particulières ont aussi exigé cette communication
dans un certain nombre d'autres cas, et, en outre, l'article 83 du Code de procédure civile permet au tribunal
de l'ordonner d'office, lorsqu'il le juge convenable. Ajoutons enfin que le ministère public a toujours le droit de
prendre connaissance d'une affaire, quelle qu'elle soit, et
d'y donner ses conclusions (voy. même art. 83, *in fine*,
C. de Pr. civ.), droit dont il ne manque jamais d'user
dans les procès importants. A la Cour de cassation, les

conclusions du ministère public sont toujours nécessaires, parce que la loi s'y trouve plus directement en
cause que devant les autres juridictions. En effet, le
pourvoi en cassation a été introduit moins dans l'intérêt
des parties que dans celui de la loi, dont on voulait assurer l'application uniforme et fidèle : l'arrêt *dénoncé* —
car on emploie souvent ce mot (voy. loi du 27 ventôse
an VIII, art. 80) — est en quelque sorte un accusé dont
on instruit le procès, et la partie lésée, c'est la loi qui,
à ce titre, doit naturellement figurer en cause dans la
personne de son organe officiel.

Le droit d'agir par voie d'action directe n'a été accordé
au ministère public qu'avec beaucoup plus de réserve. Ce
droit est réglé par l'article 46 de la loi du 20 avril 1810,
qui est ainsi le centre de notre sujet.

CHAPITRE II

« En matière civile, le ministère public agit d'office
» dans les cas spécifiés par la loi. — Il surveille l'exécu-
» tion des lois, des arrêts et des jugements ; il poursuit
» d'office cette exécution dans les dispositions qui inté-
» ressent l'ordre public. » (*Loi des* 20-30 *avril* 1810 *sur
l'organisation de l'ordre judiciaire et l'administration de
la justice*, art. 46.)

Le second alinéa de cet article a donné lieu, en doctrine comme en jurisprudence, à de très-vives controverses, qui ne sont pas encore terminées, et dont la solution forme la difficulté capitale de notre matière.

Quant au premier alinéa, le sens en est assez clair pour
ne pas exiger de bien longues explications : *Le ministère
public agit d'office dans les cas spécifiés par la loi.*

§ I. — Que faut-il entendre par loi?

Sous ce nom de *loi* il faut comprendre non-seulement les
lois proprement dites émanées du pouvoir législatif régu-

lièrement constitué, mais encore tous les actes qui ont force de loi. Tels sont par exemple :

I. — Les avis du Conseil d'État rendus dans la forme des règlements d'administration publique pour l'interprétation des lois (loi des 16-26 septembre 1807, *qui détermine le cas où deux arrêts de la Cour de cassation peuvent donner lieu à l'interprétation de la loi*, art. 2). Mais il faut restreindre ce que nous disons ici aux avis du Conseil d'État rendus depuis la loi précitée des 16-26 septembre 1807 jusqu'à la Charte de 1814 ; les avis postérieurs à la promulgation de la Charte jusqu'à la loi des 30 juillet-1er août 1828, qui enleva définitivement au Conseil d'État le droit d'interpréter la loi, n'ont « *ni le caractère ni les effets d'une interprétation législative* », ainsi que le reconnaît un avis du Conseil d'État des 17-26 décembre 1823. Ils ne contiennent « qu'une interprétation *judiciaire* »..... «accordée à l'occasion d'un procès pour lever l'obstacle qui en empêchait le jugement » et « légalement bornée au cas particulier pour lequel elle a été donnée ».

Du reste, l'article 58 de l'*Acte additionnel aux Constitutions de l'Empire* des 22-23 avril 1815 abrogeait l'article 2 de la loi des 16-26 septembre 1807, en décidant que les interprétations des lois seraient données dans la forme d'une loi, ainsi que cela s'était pratiqué depuis 1789 et comme on le fait encore aujourd'hui depuis la loi du 30 juillet 1828. L'article 53 du projet de Constitution fait par la Chambre des représentants le 29 juin 1815, après la seconde abdication de Napoléon, consacrait la même règle (voy. aussi l'art. 92 du même acte). On sait que

ce projet de Constitution n'eut pas de suite, le gouvernement des Bourbons ayant été simplement rétabli tel qu'il
existait avant le retour de l'île d'Elbe. Naturellement,
l'avis du Conseil d'État de 1823 ne vise ni cet article 53,
ni même l'article 58 de l'Acte additionnel, parce que la
Restauration ne reconnaissait aucune existence légale aux
faits accomplis pendant les Cent-Jours.

II. — Les décrets impériaux rendus sous le premier Empire, et qui empiètent fort souvent sur le domaine législatif. La Cour de cassation a toujours admis la validité
de ces décrets, bien qu'ils fussent certainement inconsti-
tutionnels, en se fondant sur ce double motif que le Sénat, dont le devoir était de les annuler (Constit. du 22
frimaire an VIII, art. 21, et sénat.-cons. organ. du 28
floréal an XII, art. 71 à 73), les avait pour ainsi dire légi-
timés en ne les annulant pas, et que l'article 68 de la
Charte des 4-14 juin 1814 confirmait toutes les lois
actuellement existantes, ce qui comprenait les décrets
impériaux alors en vigueur.

Les avis du Conseil d'État ayant la forme de décrets
impériaux, ceux qui ont été rendus, pour interpréter les
dispositions législatives plus ou moins obscures ou incom-
plètes, avant la loi des 16-26 septembre 1807, et qui ne
sauraient par conséquent tirer leur force législative de
l'article 2 de cette loi, puisent la même force dans leur
caractère de décrets impériaux.

Les avis de ce genre sont fort nombreux. Cependant
la Constitution de l'an VIII, en instituant le Conseil
d'Etat, ne lui donnait pas ce pouvoir; l'article 52 s'ex-

primait ainsi : « Sous la direction des consuls, un Conseil d'Etat est chargé de rédiger les projets de lois et les règlements d'administration publique, et de *résoudre les difficultés qui s'élèvent en matière administrative.* » C'est sans doute par suite d'une interprétation abusive de ces derniers mots que l'article 11 du *Règlement pour l'organisation du Conseil d'État* du 5 nivôse an VIII (26 décembre 1799) déclare que « le Conseil d'Etat développe le sens des lois sur le renvoi qui lui est fait par les consuls des questions qui leur ont été présentées...... » Du reste, l'application fréquente de cet article ne souleva aucune réclamation. On peut citer comme exemple dans notre matière l'avis du Conseil d'Etat du 12 brumaire an XI (voy. page 11), bien qu'il ait été rendu avant l'établissement de l'Empire, car ce que nous venons de dire des décrets impériaux doit être étendu aux arrêtés des consuls, par suite des mêmes considérations.

Il va sans dire que, depuis 1814, les ordonnances, décrets, arrêtés, etc., du pouvoir exécutif, n'ont plus force de loi. On est rentré sous l'application du grand principe consacré par l'Assemblée constituante dans l'article 6, section 1re du chapitre IV, titre III de la Constitution des 3-14 septembre 1791 : « Le pouvoir exécutif ne peut faire aucune loi, même provisoire, mais seulement des proclamations conformes aux lois, pour en ordonner ou en rappeler l'exécution », et aussi, ajouterons-nous, pour prendre les mesures nécessaires à cette exécution ou pour régler les points de détail que lui a délégués le législateur.

« Toute loi doit être discutée et votée librement par la majorité de chacune des deux Chambres », disent l'article 18 de la Charte des 4-14 juin 1814, et l'article 16 de celle des 14-24 août 1830. D'après l'article 14 de la Charte de 1814, le roi fait seulement « les règlements et ordonnances nécessaires pour l'exécution des lois *et la sûreté de l'État* ». Ces derniers mots ayant servi de prétexte aux fameuses ordonnances du 25 juillet 1830 qui provoquèrent la chute des Bourbons, l'article 13 de la Charte de 1830 les remplaça par ceux-ci : « *sans pouvoir jamais, ni suspendre les lois elles-mêmes, ni dispenser de leur exécution* ». L'article 6 de la Constitution des 14-22 janvier 1852, actuellement en vigueur, dit comme les Constitutions précédentes, que « le président de la République (aujourd'hui l'empereur).... fait les règlements et décrets nécessaires pour l'exécution des lois. »

III. — Les décrets rendus par le président de la République pendant la période dictatoriale commençant au 2 décembre 1851 pour finir à la mise en vigueur de la Constitution du 14 janvier 1852, et qui ont expressément reçu force de loi par le second alinéa de l'article 58 de cette Constitution. Du reste, il ne s'agissait point là d'un simple pouvoir exécutif, mais d'un pouvoir ayant un caractère tout spécial et réunissant, par suite du plébiscite des 20 et 21 décembre 1851, les attributions de tous les pouvoirs, même le pouvoir constituant, qui les domine tous : pour lui trouver une analogie dans notre histoire il faut remonter à la Convention nationale.

IV. — D'après l'article 27 de la Constitution actuelle des

14-22 janvier 1852, « le Sénat règle par un sénatus-consulte : 1° la Constitution des Colonies et de l'Algérie ; 2° tout ce qui n'a pas été prévu par la Constitution et qui est nécessaire à sa marche ; 3° le sens des articles de la Constitution qui donnent lieu à différentes interprétations. » Les sénatus-consultes rendus dans ces trois cas ont évidemment force de loi, et, dans les deux derniers, leur action s'étend même sur la Constitution, qui est la loi des lois.

V. — Remarquons enfin qu'on pourrait encore autoriser le ministère public à agir d'office, par application du premier alinéa de l'article 46, en se fondant sur des ordonnances, édits, coutumes ou arrêts de règlement antérieurs à 1789, en vigueur à cette époque et non abrogés depuis, ni explicitement ni implicitement. Ainsi, la Cour de cassation, chambre civile, dans ses deux arrêts du 22 janvier 1862, affaire Dartaud et Terrier de la Chaise contre ministère public (Dalloz, *Recueil périodique*, 1862, I, 26), invoque l'article 14, titre XX de l'ordonnance de 1667.

§ II. — Que faut-il entendre par spécification ?

Le ministère public agit d'office dans les *cas spécifiés*. Mais peu importe de quelle manière la loi, — ou l'acte équivalent, — *spécifie* ces cas. Nous distinguerons particulièrement deux modes de spécification.

D'abord, la loi peut indiquer des circonstances dont tous les éléments sont parfaitement nets et déterminés d'avance : c'est ce qu'elle fait, par exemple, en autorisant le ministère public à demander la nullité d'un mariage contracté entre personnes proches parentes dont l'union était interdite par le législateur (voy. C. Nap., art. 190 et 161 à 164).

Elle peut aussi désigner ensemble et dans une seule disposition toute une série de circonstances prévues ou imprévues en ce moment, et qui se distinguent par un certain caractère commun à toutes : il faudra donc, lorsqu'une circonstance donnée se présentera, examiner si elle possède ce caractère distinctif. Ainsi l'avis du Conseil d'État du 12 brumaire an XI déclare que « les commis-
» saires du Gouvernement (aujourd'hui les procureurs
» généraux et impériaux) ont incontestablement le droit
» d'agir d'office en cette matière (omission des actes de
» l'état civil), dans les circonstances qui intéressent
» l'ordre public. »

Le législateur *spécifie* ici en une seule fois toutes les circonstances intéressant l'ordre public en matière d'omission d'actes de l'état civil, et il faudra examiner ensuite, sur chaque espèce particulière, si l'ordre public est bien réellement intéressé.

Dans la première hypothèse, tout est certain et prévu d'avance. Sans doute on peut toujours contester l'existence en fait des circonstances alléguées par le ministère public pour agir d'office : ainsi, dans le premier exemple indiqué plus haut, on peut nier le lien de parenté ; mais une fois les circonstances de fait établies, le droit d'action du ministère public devient aussitôt incontestable.

Dans la seconde hypothèse, au contraire, on peut, tout en admettant les faits invoqués par le ministère public, prétendre qu'ils ne présentent pas le caractère indiqué par la loi. Ainsi, pour conserver encore le second exemple donné plus haut, on peut reconnaître qu'il s'agit bien d'omission d'actes de l'état civil, mais soutenir que l'intérêt public n'est pas engagé dans la cause : et il faudra que les juges prononcent sur ce point.

En un mot, dans la première hypothèse, les cas d'action du ministère public sont *déterminés* d'avance, tandis que dans la seconde ils sont simplement *déterminables* au moment où le droit d'action pourra s'exercer.

Il semble, au premier abord, que ce second mode de spécification ne devrait pas être admis, car, en réalité, il laisse subsister une véritable indétermination qui prend fin seulement lorsque se produisent des circonstances devant donner lieu à l'action ; il serait impossible d'énumérer d'avance toutes les circonstances qui seront dans ce cas : comment prétendre dès lors qu'elles ont été spécifiées par la loi?

Cette objection ne doit pas nous arrêter, et quelques rapprochements vont nous montrer que la loi ne considère pas cette situation comme inconciliable avec une détermination réelle.

L'article 1591 déclare que « le prix de la vente doit » être *déterminé* ». Mais l'article 1592 ajoute aussitôt : « il peut cependant être laissé à l'arbitrage d'un tiers ».

Outre le texte formel de l'article 1592, nous pourrions encore citer, dans le cas de cet article 1591, plusieurs situations tout à fait analogues à la nôtre, et admises sans difficulté comme ne contenant pas de véritable indétermination. Rappelons seulement la plus caractéristique. En doctrine comme en jurisprudence, on s'accorde à reconnaître valables les ventes faites au prix des mercuriales d'un certain marché à une époque donnée, ou au prix que d'autres personnes vendront plus tard des denrées similaires (voy. Pothier, *Traité de la vente*, n° 28; — Pardessus, *Droit commercial*, t. II, n° 275; — Duranton, *Droit civil*, t. XVI, n° 106; — Troplong, *De la vente*, n°s 154 et 152; — Marcadé, t. VI, art. 1592, n° II, *in fine*, et art. 1589, n° II; — Massé et Vergé sur Zachariæ, t. IV, p. 271, note 23; — Duvergier, t. I, n°s 152 et 159; — Zachariæ, Aubry et Rau, t. III, § 349, p. 233. — Arrêts de la Cour de Montpellier du 13 février 1828, affaire Viguier; — de la Cour de Rennes du 28 mai 1833, Iliac contre Chatelier. — Comp. loi 7, § 1er au Digeste, *de Contrahendâ emptione*). — Ces ventes sont même assez communes en pratique.

Or, dans tous les cas de ce genre, serait-il possible, au moment de la vente, d'indiquer le montant du prix? Non, assurément; et cependant on considère ce prix *comme certain dès le principe* (Duranton, t. XVII, n° 106, sommaire), parce que s'il n'est pas *déterminé*, il est *déterminable* (Marcadé, t. VI, art. 1592, sommaire), ce qui au fond revient au même.

Les articles 1108 et 1129 nous fournissent un argument du même genre.

L'article 1108 exige pour la validité de toute obligation « *un objet certain* ». Cependant tous les auteurs admettent comme suffisant un objet qu'on ne pourrait pas spécifier actuellement, au moins quant à son étendue, mais qui se trouvera déterminé plus tard d'une manière précise par suite de certaines circonstances : par exemple, « le pain nécessaire à votre nourriture», etc. (voy. Toullier, *Droit civil*, t. VI, n°ˢ 139 et suiv.; — Duranton, t. X, n° 302 ; — Rolland de Villargues, n°ˢ 82 et suiv. et 101 et suiv. ; — Delvincourt, t. II, n° 466, notes ; — Poujol, *Obligations*, art. 1129-3° ; — Marcadé, t. IV, art. 1108, n° ɪv, et 1129 ; — Zachariæ, Aubry et Rau, t. III, § 344, p. 214 et 215 ; — Pothier, *Des obligations*, n°ˢ 131 et 283 ; — Loi 94 au Digeste, *de Verborum obligationibus*).

La Cour de cassation a jugé par application de ces principes que la vente de marchandises faite seulement avec fixation du minimum à livrer n'était pas nulle, pour défaut de détermination de la chose vendue, si les circonstances où les clauses de la convention permettaient de déterminer le maximum (Chambre civile, arrêt de rejet du 2 juin 1856, affaire Mirès; voy. Dalloz, *Recueil périodique*, 1856, 1, 467). La Cour de Metz, par un arrêt du 28 mars 1833, affaire D..., a même validé l'engagement de garantir et indemniser un tiers de tout ce qu'il pourra payer à raison des endossements déjà donnés ou qu'il donnera plus tard en faveur d'un individu désigné.

D'ailleurs n'arrive-t-il pas tous les jours qu'une personne ouvre chez son banquier un crédit *illimité* à un tiers auquel elle s'intéresse, un parent par exemple, en s'en rapportant uniquement à la modération de ce tiers pour en user avec réserve? Or, qui s'aviserait jamais de soutenir que l'engagement contracté par cette personne vis-à-vis de son banquier est nul comme n'ayant pas d'objet déterminé ?

Enfin, la loi consacre d'une manière expresse les obligations alternatives (art. 1189 et suiv. C. Nap.) dont l'objet présente cependant une certaine incertitude lors de l'engagement. L'article 1246 règle le cas d'une dette ayant pour objet une chose qui n'est « déterminée que par son espèce », par exemple un cheval, une pièce de vin, etc.; en matière de legs, l'article 1022 s'occupe également de cette hypothèse, et il qualifie même l'objet d'un tel legs « une chose indéterminée ». C'est ce qu'on appelle dans la doctrine une obligation ou un legs de genre. Cependant la loi considère bien ces obligations et ces legs comme ayant en réalité un objet déterminé, car, à défaut de cette condition, ils ne pourraient pas être valables.

Les rapprochements auxquels nous venons de nous livrer, bien qu'empruntés à des matières très-différentes de celle qui nous occupe, mettent en lumière le sens véritable de notre disposition. Lorsque la loi exige qu'une chose soit déterminée, il n'est pas nécessaire qu'on puisse d'avance désigner cette chose individuellement; il suffit qu'on puisse indiquer le caractère auquel on la reconnaîtra plus tard, ou le genre dans lequel on la spécifiera et le mode à suivre pour cette spécification. En un mot, une chose n'en est pas moins *certaine*, qu'elle soit déterminée actuellement ou simplement déterminable.

Par conséquent, nous devons accepter comme suffisamment *spécifiés* les cas d'action du ministère public qui ne sont déterminés par la loi que d'une manière abstraite et générale, en indiquant le caractère commun et distinctif que présente l'ordre de circonstances dans lesquelles elle autorise le ministère public à agir d'office. C'est seulement au moment même où il intente l'action qu'il doit préciser d'une manière concrète les circonstances sur lesquelles il se fonde, et montrer qu'elles rentrent dans la formule abstraite de la loi ; absolument comme le créancier qui réclame le payement d'une dette doit prouver que l'objet de cette dette, simplement déterminable lors de la formation du contrat, est maintenant déterminé d'une manière concrète et précise.

Enfin, il est à peine besoin d'ajouter que l'interprétation doctrinale et judiciaire exerce ici ses droits ordinaires. Toutes les fois qu'un texte de loi autorise le ministère public à agir d'office, c'est à elle qu'il appartient de fixer le sens véritable de la disposition et les limites réelles de l'exercice du droit accordé. Elle déterminera donc l'extension qu'on doit légitimement donner aux termes de la loi ; elle pourra ainsi, en s'appuyant sur son esprit, sur les documents administratifs, politiques et judiciaires qui l'ont commentée ou appliquée, enfin sur les circonstances qui l'ont motivée ou accompagnée, autoriser le ministère public à prendre le rôle de partie principale dans des cas que ne semble pas comprendre le texte précis lui-même, mais qui s'y rattachent par un lien étroit. Cela ne devra pas nous empêcher de dire que l'action du ministère public est fondée sur le premier alinéa de l'article 46 de la loi du 20 avril 1810 et qu'il agit dans un cas *spécifié* par la loi, car si ce n'est pas le *texte* même de la loi qui le spécifie, c'est au moins son esprit, c'est-à-dire la *loi interprétée.*

Nous pouvons citer comme exemple l'avis du Conseil d'État du 12 brumaire an XI, dont nous avons déjà parlé plus haut (pages 8 et 11), et qui fut rendu en matière d'omission d'actes de l'état civil. Le *texte* de cet avis reconnaît le droit · d'action du ministère public *en cette matière*, dans les circonstances qui intéressent l'ordre public. Par voie d'interprétation très-logique, on s'accorde généralement à étendre cette disposition du cas *d'omission* au cas de *rectification* d'actes de l'état civil, et les deux arrêts de rejet de la Chambre civile de la Cour de cassation du 22 janvier 1862, déjà cités plus haut (page 10), semblent même y comprendre tout ce qui concerne les actes de l'état civil : « Attendu, disent » ces arrêts..., qu'on n'en saurait restreindre l'exercice » (de l'action du ministère public) à la seule hypothèse » d'actes omis à rétablir sur les registres...; qu'il résulte » de ces termes (ceux de la fin de l'avis de brumaire) que » le droit d'agir d'office est reconnu au ministère public » *en matière d'actes de l'état civil*, etc.... »

§ III. — Énumération des principaux cas spécifiés.

Actes de l'état civil. — D'après l'article 53 du Code Napoléon, le ministère public est chargé de la surveillance des officiers de l'état civil et de la vérification des registres. Indépendamment des crimes et délits que les officiers de l'état civil ont pu commettre, et dont la poursuite lui appartient tout naturellement, il doit aussi requérir contre eux la condamnation aux amendes pour fautes légères dans la tenue des registres, et l'article 50 du Code Napoléon, en décidant que ces poursuites auraient lieu devant le tribunal civil, semble bien avoir voulu leur conserver un caractère civil.

L'avis du Conseil d'État du 8 brumaire an XI, approuvé le 12, *concernant les formalités à observer pour inscrire sur les registres de l'état civil des actes qui n'y ont pas été portés dans les délais prescrits*, autorise le ministère public à agir d'office en matière d'*omission* d'actes de l'état civil dans les circonstances qui intéressent l'ordre public. Comme nous l'avons déjà dit plus haut (page 17), l'interprétation doctrinale et judiciaire donne à cette disposition une extension assez grande.

Une loi du 22 brumaire an XIV permet au ministère public de poursuivre la rectification des actes de l'état civil dans l'intérêt des militaires.

L'article 75-1° de la loi de finances du 25 mars 1817 et l'article 3 de la loi du 10 décembre 1850 *ayant pour objet de faciliter le mariage des indigents* chargent le ministère public de poursuivre la rectification des actes de l'état civil concernant les individus notoirement indigents.

La loi du 10 juillet 1850 (dernier alinéa ajouté à l'article 76 du Code Napoléon), en exigeant que les époux déclarent s'ils ont fait ou non un contrat de mariage et que l'officier de l'état civil mentionne cette déclaration dans l'acte de mariage, charge le ministère public de poursuivre la rectification des déclarations erronées.

L'article 75-2° de la loi de finances du 25 mars 1817 reconnaît au ministère public le droit d'agir d'office pour faire remplacer les registres de l'état civil perdus ou incendiés par suite des événements de la guerre et faire suppléer aux registres qui n'auraient pas été tenus.

Absence. — L'article 116 du Code Napoléon charge le procureur impérial de contredire à l'enquête faite sur la demande des parties intéressées pour constater l'absence d'un individu; il joue donc le rôle de partie principale, et pourrait par suite demander la nullité de l'enquête et interjeter appel des jugements rendus à ce sujet.

Mariage. — Le ministère public a qualité, aux termes de l'article 190 du Code Napoléon, pour faire prononcer la nullité des mariages entachés d'impuberté (art. 144 C. Nap.), de bigamie (art. 147 C. Nap.) ou d'inceste (art. 161, 162 et 163 C. Nap.). D'après l'article 191, il peut aussi faire prononcer la nullité des mariages qui n'ont point été célébrés publiquement ou qui n'ont point été célébrés devant l'officier public compétent.

Lorsqu'il a été commis, au moment de la célébration d'un mariage ou plus tard, une fraude ayant pour effet de supprimer la preuve légale de ce mariage, aux termes de l'article 199 du Code Napoléon, — qui ne font du reste à cet égard que confirmer les règles générales relatives à la compétence du ministère public en matière de crimes et de délits, — le procureur impérial poursuit la répression de cette fraude, et l'inscription sur les registres de l'état civil du jugement ou de l'arrêt intervenu *assure au mariage tous ses effets civils* (art. 198 C. Nap.).

Si le coupable est décédé lors des poursuites, il ne peut plus y avoir qu'une action civile, et cette action, au lieu d'être intentée par les héritiers ou autres intéressés, doit

l'être, aux termes de l'article 200 du Code Napoléon,
par le procureur impérial, sur leur dénonciation.

Séparation de corps. — D'après l'article 308 du Code
Napoléon, lorsque la séparation de corps est prononcée
contre la femme pour cause d'adultère, le ministère public doit requérir sa condamnation par le même jugement à la réclusion dans une maison de correction pendant un temps déterminé. D'après l'article 267, qu'on
étend d'ordinaire de la matière du divorce à celle de
la séparation de corps, il peut en outre demander que
la garde des enfants pendant l'instance soit confiée
à la personne qui lui paraîtra la plus convenable.

Puissance paternelle. — Dans les articles 377 et 382-2°,
surtout dans ce dernier, le ministère public est appelé
à jouer, relativement à la détention des enfants sur la
demande de leurs parents, un rôle qui présente quelques
analogies avec celui d'une partie principale.

Interdiction. — D'après l'article 491, le ministère
public peut toujours provoquer l'interdiction pour cause
de fureur, et il le peut aussi, en cas d'imbécillité ou de
démence, lorsqu'il s'agit d'un individu n'ayant ni époux
ou épouse, ni parents connus.

Aux termes de l'article 32 de la loi du 30 juin 1838
sur les aliénés, le ministère public peut, — ainsi que diverses personnes, — provoquer d'office la nomination
d'un administrateur provisoire aux biens de tout individu
non interdit placé dans un établissement d'aliénés. En
vertu de l'article 34, deuxième alinéa, de la même loi, le
ministère public peut demander en outre au tribunal la

constitution, sur les biens de cet administrateur provisoire, d'une hypothèque générale ou spéciale, jusqu'à concurrence d'une somme déterminée, et, si cette hypothèque est constituée, en vertu du troisième alinéa du même article 34, c'est lui qui sera chargé de la faire inscrire.

D'après l'article 33 de la même loi, il peut aussi faire désigner un mandataire spécial à l'effet de représenter en justice tout individu non interdit placé ou retenu dans un établissement d'aliénés et qui aurait un procès à soutenir, soit au moment du placement, soit plus tard. Enfin, l'article 38 de la même loi lui donne encore le droit de faire nommer un *curateur à la personne* de tout individu non interdit placé dans un établissement d'aliénés.

Successions. — D'après les articles 819 du Code Napoléon, 911 et 930 du Code de procédure, le ministère public peut requérir les appositions et levés des scellés sur les effets composant une succession, lorsque certains héritiers sont mineurs, interdits ou absents, ou ne se trouvent pas actuellement sur les lieux, et aussi lorsque le défunt était dépositaire public.

Lorsqu'une succession est vacante, l'article 812 du Code Napoléon donne qualité au procureur impérial pour faire nommer un curateur à cette succession.

Substitutions. — Lorsque le grevé de substitution ne requiert point la nomination d'un tuteur à la substitution, conformément à l'article 1056 du Code Napoléon, l'article 1057 autorise le ministère public à le faire déclarer privé du bénéfice de la disposition.

D'après l'article 1061 du Code Napoléon, si l'inventaire

des biens compris dans la substitution n'a pas été dressé
à la requête du grevé ou du tuteur à la substitution, il
pourra l'être à la requête du procureur impérial.

Hypothèques. — Aux termes de l'article 2145 du Code
Napoléon, le ministère public est chargé de contredire
aux demandes en restriction des hypothèques légales
grevant les immeubles des maris et des tuteurs. En vertu
de l'article 2138, il doit faire inscrire ces hypothèques
légales, à défaut des maris, tuteurs et subrogés-tuteurs.

Expropriation pour cause d'utilité publique. — D'après
l'article 14 de la loi du 3 mai 1841 *sur l'expropriation
pour cause d'utilité publique,* c'est le procureur impérial
qui requiert l'expropriation des terrains et bâtiments désignés dans l'arrêté du préfet, lorsque les propriétaires de ces
biens ne veulent pas consentir à les céder amiablement.

Brevets d'invention. — En vertu de l'article 37 de la
loi du 5 juillet 1844 *sur les brevets d'invention,* le ministère public peut se pourvoir directement par action principale pour faire prononcer la nullité d'un brevet : 1° lorsque la découverte n'était pas susceptible d'être brevetée ;
2° lorsqu'elle était contraire à l'ordre ou à la sûreté publique, aux bonnes mœurs et aux lois ; 3° lorsque le titre
sous lequel le brevet a été demandé indique frauduleusement un objet autre que le véritable objet de l'invention.
Du reste, même en dehors de ces cas, le ministère public
peut toujours se rendre partie intervenante dans toute
instance tendant à faire prononcer la nullité ou la déchéance d'un brevet.

Matières domaniales. — En matière domaniale, c'est

lé préfet qui représente l'État. Mais un arrêté du Directoire du 10 thermidor an IV, motivé par des raisons d'économie, lui permet de confier au ministère public la défense des intérêts de l'État, sans que les officiers du parquet puissent la refuser. Aujourd'hui cette délégation ne doit plus avoir lieu que pour ce qui concerne le domaine de l'État. La loi du 8 novembre 1814 y avait assimilé le domaine de la couronne et le domaine privé du roi. Mais l'article 27 de la loi des 2-7 mars 1832 fit rentrer dans le droit commun les affaires relatives à ces deux domaines, et la disposition de cet article se trouve reproduite dans l'article 22 du sénatus-consulte du 17 décembre 1852, actuellement en vigueur.

Fabriques d'églises. — Aux termes de l'article 90 du décret du 30 décembre 1809 *concernant les fabriques*, lorsque le trésorier du bureau de la fabrique ne remet pas son reliquat entre les mains de son successeur dans le délai fixé, le procureur impérial, à défaut du trésorier en exercice, est chargé de le poursuivre d'office devant le tribunal civil.

Lycées. — Le décret du 1ᵉʳ juillet 1809 et l'ordonnance du 12 mars 1817 chargent le procureur impérial de poursuivre, à la requête des proviseurs, le recouvrement des sommes dues pour la pension des élèves.

Amendes. — C'est, en général, au ministère public qu'il appartient de faire prononcer les amendes encourues par les parties ou les officiers ministériels, à l'occasion des divers actes et procédures civiles. Ainsi l'article 53 de la loi du 25 ventôse an XI, *contenant organisation du notariat*, le charge expressément de faire prononcer les amendes contre les notaires.

Action disciplinaire. — C'est aussi au ministère public qu'appartient, en général, l'action disciplinaire contre les différents fonctionnaires ou officiers de l'ordre judiciaire, et l'article 53 de la loi du 25 ventôse an XI, que nous venons de citer, la lui confie expressément en ce qui concerne les notaires. Voyez aussi l'article 57 de cette loi.

Délits commis dans les audiences civiles. — La répression de ces délits est requise, séance tenante, par le ministère public ; mais, bien que ce soit un tribunal de l'ordre civil qui prononce, le ministère public n'exerce point dans ce cas une action civile, puisque cette action tend à l'application d'une peine, et ne se distingue d'une action criminelle ou correctionnelle ordinaire que par des modifications de procédure et par l'attribution exceptionnelle de la compétence à un tribunal de l'ordre civil.

Nous devons maintenant examiner plus en détail chacun des cas dans lesquels nous venons de reconnaître au ministère public un droit d'action directe au civil. Mais, avant d'entrer dans cette étude, il est nécessaire d'expliquer le second alinéa de l'article 46 de la loi du 20 avril 1810, afin de voir si, à côté des cas spécifiés par une disposition législative particulière, nous n'en trouverons pas d'autres où le ministère public serait également autorisé à jouer le rôle de partie principale.

CHAPITRE III

C'est en abordant le second alinéa de l'article 46 de la
loi du 20 avril 1810 que nous pénétrons véritablement
au cœur de notre sujet, car c'est là que nous en rencontrons les premières et en même temps les plus graves
difficultés, et c'est là aussi que nous ramèneront inces-
samment presque toutes les questions que nous devons
examiner par la suite.

Voici d'abord le texte même de cet alinéa.

« Il (*le ministère public*) surveille l'exécution des lois,
» des arrêts et des jugements ; *il poursuit d'office cette*
» *exécution dans les dispositions qui intéressent l'ordre*
» *public.* »

Malgré les débats considérables qu'il a soulevés et les
graves dissentiments qu'il a fait naître aussi bien en doctrine qu'en jurisprudence, entre les auteurs les plus esti-
més comme entre plusieurs Cours impériales et même
les diverses chambres de la Cour de cassation, ce texte
nous a toujours paru offrir un sens sinon tout à fait clair

à première vue, au moins tout à fait évident après une courte réflexion. A notre avis, il n'y a qu'une seule manière naturelle de l'expliquer.

Le législateur vient de poser dans le premier alinéa ce principe que le ministère public agissait d'office *dans les cas spécifiés par la loi :* c'est la disposition que nous avons commentée dans le chapitre précédent. Or, au moment où il édictait cette disposition, c'est-à-dire en 1810, il y avait déjà dans nos lois, et particulièrement dans le Code Napoléon, un certain nombre d'articles qui accordaient expressément au ministère public le droit d'action directe dans des cas déterminés, par exemple pour faire prononcer la nullité d'un mariage entaché d'une nullité absolue (art. 184, 190 et 191), ou pour faire interdire un fou furieux (art. 491). L'article 46 de la loi du 20 avril 1810 vise d'abord tous ces cas d'une manière générale, et prévoit de plus implicitement, — ce point n'a jamais été contesté et ne saurait évidemment l'être, — tous les cas où d'autres lois viendraient postérieurement accorder au ministère public le même droit d'action directe dans des circonstances déterminées où il ne le possédait pas encore.

Eh bien ! le second alinéa de l'article 46 est une de ces lois postérieures que prévoit et qu'embrasse implicitement la disposition du premier alinéa. Aux cas qui ont déjà été spécifiés par les lois précédentes, il en ajoute immédiatement d'autres dans lesquels le droit d'action directe du ministère public lui semble opportun.

Dira-t-on que ces cas ne sauraient rentrer dans la formule du premier alinéa, attendu qu'ils ne sont pas *spécifiés* en réalité, mais à peine indiqués d'une manière aussi
vague que possible ? Nous répondrons qu'on peut distinguer deux modes de spécification, comme nous l'avons
montré au chapitre précédent (page 10), l'un qui détermine
de suite les circonstances dans lesquelles le droit d'action directe sera conféré au ministère public, l'autre qui
indique seulement les caractères auxquels on reconnaîtra
plus tard ces circonstances, au moment même où l'action
devra être intentée. Or, si la disposition du deuxième
alinéa de l'article 46 ne rentre pas dans le premier mode
de spécification, elle rentre certainement dans le second,
car la considération de l'ordre public est un *critérium*
qu'on peut appliquer, — plus ou moins facilement suivant les cas, — aux circonstances dans lesquelles le ministère public s'attribuera le droit d'agir d'office, afin de
voir s'il a réellement ce droit, c'est-à-dire si la loi qu'il
invoque intéresse réellement l'ordre public.

Cette manière de voir est confirmée par un avis du
Conseil d'État du 12 brumaire an XI, — antérieur par
conséquent à la loi du 20 avril 1810, — qui, en accordant au ministère public le droit d'agir d'office dans certaines circonstances, nous offre un exemple incontestable
de ce second mode de spécification. Bien plus, le caractère
auquel il se réfère est précisément celui-là même que
mentionne le second alinéa de l'article 46, *l'intérêt de
l'ordre public* (Voy. page 11).

Remarquons enfin que la disposition générale du second alinéa de l'article 46, telle que nous la comprenons,
n'a rien qui puisse nous étonner; on devait même en quelque sorte s'attendre à la trouver là, et sous cette forme.

Le législateur de 1810 organise l'action du ministère
public en matière civile. Il rencontre d'abord un certain
nombre de cas où le droit d'action lui a été expressément
conféré, et il s'empresse de confirmer ces dispositions.
Mais il remarque aussitôt qu'il y a beaucoup d'autres cas,
non encore prévus par les lois faites jusqu'alors, et dans
lesquels il lui semblerait aussi très-opportun d'accorder
au ministère public le droit d'agir d'office. Va-t-il entreprendre d'énumérer tous ces cas et de consacrer à
chacun d'eux une prescription spéciale? C'était presque
impossible.

Il n'est pas besoin d'insister ici sur les difficultés et les
dangers des énumérations juridiques faites par le législateur. *Omnis comparatio claudicat*, dit le proverbe. Cette
critique s'appliquerait peut-être mieux encore aux énumérations, et il serait difficile d'en citer une seule qui ne
soit fautive à quelque point de vue : tantôt, des termes
peu précis, torturés par des commentateurs aux abois,
leur fournissent occasion d'y faire entrer des cas qu'on
n'aurait jamais songé à y comprendre ; tantôt des oublis,
presque toujours inévitables, servent de prétexte à des
exclusions tout aussi peu rationnelles ; on essaye en vain
de parer à ce danger en terminant par un commode, etc.,
qui n'empêche, ni les discussions sur le sens des termes
employés, ni les arguments *à contrario*, et qui rouvre

cependant la porte à tous les inconvénients, réels ou prétendus, d'une disposition vague et générale.

Outre ces dangers attachés à toute tentative d'énumération, il y avait ici une difficulté de plus, une difficulté d'exécution presque insurmontable. Lorsqu'on charge une commission de préparer ou de discuter un projet de loi, elle étudie les lois, décrets ou règlements déjà rendus sur la matière, soit en France, soit chez les nations voisines, les critiques qu'on leur a faites et les réformes qu'on a proposé d'y introduire, les ouvrages des jurisconsultes qui s'en sont occupés, les principaux arrêts donnant l'état actuel de la jurisprudence ; elle consulte les hommes de pratique habitués à manier l'ordre de choses sur lequel doit porter la loi future. Grâce à ces diverses sources de renseignements, la commission se met au courant des idées régnantes et des faits acquis, se forme une opinion, et rédige un projet de loi qui, s'il n'est pas toujours parfait, repose au moins sur la connaissance des éléments essentiels de la question. Tout cela exige un long travail et n'éclaire suffisamment ceux qui s'y sont livrés que sur le sujet précis par eux étudié : c'est donc sur ce sujet exclusivement que doit porter la loi future, sous peine de manquer de toute base sérieuse et de ne présenter aucune garantie de compétence chez ses auteurs.

Or, les rédacteurs de la loi de 1810 *sur l'organisation de l'ordre judiciaire et l'administration de la justice* avaient probablement étudié d'une manière sérieuse les différentes parties d'un sujet aussi vaste, et il y avait certes là matière à de longues et laborieuses recherches. Mais, dans ce cercle étendu qu'embrasse la loi, le ministère public est, pour ainsi dire, s'il est permis d'employer cette expression, un sujet épisodique auquel on a consacré seulement trois articles sur soixante-six. Et encore faut-il ajouter que, parmi les diverses prérogatives du ministère public, ce qui attire et concentre l'attention du législateur, c'est surtout son rôle en matière criminelle qui paraît être l'essence même de sa fonction comme l'origine de son office, et qui présente en effet plus d'importance, par sa nature et son étendue, que le rôle un peu effacé qu'on lui a départi en matière civile.

Comment donc voudrait-on que, pour une seule des faces de ce dernier sujet, c'est-à-dire l'action directe au civil, les rédacteurs de la loi de 1810 aient entrepris l'examen du droit civil tout entier, du droit commercial, de la procédure civile, des lois administratives? Et cependant il n'aurait pas fallu moins que cela pour énumérer dans le second alinéa de l'article 46, avec quelque connaissance de cause, tous les cas où l'on jugeait convenable d'accorder au ministère public le droit d'agir d'office au civil.

N'est-il pas évident qu'on aurait beaucoup de peine à jamais finir un projet de loi tant soit peu important si chaque article exigeait d'aussi longues recherches, et que les rédacteurs se mettraient bien difficilement d'accord s'ils soulevaient autant de questions de détail? Aussi est-ce un usage constant, lorsqu'on fait une loi générale, de se contenter de poser les principes en laissant à des lois spéciales postérieures, ou même à l'interprétation judiciaire, le soin de régler les points secondaires et de trancher les difficultés d'application.

Les législateurs de 1810 n'ont fait que se conformer à cet usage en énonçant, dans le second alinéa de l'article 46, un principe général, au lieu d'essayer une énumération impossible. Nous devons, du reste, nous en féliciter ; car, si le texte de l'article 46, tel qu'il a été rédigé, soulève des controverses, rédigé autrement, il en eût peut-être soulevé de plus vives encore. Voici pourquoi.

Admettons pour un instant, — quoique ce soit là une hypothèse bien peu vraisemblable, — qu'on soit parvenu à faire en 1810 une énumération détaillée et parfaite de tous les cas d'action du ministère public au civil ; admettons que cette énumération ait été absolument sans lacunes et n'ait compris aucun terme vague ou amphibologique dont les commentateurs puissent s'emparer pour étendre abusivement ou restreindre sans motif les prérogatives du ministère public.

Quand nous aurons admis tout cela, il n'en restera pas moins vrai que les conseillers d'État et les députés de 1810 ne pouvaient prévoir les situations nouvelles que devaient nécessairement engendrer le développement de l'industrie et du commerce, les progrès de la civilisation, la complexité sans cesse croissante des rapports sociaux, les révolutions politiques et les réorganisations administratives, enfin les modifications de toutes sortes qui caractérisent les diverses périodes successives de la vie des peuples comme de la vie des individus. Ils ne pouvaient prévoir davantage les lois que ces situations nouvelles ne

manqueraient pas de faire naître dans un avenir plus
ou moins prochain et les intérêts, nouveaux aussi, qui en
résulteraient.

Leur œuvre, complète en 1810, — nous le supposons
du moins, — aurait donc bientôt cessé de l'être, et nous
aurions aujourd'hui une loi, développée sans doute, mais
dont les dispositions seraient surannées et les lacunes évi-
dentes. N'est-ce pas à peu près ce qui est arrivé au Code de
commerce, probablement fort bien combiné et suffisamment explicite pour régler toutes les transactions commer-
ciales du premier Empire, et qui a cessé aujourd'hui, dans
le plus grand nombre peut-être de ses articles, d'être en
rapport avec l'état économique et financier du pays, de
telle sorte que les tribunaux sont souvent obligés de violer la loi en écartant des dispositions devenues inapplicables, ou de s'ériger eux-mêmes en législateurs pour
régler, avec des arrêts prétoriens, les combinaisons nouvelles sur lesquelles le Code est muet, parce qu'il ne les
soupçonnait pas?

Il est clair qu'une loi de ce genre serait la source la
plus féconde en controverses juridiques qui puisse être
imaginée. Mieux vaut donc notre disposition générale,
dont les limites seront quelquefois un peu flottantes, variant dans certains cas au gré des courants de l'opinion,
plus restreintes aujourd'hui, plus étendues demain, mais
qui, par cela même, se plie au progrès des idées, ne
présente jamais l'affligeant spectacle d'une loi en complet désaccord avec l'état des esprits et des mœurs, et
nous permet de jouir d'un bienfait juridique inappréciable:

une jurisprudence progressive avec une législation immobile.

C'est à des circonstances analogues que le droit romain doit cette incontestable supériorité qui l'a fait accepter si vite par les vaincus de Rome, et qui lui a permis de survivre presque partout à la chute du grand empire, pour servir ensuite de base à toutes nos législations modernes. Si les règles du droit romain sont aussi logiquement déduites de leurs principes et enchaînées avec tant de force les unes aux autres, c'est parce qu'elles ont été lentement élaborées par les *Prudents*, au flambeau de la pratique de chaque jour, soit directement dans leurs *réponses*, soit indirectement dans les *édits* des préteurs et des édiles, et plus tard dans les constitutions émanées du *consistorium* des empereurs.

Nos lois modernes, au contraire, ont été le plus souvent improvisées de toutes pièces par des commissions, fort zélées sans doute, et souvent même fort savantes, mais qui, enfin, ne pouvaient songer à tout ni tout prévoir. De là tant de règles dont on ne sait pas au juste où placer les limites, parce que leur principe n'est pas bien net ; de là aussi les difficultés que nous éprouvons si souvent à coordonner ensemble, soit les dispositions de lois diverses, soit même les articles d'une loi unique. Le temps est en effet un élément indispensable à la formation d'un bon système de lois, et celles-là seulement durent longtemps qui ont été longtemps à se formuler.

Une règle comme celle qui nous inspire ces réflexions permet de faire, sur un point déterminé, ce que les prudents de Rome ont fait sur l'ensemble du droit. Le principe seul est posé dans la loi, reste immuable : *Le ministère public a le droit d'agir quand l'ordre public est intéressé.* Mais dans quels cas jugera-t-on que l'ordre public est intéressé? Ce sont là des questions de détail que discuteront et résoudront les ouvrages des jurisconsultes et les arrêts des Cours. De ce travail incessant et universel résultera bientôt, — d'autant plus facilement en France que nous avons l'avantage de posséder une Cour suprême régulatrice, — ce qu'on appelle une jurisprudence constante, c'est-à-dire un accord unanime, ou peu s'en faut, de tous les gens compétents : car je ne considère pas une jurisprudence comme bien assise, même lorsqu'elle est acceptée par presque toutes les Cours impériales et consacrée par la Cour de cassation, tant qu'elle a contre elle l'opinion d'un nombre considérable d'auteurs graves : plus d'un revirement subit dans la marche de la jurisprudence justifie du reste cette manière de voir.

En procédant ainsi, on arrivera, au bout d'un certain temps, à posséder une sorte d'énumération de tous les cas où le ministère public aura le droit d'agir d'office. Mais sur chaque cas il y aura eu discussion sérieuse, détaillée, contradictoire, et n'ayant pu se perdre dans des considérations vagues, des formules générales ou des prévisions hasardées, puisqu'elle avait pour base des faits réels et précis. Les motifs qui ont dicté chaque décision étant connus aussi complétement que la décision elle-même, on pourra déterminer avec bien plus de sûreté l'extension qu'il faut lui donner; et si, plus tard, les

circonstances économiques, sociales, juridiques, politiques même, viennent à changer, on saura si la décision
elle-même doit changer aussi, parce qu'on pourra examiner si les raisons qui la légitimaient subsistent toujours.

Enfin, lorsque la marche de la civilisation et les modifications de l'état social auront fait naître des situations
nouvelles, on aura, pour les régler, des analogies sûres,
puisqu'il suffira presque toujours d'y transporter les
motifs qui ont été des raisons de décider dans d'autres
circonstances, pour voir si ces motifs s'appliquent ou
ne s'appliquent pas; on ne sera pas entravé dans cet
examen par des textes écrits à une autre époque, quelquefois même avec des mots qui s'appliquent maintenant
à des choses différentes, et qu'on est réduit à interroger
sur des idées que leurs rédacteurs ne soupçonnaient
point. C'est ainsi que se forment des lois tout à la fois
en rapport avec les faits, — dont elles sont pour ainsi
dire une émanation directe, — en rapport avec l'opinion
publique et l'état des esprits, puisqu'elles résultent d'une
sorte de suffrage universel, avec ce précieux perfection-
nement que ceux-là seuls ont droit de voter qui peuvent comprendre la question en litige, et que la voix de
chacun vaut d'autant plus, que sa science est plus solide
et son expérience plus étendue : *Non numerantur solùm,
sed ponderantur quoque.*

Les considérations dans lesquelles nous venons d'entrer
ne sont pas inutiles, car elles tendent à justifier notre
doctrine d'un des plus graves reproches qu'on lui ait

adressé, celui d'être une source intarissable de procès, et
d'apporter l'inquiétude et le trouble dans la société, en
permettant partout l'intrusion du ministère public sous
prétexte d'ordre public. Nous croyons avoir montré, au
contraire : 1º qu'un texte plus explicite, plus détaillé,
aurait probablement engendré des difficultés tout aussi
nombreuses et non moins graves ; 2º que la disposition
générale de l'article 46, deuxième alinéa, permet l'avénement d'une législation complète, méditée, rationnelle,
fondée sur une jurisprudence perfectible, au lieu d'une
loi forcément très-imparfaite et remplie de lacunes,
comme celles qu'on improvise tout d'une pièce.

Après avoir mis le principe en évidence dans l'article 46
de la loi du 20 avril 1810, nous pouvons montrer maintenant ce principe confirmé et appliqué dans les actes
du pouvoir exécutif.

Nous trouvons d'abord les circulaires de la chancellerie
qui ont toujours été unanimes, même avant la loi du
20 avril 1810, sous l'empire de la loi des 16-24 août
1790, pour attribuer au ministère public le droit d'agir
d'office dans l'intérêt de l'ordre public menacé. Ces
circulaires forment une sorte de jurisprudence administrative dont la valeur, bien inférieure sans doute à celle
des décisions judiciaires, est cependant encore fort considérable et ne saurait être sérieusement contestée dans
la plupart des cas. Mais ici la chancellerie peut être
suspecte de quelque partialité, puisqu'elle défend en
définitive sa propre cause. Nous n'insisterons donc pas.

Nous trouvons ensuite l'article 122 du décret du 18 juin 1811, *contenant règlement pour l'administration de la justice en matière criminelle, de police correctionnelle et de simple police, et tarif général des frais,* article dont voici le texte : « Il en sera de même (il s'agit » d'un mode déterminé de taxation et de recouvrement » des frais de justice) lorsque le ministère public pour- » suivra d'office les rectifications des actes de l'état civil, » en conformité de l'avis de notre Conseil d'État du » 12 brumaire an XI, comme aussi au sujet des pour- » suites faites en conformité de la loi du 25 ventôse » an XI, *et généralement de tous les cas où le ministère* » *public agit dans l'intérêt de la loi et pour assurer son* » *exécution.* »

Ce décret doit-il être considéré comme ayant force de loi, conformément à ce que nous avons dit plus haut (page 7), ou ne faut-il y voir qu'un règlement rendu pour l'exécution de la loi, et ne possédant par suite que la valeur ordinaire des actes émanés du pouvoir exécutif? Nous examinerons cette question en parlant des droits du ministère public en matière de rectification d'actes de l'état civil. Mais, quelle que soit l'opinion que l'on adopte, on sera toujours obligé de voir dans les derniers mots de cet article au moins une application du principe consacré, suivant nous, par le second alinéa de l'article 46 de la loi du 20 avril 1810, car on ne peut pas les rapporter aux rectifications d'actes de l'état civil dans l'intérêt de l'ordre public opérées en vertu de l'avis du Conseil d'État du 12 brumaire an XI, puisque ces rectifications sont déjà mentionnées dans la première partie de l'article.

Enfin, une ordonnance royale du 30 août 1837 charge expressément le ministère public, en vertu du second alinéa de l'article 46, de poursuivre devant les tribunaux civils les officiers qui ont accepté des fonctions publiques à l'étranger, pour les faire déclarer déchus de la qualité de Français, et permettre ainsi au ministre de la guerre de leur enlever leurs grades dans l'armée française.

Nous reviendrons sur cette ordonnance à propos de la jouissance des droits civils; bornons-nous à faire remarquer dès maintenant qu'elle ne se trouve citée nulle part dans les nombreuses discussions auxquelles l'article 46 de la loi du 20 avril 1810 a donné lieu depuis une dizaine d'années, et qu'elle a sans doute échappé jusqu'à présent aux jurisconsultes qui ont écrit sur cette grave question (1).

(1) Ce texte a déjà été signalé autrefois par notre éminent professeur, M. A. Valette, dans son cours à la Faculté de droit de Paris. — Au moment où nous écrivions ces lignes (juillet 1866), l'ouvrage de M. G. Debacq, le plus récent défenseur de la thèse que nous combattons, n'était point encore publié (il est daté de 1867, et je l'ai connu en février). M. G. Debacq cite et commente l'ordonnance du 30 août 1837; mais il la traite comme une loi ayant la puissance de donner au ministère public le droit d'agir dans des circonstances où il ne l'aurait pas encore : ce qui est une erreur manifeste. Il faut nécessairement, ou admettre l'action du ministère public quand l'ordre public est intéressé, et présenter alors l'ordonnance du 30 août 1837 comme une application de ce principe, ou renoncer à cette ordonnance, qui, n'ayant point force de loi, ne peut satisfaire à l'exigence du premier alinéa de l'article 46 de la loi du 20 avril 1810 et constituer *un cas spécifié par la loi*. (Voyez G. Debacq, *De l'action du Ministère public en matière civile*, p. 349.) Nous reviendrons, du reste, sur ce point, en examinant la matière,

CHAPITRE IV

On a pu remarquer que jusqu'ici, en commentant le
second alinéa de l'article 46 de la loi du 20 avril 1810,
nous avons exposé et cherché à établir notre doctrine,
sans nous inquiéter aucunement des critiques nombreuses dont les partisans de l'opinion adverse ont cherché à l'accabler. C'est qu'en effet, lorsqu'on oublie dissertations, plaidoyers et rapports, pour rester en face des
textes seuls, j'entends des textes en vigueur, notre doctrine semble pour ainsi dire se déduire d'elle-même et
entrer sans effort dans l'esprit. Mais, lorsqu'on reporte son
attention sur les documents considérables qu'ont produits, depuis dix ans surtout, les nombreuses controverses dont cette question a été l'objet en jurisprudence,
le doute renaît aussitôt, les objections se dressent en
foule, prennent corps de toutes parts, et remettent bien
vite en question une conviction qu'on croyait fixée.

Il est temps maintenant de nous attaquer à ces objections, et, avant d'examiner chacune d'elles en détail, nous

exposerons d'abord dans son ensemble le système de nos adversaires, c'est-à-dire le système restrictif, pour mieux en faire comprendre l'économie, les bases et les tendances.

Pour plus de clarté, nous rapporterons tous nos développements à quatre chefs principaux qui nous fourniront autant de sections distinctes. Dans la première, nous exposerons les arguments tendant à montrer que le système extensif détruit le premier alinéa de l'article 46 par le sens qu'il donne au second, tandis que le système restrictif les concilie. Dans la deuxième, le système restrictif essayera de prouver que le second alinéa de l'article 46 n'établit pas un droit d'action proprement dit. Dans la troisième, viendront les critiques relatives au vague de la notion d'ordre public, et aux dangers des intrusions du ministère public que ce vague peut favoriser. Enfin, la quatrième sera consacrée aux objections tirées du silence des travaux préparatoires de la loi de 1810, et de la comparaison de cette loi avec les lois antérieures et postérieures.

PREMIÈRE SECTION

ANTAGONISME DES DEUX ALINÉAS DE L'ARTICLE 46. — LE DROIT D'ACTION DANS L'INTÉRÊT DE L'ORDRE PUBLIC EST DIRECTEMENT CONTRAIRE AU PREMIER. — MOYEN DE LES CONCILIER.

I. — Le premier reproche que nous adressent nos adversaires, c'est d'établir un complet antagonisme entre les deux alinéas de l'article 46 de la loi du 20 avril 1810 et d'annihiler le premier au profit du second.

« En matière civile », dit le premier alinéa, « le minis-» tère public agit d'office dans les cas spécifiés par la loi. » Mais pourquoi la loi a-t-elle accordé, dans ces cas qu'elle spécifiait, le droit d'agir d'office ? Évidemment parce qu'un intérêt d'ordre public s'y trouve engagé, car les citoyens savent bien défendre eux-mêmes leurs intérêts privés, et il n'est pas nécessaire de stimuler leur vigilance à cet égard. D'ailleurs, s'ils jugeaient à propos de ne pas les défendre ou de les défendre mal, c'est qu'ils voudraient y renoncer indirectement, et l'on n'a aucun droit de les en empêcher tant que cette renonciation n'est contraire à aucun intérêt public. Enfin, quelle raison y aurait-il pour faire intervenir le ministère public en faveur de certains intérêts privés et au détriment de certains autres, si les premiers ne puisaient les causes de cette faveur dans leur corrélation avec les intérêts généraux de la société ?

Les cas d'action du ministère public au civil spécifiés par la loi le sont donc nécessairement en vue d'un intérêt d'ordre public qui s'y trouve engagé (1). Or, lorsque la loi détermine chacun de ces cas, elle en circonscrit les limites avec beaucoup de soin : ainsi, au lieu de permettre

---

(1) Le plus grand nombre des partisans de la doctrine que nous combattons n'ont pas précisé aussi nettement ce point de vue ; beaucoup n'en parlent presque pas, et quelques-uns se contentent seulement d'examiner les divers cas d'action du ministère public spécifiés avant la loi du 20 avril 1810, pour soutenir que, dans chacun de ces cas, l'ordre public est intéressé. Nous avons cru devoir pré-senter cette considération d'une manière générale, parce qu'elle forme l'anneau le plus essentiel de la chaîne, et que, cet anneau brisé, ne fût-ce que dans un seul cas, le raisonnement de nos adversaires n'aurait plus de base.

au ministère public d'invoquer toute espèce de nullité de
mariage ou de cause d'interdiction, elle l'autorise seulement à relever les faits qui lui semblent compromettre de
la manière la plus grave l'ordre général de la société : en
matière de mariage, la bigamie, l'impuberté, l'inceste
(voy. art. 184 et 190 C. Nap.), la clandestinité de la célébration ou l'incompétence de l'officier public (voy. art. 191
C. Nap.); en matière d'interdiction, la fureur (voy. art. 491
C. Nap.). Ces précautions montrent bien que nous sommes en face de dispositions tout exceptionnelles et dont
le législateur considère l'extension comme dangereuse.

Or, que deviennent ces précautions, que signifient ces
limites tracées avec tant de soin, si le ministère public
trouve dans le second alinéa de l'article 46 le droit de
n'en tenir aucun compte? Est-il possible d'admettre que
le législateur se soit ainsi démenti dans le même article?
Peut-on croire qu'au moment même où il autorise le ministère public à invoquer l'ordre public seulement dans
certains cas déterminés, il ajoute aussitôt qu'il peut également l'invoquer dans tous les autres? « Ce serait », dit
M. le conseiller Renault d'Ubexi, dans son rapport à la
chambre des requêtes de la Cour de cassation, le 21 novembre 1860 (procureur général de Dijon *contre* Ducrest;
Dalloz, *Recueil périodique*, 1860, t. I, p. 474); « ce serait,
» il faut l'avouer, une singulière rédaction que celle ainsi
» conçue : dans tous les cas intéressant l'ordre public,
» pour lesquels la loi le lui confère par une disposition
» spéciale, le ministère public a le droit d'agir d'of-
» fice; ce droit lui appartient également dans tous

» les autres cas de même nature sur lesquels la loi ne
» s'est pas expliquée. » Telle est cependant la rédaction qu'il faut supposer pour entendre l'article 46 ainsi
que nous venons de le dire.

Dans cette manière de voir, le premier alinéa ne devient pas seulement inutile, il contredit expressément le
second. En disant que le ministère public agit dans les
cas spécifiés, le législateur ne pouvait avoir simplement
l'intention de confirmer les dispositions des lois antérieures : cela était tout à fait superflu. Ce qu'il voulait
exprimer, c'était que le ministère public n'agissait que
dans ces cas-là. Eh bien, le second alinéa, tel qu'on veut
l'entendre, n'est-il pas en contradiction flagrante avec
cette disposition? ne dit-il pas précisément le contraire en
étendant l'action du ministère public en dehors des cas
spécifiés, et en l'étendant d'une manière indéfinie, sans
limites? ne rompt-il pas, à peine fermé, le cercle étroit
qu'avait voulu tracer le législateur?

II. — Pour admettre une doctrine qui détruit ainsi la
loi par elle-même, il faudrait qu'il fût tout à fait impossible d'étayer une opinion moins hardie. Or, il est loin
d'en être ainsi, et nous pouvons facilement trouver une
interprétation qui concilie les deux alinéas en faisant du
second le corollaire et le développement du premier.
« Quoi de plus simple et de plus naturel, en effet », dit
M. le conseiller Renault d'Ubexi (id., *ibid.*) « que de rap-
» procher les deux paragraphes pour les interpréter l'un
» par l'autre, et d'entendre l'article en ce sens que le minis-
» tère public n'agit d'office au civil et ne poursuit l'exé-

» cution des lois, jugements et arrêts, dans les dispositions
» qui intéressent l'ordre public, qu'autant que ce droit
» d'action et d'exécution lui est spécialement attribué par
» la loi. »

DEUXIÈME SECTION

LES TERMES DU SECOND ALINÉA DE L'ARTICLE 46 N'IMPLIQUENT PAS UN DROIT D'ACTION.

I. — D'un autre côté, continuent nos adversaires, si le
législateur avait eu réellement l'intention d'accorder au
ministère public le droit d'agir au civil dans l'intérêt de
l'ordre public, s'expliquerait-on une rédaction aussi singulière, séparant deux dispositions qui s'appelaient presque invinciblement l'une l'autre? s'expliquerait-on que
le législateur « n'eût pas exprimé dans la première partie
» de l'article 46 cette attribution anormale du ministère
» public en matière civile, ce pouvoir d'agir d'office non
» plus seulement dans les cas spécifiés par la loi, mais aussi
» dans l'exécution de toutes les dispositions de lois inté-
» ressant l'ordre public? » comme le disait M. Laborie.
(Rapport de M. le conseiller Laborie à la chambre civile
de la Cour de cassation, affaires Dartaud et Terrier de la
Chaise *contre* ministère public, 22 janvier 1862. — (Voy.
Dalloz, *Recueil périodique*, 1862, t. I, p. 11.) Les rapports
naturels des choses l'auraient conduit logiquement, fatalement, à dire à peu près ceci : *En matière civile, le ministère*

*public agit d'office dans les cas spécifiés par la loi, et,
en outre, dans les cas non spécifiés, lorsque l'intérêt de
l'ordre public s'y trouve engagé.* « La pensée qu'on lui
» prête se serait ainsi révélée d'une manière plus nette ;
» en mettant sur le même plan les cas spécifiés par la loi
» et toutes les dispositions d'ordre public, il eût mieux ca-
» ractérisé, par ce rapprochement et cette assimilation, le
» pouvoir nouveau qu'il entendait conférer au ministère
» public. » (Rapport précité de M. Laborie.)

Au lieu de cette formule d'une clarté sans ambages,
qui venait tout de suite à l'esprit et s'imposait pour ainsi
dire d'elle-même, que trouvons-nous dans la loi ?

Le législateur reconnaît d'abord au ministère public le
droit d'agir d'office dans les cas spécifiés. Puis, comme si
le sujet était épuisé, son attention se tourne vers un ordre
d'attributions du ministère public complétement différent
de celui-là, son pouvoir disciplinaire et de police, son
droit de surveillance sur les officiers ministériels et sur
l'exécution des actes judiciaires : « Il surveille l'exécution
» des lois, des arrêts et des jugements. »

Enfin, l'article termine en disant : « .... et poursuit
» d'office cette exécution (celle des lois, jugements et ar-
» rêts) dans les dispositions qui intéressent l'ordre pu-
» blic. » Faut-il voir dans ces derniers mots un retour *in
extremis* au sujet traité par le premier alinéa, et doit-on
admettre que, consacrant trois articles seulement au ministère public, le législateur ait assez peu d'ordre dans ses
idées, assez peu de méthode dans sa marche, pour perdre,
si je puis ainsi parler, le fil conducteur destiné à le guider

dans une carrière aussi courte, et pour revenir sur ses pas, comme un écolier inattentif s'apercevant qu'il a oublié la moitié de sa tâche?

N'est-il pas à la fois plus vraisemblable, plus respectueux et plus logique de rattacher l'une à l'autre les deux parties du second alinéa de l'article 46, et d'admettre qu'à la fin comme au commencement de ce second alinéa on n'a voulu parler que du droit de direction et de surveillance qui appartient au parquet sur tout l'ordre judiciaire? Le ministère public peut prendre, en effet, pour assurer l'exécution des lois intéressant l'ordre public, une foule de mesures qui ne sont pas des actions proprement dites : injonctions aux officiers ministériels, poursuites disciplinaires, avertissements aux officiers de l'état civil, réquisitoires comme partie jointe à l'audience, etc.

II. — L'emploi du mot *poursuit* ne doit pas nous arrêter : sans doute ce mot fait naturellement penser à une action contentieuse intentée devant les tribunaux; mais il n'implique pas nécessairement cette idée, et l'on peut dire de beaucoup d'autres mesures qu'elles ont pour but de faire appliquer la loi, de *poursuivre son exécution*. Ainsi, lorsque le ministère public, dans ses conclusions comme partie jointe, défend devant le tribunal la doctrine qu'il croit conforme à la loi, et invite les juges à prononcer dans ce sens, ne *poursuit*-il pas l'exécution de la loi, quoiqu'il n'intente pas d'action et ne soit point partie principale? N'a-t-il pas tout autant de chance de convaincre le tribunal que s'il pouvait frapper d'appel ses décisions? sa voix n'aura-t-elle pas au contraire d'autant plus d'influence qu'elle sera moins suspecte de partialité ou de passion? Il aura donc bien poursuivi et obtenu l'exécution des lois comme le demande la fin de l'article 46 de la loi de 1810 ; peut-être même aura-t-il beaucoup plus sûrement atteint ce but que s'il lui avait été permis de prendre la voie d'une action principale. D'ailleurs, ces conclusions qu'il développe comme partie jointe, l'usage et la loi elle-même (art. 2, tit. VIII de la loi du 24 août 1790) ne les nomme-t-elle point des *réquisitions*, des *réquisitoires ?* et ce mot, dont le sens est fort analogue à celui de *poursuit*, ne présente-t-il pas un caractère au moins aussi énergique?

Le texte de l'article 46 met sur le même rang les jugements ou arrêts et les lois. En ce qui concerne les arrêts et jugements, il ne fait que reproduire la loi du 24 août 1790, titre VIII, article 5. Or, ni sous l'empire de la loi du 24 août 1790 toute seule, ni plus tard après la promulgation de la loi du 20 avril 1810, on n'a jamais prétendu que le ministère public avait qualité pour poursuivre l'exécution de tout jugement civil intéressant de près ou de loin l'ordre public. C'est seulement pour les décisions des tribunaux criminels que le ministère public possède toujours, d'une manière indéfinie et sans limites, le droit d'en poursuivre l'exécution : et cela se comprend bien, puisqu'il était partie principale et contendante dans l'instance.

Mais les juridictions civiles rendent quelquefois aussi des jugements d'un caractère particulier, qui resteraient à l'état de lettre morte, de vaine menace, sans aucune efficacité pratique, parce que personne n'a intérêt à les

faire exécuter. C'est exclusivement de ces jugements que
le ministère public a le droit de poursuivre l'exécution au
nom de la société. Telles sont, par exemple, toutes les condamnations disciplinaires, toutes les condamnations pour
délits d'audience, émanant de tribunaux civils, les condamnations prononcées contre les officiers de l'état civil
en vertu des articles 53, 156 et 157 du Code Napoléon,
ou encore la condamnation infligée par le tribunal civil à
la femme adultère, accessoirement au jugement de séparation de corps. En dehors des cas de ce genre, les parties seules peuvent poursuivre l'exécution des jugements
ou arrêts civils. Ainsi, personne n'a jamais soutenu que le
ministère public pourrait faire inscrire d'office sur les
registres de l'état civil une rectification obtenue par un
intéressé et que celui-ci ne ferait pas opérer. Cependant
tout ce qui concerne les actes de l'état civil intéresse, à
des degrés divers, l'ordre public.

Eh bien, on ne pourrait dans tous les cas étendre cette
disposition, en ce qui concerne les lois, au delà des limites
que tout le monde s'accorde à lui imposer, quand il s'agit
des arrêts et des jugements : et nous serions encore bien
loin de ce principe absolu permettant au ministère public
d'agir d'office toutes les fois que l'ordre public est plus
ou moins intéressé. (Rapport précité de M. le conseiller
Laborie, *ibid.*)

III. — Mais ce qui montre bien que, dans toutes ces
hypothèses, jugements ou lois d'ordre public, il ne s'agit,
en thèse générale, que de mesures à prendre en dehors
de tout litige, ou, s'il y a déjà procès, de mesures qui ne

constituent pas une intervention directe au débat comme partie intéressée, c'est le rapprochement de l'article 83 du Code de procédure civile (1). Cet article pourvoit, en effet, à la défense de l'ordre public, en décidant que le ministère public doit être entendu dans toutes les causes *qui concernent l'ordre public*. Mais ajoute-t-il qu'il aura le droit d'agir d'office? Loin de là ; il le traite expressément comme simple partie jointe, tandis qu'on voudrait, en s'appuyant sur le second alinéa de l'article 46, le transformer en partie principale.

Il y aurait donc contradiction absolue entre les deux lois, d'abord parce que la doctrine qu'on prétend tirer du second alinéa de l'article 46 de la loi du 20 avril 1810 lui accorde beaucoup plus que ce qui lui est concédé par l'article 83 du Code de procédure civile, — et qu'en cette matière, accorder seulement le moins, c'est évidemment refuser le plus; — ensuite, et surtout, parce que, devenant partie principale, il ne pourrait évidemment rester partie jointe et donner un avis impartial sur le débat, comme l'exige l'article 83 du Code de procédure civile. Or, il n'est pas admissible que le législateur change ainsi de système, sans avoir même l'air de s'en douter, et à des intervalles aussi rapprochés.

On ne peut échapper à cette inévitable contradiction en essayant de distinguer suivant que l'ordre public est plus ou moins intéressé, pour faire du ministère public

_____

(1) Voici le texte de la partie de cet article qui intéresse la discussion actuelle :

« Art. 83. — Seront communiquées au procureur du roi les causes suivantes :
» 1° Celles qui concernent l'ordre public....., etc. »

une partie jointe quand l'intérêt sera minime, et une partie principale quand l'intérêt sera grand. Dès qu'on entend le second alinéa de l'article 46 dans le sens que lui prête le système extensif, il faut nécessairement accepter les conséquences de cette interprétation, et prendre le texte tel qu'il est : or, il ne contient aucun des ménagements qu'on serait désireux d'y introduire.

« *Les causes... qui concernent l'ordre public* (art. 83, Pr. civ.) » ne rentrent-elles pas, avec toute évidence, dans « *les dispositions qui intéressent l'ordre public* (art. 46, 2° alin., de la loi du 20 avril 1810)?» et peut-on sérieusement trouver entre ces deux formules une différence qui permette de donner plus d'extension à l'une qu'à l'autre, si ce n'est peut-être de remarquer que, dans l'article 83 (C. de proc. civ.), il s'agit exclusivement des instances que les parties privées ont jugé convenable d'engager, tandis que l'article 46, deuxième alinéa (loi du 20 avril 1810), comprend en outre tous les procès que le ministère public croira opportun de soulever lui-même contre des personnes n'articulant aucune prétention devant la justice et ne demandant qu'à rester tranquilles?

Mais cette différence, — vraie du reste, — est précisément l'inverse de celle qu'il faudrait trouver; elle étend la disposition qu'on a besoin de restreindre au delà des limites de celle qu'on voudrait montrer la plus large, et, par conséquent, elle augmente encore, loin de les diminuer, les embarras au milieu desquels s'agite le système extensif.

TROISIÈME SECTION

LA NOTION D'ORDRE PUBLIC EST UNE IDÉE TROP VAGUE POUR
DÉTERMINER UNE RÈGLE DE COMPÉTENCE. — DANGERS DU
DROIT D'ACTION ENTRE LES MAINS DU MINISTÈRE PUBLIC.

Nous sommes, continuent toujours nos adversaires,
en face d'un système qui autorise le ministère public
à intervenir dans toutes les affaires civiles dès qu'il prétendra que l'ordre public s'y trouve plus ou moins mêlé,
principalement ou secondairement.

I. — Prendre le rôle de partie principale au civil
contre les citoyens dans une foule de cas, voilà certes
une attribution des plus importantes et dont le législateur
n'aura pas manqué sans doute de déterminer les limites
avec beaucoup de soin, s'il entendait réellement la conserver aux magistrats du parquet. En effet, les questions
de compétence, par suite de leur nature même et de leur
importance, doivent toujours être réglées d'une manière
fort précise ; le législateur ne manque jamais d'y apporter
la plus grande attention, et cette attention devait re-
doubler encore dans notre hypothèse, car, au lieu d'une
compétence ordinaire et normale, il s'agissait d'une compétence tout exceptionnelle, dont on nous accordera bien
que les abus au moins peuvent devenir fort dangereux.

Voyons cette formule précise qu'a dû nous donner le
législateur : *Le ministère public poursuit d'office l'exécution
des dispositions qui intéressent l'ordre public.* Est-ce là ce
que nous attendions ? Est-il possible d'imaginer une défi-

nition plus vague! Qu'est-ce que l'ordre public? Nul, assurément, ne pourrait le dire avec quelque autorité, car
les jurisconsultes cherchent encore une formule qu'ils ne
trouveront jamais sans doute, malgré tous leurs efforts.
C'est un mot sous lequel chacun a beaucoup de peine à
placer une idée dont il se rende compte, et, s'il y parvient
quelquefois, cette idée qu'il s'est formée lui reste personnelle, parce qu'il en a pris les éléments dans sa nature
d'esprit, ses opinions particulières, ses sentiments indivi-
duels, son tempérament physique et moral, enfin dans le
milieu qui l'entoure.

II. — Ce qui paraît directement contraire à l'ordre
public dans un pays lui semble tout à fait indifférent dans
un autre, et quelquefois parfaitement conforme dans un
troisième. La polygamie, traitée de crime chez nous, est
une loi chez les musulmans, et au moins une tolérance
consacrée par l'usage antique chez les juifs vivant encore
sous leurs coutumes propres, comme nos juifs d'Algérie.
Les substitutions, si dangereuses pour l'état social, nous
dit-on en France, ne paraissent effrayer ni troubler personne en Angleterre, où elles sont cependant fort nombreuses. N'est-ce pas le cas de répéter : « *Vérité en deçà
des Pyrénées, erreur au delà.* »

Il faudrait même aller plus loin que Pascal, car nous
trouvons quelquefois, dans les limites d'un seul État, des
législations assez différentes pour constituer deux ordres
publics absolument opposés l'un à l'autre. La France
elle-même, cependant un des pays les plus avancés au
point de vue de l'unité de la législation, nous en offrait,

il n'y a qu'un petit nombre d'années, plusieurs exemples fort remarquables.

Avant la révolution de 1848, l'esclavage des noirs existait encore dans nos colonies, où s'appliquaient pourtant les lois civiles de la France continentale ; les magistrats du parquet qui, à Paris ou à Bordeaux, le trouvaient naturellement tout à fait contraire à l'ordre public, étaient donc obligés, si on les envoyait à la Guadeloupe ou à la Martinique, de l'y regarder comme parfaitement conforme à ce même ordre public ; et cependant, dans le second cas comme dans le premier, il s'agissait toujours d'appliquer un même texte, l'article 46 de la loi du 20 avril 1810, ou du moins un texte tout à fait analogue, l'article 82 de l'ordonnance royale du 24 septembre 1828 ; de telle sorte que les mêmes mots se trouvaient exprimer au delà de l'Atlantique précisément le contraire de ce qu'ils signifiaient en deçà (1).

(1) *Ordonnance du* 24 *septembre* 1828, concernant l'organisation de l'ordre judiciaire et l'administration de la justice à l'île de la Martinique et à l'île de la Guadeloupe et ses dépendances, art. 82 : « Il (*le procureur général*) poursuivra d'office l'exécution des jugements et arrêts dans les dispositions qui intéressent l'ordre public. » — L'article 72 de l'ordonnance du 30 septembre 1828, organisant l'ordre judiciaire à l'île Bourbon, est conçu identiquement dans les mêmes termes. — On peut remarquer que cet article a été rédigé d'après l'article 5, titre VIII, de la loi des 16-24 août 1790 (voy. plus loin, p. 69), et non, comme il semblait naturel de le faire, d'après l'article 46 de la loi du 20 avril 1810 (voy. plus haut, p. 5) alors en vigueur. On a bien ajouté le mot *arrêts* au mot *jugements,* simple changement de forme destiné à mettre le texte en rapport avec la terminologie nouvelle introduite par le sénatus-consulte organique du 28 floréal an XII (18 mai 1804), qui appelait arrêts au lieu de jugements les décisions des tribunaux supérieurs, lesquels recevaient en même temps le nom de cours. Mais on n'a pas ajouté le mot *lois*, comme dans la loi de 1810. L'antinomie signalée au texte n'existe donc qu'en ce qui concerne les jugements ou arrêts intéressant l'ordre public. — Nous reviendrons sur ces deux ordonnances de 1828 (p. 79 et 95, et dans le chapitre VI, en faisant l'historique de notre question).

Les esclaves étant considérés comme des choses susceptibles d'être possédées à peu près au même titre qu'un
animal domestique, on s'explique jusqu'à un certain
point, — le principe une fois admis, — qu'il fut nécessaire de protéger le droit de propriété de leurs maîtres,
du moins aux colonies, car en France ce droit cessait
de paraître conciliable avec les principes de notre organisation sociale. Mais les hommes libres de couleur n'avaient
point ce caractère de propriété privée qui complique la
question. C'étaient, ce semble, des Français comme tous
les autres, sauf la couleur de leur peau ; et, en effet, sur
le territoire continental de la France, leur situation légale
n'aurait différé en rien de celle des blancs les plus purs.
Aux colonies, cependant, leurs actes de naissance, de mariage et de décès ne pouvaient pas être inscrits sur les
mêmes registres que ceux des blancs, et l'ordre public
semblait tellement intéressé au maintien de cette disposition, que l'officier de l'état civil qui mentionnait la naissance d'un noir libre sur le registre destiné aux actes de
naissance des blancs était puni de deux ans de prison et
de deux mille francs d'amende, lorsqu'il avait agi sciemment, et de six mois à un an de prison avec cent un francs
à six cent francs d'amende quand il était reconnu qu'il
avait simplement agi par négligence ou par inattention (1).

(1) **Ordonnance du roi des 29 octobre 1828-25 août 1829, portant application du Code pénal à l'île de la Martinique et à l'île de la Guadeloupe et dépendances.**

«Art. 193. —Lorsque, pour la validité d'un mariage, la loi prescrit le consentement des pères, mères et autres personnes, et que l'officier de l'état civil ne
se sera point assuré de l'existence de ce consentement, il sera puni d'une

Si ce noir, au contraire, était né en France, un acte de naissance ainsi disposé n'aurait pas manqué d'être considéré comme inscrit sur une feuille volante, ce qui aurait fait condamner l'officier de l'état civil à un emprisonnement d'un mois à trois mois, avec une amende de seize francs à deux cents francs (voy. art. 192, C. pén.). Voilà bien deux ordres publics en opposition aussi flagrante que possible. C'est seulement à partir de 1831, en vertu d'une ordonnace du roi des 7 septembre-1er novembre 1830, que les actes de l'état civil de la population libre de couleur et de la population blanche furent inscrits sur les mêmes registres. Mais les déclarations de naissances, mariages et décès des esclaves, qu'on n'osait point appeler des actes de l'état civil, restèrent toujours mentionnées sur des registres spéciaux.

Ce n'est point tout encore. Sous l'ancien régime, malgré les dispositions de l'ordonnance de 1685 (Code noir), qui assimilait les nègres libres aux blancs, un règlement de mars 1724, des décisions du 7 décembre 1723 et du 25 septembre 1774, un arrêt du Conseil supérieur du

amende de cent un francs à six cents francs, et d'un emprisonnement de six mois au moins et d'un an au plus.

» La même peine sera appliquée à l'officier de l'état civil qui inscrira la naissance, le mariage, ou le décès, soit des esclaves, soit des individus de condition libre, sur les registres affectés à une population autre que celle à laquelle ils appartiennent, lorsqu'il sera reconnu qu'il a agi par négligence ou inattention.

» Art. 195. — ... Tout individu qui, sciemment, aura fait inscrire la naissance, le mariage ou le décès, soit d'un esclave sur les registres de la population libre ou blanche, soit d'un individu de la population libre sur les registres de la population blanche, sera puni de la peine d'un an à deux ans d'emprisonnement et d'une amende de six cents à deux mille francs. — Le maximum de la peine sera toujours appliqué à l'officier public qui se sera rendu complice du délit. »

5 avril 1778, avaient interdit le mariage des blancs avec des personnes de sang noir ou de sang mêlé, soit dans les colonies, soit même en France. Le 18 nivôse an XI (8 janvier 1803), une circulaire du grand juge ministre de la justice aux préfets des départements les chargeait d'annoncer aux officiers de l'état civil que « l'intention du gouvernement est qu'il ne soit reçu aucun mariage entre des blancs et des négresses, ni entre des nègres et des blanches ». Nous reviendrons plus tard sur cette circulaire en parlant des oppositions au mariage. Mais, si l'empêchement qu'elle ressuscite est obligatoire, comme on a paru l'admettre au moins autrefois, voilà le ministère public obligé de s'opposer à de tels mariages au nom de l'ordre public, en même temps qu'il doit regarder comme contraire à cet ordre public tout ce qui lèse le dogme de l'égalité de tous les Français devant la loi, proclamé à la première ligne de chacune de nos constitutions depuis 1789.

L'abolition de l'esclavage des nègres, décrétée le 27 avril 1848 par le Gouvernement provisoire, a fait définitivement disparaître ces singulières contradictions en supprimant la cause d'où dérivaient toutes ces différences légales entre les deux races blanche et noire. Mais il existe encore dans nos lois des antinomies qui ne sont pas moins étranges.

Tout récemment, le sénatus-consulte des 14-21 février 1865 *sur l'état des personnes et la naturalisation en Algérie* n'a-t-il pas transformé les indigènes musulmans en Français légalement polygames (art. 1er), puisque en leur donnant la qualité de Français, il leur laisse l'usage de leurs lois nationales? Et, comme d'après

l'article 23 du décret impérial des 31 décembre 1859–
14 janvier 1860 *sur l'organisation des tribunaux civils
musulmans* (Comp. l'art. 5, 2ᵉ alin., de l'ordonnance
royale des 28 février-27 avril 1841), la Cour impériale
d'Alger connaît en appel des questions d'état relatives
aux musulmans jugées en première instance par les
cadis, les mêmes magistrats discuteront et sanctionneront
les conséquences de la polygamie chez un Français né en
Afrique le lendemain peut-être du jour où, dans l'audience des assises, ils l'auront flétrie des travaux forcés
chez un Français né en Europe (art. 340, C. pén.).

Ce n'est point là, du reste, le seul résultat bizarre
auquel pourra conduire l'application du sénatus-consulte
de 1865. Il serait facile d'en indiquer beaucoup d'autres.
Pour prendre un exemple qui se rattache à notre matière,
ne serait-on pas assez embarrassé de répondre aujourd'hui
à l'Algérien musulman, résidant en France, qui préten-
drait y répudier sa femme ou en épouser deux à la fois?
Ne serait-il pas fondé à soutenir que le sénatus-consulte
lui garantit la jouissance de ses lois nationales sans
limiter cette jouissance à l'Algérie? — Cette question
reviendra plus loin, dans le chapitre du mariage.

III. — Ces divergences sur la nature de l'ordre public,
si considérables dans l'espace à une même époque, ne le
sont pas moins dans le temps chez un même peuple.

Les Romains, nos ancêtres juridiques, — dont la
législation nous a longtemps régis et sert encore de
base aux lois qui nous gouvernent aujourd'hui, — les
Romains avouaient que l'esclavage était contraire au

droit naturel, *jus naturale;* mais ils le déclaraient conforme au droit des gens, *jus gentium*, et y voyaient sans
aucun doute un élément essentiel de leur organisation
sociale. Aristote n'avait-il pas déclaré lui-même que la
liberté des citoyens serait impossible dans un État qui ne
posséderait point d'esclaves, et que l'esclavage disparaîtrait seulement de la terre le jour où la navette travail-
lerait seule? Toutes les dispositions tendant à maintenir l'esclavage et à contenir les esclaves dans leur
état légal intéressaient alors l'ordre public; s'il y avait
eu un ministère public à Rome ou à Athènes, et un
article 46 pour régler ses attributions, le devoir des
représentants de ce ministère public aurait donc été de
défendre les lois sur l'esclavage, en traduisant devant les
tribunaux les citoyens philanthropes qui se seraient inspiré des idées que nous professons tous aujourd'hui.

C'est là, dira-t-on, de l'histoire ancienne. Oui, mais
de l'histoire ancienne qui s'est perpétuée jusqu'à nous;
car ce que nous venons de dire pour les contemporains
de Cicéron aurait été vrai encore il n'y a pas vingt ans,
sinon dans la France continentale, au moins dans les
colonies françaises, où l'esclavage n'était pas aboli :
l'attaquer alors aux Antilles, c'était attaquer une propriété qui passait pour aussi légitime que les autres, et
compromettre d'autant plus l'ordre public, que cette propriété était plus précaire par sa nature même, et plus
menacée dans son existence par la répulsion qu'elle sou-
levait en Europe.

Au moyen âge, l'esclavage mitigé, qu'on appelle le

servage, faisait partie intégrante de l'ordre public féodal. Plus tard encore, au xvıı° siècle, l'inégalité des classes noble et roturière, des seigneurs et des vilains, du bourgeois et du manant, l'inégalité des terres elles-mêmes, étaient la base de l'ordre public de la royauté absolue.

Aujourd'hui, c'est-à-dire depuis soixante-quinze ans, tout cela est changé : la prééminence légale d'un fonds sur un autre fonds, l'inégalité devant la loi au profit ou au détriment de certaines classes de citoyens, sont regardées comme essentiellement contraires au nouvel ordre public. Depuis moins de vingt ans, l'esclavage, — avec lequel cet ordre public s'accommodait fort bien autrefois, — lui est devenu tellement opposé, que l'acquisition d'esclaves à titre onéreux suffit maintenant pour faire perdre la qualité de Français (décret du Gouvernement provisoire du 27 avril 1848, art. 8, et loi du 28 mai 1858). Au moyen âge, défendre l'intérêt de l'argent, c'était rompre en visière avec l'ordre public théocratique et s'exposer aux foudres de l'Église ; l'attaquer aujourd'hui, serait émettre une doctrine subversive qui pourrait bien conduire son auteur en police correctionnelle.

Au moment où fut promulguée la loi du 20 avril 1810, que nous essayons en ce moment d'expliquer, le divorce paraissait très-conforme à l'ordre public, comme il semble l'être encore en Belgique, dans les provinces rhénanes, et dans la plupart des pays, soumis autrefois à notre domination, qui ont conservé nos lois civiles telles qu'elles existaient alors, sans éprouver le besoin d'en bannir le divorce. La séparation de corps, au contraire, seule admise avant 1789, puis complétement proscrite par les lois révolutionnaires, était encore regardée de fort mauvais œil, car, dès que trois ans de séparation s'étaient écoulés, l'article 310 du Code Napoléon permettait à l'époux contre lequel cette séparation avait été prononcée de contraindre l'autre époux à faire cesser la séparation ou à laisser prononcer le divorce.

Avec la loi du 8 mai 1816, l'ordre public est tout à coup interverti : le divorce, qui s'y accommodait si bien, lui devient complétement opposé, tandis que la séparation de corps, à peine admise à contre-cœur, à court terme, à titre d'essai, comme acheminement au divorce, règne de nouveau sans partage de même qu'avant 1789. Ainsi, que trois ans après la séparation de corps prononcée contre lui, un époux vienne invoquer devant les tribunaux l'article 310 du Code Napoléon pour faire prononcer le divorce, le ministère public devra frapper d'appel le jugement qui rejette cette demande s'il est rendu au mois d'avril 1816, et le jugment qui l'accueille s'il est rendu au mois de mai. Et quel principe invoquera-t-il pour tenir dans ces deux cas identiques une conduite aussi diamétralement opposée? Toujours l'ordre public!

Voilà, certes, pour préciser une règle de compétence, une méthode toute nouvelle, et une définition singulièrement mouvante, puisqu'elle peut s'adapter aujourd'hui précisément à l'inverse de ce qu'elle comprenait hier. Nous empruntons cependant nos exemples aux matières les plus importantes, les plus fondamentales, et qui semblent par conséquent les moins sujettes à se modifier souvent. Que serait-ce donc si nous prenions des dispositions secondaires?

IV. — Mais en nous enfermant dans des limites étroites d'espace et de temps, trouverons-nous au moins, pour un peuple déterminé, considéré exlusivement à une certaine époque de son existence, une notion claire et incontestable de ce qu'il faut entendre par ordre public? Ce serait encore une illusion que de l'espérer.

Demande-t-on aux jurisconsultes une formule générale, une définition? Ils ne vous donnent que des considérations, des exemples, ou des à-peu-près tout aussi vagues que la disposition elle-même. Et il n'y a pas lieu de s'étonner qu'ils ne sachent rien découvrir de satisfaisant. Les incessantes et radicales transformations de l'ordre public montrent bien qu'il n'y a point là une idée ayant une véritable existence logique particulière, mais plutôt une simple formule de convention exprimant le point de vue sous lequel le législateur a considéré certains de ses actes. C'est dire que toute définition sérieuse est impossible. On peut seulement chercher quel a été le sentiment du législateur sur telle ou telle matière, et s'il y a, ou non, attaché un intérêt d'ordre public.

A défaut de la définition qui nous manque, il resterait peut-être un moyen de résoudre la difficulté : ce serait qu'on parvînt à reconnaître en particulier, d'une manière rapide et sûre, tous les cas où l'ordre public est intéressé. Mais l'intention du législateur n'est pas toujours facile à mettre en évidence, et, s'il y a des points incontestés, il y en a beaucoup aussi sur lesquels les jurisconsultes ne parviennent pas à se mettre d'accord. L'ordre public est-il intéressé à la défense des intérêts des absents, à la conservation de l'hypothèque légale des femmes mariées, etc...? Les uns soutiennent qu'il l'est, les autres prétendent qu'il ne l'est pas, et l'accord ne paraît pas près de se conclure, d'autant plus que des questions nouvelles viennent sans cesse raviver la controverse.

Un des exemples qu'on cite le plus souvent comme type d'une disposition contraire à l'ordre public, c'est la condition, mise à une donation ou [à un legs, que le bénéficiaire ne se mariera pas. Eh bien, cette condition elle-même, malgré les termes exprès des articles 6 et 900 du Code Napoléon, n'est point tellement contraire à l'ordre public, qu'on ne puisse la juger valable dans une foule de circonstances, et c'est ce qui a été décidé en effet un très-grand nombre de fois par des arrêts que la critique n'a pas trouvés déraisonnables. (Voy. Dalloz, *Répert. alphab.*, v° Dispos. entre-vifs et testament., n°° 143 et suiv.)

V. —Ainsi, de quelque côté qu'on retourne la notion d'ordre public, on ne parvient jamais à la faire sortir du vague incompatible avec une règle de compétence. Cette indétermination n'est pas même bornée par certaines limites éloignées, comme le sont d'ordinaire les indéterminations portant sur un ordre plus ou moins large de choses ou de personnes. La considération de l'ordre public possède la plus regrettable élasticité, et, si le ministère public a le droit de fouiller partout sous un tel prétexte, nul ne peut dire où s'arrêtera ce pouvoir.

Quand on veut y mettre un peu de complaisance, on peut rattacher plus ou moins directement à l'ordre public presque toutes les dispositions de la loi. En effet, pourquoi le législateur aurait-il pris certaines mesures ou imposé certaines décisions? n'est-ce point parce qu'il les croyait nécessaires au bon ordre de la société? S'il ne s'agissait que des intérêts privés des citoyens, ceux-ci sauraient bien y pourvoir en stipulant eux-mêmes ce qui leur serait utile.

Qu'est-ce donc que ce drapeau aux couleurs inconstantes, dont les défenseurs eux-mêmes ne savent pas déchiffrer sûrement la devise, où on lit aujourd'hui *liberté* et demain *esclavage*, tantôt *divorce* et tantôt *mariage indissoluble*, qui protége ici les idées qu'il condamne en même temps là-bas? Qu'est-ce que ce drapeau qu'on a le droit d'arborer dans les camps les plus divers, et qui peut couvrir toutes les invasions sans que nul soit capable de montrer les limites où s'arrêtera cette protection complaisante? Les Grecs l'auraient appelé le drapeau des sophistes, ces raisonneurs trop habiles qui savaient également démontrer le pour et le contre. Il ne saurait abriter dans ses plis une doctrine sérieuse et durable, et les vrais jurisconsultes ne le prendront jamais pour guide dans l'interprétation de la loi, car la première qualité de tout système juridique, c'est d'avoir une signification précise qui ne puisse pas s'intervertir du jour au lendemain, et un argument n'a de force qu'à la condition de limiter lui-même sa portée.

Sans doute le ministère public ne poussera pas d'abord

les choses aux conséquences extrêmes indiquées par la théorie ; et il nous annonce lui-même que, s'il oubliait la modération toujours nécessaire dans l'accomplissement de ses difficiles devoirs, les tribunaux sauraient bien la lui rappeler. « Nous ne jugeons pas, quant à nous, dit » M. Chaix-d'Est-Ange : notre souffle n'emporte pas ainsi » les actes ; notre parole ne décide pas de l'honneur, de » l'état, des intérêts et des droits des citoyens. Nous ve- » nons porter nos doléances devant vous, vous faire part » de nos appréciations, les soumettre à votre sagesse. » La barrière dont nous aurions besoin, s'il en fallait » une à notre conscience, nous la trouverions ici, devant » vous, et votre prudence saurait modérer l'ardeur de » notre zèle.. » (Péroraison du réquisitoire de M. le pro- cureur général Chaix-d'Est-Ange, à la Cour de Paris, le 22 février 1861, Ministère public *contre* Cartault, voy. Dal- loz, *Recueil périodique*, 1861, II, 45.)

Mais tout le monde comprend qu'un pareil frein est loin de suffire. Une fois sur cette pente, on avancera un peu chaque jour, on s'habituera progressivement à des idées qui révolteraient maintenant tous les esprits, et les prétentions qui semblent exorbitantes aujourd'hui paraî- tront à peine hardies demain.

VI. — D'ailleurs, en admettant même que le ministère public doive toujours se restreindre dans des limites rai- sonnables, ou que la prudence des tribunaux n'oublie jamais de modérer l'ardeur de son zèle, le droit d'action dans l'intérêt de l'ordre public n'en continuerait pas moins à offrir de graves inconvénients.

Les excès de zèle seront réprimés, je le veux bien; les instances inconsidérées n'aboutiront pas, je l'accorde. Mais le fait seul des poursuites n'a-t-il pas bien souvent causé aux parties un préjudice considérable, quelquefois même un dommage qu'il n'est pas possible de réparer? N'arrivera-t-il jamais qu'une opposition mal fondée à un mariage n'empêche ce mariage de se réaliser, même lorsque l'opposition a été levée? La contestation d'un nom régulièrement acquis, bien qu'elle soit repoussée, ne causera-t-elle jamais d'inutiles blessures d'amour-propre en dévoilant des origines qu'on était bien aise de laisser dans l'ombre, en mettant à nu des vanités, ridicules peut-être, mais le plus souvent innocentes?

Puis, un procès, quelle qu'en soit l'issue, laisse toujours sur l'esprit public une fâcheuse impression : il y a tant de gens qui ne savent pas distinguer le prévenu du coupable! s'il n'y avait rien eu, disent-ils, on ne l'aurait pas accusé. Et le tribunal a beau déclarer hautement que le ministère public avait tort : ce sont les preuves qui manquaient, réplique-t-on, quand on n'invoque pas l'habileté captieuse d'un avocat ou l'influence occulte des relations personnelles.

C'est ainsi que le zèle indiscret d'un procureur impérial, tant réprimé qu'on le suppose par les juges, pourra livrer sans raison un honnête homme à la risée du public, si mortifiante surtout en France, ou même faire planer sur sa tête des soupçons plus graves, qui s'attaquent directement à son honorabilité, et vont quelquefois jusqu'à lui imputer des crimes proprement dits : ceux de bigamie ou d'inceste, par exemple.

Si de pareilles insinuations résultaient des actes d'un particulier, on invoquerait contre lui la loi sur la diffamation qui le conduirait en police correctionnelle et le ferait condamner à l'amende ou à la prison. Contre le ministère public, au contraire, on est complétement désarmé, et, quelque dommage que vous cause son erreur, on est obligé de le subir sans pouvoir se plaindre. Pourtant, ce dommage, dans certains cas, peut devenir énorme : on a vu des bruits de ce genre ébranler si profondément le crédit des malheureux qui en étaient poursuivis, ou leur rendre les relations personnelles tellement difficiles et irritantes, qu'ils étaient forcés de s'expatrier pour les fuir.

Écartons, si on le veut, ces hypothèses extrêmes, qui sont évidemment exceptionnelles, mais qui ne sont pas chimériques. Il restera encore dans tous les cas, et malgré l'échec supposé du ministère public, des dommages assez graves pour être pris en considération.

Cet homme, que le procureur impérial est venu attaquer à tort, a été distrait de ses affaires par les soins du procès, et pendant un temps quelquefois fort long, car le ministère public n'aura pas manqué sans doute d'aller en appel, peut-être même en cassation, et, surtout devant cette juridiction suprême, les affaires ne sont jugées qu'avec une extrême lenteur : il n'est pas rare en effet qu'une cause y reste plusieurs années inscrite au rôle avant d'être appelée à l'audience (1).

(1) Voyez à l'Appendice, note I.

Ces pertes de temps ont été pour lui des pertes d'argent. Il faut y ajouter les inquiétudes que cause toujours un procès, et surtout un procès de ce genre, car il n'est pas de cause où l'on soit absolument sûr d'avance du parti que prendront les magistrats. Puis, en admettant que la décision définitive doive imposer silence à tous les commérages, à tous les bruits diffamatoires, ils ne se donneront pas moins libre carrière jusqu'à ce que cette décision intervienne, c'est-à-dire pendant plusieurs années peut-être.

Enfin, après tous ces déboires, quand le procès aura pris fin, l'adversaire du ministère public sera-t-il au moins rendu indemne? Non. Tout ce qu'on lui accorde c'est de ne pas payer tous les frais du procès, comme il aurait dû le faire si le ministère public avait triomphé. D'après une jurisprudence constante, la partie, bien qu'elle ait démontré la justice de sa cause, n'en paye pas moins ses propres frais, et le ministère public ne supporte que ceux qu'il a faits lui-même, tandis que d'après le droit commun il devrait les supporter tous (Comp. art. 130 C. de Pr. civ. — Voy. ce qui est dit plus loin, p. 190).

Est-il encore possible de soutenir que les excès de zèle du ministère public trouveraient dans la sagesse des magistrats une barrière efficace, lorsqu'on voit tous les dommages qui survivent à la décision judiciaire la plus favorable que puisse espérer la partie?

Il faut donc détruire le mal dans sa racine, et tarir d'avance la source des abus, en ne permettant jamais au ministère public, hors des cas spécifiés par la loi, de se porter partie principale en matière civile dans l'intérêt de l'ordre public. «Cet intérêt, dit Dalloz (*Recueil pério-dique*, 1852, II, 113, note sur l'arrêt de la Cour de Paris, chambres réunies, du 13 août 1851); est trop vague, » trop élastique, et ses affinités sont telles avec l'intérêt » privé qu'il y aurait eu les périls les plus grands pour la » sécurité des transactions» (et, ajoute M. le conseiller La-borie, pour la paix des familles). « si les citoyens avaient » à craindre les perpétuelles invasions du ministère pu-» blic dans tous les actes qui pourraient lui être signalés » comme portant atteinte à l'ordre public. »

QUATRIÈME SECTION

TRAVAUX PRÉPARATOIRES DE LA LOI DE 1810. —
LOIS POSTÉRIEURES.

Nous venons d'indiquer les conséquences vraiment exorbitantes du système extensif qui permet au ministère public d'agir d'office en matière civile toutes les fois qu'il s'agit de faire exécuter une loi intéressant l'ordre public. Cependant, si regrettables que soient ces conséquences, le législateur de 1810 dans sa toute-puissance a pu les accepter : et c'est en effet ce qu'on prétend. Mais, dans tous les cas, il est impossible que leur gravité si ma-nifeste lui ait échappé : il a dû, par suite, les examiner avec soin, en balancer les avantages et les inconvénients, et sa décision une fois fixée, déduire les motifs qui l'avait déterminée.

I. — Ce que l'importance de la question exigeait déjà par elle-même, l'état antérieur de la législation le rendait encore plus indispensable.

En effet, avant la loi du 20 avril 1810, les attributions du ministère public étaient réglées par le titre VIII de la loi des 16-24 août 1790, dont l'article 2 s'exprime ainsi : « Au civil, les commissaires du roi (aujourd'hui les pro-
» cureurs généraux et impériaux) exerceront leur mini-
» stère, non par voie d'action, mais seulement par celle
» de réquisition, dans les procès dont les juges auront été
» saisis. » Rien n'est plus clair que ce texte, sur lequel on a pourtant voulu raffiner (voy. plus loin p. 222 et 224). En matière civile, le ministère public n'est que l'avocat de la loi ; son seul rôle est celui de partie jointe faisant des réquisitions, et il n'a pas le droit, au moins en principe, de prendre celui de partie principale.

Cependant les articles suivants introduisent immédia-
tement trois exceptions, d'importance diverse, à cette règle rigoureuse. D'après l'article 3, qui deviendra plus tard l'article 114 du Code Napoléon, le ministère public doit veiller pour les absents indéfendus. D'après l'ar-
ticle 6, il veille également au maintien de la discipline et à la régularité du service dans le tribunal : disposition re-
produite, presque avec les mêmes termes, par l'article 45, 2ᵉ alinéa de la loi du 20 avril 1810. Enfin, d'après l'article 5, il doit *tenir la main à l'exécution des jugements, et poursuivre d'office cette exécution dans les dispo-
sitions qui intéressent l'ordre public.* Du reste, l'article 6 et surtout l'article 3, tout en donnant incontestablement au

ministère public un rôle un peu plus actif que le rôle ordinaire d'une partie jointe, ne semblent pas assez clairs ni
assez énergiques pour lui permettre d'intenter des actions
proprement dites (voy. p. 242 et 249). On pourrait même,
non sans quelque apparence de raison, lui contester ce
droit dans le cas de l'article 5.

D'autres exceptions avaient été introduites par des lois
postérieures, notamment par le Code Napoléon. Mais le
principe subsistait toujours : le ministère public n'avait
pas la voie d'action en matière civile, si ce n'est lorsqu'un texte formel la lui donnait exceptionnellement.
C'est ce qu'exprime encore le premier alinéa de l'article 46
de la loi de 1810, par ces termes : « En matière civile, le
» ministère public agit d'office dans les cas spécifiés par
» la loi. »

Eh bien, on suppose que le législateur de 1810 veut
introduire une innovation radicale, ou plutôt changer
complétement de système. Ce que ses prédécesseurs
refusaient d'une manière si jalouse au ministère public,
il va au contraire le lui accorder presque sans restriction; son intervention active dans les affaires privées, qui
semblait si dangereuse, il va lui donner libre carrière.
N'est-ce pas le cas, ou jamais, d'indiquer les motifs qui
déterminent cette décision?

II. — Il y a deux parts à faire dans tout projet de loi :
les articles qui confirment les lois déjà en vigueur et ceux
qui introduisent des règles nouvelles. Quant aux premiers, l'exposé des motifs en parle d'ordinaire fort
brièvement, à moins que les dispositions reproduites

n'aient été l'objet d'attaques assez vives pour obliger à les
défendre. Un silence complet n'étonnerait même pas; on
voterait pour ainsi dire l'article sans le lire, sur cette seule
raison : il en est déjà ainsi ! Et cela peut s'expliquer aisément : ces dispositions n'ont-elles pas pour elles un argument souvent presque sans réplique, la tradition? et
notre esprit n'est-il pas enclin, par une pente naturelle
de sa nature, à trouver bon tout ce qui existe, par cela
seul qu'il existe?

Les règles nouvelles au contraire, l'exposé des motifs
ne manque jamais de s'en occuper fort longuement. Il
énumère avec soin tous les inconvénients de la loi ancienne, montre comment on a essayé d'y obvier, et développe les nombreux avantages que promet la loi pro-
jetée. C'est là que porte tout l'effort de la discussion : on
comprend qu'il ne faut pas modifier les lois à la légère,
sans raison grave, et que, pour supprimer une organisation imparfaite sans doute, mais qui, après tout, mar-
chait plus ou moins bien, et dont on connaît exactement
les défauts, il ne faut pas risquer de lui substituer une
organisation plus mauvaise encore, contenant peut-être
des vices, inaperçus aujourd'hui, qui se révéleront tout
à coup, trop tard, à l'application. Mieux vaut ne pas
innover si l'on n'est pas certain d'améliorer.

Voilà ce que font toujours, même pour des changements secondaires, le rapporteur d'un projet de loi et les
hommes, — conseillers d'État, tribuns ou législateurs, —
qui le discutent. Peut-on croire qu'ils l'aient négligé précisément le jour où ils introduisaient un changement aussi

radical que celui-là dans les attributions du ministère public?

III. — Prenons donc les travaux préparatoires de la loi du 20 avril 1810. C'est le comte Treilhard qui présente l'exposé des motifs au Corps législatif, et voici ce qu'il dit sur notre disposition, après avoir exposé le rôle du ministère public en matière criminelle : « Les fonc-
» tions dont je viens de parler, toutes grandes qu'elles
» soient, ne sont pas les seules attribuées au ministère
» public; la loi l'a constitué encore, en matière civile,
» le protecteur du faible et de l'orphelin; il doit être en-
» tendu dans toutes les affaires des mineurs, etc...;
» enfin, *il n'est aucune affaire d'ordre public qui lui soit*
» *étrangère*, et le même ministère qui poursuit les crimes
» et les délits, et qui protége notre honneur et notre vie
» dans les cours d'assises, *garantit aussi nos propriétés*
» *dans les cours civiles.* »

Est-il possible d'imaginer un développement plus banal? Et cette banalité même ne montre-t-elle pas qu'il s'agit simplement de consacrer un état de choses déjà existant, dont les motifs par conséquent ne sont plus à donner?

Pas un mot, d'ailleurs, dans les paroles du comte Treilhard, ne peut même faire soupçonner qu'il ait seulement entrevu la grave question qui nous préoccupe et l'innovation radicale qu'on prétend trouver dans l'article.

En admettant qu'on puisse dégager une idée nette de cette emphase puérile, — commune à tous les discours de cette époque, — il en résulterait plutôt que le

comte Treilhard a voulu faire allusion d'une manière exclusive au rôle du ministère public comme partie jointe.
En effet ce passage est la paraphrase, on pourrait presque dire alinéa par alinéa, de l'article 83 du Code de Procédure civile, déjà promulgué depuis quatre ans, et qui
détermine quelles sont les causes où le ministère public
doit donner ses conclusions. La fin de ce développement (*il
n'est aucune cause d'ordre public qui lui soit étrangère*), où
la présence des mots ORDRE PUBLIC pourrait donner l'idée
de chercher une allusion au moins lointaine à notre disposition, correspond exactement au premier paragraphe
de l'article 83, de sorte que le parallélisme est complet.

Enfin, ce qui semble encore montrer que le comte Treilhard écrivait avec le texte de cet article sous les yeux,
sans songer à aucune autre disposition, c'est la manière
dont il couronne et résume tout son développement :
« IL (*le ministère public*) GARANTIT.... NOS PROPRIÉTÉS DANS
LES COURS CIVILES ». Cette formule s'applique assez bien
en effet aux cas où le ministère public est partie jointe ;
mais, dans ceux où il serait partie principale en vertu du
second alinéa de l'article 46, tel qu'on veut l'entendre,
il ne s'agit presque jamais, au moins directement, d'une
question d'argent ou de patrimoine ; le procès portera par
exemple sur des points de compétence *ratione materiæ*,
de filiation, de rectification d'actes de l'état civil, de va-
lidation ou d'annulation de mariage, etc., toutes matières
pour lesquelles les termes employés par le comte Treilhard
seraient impropres. Dans tous les cas, lorsque le ministère public prend ce rôle de partie principale, au lieu de

garantir nos propriétés, il demande au contraire à nous
enlever un droit dont nous jouissons en fait et que nous
prétendons être notre légitime propriété.

Ainsi, loin d'indiquer les motifs du droit d'action dans
l'intérêt de l'ordre public, qu'on prétend introduit en
faveur du ministère public par le second alinéa de l'article 46, le comte Treilhard ne parle même pas du droit
d'action dans les cas spécifiés par la loi, droit que consacre
certainement le premier alinéa.

Quant au rapport lu devant le Corps législatif par
M. Noailles, au nom de la section de législation civile et
commerciale de cette assemblée (1), il est encore moins
instructif, car il se borne à reproduire, sans même y introduire de variante qui vaille la peine d'être mentionnée,
le texte de l'article 46.

IV. — Ce silence complet des travaux préparatoires
était trop significatif pour qu'on ne cherchât point à l'expliquer. On a donc imaginé que, si les motifs de l'innovation ne se trouvaient indiqués nulle part, c'est parce qu'ils
étaient assez évidents par eux-mêmes et n'avaient point besoin d'être rappelés. « On dit », s'écriait M. le procureur
général Chaix d'Est-Ange devant la Cour de Paris, le 22
février 1861 (*ministère public* contre *Cartault;* voy. Dalloz
Recueil périodique, 1861, II–44), « on dit que cette loi de
» 1810 n'a pas donné lieu à controverse; on ajoute qu'une
» si grande transformation ne pouvait se faire sans discus-
» sion, sans explication, et en quelque sorte d'une manière
» clandestine et subreptice. Mais la controverse n'était-

(1) V. Locré, t. XXV, p. 668 et suiv.

» elle pas impossible? Mais, dans ce Sénat si éclairé, si un
» membre s'était levé contre le projet de loi, si, malgré
» l'esprit du temps qui rétablissait toutes choses et rendait
» à tous les agents du pouvoir toute l'étendue de leur
» autorité, il était venu contester celle du ministère public,
» n'aurait-il pas été accablé? C'était si clair d'ailleurs, si
» simple, si urgent, que personne n'aurait voulu ni osé
» contester le principe de la loi de 1810. »

On s'expliquera facilement, avec M. Chaix d'Est-Ange,
qu'il n'y ait pas eu d'objection dans les corps chargés de
voter la loi : ce n'était guère l'usage alors, et *l'esprit du
temps* y répugnait. Mais ce qu'il n'est pas aussi aisé de
comprendre, c'est le silence du comte Treilhard et de
M. Noailles. Il était plus que rare, dans cette période du
premier Empire, qu'un projet de loi rencontrât une opposition sérieuse; on le savait très-bien d'avance, et pourtant cela n'empêchait pas de développer les motifs de
chaque loi, absolument comme si l'on avait eu quelqu'un
à convertir. Ici au contraire on se serait retranché dans le
plus complet laconisme. « Mais les motifs étaient si évidents, si peu discutables! tout le monde les avait présents
à l'esprit. » *Si évidents*, dites-vous : comment se fait-il,
alors, qu'ils aient cessé de l'être aujourd'hui? car il est
certain que ce qui a surtout empêché jusqu'ici le triomphe de la doctrine extensive, ce sont précisément les
dangers que présentent ces droits d'action dans l'intérêt
de l'ordre public remis aux magistrats du parquet.

V. — On dit aussi que des scandales récents avaient
montré la nécessité de modifier la loi du 24 août 1790

pour accorder au ministère public un droit d'intervention plus large dans les affaires civiles.

En 1807, un père avait fait frauduleusement annuler,
par le tribunal de Bruxelles, le mariage de sa fille aînée,
sous le prétexte mensonger qu'il n'y avait pas consenti,
et se disposait ensuite à marier sa fille cadette avec le
même individu qui avait déjà épousé l'aînée. Quelque
temps après, dans le département des Basses-Pyrénées,
un mariage fut aussi annulé frauduleusement, sur la présentation de pièces fabriquées dont la fausseté fut reconnue
quelques mois après le jugement. Le procureur général de
la Cour de Bruxelles, puis celui de la Cour de Pau de-
mandèrent des instructions à la Chancellerie. Ils reçurent
l'ordre d'interjeter appel contre ces deux jugements, qui
furent en effet annulés, l'un par arrêt de la Cour de
Bruxelles du 1ᵉʳ août 1808, l'autre par arrêt de la Cour de
Pau du 28 janvier 1809 (voy. *Journal du palais*, 3ᵉ édit.
chronol., à leur date ; — Sirey, anc. édit., t. VIII, II-273,
et t. IX, II-241 ; — Dalloz, *Répert. alphab.*, 1ʳᵉ édit., t. X,
p. 109, et nouv. édit. vᵒ Mariage, nᵒ 521).

Les instructions envoyées au procureur général de
Bruxelles n'ont pu être retrouvées nulle part, même en
analyse. Quant à celles qui ont été adressées un peu plus
tard au procureur général de Pau, et qui ne sont sans
doute, au moins pour les principes, que la reproduction
des premières, on n'en connaît pas non plus le texte
(voy. plus loin, p. 347); mais il en existe un résumé
aux archives du ministère de la justice (voy. plus loin,
p. 346). Voici ce résumé tel qu'il a été publié en 1851, à

l'occasion de l'affaire Vergniol (voy. plus loin, p. 464).

« Il est des circonstances où le procureur impérial
» peut poursuivre d'office la nullité d'un mariage, lors
» même que les parties contractantes consentiraient à
» l'exécuter. Il doit également protéger celui qui a été
» fait conformément à la loi, et ne pas permettre qu'on
» puisse le dissoudre par d'autres voies que celles que
» la loi a autorisées. Dans ces fonctions comme dans
» toutes les autres, le procureur impérial est subordonné
» au procureur général, lequel peut appeler d'un juge-
» ment de première instance, qui, adoptant les conclu-
« sions du procureur impérial, aurait déclaré nul, sur
» la demande d'un époux non contredit par l'autre, un
» mariage évidemment valable. »

Ainsi le ministre de la justice faisait découler pour le
ministère public le droit d'agir en validité d'un mariage
annulé à tort du droit qui lui est expressément conféré,
par les articles 184, 190 et 191 du Code Napoléon, de
faire prononcer la nullité des mariages entachés de certains vices. Et c'est en se rattachant à cette doctrine que
les Cours de Bruxelles et de Pau ont réformé les jugements
attaqués. (Comp. ce que nous disons plus loin, p. 346).

S'il y a eu des scandales affligeants peu de temps avant
la loi du 20 avril 1810, la législation alors en vigueur n'a
donc pas été impuissante à les réprimer, et, par conséquent, on ne voit pas pourquoi il aurait été si indispensable de la transformer complétement. Le garde des sceaux,
à la vigilance duquel on peut se fier en pareille matière,
ne songe pas à se plaindre de l'insuffisance de la loi dans

les deux circonstances qui lui sont soumises; il indique, au contraire, les moyens de répression qu'elle fournit.

Quant au gouvernement, il était si peu préoccupé des prétendus inconvénients signalés aujourd'hui, que, quelques années auparavant, les décrets de promulgation du Code Napoléon à Parme (20 prairial an XIII) et en Ligurie (15 messidor an XIII) reproduisaient presque sans changement le texte de l'article 2, titre VIII, de la loi du 24 août 1790. Cependant cette loi était appliquée en France depuis quinze ans déjà : si elle avait été entachée de vices aussi graves qu'on veut bien le dire, ces vices se seraient manifestés depuis longtemps dans la pratique, et il y aurait été pourvu dans ces décrets.

VI. — Ainsi, aucune des circonstances, aucun des actes qui ont précédé ou accompagné la loi du 20 avril 1810 n'indique l'intention ni le besoin d'innover. Les documents postérieurs à cette loi montrent que les pouvoirs constitués ne la considérèrent pas non plus comme ayant modifié sur ce point la législation antérieure.

On objecte tout de suite, il est vrai, l'article 122 du décret du 18 juin 1811. Mais ce décret prouve seulement qu'il est des *cas où le ministère public agit dans l'intérêt de la loi et pour assurer son exécution.* Or, sans parler des hypothèses déjà prévues par les articles précédents du décret, il reste toujours les articles 114, 1057 et 2145 du Code Napoléon, et le décret du 30 décembre 1809, dont il n'a pas encore été question. D'ailleurs, si la disposition finale de l'article 122 du décret du 18 juin 1811 faisait allusion à l'article 46 de la loi du 20 avril 1810, on n'aurait pas manqué de citer cet article comme les autres textes auxquels on se référait. Enfin, les termes employés par le décret de 1811 ne rappellent aucunement ceux de la loi de 1810 : il y manque surtout les mots *ordre public*, qui caractérisent le dernier alinéa de l'article 46 (1).

Sous la Restauration, deux ordonnances royales du 24 et du 30 septembre 1828 (voy. ci-dessus p. 53 et plus loin p. 95 et 430) organisent l'ordre judiciaire dans les colonies françaises des Antilles et à l'île Bourbon. Les ordonnances relatives aux colonies se bornent presque toujours à reproduire les lois correspondantes en vigueur sur le territoire continental de la France, avec quelques modifications de détail nécessitées par les circonstances locales. Ces deux ordonnances ont pris en effet pour modèle la loi du 20 avril 1810. Mais les articles 82 de l'ordonnance du 24 septembre et 73 de l'ordonnance du 30 ne contiennent pas le mot *lois*, comme le second alinéa de l'article 46 de la loi de 1810, qu'ils reproduisent (voy. plus haut, p. 5 et 53). Les articles 81 et 72 de ces ordonnances,

---

(1) M. G. Debacq, *Action du ministère public en matière civile*, p. 104, avance même, sans y insister il est vrai, que les derniers mots de l'article 122 du décret de 1811 pourraient se rapporter aux pourvois dans l'intérêt de la loi établis par l'article 25 de la loi du 27 novembre 1790. Mais cette opinion nous semble directement contraire au texte qui suppose le ministère public agissant « dans l'intérêt de la loi et POUR ASSURER SON EXÉCUTION ». En effet, le pourvoi dans l'intérêt de la loi n'a pas pour but d'assurer l'exécution actuelle de la loi, et il ne peut même y conduire dans aucun cas, puisque les décisions en dernier ressort annulées dans l'intérêt de la loi par la Cour de cassation, continuent à rester obligatoires entre les parties. L'intention de l'Assemblée constituante, en établissant ce genre particulier de pourvoi en cassation, était seulement de maintenir l'unité de la jurisprudence. Elle voulait ainsi conserver les avantages que présentait le droit d'appel exercé d'une manière générale par le ministère public de l'ancien régime (voy. plus loin, p. 210).

qui correspondent au premier alinéa de l'article 46, disent d'ailleurs nettement que le ministère public » *n'*exercera son ministère *que* dans les cas déterminés » par les lois et ordonnances » ; et, — ce qui montre mieux encore l'intention de restreindre l'action du ministère public aux cas expressément spécifiés, sans admettre en bloc tous les cas d'ordre public expressément spécifiés, — ils l'autorisent en outre à intervenir « lors- » qu'il s'agira de la rectification d'actes de l'état civil » qui, par de fausses énonciations, attribueraient à un » homme de couleur libre ou à un esclave une qualité » autre que celle qui lui appartient ».

En 1838, dans la loi du 30 juin, *sur les aliénés*, article 32, on crut nécessaire d'accorder expressément au ministère public le droit de faire nommer par le tribunal un administrateur provisoire chargé de gérer les biens des individus non interdits placés dans un établissement d'aliénés. Ce droit, il ne le possédait donc pas en vertu de l'article 46 de la loi du 20 avril 1810. Cependant nous sommes bien là dans une circonstance intéressant l'ordre public, et l'on pouvait en outre invoquer un puissant argument d'analogie, ou même *à fortiori*, tiré de l'article 491 du Code Napoléon, qui charge le ministère public de poursuivre l'interdiction des fous furieux dans tous les cas, et des imbéciles ou des déments lorsqu'ils n'ont ni parents ni époux connus. Mais on fit remarquer dans la discussion que, «*en matière exceptionnelle,* » on ne pouvait conclure d'un cas à un autre, et que » *l'action* conférée par le Code Napoléon ou d'autres

» lois au ministère public *devait être restreinte aux* CAS
» SPÉCIAUX *pour lesquels elle avait été édictée.* » On ne
supposait donc pas que le ministère public avait le droit
d'agir toutes les fois que l'intérêt de l'ordre public était
engagé.

L'article 29 de la même loi autorise le procureur
impérial à se pourvoir devant le tribunal pour faire
ordonner la sortie d'une personne placée dans un établissement d'aliénés. Ne s'agit-il point là encore d'une
disposition intéressant l'ordre public?

Dans la loi du 5 juillet 1844 *sur les brevets d'invention,*
nous voyons l'article 37 prendre la peine d'accorder au
ministère public le droit de poursuivre la nullité d'un
brevet : 1° lorsque la découverte, invention ou application n'est pas susceptible d'être brevetée; 2° lorsqu'elle
est reconnue *contraire à l'ordre ou à la sûreté publique,*
aux bonnes mœurs ou aux lois du royaume; 3° lorsque
le titre sous lequel le brevet a été demandé indique
frauduleusement un objet autre que le véritable objet de
la convention. Toutes ces circonstances n'intéressent-
elles pas au plus haut degré l'ordre public, et ne rentre-
raient-elles point par conséquent dans la disposition
finale de l'article 46 de la loi du 20 avril 1810, si cette
disposition avait le sens qu'on lui prête?

Cependant, loin de croire le droit d'action du ministère public déjà établi et incontestable, on le débattit
fort vivement; on voulait même l'écarter d'une manière
complète, et personne ne le considérait de bon œil.

« ...La commission avait vu beaucoup d'inconvénients

» à ces actions principales accordées au ministère pu-
» blic, et qui n'étaient que *très-exceptionnellement* dans
» ses attributions », déclarait le rapporteur de la commission de la Chambre des députés, M. Ph. Dupin. Le
rapporteur de la commission de la Chambre des pairs,
M. de Barthélemy, n'était pas plus favorablement disposé. On ne pouvait pas, disait-il, laisser à chacun des
procureurs du roi près les divers tribunaux du royaume
le soin d'intenter, d'après ses propres idées et la seule
impulsion de ses lumières personnelles, de vastes procès.
Le simple droit d'intervention dans une instance déjà
engagée lui déplaisait même, et il lui semblait bien dur
d'exposer les parties à supporter tout le coût d'un procès
fort agrandi par une intervention de cette nature de la
part du ministère public.

Enfin, la loi du 10 juillet 1850 *sur la publicité des
contrats de mariage* prend soin de conférer expressément au ministère public, dans le cas où la déclaration
des parties qu'il a été fait ou non un contrat de mariage
aurait été omise ou serait erronée, le droit de demander la rectification de l'acte de mariage, « *en ce qui
touche l'omission ou l'erreur* » (art. 76, dernier alinéa,
C. Nap.). Cependant il s'agissait là de matières qu'on
rattache d'ordinaire à l'ordre public, et le rapporteur
de la loi à l'Assemblée législative, M. A. Valette, exprimait lui-même cette manière de voir. Il n'en a pas
moins paru nécessaire aux rédacteurs de cette loi d'ajouter une disposition spéciale pour fonder le droit d'action
du ministère public; et, tout en le consacrant, on ne

manquait pas de le restreindre dans des limites rigoureusement tracées, ce qui n'aurait eu aucun sens si les procureurs impériaux avaient possédé, en vertu d'autres textes, le droit d'agir au delà aussi bien qu'en deçà de ces limites.

Citons aussi les lois du 25 mars 1817, article 75 (voy. plus loin, p. 428), et du 10 décembre 1850 (voy. p. 454), qui chargent le ministère public des rectifications d'actes de l'état civil concernant les indigents, et de faire toutes les procédures nécessaires à leur mariage. Là encore, n'est-ce pas un intérêt public qui est en jeu?

Nous suivons donc la pensée du législateur de loi en loi, jusque dans ces dernières années, et toujours nous la trouvons conforme au système restrictif. Comment s'expliquerait-on que les auteurs de toutes les lois qui ont touché à cette matière se soient aussi unanimement mépris sur le sens véritable de l'article 46 de la loi de 1810? et, en admettant qu'une telle illusion soit possible, ne pourrait-on point dire que cette erreur fait droit, que le législateur s'est interprété lui-même par ses actes postérieurs, et que sa nouvelle volonté, exprimée à tant de reprises diverses par ses représentants, a implicitement abrogé l'ancienne?

CHAPITRE V

Nous venons d'exposer le système de nos adversaires
avec autant de bonne foi et d'ardeur que s'il était le
nôtre; nous n'avons négligé aucune objection sérieuse,
et, loin d'atténuer leurs critiques pour les combattre plus
aisément, nous les avons au contraire, dans bien des cas,
fortifiées de quelques considérations nouvelles. Dans la
troisième section notamment, les incertitudes et les contradictions de l'ordre public se trouvent plus énergiquement développées qu'elles ne l'avaient été jusqu'ici par les
défenseurs du système restrictif, et l'on a relevé un certain nombre d'antinomies qu'ils n'avaient point encore
aperçues (voy. plus haut, p. 51 à 68).

L'édifice que nous venons de construire paraît assez
bien lié dans ses diverses parties, et ne semble pas près
de crouler. Nous allons maintenant le reprendre pièce à
pièce, pour examiner chacun de ses éléments, et nous
suivrons dans cette analyse le même ordre qu'au chapitre précédent, ce qui nous fournira également quatre
sections.

PREMIÈRE SECTION

ANTAGONISME DES DEUX ALINÉAS DE L'ARTICLE 46 DE LA LOI
DE 1810.

PREMIÈRE PARTIE

LE SYSTÈME EXTENSIF CONCILIE LES DEUX ALINÉAS DE L'ARTICLE 46 SANS
SUPPRIMER LE PREMIER AU PROFIT DU SECOND.

La plus grave objection que nous adressent les partisans du système restrictif, c'est de prétendre que nous
établissons entre les deux alinéas de l'article 46 de la loi
du 20 avril 1810 un antagonisme complet, et que nous
supprimons le premier au profit du second. « En effet,
disent-ils, les cas d'action du ministère public spécifiés par
la loi n'ont pu l'être qu'en vue de l'ordre public, et, lorsque le premier alinéa dit que le ministère public agit
d'office dans ces cas, il dit implicitement qu'il n'a pas le
droit d'agir dans d'autres. Or, le second alinéa, s'il accorde le droit d'action au ministère public dans tous les
cas, spécifiés ou non, où l'ordre public est intéressé, détruit évidemment le premier alinéa, et rend inutiles les
précautions prises par les lois antérieures pour éviter les
abus auxquels ce droit d'action peut conduire.» (Voy. plus
haut, p. 40 à 44.)

Il y a deux réponses à faire à cette objection, l'une en
théorie, l'autre en fait. Nous allons les exposer successivement dans deux paragraphes distincts.

§ I. — **L'intérêt de l'ordre public n'est pas le seul motif que le législateur puisse avoir en vue lorsqu'il charge le ministère public d'agir d'office.**

I. — On prétend d'abord que le législateur, en accordant au ministère public, d'une manière expresse, le droit d'agir dans certains cas, n'a pu avoir en vue autre chose que l'ordre public. C'est là une erreur qui repose principalement sur une confusion entre l'*ordre public* et l'*intérêt public* ou l'*utilité publique*.

On pourrait, en effet, avec quelque apparence de raison, soutenir que, si le ministère public est chargé d'intervenir da ns certains cas déterminés, c'est nécessairement pour protéger un intérêt public que le législateur a cru y découvrir, car les intérêts privés trouvent, dans les citoyens qu'ils concernent, des défenseurs suffisamment zélés; et, d'ailleurs, tous les intérêts purement privés étant égaux devant l'État, celui-ci n'a aucun motif, ni aucun droit, pour protéger les uns plutôt que les autres. Cependant ce système serait encore incomplet, car le législateur peut parfaitement accorder le droit d'action au ministère public en vue d'un intérêt d'humanité ou de justice évidente, deux choses qu'on ne doit pas confondre avec l'utilité publique. Ce sont même là, selon toute vraisemblance, les motifs qui l'ont déterminé, — pour ne citer que deux dispositions, — à charger le ministère public de poursuivre la rectification des actes de l'état civil concernant les indigents (voy. art. 75 de la loi de finances du 25 mars 1817), et de veiller spécialement sur les intérêts des personnes présumées absentes (voy. art. 114 C. Nap.; — et ce que nous disons plus loin, p. 91).

Mais l'*ordre public* (1) diffère profondément de l'*intérêt public* : cette seconde expression a une extension bien plus large que la première, et s'applique à des hypothèses beaucoup plus multipliées.

Ainsi, il est évidemment d'intérêt public que les forêts de l'État soient habilement administrées et produisent les plus gros revenus possibles, car le Trésor en sera d'autant plus riche et pourra faire de nouvelles dépenses ou diminuer certains impôts. Si l'administration était mauvaise et les revenus presque nuls, l'intérêt public en souffrirait assurément; mais en quoi l'ordre public serait-il compromis ou lésé? Nous avons une loi sur l'expropriation pour cause d'utilité publique dont on a fait, dans ces dernières années surtout, de bien larges applications : était-ce l'ordre public qu'on invoquait pour les légitimer? Non; car le percement d'une rue ou le creusement d'un canal ne profitent pas, au moins directement, à l'ordre public.

L'ordre public n'est donc pas la même chose que l'intérêt public; et l'on conçoit très-bien que les procureurs impériaux soient chargés d'agir d'office dans des cas qui ne touchent pas à l'ordre public, mais où l'intérêt public se trouve cependant engagé, et encore dans des

---

(1) Nous examinerons dans le chapitre VII (p. 491) ce qu'il faut entendre par ordre public au sens de l'article 46 de la loi du 20 avril 1810. Cette question est trop importante pour être traitée incidemment.

circonstances où cette intervention s'explique par de hautes considérations d'humanité et d'équité.

II. — L'article 83 du Code de procédure civile, — dont on a tiré contre notre doctrine une objection que nous examinerons tout à l'heure (p. 166), — fournit ici un argument à l'appui de ce que nous venons de dire. En effet, si les considérations d'ordre public étaient les seules qui pussent expliquer l'intervention des procureurs impériaux ; si, en dehors de ce qui le concerne, rien ne pouvait faire sortir de leur indifférence absolue les représentants de l'État et de la loi, cela devrait être vrai également des cas où le législateur impose au ministère public le rôle de partie jointe et des cas où il lui accorde celui de partie principale. L'article 83 du Code de procédure civile énumère les causes qui seront nécessairement communiquées au procureur impérial pour que celui-ci donne ses conclusions, — et il doit le faire à peine de nullité du jugement qui interviendrait sans elles ; — or, voici les causes qu'indique cet article :

« 1° Celles qui concernent l'ordre public... »

Tout est dit, suivant la théorie de nos adversaires, quoique en une formule qu'ils ne manqueraient pas eux-mêmes de trouver trop obscure, trop laconique, trop sujette à controverses ; mais enfin, bien ou mal, tout est dit, et le législateur ne devrait plus rien ajouter, puisque, dans leur système, ce qui ne concerne pas l'ordre public ne doit jamais intéresser, à aucun degré, le ministère public. Il paraît cependant que ce système n'est pas celui qui a présidé à la rédaction de l'article 83 du Code de procédure civile, car nous sommes à peine au commencement de cet article assez long, qui continue ainsi :

..... (*Les causes qui concernent*)..... « l'État, le do-
» maine, les communes, les établissements publics, les
» dons et legs au profit des pauvres ;

    » 2° Celles qui concernent l'état des personnes et les
» tutelles ;

    » 3° Les déclinatoires sur incompétence ;

    » 4° Les règlements de juges, les récusations et ren-
» vois pour parenté et alliance ;

    » 5° Les prises à partie ;

    » 6° Les causes des femmes non autorisées par leurs
» maris, ou même autorisées, lorsqu'il s'agit de leur
» dot, et qu'elles sont mariées sous le régime dotal ; les
» causes des mineurs, et généralement toutes celles où
» l'une des parties est défendue par un curateur ;

    » 7° Les causes concernant ou intéressant les per-
» sonnes présumées absentes. »

De cette énumération on peut tirer deux conséquences au point de vue de la question qui nous occupe.

Elle montre d'abord que le législateur n'entend pas les mots *ordre public* d'une manière aussi large que le voudraient nos adversaires. Sans doute, nous consentirions volontiers nous-mêmes à faire rentrer dans l'ordre public quelques-unes des hypothèses prévues par la suite de l'article ; si le législateur les a mentionnées en particulier, c'était vraisemblablement dans l'intention fort louable de mettre à l'abri de toute controverse les principaux cas d'application de sa formule qui se présentaient immédiatement à son esprit. Mais nous n'hésitons pas à reconnaître, avec le texte de l'article 83 du Code de procédure civile pris au pied de la lettre, que le plus grand nombre des causes indiquées après « celles qui » concernent l'ordre public » sortent réellement de ce qu'on doit entendre par *ordre public*.

Cette énumération nous montre, en second lieu, que le législateur ne se restreint pas aux circonstances d'ordre public proprement dit pour faire intervenir le ministère public dans certains procès, et qu'il tient compte aussi, en dehors de ce cercle étroit, de considérations d'un autre ordre, touchant par exemple aux intérêts du Trésor ou de la richesse publique, à des questions d'humanité, d'équité, etc.

Ainsi la loi elle-même dément cette indifférence absolue, pour tout ce qui n'attaque pas directement l'ordre public, dont nos adversaires voudraient faire l'attribut essentiel du ministère public. L'argument que nous réfutons s'écroule donc par la base; car, s'il y a des cas, en dehors de ceux d'ordre public, où le législateur croit nécessaire de faire intervenir forcément le ministère public comme partie jointe, pourquoi ne pourrait-il pas y en avoir aussi dans lesquels il lui permettrait de se porter partie principale?

§ II. — **Plusieurs des cas d'action du ministère public spécifiés par la loi sont étrangers à l'ordre public. — A quel titre il intervient dans quelques-uns de ces cas.**

En fait, il est facile de montrer que, dans un bon nombre de circonstances où le droit d'action a été conféré d'une manière expresse au ministère public, soit avant, soit depuis la loi du 20 avril 1810, l'ordre public ne se trouve pas intéressé. Nous en indiquerons seulement quelques-unes.

I. — D'après l'article 114 du Code Napoléon, le ministère public est spécialement chargé de veiller aux intérêts des personnes présumées absentes. D'après l'article 812 du même Code, il doit faire nommer un curateur aux successions vacantes. L'ordre public est-il intéressé dans ces deux cas? Nous ne le croyons point. Et nous pouvons remarquer tout de suite que l'article 83 du Code de procédure civile ne semble pas l'admettre non plus, car, après avoir indiqué dans son 1° toutes les causes « qui concernent l'ordre public », il mentionne à part, dans son 7°, « les causes concernant ou intéressant les » personnes présumées absentes ». Quant aux affaires concernant les successions vacantes, elles rentrent naturellement dans « celles où l'une des parties est défendue » par un curateur », et qui sont indiquées dans la disposition finale du 6°. Mais on pourrait prétendre qu'il y a là une simple répétition destinée à rendre toute controverse impossible sur ce cas (voy. ci-dessus, p. 89). Examinons donc la question en elle-même.

Si le ministère public ne veillait pas aux intérêts des absents, il pourrait arriver que des tiers usurpassent leurs biens ou même se les fissent attribuer par les tribunaux, grâce à des jugements par défaut. Cela serait injuste, sans doute ; mais l'ordre public en serait-il troublé? Pas le moins du monde ; il y aurait un propriétaire au lieu

d'un autre, et voilà tout. Or, qu'importe à l'État que tel
bien soit entre les mains de Pierre ou de Paul? Tout au
plus pourrait-on dire qu'au point de vue de la perception de l'impôt et de la richesse générale du pays, il est
intéressé — et déjà il ne s'agit plus précisément d'ordre
public — à ce que ce bien soit convenablement admi-
nistré, de manière à produire beaucoup et à augmenter
de valeur. Mais rien ne prouve que l'usurpateur ne gé-
rera pas avec plus de soin et d'intelligence que les admi-
nistrateurs salariés nommés par le tribunal, administra-
teurs toujours peu actifs, parce qu'ils n'ont aucun intérêt
à faire croître la valeur des biens, et qu'ils sont d'ailleurs
gênés par les limites assez étroites de leur mandat.

Quand on considère l'usurpateur au point de vue général de la société, — et nous nous plaçons dans l'hypothèse la plus défavorable, celle d'un possesseur de
mauvaise foi, — on remarque bientôt que le législateur
ne le considère pas comme si funeste au bien général,
puisqu'il institue la prescription de trente ans, qui, n'exigeant ni titre ni bonne foi, semble faite tout exprès
pour lui (1); et, aux yeux de tous les auteurs, cette
prescription est d'intérêt public. Les traits odieux dont
nous nous plaisions d'abord à charger la physionomie
de l'usurpateur s'effacent ainsi l'un après l'autre, ou du
moins s'affaiblissent beaucoup, pour laisser apparaître le
portrait suivant tracé par un de nos grands juriscon-

(1) Il est vrai que cette prescription a surtout pour but de protéger les
possesseurs de bonne foi ou les propriétaires qui ont perdu leur titre. Mais, à
côté du but, il y a les résultats inévitables, nécessairement prévus, et, par
suite, acceptés en connaissance de cause.

sultes dans sa justification de la prescription trentenaire :

« L'usurpateur, en présence de sa conquête, s'empresse de se livrer au travail qui l'utilise, de payer les charges dues à l'État, de remplir les devoirs de bon voisinage envers ceux qui confinent avec lui. C'est au travail qu'il en appelle pour se donner au moins une apparence de droit sur ce champ qu'il cultive pendant que le véritable maître semble l'abandonner; c'est par la conduite d'un père de famille diligent qu'il veut purger le vice originaire de sa possession. D'un côté, se trouve placé un droit qui semble s'oublier et s'abdiquer; de l'autre, un fait qui aspire à devenir droit; ici un principe inerte et oisif, là une activité profitable à l'État : décadence d'une part, progrès de l'autre. Dans cet état de choses, l'offense originaire faite à la loi perd de jour en jour de sa gravité; elle s'efface peu à peu du souvenir des témoins contemporains, et une légitimité apparente et putative colore la possession longuement tolérée. » (Troplong, *De la prescription*, n° 11.)

Sans doute, le portrait est un peu flatté : les besoins de la cause l'exigeaient. Mais, la part faite aux circonstances, ce qui reste suffit encore pour montrer que l'intérêt de l'ordre public est ici fort douteux, puisqu'on peut l'invoquer de part et d'autre. Il est certain, d'ailleurs, que M. Troplong, en parlant de la prescription trentenaire, ne pouvait oublier qu'elle s'accomplit bien des fois contre des absents qui ne sont pas toujours en faute pour n'avoir point pourvu à l'administration de leurs biens. Cependant cela ne l'empêchait point de penser ce que nous venons de lire.

Par suite de ces usurpations, et lors même que la prescription ne les aurait pas encore définitivement consolidées, il pourra se faire que l'absent, à son retour, se trouve ruiné d'une manière plus ou moins complète, peut-être sans ressources. Après tout, il ne sera pas le seul malheureux réduit à ce triste état, et l'ordre public n'en courra pas beaucoup plus de dangers pour cela. C'est là sans doute un résultat éminemment regrettable, même au point de vue de la société; mais, dans la question actuelle, il n'est pas plus décisif que les précédents.

II. — A notre avis, l'article 114 du Code Napoléon ne s'explique point par une considération d'ordre public, ni même d'intérêt général, mais par un motif de justice qui a conduit à considérer le ministère public — dans cette circonstance et dans quelques autres du même genre — comme le représentant naturel et le défenseur-né des personnes qui avaient été dans l'impossibilité d'en choisir un autre.

Cette manière de voir, qui, je crois, n'a pas encore été indiquée d'une façon nette, peut étonner au premier abord; mais elle paraît fort naturelle quand on y réfléchit, et il y a des dispositions législatives qui ne peuvent pas s'expliquer autrement. Citons comme exemple l'article 69, n°° 8 et 9, du Code de procédure civile, qui ordonne de remettre au procureur impérial les exploits d'assignation concernant les individus qui n'ont en France aucun domicile ni aucune résidence connue, ceux qui habitent le territoire français hors du continent, et ceux

qui sont établis chez l'étranger. Il n'est pas possible
d'invoquer ici l'ordre public, et l'on voit, je crois pouvoir
dire avec évidence, le ministère public substitué à l'intéressé comme le serait un mandataire conventionnel,
légal ou judiciaire.

L'ordonnance royale du 24 septembre 1828, concernant l'organisation de l'ordre judiciaire à l'île de la Martinique et à l'île de la Guadeloupe et ses dépendances
(voy. ci-dessus, p. 53 et 79, et plus loin, p. 430), nous
fournit une autre application de cette idée, qui se rattache
à notre matière. L'article 81 de cette ordonnance décide,
en effet, que le ministère public aura le droit d'action en
matière civile « lorsqu'il s'agira de la rectification des
actes de l'état civil qui, par de fausses énonciations,
attribueraient à un homme de couleur libre ou à un
esclave, une qualité autre que celle qui lui appartient ».
Il s'agit ici d'un individu dont l'état, la personnalité
civile, sont précisément en litige. Le ministère public, en
revendiquant la qualité d'homme libre pour une personne confondue parmi les esclaves, et désignée à tort
comme tel par les registres de l'état civil, ne fait-il pas
en son lieu et place ce que sa position particulière ne lui
permettrait pas de faire elle-même? — On peut en dire
autant des lois (voy. p. 454) qui chargent le ministère public d'agir au nom des indigents, dans la même matière.

La même idée se retrouve également dans l'article 116
du Code Napoléon, dont voici le texte : « Pour constater
» l'absence (*il s'agit d'arriver à la déclaration d'absence*),
» le tribunal, d'après les pièces et documents produits,

« ordonnera qu'une enquête soit faite *contradictoirement*
» *avec le procureur du roi*, dans l'arrondissement du do-
» micile et dans celui de la résidence, s'ils sont distincts
» l'un de l'autre. » — Dans ce cas encore, ne sent-on pas
tout de suite que le ministère public tient la place de l'absent ? Il y a deux intérêts privés en présence : l'intérêt des
héritiers présomptifs de l'individu disparu, qui cherchent
à faire déclarer son absence pour obtenir ensuite l'envoi
en possession de ses biens, et l'intérêt de l'individu disparu lui-même, en admettant qu'il ne soit pas mort et
qu'il revienne plus tard ; car, si les envoyés en possession
sont alors obligés de lui rendre ses biens, ils conservent
la plus grande partie, sinon la totalité, des revenus qu'ils
ont perçus (voy. art. 127 C. Nap.) ; de plus, l'individu
disparu aura supporté des frais d'expertise, d'état de
lieux, etc., qui sont quelquefois relativement considérables, et il trouvera peut-être à son retour ses meubles
vendus, souvent à vil prix (voy. art. 126, 2ᵉ alin., C.
Nap.), ses immeubles administrés, sinon transformés,
d'une manière tout à fait contraire à ses vues, et je puis
ajouter vendus, eux aussi, comme les meubles auxquels il
tenait, si l'envoi en possession définitif a été prononcé
(voy. art. 132 C. Nap.) ; il n'est même pas impossible,
dans ce cas, que tous ses biens n'aient été aliénés, et
qu'il n'ait de recours que contre des insolvables.

Entre ces deux intérêts privés, y a-t-il place pour un
troisième, celui de l'ordre public ? Non. Nous avons
montré tout à l'heure, sur l'article 114, en parlant des
usurpations possibles des biens de l'absent, que ni l'ordre

public, ni même l'intérêt public, ne se trouvaient directement lésés par des faits de ce genre. Or, ce que nous avons dit des usurpateurs est bien plus vrai encore des envoyés en possession, qui, eux, n'ont pas à craindre qu'on découvre un jour ou l'autre leur usurpation avant que la prescription soit accomplie, et qui sont toujours sûrs de conserver au moins la plus grande partie des revenus, quelquefois la totalité; en admettant même que leur titre ne se consolide pas et ne les rende pas pleins et absolus propriétaires : n'est-ce point là une bonne garantie d'une gestion habile et vigilante? Aucune considération d'ordre public n'explique donc l'intervention du ministère public.

Mais, l'ordre public une fois mis hors de cause, restent les deux intérêts privés. Le premier, celui des héritiers présomptifs, est soutenu avec zèle, avec activité; le second au contraire, celui de l'individu disparu, n'a pas de représentant; le présumé absent, s'il existe encore, est bien loin d'ici, et ne pourra venir contredire à l'enquête. Eh bien! le ministère public y contredira en son nom, y prendra sa défense, fera tout ce qu'il aurait fait lui-même, et ne fera que cela, sans s'inquiéter de protéger un ordre public et des intérêts généraux que personne ne menace. L'enquête se poursuivra donc absolument comme entre deux parties ordinaires discutant leurs intérêts particuliers.

Ainsi le ministère public est ici le défenseur d'un simple intérêt privé. L'absent trouve en lui ce que la loi donne à nos commerçants dans les consuls répartis sur

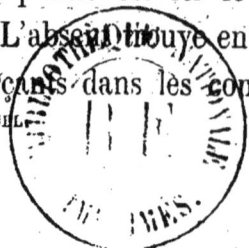

tous les points du globe, qui ne peuvent décliner la défense de leurs intérêts privés et sont forcés d'accepter les mandats qu'ils leur confient. La seule différence entre les deux cas, c'est que la loi n'impose de mandats aux consuls que lorsqu'ils leur sont expressément confiés par les commerçants, tandis qu'elle les impose au ministère public sans que l'absent ait jamais eu besoin de rien faire : différence trop nécessaire du reste pour avoir besoin d'être justifiée, car le commerçant de France est averti des dangers qui menacent ses intérêts à l'étranger, tandis que l'absent ne peut deviner les procédures qu'on poursuit contre lui, et se trouve généralement dans l'impossibilité d'y mettre fin en affirmant son existence.

III. — Ce que nous venons de dire sur les articles 114 et 116 du Code Napoléon, nous pourrions le répéter presque exactement à propos de l'article 812, en vertu duquel le ministère public doit faire nommer un curateur aux successions vacantes, et aussi à propos de l'article 819 qui le charge de requérir l'apposition des scellés sur les effets des successions qui s'ouvrent, lorsqu'il y a des héritiers mineurs, interdits, ou même majeurs, mais non présents.

IV. — L'article 491 du Code Napoléon charge le ministère public de poursuivre l'interdiction des fous furieux dans tous les cas, et des imbéciles ou des déments lorsqu'ils « n'ont ni époux, ni parents connus ». Voici, du reste, le texte de cet article :

« Dans le cas de fureur, si l'interdiction n'est provo-
» quée ni par l'époux, ni par les parents, elle *doit* l'être

» par le procureur du roi, qui, dans les cas d'imbécillité
» ou de démence, *peut* aussi la provoquer contre un indi
» vidu qui n'a ni époux, ni épouse, ni parents connus. »

Quand il s'agit de fureur, nous admettrons, si l'on
veut, que l'ordre public est intéressé à ce que l'interdiction soit prononcée, bien que le ministère public ait
d'autres moyens pour le protéger. Mais, quand il n'est
plus question que d'imbécillité ou de démence, comment
pourrait-on concevoir que l'ordre public soit encore
engagé, puisque tous les auteurs définissent précisément
ces deux genres de folie, par opposition à la fureur, en
attribuant à cette dernière toute seule le caractère de
compromettre, au moins éventuellement, l'ordre public
et la sûreté des personnes qui entourent le fou?

Le législateur ne pense pas ici à l'ordre public; il
s'inspire des sentiments d'humanité et de commisération
que fait naturellement naître dans tous les cœurs le triste
état de ces malheureux insensés.

Ce qui montre bien que tel est en effet l'objet de ses
préoccupations, c'est la condition qu'il impose au droit
d'action du ministère public : il faut que l'imbécile ou le
dément n'ait ni époux, ni parents connus. Cette circonstance serait évidemment indifférente si l'ordre public
était la cause véritable de notre disposition. Qu'importe
en effet, à ce point de vue, l'existence de parents ou
d'époux, lorsqu'ils n'agissent pas? L'ordre public, qu'on
suppose menacé, en sera-t-il mieux défendu pour cela? et,
si le danger reste le même, comment admettre que l'époux
et les parents aient le droit de l'imposer à la société

par leur négligence ou peut-être leur mauvais vouloir?

Remarquons aussi la différence des termes employés par la loi. S'agit-il de fureur, l'interdiction *doit* être provoquée par le ministère public; ce n'est pas une latitude qu'on lui laisse, c'est un devoir qu'on lui impose : il est visible que le législateur a cru protéger des intérêts sociaux, et, dès que des intérêts semblables sont en jeu, le ministère public n'a plus le droit de tenir compte des circonstances de personne, de position, d'opportunité, etc. S'agit-il au contraire d'imbécillité ou de démence, s'il n'y a ni parents ni époux, le ministère public *peut aussi* provoquer l'interdiction; mais alors c'est une simple faculté qu'on lui accorde, dont il usera ou n'usera pas à son gré, suivant que la folie lui paraîtra plus ou moins complète, la situation matérielle et morale du dément plus ou moins bonne, les influences qui l'entourent plus ou moins salutaires, les gens qui le soignent plus ou moins dévoués : on sent que le ministère public sort ici de ses attributions normales, essentielles, la défense des intérêts généraux, et que la loi n'a pas voulu le charger malgré lui de la protection d'intérêts privés qu'il ne croirait pas avoir besoin d'être défendus. L'opposition des termes employés par le législateur dans les deux cas est à la fois trop complète et trop saillante pour être fortuite, et elle fournit ici un argument d'autant meilleur, que la différence qu'elle établit en fait se légitime en théorie par les raisons les plus solides.

En cas de fureur, le ministère public a toujours le droit et le devoir d'agir, soit qu'il n'y ait ni parents ni époux, soit que l'époux ou les parents qui existent ne veuillent pas poursuivre l'interdiction. C'est là, en effet, ce qu'il faut nécessairement établir quand on a la prétention de protéger l'ordre public ; et, si le législateur y avait songé ici, comme on le prétend, il n'aurait pas manqué d'étendre à l'imbécillité et à la démence ce qu'il décidait si logiquement pour la fureur. Mais il ne l'a point fait parce que son but était très-différent de celui-là.

L'imbécile ou le dément que le procureur impérial doit faire interdire, c'est exclusivement celui dont aucune personne connue n'a qualité pour poursuivre l'interdiction. La protection que d'autres trouvent dans leur famille, la loi veut l'assurer également à ceux qui n'en ont plus, et c'est naturellement au ministère public qu'elle la confie alors.

Nous avons montré tout à l'heure, à propos de l'article 114 du Code Napoléon, que le ministère public pouvait être considéré comme le mandataire-né de ceux qui n'ont pu en choisir d'autre. Il y a ici encore une conception analogue, et l'idée de mandat se présente aussi à l'esprit, car la personne qui poursuit l'interdiction d'un dément ne fait en définitive que ce que celui-ci ferait lui-même s'il jouissait de sa raison.

N'a-t-on pas vu, en effet, des fous, pendant des intervalles lucides, demander eux-mêmes leur propre interdiction ? Sans doute, la régularité de cette demande a été vivement contestée ; car, sans parler des raisons de procédure, il semble bien difficile d'admettre qu'une personne puisse elle-même faire enlever d'avance toute force aux engagements qu'elle contractera plus tard ;

mais il n'en est pas moins certain que l'interdiction a
pour but de protéger les intérêts de l'incapable, et que
celui qui la réclame cherche en définitive à faire nommer un administrateur pour ses biens qu'il ne peut plus
administrer lui-même. Cette situation est comparable à
celle d'un homme partant pour un long voyage et dési-
gnant une personne chargée de gérer sa fortune en son
absence. Ce qui diffère, c'est la cause empêchant le propriétaire de gérer lui-même; cette cause est la démence
dans le premier cas, l'absence dans le second. Mais le
résultat de fait est le même: c'est toujours un patrimoine
à l'abandon qu'il faut pourvoir d'un administrateur.

Il est donc vrai de dire que le demandeur en interdiction agit en quelque sorte comme représentant de l'insensé, et se substitue à lui, de même que fait un mandataire, pour réclamer en son nom ce qu'il n'aurait pas
manqué de réclamer lui-même, si l'on pouvait prévoir la
démence comme on prévoit un voyage.

V. — L'article 32 de la loi du 30 juin 1838 *sur les
aliénés* est aussi parfaitement étranger à toute préoccupation d'ordre public, et donnerait encore lieu aux considérations que nous venons de développer sur l'article 491
du Code Napoléon. Voici le texte de cet article 32 :

« Sur la demande des parents, de l'époux ou de
» l'épouse, sur celle de la commission administrative,
» ou sur la provocation d'office du procureur du roi,
» le tribunal civil du lieu du domicile pourra, conformé-
» ment à l'article 497 du Code Napoléon, nommer en
» chambre du conseil un administrateur provisoire aux

» biens de toute personne non interdite placée dans un
» établissement d'aliénés. Cette nomination n'aura lieu
» qu'après délibération du conseil de famille et sur les
» conclusions du procureur du roi. Elle ne sera pas
» sujette à l'appel. »

Ainsi le ministère public peut provoquer d'office la
nomination d'un administrateur provisoire aux biens de
toute personne non interdite placée dans un établissement d'aliénés. Ce droit est accordé en même temps aux
parents, à l'époux ou à l'épouse, et à la commission administrative de l'établissement. On n'ajoute plus, il est
vrai, d'une manière expresse, comme on l'a fait dans
l'article 491 du Code Napoléon en ce qui concerne l'interdiction des imbéciles et des déments, que le ministère
public agira seulement à défaut d'époux et de parents
connus. Mais cette circonstance qu'on parle ici d'un
individu déjà placé dans un établissement d'aliénés, et
mis par conséquent dans l'impuissance de nuire, montre
suffisamment que l'ordre public se trouve désintéressé.

Le texte lui-même contient du reste une indication
qui vient corroborer cette manière de voir. En effet, la
nomination de l'administrateur provisoire ne doit avoir
lieu qu'après délibération du conseil de famille. Cette
exigence s'explique très-bien, si l'on admet que le ministère public, les parents, l'époux ou la commission administrative, ne font, pour ainsi dire, que représenter
l'aliéné et agir au mieux de ses intérêts : il est alors
tout naturel de consulter la famille sur la véritable nature
de ces intérêts, qui pourraient quelquefois être envisagés

sous un très-faux jour. Mais comment concevoir qu'un
conseil de famille ait qualité pour délibérer sur l'ordre
public? Et c'est là pourtant ce qu'on serait fatalement
conduit à dire en admettant que l'article 32 de la loi du
30 juin 1838 a eu pour but la protection de l'ordre
public.

En vertu de l'article 34, 2ᵉ alinéa, de la loi précitée
du 30 juin 1838 *sur les aliénés*, les parties intéressées
et le procureur impérial peuvent demander la constitution, sur les biens de l'administrateur provisoire, d'une
hypothèque générale ou spéciale, jusqu'à concurrence
d'une somme déterminée.

D'après les articles 33 et 38 de la même loi de 1838,
lorsqu'un individu non interdit est placé dans un établissement d'aliénés, le ministère public peut faire nommer,
outre l'administrateur provisoire aux biens dont il vient
d'être question, un *curateur à la personne* dont l'article 38
définit les attributions, et un mandataire spécial destiné
à représenter l'aliéné dans les procès qu'il aurait à soutenir, soit au moment du placement, soit après.

Ces trois nouvelles prérogatives accordées au ministère
public par la loi du 30 juin 1838 ne nous semblent pas
moins étrangères à l'ordre public que la première, dont
nous venons de parler, et, comme celle-ci, on l'explique d'une façon fort naturelle à notre avis par l'idée
d'une sorte de représentation de l'aliéné confiée au ministère public.

En ce qui concerne la nomination du curateur à la
personne, l'aliéné lui-même est le premier auquel l'ar-

ticle 38 confère le droit d'en provoquer la nomination.
Quant à l'hypothèque sur les biens de l'administrateur
provisoire, l'article 34, 2ᵉ alinéa, désigne, comme ayant
le droit de la demander, d'abord les parties intéressées,
et en second lieu seulement, le procureur impérial : or,
n'est-il pas évident que l'aliéné est de toutes les parties
la plus intéressée dans la question? Ainsi, les droits con-
férés par ces articles au ministère public, le législateur
les regarde comme devant être exercés le plus naturellement par l'aliéné lui-même, si son état mental lui laisse
encore assez de lucidité d'esprit pour cela.

Le ministère public n'apparaît donc ici qu'avec un
rôle en quelque sorte subsidiaire, pour formuler, au lieu
et place de l'aliéné, les demandes dont celui-ci ne peut
déjà plus comprendre l'utilité, mais qu'il ne manquerait
pas d'introduire si sa raison était moins affaiblie. C'est
là un point de vue bien éloigné de l'ordre public, et qui
rentre encore, ainsi que nous le disions tout à l'heure,
dans l'idée d'une sorte de mandat imposé au ministère
public en faveur des personnes qu'une force majeure
quelconque a mises dans l'impossibilité de constituer un
mandataire régulier. Nous essayerons du reste, dans
un des chapitres suivants, de déterminer d'une manière
précise ce qu'il faut entendre par ordre public, et l'on
pourra voir alors que tous ces cas restent en dehors de
la définition que nous en donnerons. (Voyez ci-dessous
le chapitre VII, et particulièrement la deuxième section.)

VI. — Il serait facile de continuer cette revue, et de
montrer que, dans beaucoup d'autres cas encore où le

ministère public agit en vertu d'une disposition expresse
de la loi, l'ordre public se trouve également désintéressé,
Loin d'avoir choisi comme exemples les circonstances où
ce point de vue paraissait le plus facile à justifier et le
moins sérieusement contesté par nos adversaires, nous
nous sommes arrêté de préférence sur des articles qu'on
pourrait au premier abord rattacher à l'ordre public, et
qui exigeaient de nouvelles explications mettant en évidence leurs véritables motifs.

Nous pourrions citer encore les articles 1057 et 1061
du Code Napoléon, qui chargent le ministère public de
faire dresser inventaire des biens grevés de substitution, et de poursuivre la déchéance du grevé, s'il n'a
point fait nommer de tuteur à la substitution; l'article 2145, en vertu duquel il contredit aux demandes
en restriction des hypothèques légales frappant les biens
des maris et des tuteurs, et l'article 2138 qui le charge de
faire inscrire ces hypothèques; l'article 90 du décret du
30 décembre 1809 *concernant les fabriques*, aux termes
duquel il doit poursuivre le trésorier sortant qui ne remet pas son reliquat entre les mains de son successeur;
enfin, le décret du 1er janvier 1809 et l'ordonnance du
12 mars 1817, qui le chargent de poursuivre, à la
requête des proviseurs des lycées, le recouvrement des
sommes dues pour la pension des élèves.

§ III. — Les deux alinéas de l'article 46 ne sont pas, en réalité, de la même époque.

Les développements dans lesquels nous venons d'entrer établissent, je crois, d'une manière incontestable, que les cas où le ministère public agit d'office en vertu d'une disposition spéciale de la loi, ne se rattachent pas tous à l'ordre public, et que, par conséquent, la base du raisonnement de nos adversaires est fausse; car il suffit, pour la faire crouler, d'un seul cas spécifié qui soit étranger à l'ordre public, et nous venons de montrer que le plus grand nombre peut-être de ces cas devaient être rattachés à des considérations toutes différentes.

I. — Mais lors même que nous serions impuissants à faire cette preuve, nos adversaires n'obtiendraient pas gain de cause pour cela. Entrons, en effet, pour un instant, dans leur système, et admettons avec eux que tous les cas spécifiés touchent à l'ordre public : nous allons voir qu'ils n'y gagneront pas grand'chose.

« Le premier alinéa de l'article 46, nous disent-ils, permet au ministère public d'agir d'office dans *les cas* « D'ORDRE PUBLIC » *spécifiés par la loi :* c'est lui interdire implicitement d'agir hors de ces cas ; or, s'il était vrai que le second alinéa lui accorde le droit d'action dans tous les cas d'ordre public, *même non spécifiés*, il détruirait le premier alinéa, qui deviendrait ainsi, non-seulement inutile, mais même erroné. »

Voilà le raisonnement dont nos adversaires prétendent nous accabler, grâce à la concession bénévole que nous

venons de leur faire. Mais, ces deux dispositions qu'ils
veulent opposer l'une à l'autre, ils oublient qu'elles ne
sont pas de la même époque. La plupart des cas d'action du ministère public spécifiés par un texte de loi
spécial et formel se trouvent indiqués dans le Code Napoléon, c'est-à-dire remontent à 1803 ou 1804, tandis
que le second alinéa de l'article 46 est l'œuvre du législateur de 1810. Qu'y a-t-il d'étonnant que les idées
se soient modifiées pendant cet espace de plus de six
ans? N'est-ce point là d'ailleurs le progrès naturel des
choses, et la marche des esprits à cette époque ne faisait-
elle point pressentir alors, n'explique-t-elle pas aujour-
d'hui ces changements?

Le législateur commence par reconnaître le droit d'action au ministère public dans certains cas où l'*ordre public* (nous raisonnons dans l'opinion de nos adversaires)
lui paraît compromis; au fur et à mesure que de nouveaux sujets se présentent à son étude, il étend ce droit
d'action à de nouveaux cas. Mais comme il ne règle que
des matières spéciales, aujourd'hui le mariage, demain
l'interdiction ou l'absence, il doit nécessairement se
contenter de déterminer le droit des membres du parquet pour les hypothèses particulières qu'il a seules à
considérer en ce moment, et jamais l'occasion ne se
présente à lui de formuler un principe général sur les
attributions du ministère public. Pour peu qu'ils y
tiennent, j'accorderai même à nos adversaires que, si
cette occasion se fût présentée alors, les procureurs impériaux n'auraient peut-être pas obtenu cette pléni-

tude de l'action civile dans l'intérêt de l'ordre public.

En 1810, au contraire, on était tout disposé à étendre beaucoup plus encore les attributions du ministère public, et, puisqu'on préparait une loi réglant son organisation et ses attributions, il était tout naturel, ou plutôt il devenait indispensable de poser un principe général sur son droit d'action en matière civile : c'est ce qui eut lieu en effet, et ce principe, comme on devait s'y attendre, couronne la marche progressive de la législation dans le sens de l'extension des pouvoirs du parquet.

II. — Ici nos adversaires nous arrêtent. — « Sans doute, nous répondent-ils, c'est dans le Code Napoléon, et dans d'autres actes législatifs notablement antérieurs à la loi du 20 avril 1810, que le ministère public trouve les textes spéciaux l'autorisant à agir d'office dans certains cas déterminés; mais ces textes, le législateur de 1810 se les est appropriés en déclarant que le ministère public agit d'office dans les cas spécifiés par la loi; et le premier alinéa de l'article 46 possède absolument la même force que s'il avait reproduit mot à mot chacune des dispositions auxquelles il renvoie implicitement en bloc. »

Cette interprétation est peut-être fort exacte, si l'on considère exclusivement les applications, qu'il s'agit de faire aujourd'hui, du principe posé dans le premier alinéa de l'article 46; mais elle l'est beaucoup moins lorsqu'on se place à l'époque où la loi fut écrite et au point de vue de ceux qui la rédigeaient. Il y a en effet une différence énorme entre une disposition que les auteurs d'un projet de loi adoptent après l'avoir examinée sous toutes ses faces, et le simple rappel de dispositions déjà en vigueur, indiquant simplement l'intention de ne pas les abroger.

S'ils s'étaient préoccupés des doubles emplois possibles entre le premier et le second alinéa de l'article 46, les auteurs de la loi du 20 avril 1810 auraient dû examiner d'abord si les cas d'action spécifiés par les lois antérieures se rattachaient tous à l'ordre public. Mais, en admettant qu'on fût venu leur proposer cette longue et fastidieuse recherche à travers tant de textes législatifs, ils n'auraient pas manqué de répondre :

« A quoi bon tant de peines? Dans chacun des cas où nos prédécesseurs ont permis au ministère public d'agir d'office, ils avaient sans doute de bonnes raisons pour le faire, et ils étaient mieux à même que personne d'apprécier les avantages de son intervention dans les matières spéciales qu'ils venaient d'étudier et d'organiser. Soulève-t-on des critiques sur le rôle accordé au ministère public dans tel ou tel cas? nous les examinerons avec soin. Mais, si personne ne se plaint des dispositions législatives existantes, qu'avons-nous besoin de connaître les considérations qui ont pu dominer nos devanciers? Notre désir n'est pas de restreindre les attributions du ministère public, nous voulons au contraire les étendre. Commençons donc par consacrer toutes les prérogatives qu'on a déjà pu lui accorder, sans nous enquérir de leur nombre, de leur caractère ni de leurs motifs, et cherchons ensuite celles que nous croirons devoir y ajouter encore. »

§ IV. — L'énonciation d'un principe et celle de quelques-unes de ses applications ne se contredisent pas.

Ainsi, lors même que tous les cas spécifiés par la loi se rattacheraient à l'ordre public, la prétendue contradiction des deux alinéas de l'article 46 n'en serait point pour nous moins facile à lever, puisqu'ils correspondent à des âges différents de la législation. Mais nous pouvons aller plus loin encore ; nous pouvons accorder à nos adversaires que le paragraphe autorisant le ministère public à se porter partie principale dans l'intérêt de l'ordre public, et les articles qui lui permettent d'agir d'office dans certains cas « d'ordre public » déterminés, sont parfaitement contemporains les uns des autres. Notre doctrine ne sera pas encore entamée.

Que résulterait-il en effet de cette hypothèse? C'est que le législateur aurait énoncé un principe et en aurait indiqué en même temps quelques applications. Mais cela permet-il de raisonner *à contrario* sur les applications mentionnées spécialement pour exclure celles qui ne le sont pas et détruire ainsi le principe? Bien que les arguments *à contrario* aient été de tout temps féconds en erreurs, il faut avouer qu'on n'en aurait pas encore abusé d'une façon aussi étrange.

Il est vraiment impossible de prétendre que l'énonciation d'un principe soit incompatible avec celles de quelques-unes de ses conséquences, et que l'une des deux dispositions détruise nécessairement l'autre. On trouve au contraire dans nos lois un très-grand nombre

d'exemples de ces répétitions, et, dans la plupart des cas,
elles n'ont pas soulevé de difficultés. Lorsque le législateur a établi une règle générale, il est bien aise, s'il
rencontre en chemin quelque application importante,
de l'indiquer en particulier; nous ne devons pas nous
en plaindre, car ce cas spécial se trouve mis ainsi hors
de toute controverse, et les débats actuels nous montrent
eux-mêmes que ce n'est point là un mince avantage.

Pothier, dans son *Traité des obligations*, prévoit expressément des dispositions de cè genre, et voici ce qu'il
nous dit au n° 100 :

« Lorsque dans un contrat on a exprimé un cas, pour
le doute qu'il aurait pu y avoir si l'engagement qui résulte
du contrat s'étendait à ce cas, on n'est pas censé par là
avoir voulu restreindre l'étendue que cet engagement a,
de droit, à tous ceux qui ne sont pas exprimés : « *Quæ*,
» *dubitationis tollendæ causa, contractibus inseruntur, jus*
» *commune non lædunt.* » (Comp. loi 81 au Digeste, *de
Regulis juris.* — Loi 56, *ibid.*, *mandati vel contra.*) Voyez
un exemple de cette règle en la susdite loi 56, d'où elle
est tirée. En voici un autre. Si, par un contrat de mariage, il est dit : Les futurs époux seront en communauté de biens, dans laquelle communauté entrera le
mobilier des successions qui leur écherront, cette clause
n'empêche pas que toutes les autres choses qui, de droit
commun, entrent dans la communauté légale, n'y entrent, parce qu'elle n'est ajoutée que pour lever le
doute, que les parties peu instruites ont cru qu'il pourrait
y avoir, si le mobilier des successions y devait entrer. »

La règle exposée par Pothier est reproduite dans l'article 1164 du Code Napoléon : « Lorsque, dans un contrat, on a exprimé un cas pour l'explication de l'obligation, on n'est pas censé avoir voulu par là restreindre l'étendue que l'engagement reçoit de droit aux cas non exprimés. »

Sans doute, dans le Code Napoléon comme dans Pothier, ces règles sont mises sous la rubrique *De l'interprétation des conventions*. Mais tout le monde reconnaît qu'elles s'appliquent également à l'interprétation des lois, parce qu'elles ne constituent, à vrai dire, que des principes de raison. (Voy. plus loin, p. 147; et comp. art. 1134 – 1° C. Nap.)

La maxime consacrée successivement par Papinien (lib. III *Responsorum;* — Loi 81, au Digeste, *de Regulis juris*), par Pothier, et par le Code Napoléon, montre clairement, dans notre matière actuelle, que le législateur, en indiquant d'une manière spéciale un certain nombre de cas d'ordre public dans lesquels le ministère public recevait en particulier le droit d'agir d'office, ne doit pas être censé avoir voulu par là restreindre à ces cas seulement l'action directe des membres du parquet. Or, si le système restrictif n'a pas le droit de prêter cette intention au législateur dans le premier alinéa de l'article 46, il est évident que son argument s'écroule par la base. Dans le premier alinéa, le législateur n'a aucunement songé au principe général ni pour le consacrer, ni pour l'exclure, et dès lors le second alinéa ne peut le contredire sur ce point, dont il ne s'est pas occupé.

§ **V.** — **Le droit d'action ne constitue pas une exception**
sous l'empire de la loi de 1810.

On peut remarquer aussi que le raisonnement de nos
adversaires revient encore à introduire une seconde modification dans le texte de l'article 46, modification tout
aussi peu justifiée que la première. Non contents d'y
avoir ajouté déjà les mots « D'ORDRE PUBLIC », ils veulent l'interpréter maintenant comme s'il disait : « Le ministère public *n*'agit d'office *que* dans les cas *d'ordre public* spécifiés par la loi. » N'est-ce pas la condamnation
d'un système que ces perpétuelles tortures qu'il est
obligé de faire subir au texte pour l'altérer successivement? Et nos adversaires finissent ici par le transformer
au point de le rendre méconnaissable.

Il est vrai qu'ils s'en défendent fort vivement cette
fois, et prétendent concilier leur argument avec le texte
lu rigoureusement tel qu'il a été écrit par le législateur,
sans y rien ajouter. Voici comment ils s'y prennent pour
le faire.

« En matière civile, disent-ils, le principe général, c'est
que le ministère public possède seulement la voie de
réquisition, et le titre de partie jointe ; la disposition qui
lui accorde le droit d'agir d'office, c'est-à-dire le rôle de
partie principale, est donc une disposition exceptionnelle qu'on ne peut étendre au delà de ses termes exprès. Dès qu'on sort de l'exception, on retombe sous
l'empire du principe, et par conséquent, lorsqu'on n'est
plus dans un cas où la loi, par une exception spéciale,

permet au ministère public d'agir d'office, on est dans un cas où elle le lui défend en vertu du principe. Ainsi le premier alinéa de l'article 46 n'a besoin de subir aucune modification, si légère qu'elle soit, pour présenter naturellement ce sens : Le ministère public agit d'office dans les cas spécifiés, et n'a pas le droit d'agir dans les cas non spécifiés. »

Cette réponse serait concluante si la loi du 20 avril 1810 reproduisait l'article 2, titre VIII, de la loi des 16-24 août 1790, posant dans les termes suivants le principe qu'invoquent nos adversaires : « Au civil, les commissaires du » roi exerceront leur ministère, non par voie d'action, » mais *seulement* par celle de réquisition dans les procès » dont les juges auront été saisis. » Alors, en effet, nos adversaires pourraient dire que le ministère public, en principe, a *seulement* la voie de réquisition, que c'est par une disposition tout exceptionnelle que le droit d'agir d'office lui a été concédé dans certains cas, et qu'une fois sorti des termes exprès de l'exception, on rentre sous l'empire du principe général qui interdit au ministère public la voie d'action.

Oui, tout cela irait de soi, si l'article 2, titre VIII, avait passé de la loi de 1790 dans celle de 1810; mais on ne l'y retrouve pas, et aucun des articles de cette dernière loi ne consacre ou n'indique même, par la moindre allusion, le principe qu'on nous oppose. Cette omission est d'autant plus remarquable, qu'en écrivant les articles 45 à 47, qui règlent les attributions du ministère public, le législateur de 1810 avait évidemment sous les yeux

les articles correspondants de la loi de 1790, c'est-à-dire
le titre VIII de cette loi : ce fait résulte naturellement de
ce que la loi de 1790 était alors en vigueur, et devait par
conséquent servir de point de départ à la nouvelle organisation; mais il ressort mieux encore de la comparaison
des deux séries d'articles qu'on sent tout de suite avoir
été inspirés les uns par les autres. (Voy. plus loin, p. 161.)

Or, s'ils avaient voulu conserver le principe établi par
la loi de 1790, comment expliquer que les auteurs de la
loi de 1810, reproduisant, avec des modifications presque
toujours insignifiantes, les dispositions mêmes des divers
articles de cette loi, aient précisément négligé celui
qui était peut-être le plus important de tous? Nos adversaires sont donc incapables de démontrer le principe qui
sert de base à leur réponse, et obligés, par conséquent,
de reconnaître qu'ils modifient une seconde fois le texte
de l'article 46.

Tout ce que nous trouvons sous l'empire de la loi du
20 avril 1810, c'est la distinction de deux ordres de cas,
au point de vue des attributions du ministère public en
matière civile : les uns où il a la voie d'action, les autres
où il a seulement la voie de réquisition (1). Les premiers
sont peut-être beaucoup moins nombreux que les seconds,
je le reconnais; mais il n'en résulte pas que ceux-ci

---

(1) Nous prenons ici les choses fort en gros, parce que cela suffit pour
l'objet actuel du débat; mais parmi les cas où le ministère public a seulement
la voie de réquisition, il faudrait sous-distinguer trois espèces : 1° ceux où il
est obligé de donner ses conclusions (*causes communicables*) ; 2° ceux où il n'est
pas obligé de les donner, mais où il les donne en effet; 3° ceux où il ne les
donne pas.

constituent le principe et ceux-là l'exception : puisque la
loi de 1810 ne le dit plus, comme faisait celle de 1790,
nous n'avons pas le droit de le dire à sa place.

Quant à passer au-dessus de la loi de 1810 pour
appliquer encore aujourd'hui l'article 2, titre VIII, de la
loi de 1790, nous aurions également tort de le faire, car
la loi de 1810, en sa qualité de loi postérieure, abroge
les lois antérieures sur le même sujet, notamment celle
de 1790, et son article 66 et dernier dit du reste expressément que « toutes les dispositions contraires à la présente loi sont abrogées ». Or, si la loi de 1810 ne considère plus comme exceptionnels (on n'en trouve, en effet,
nulle trace dans son texte) les cas où le ministère public
a la voie d'action au civil, la loi de 1790, qui les traite
expressément comme tels, — ou plutôt, pour être plus
exact, qui ne les reconnaît pas du tout, quoiqu'elle en ait
peut-être, par mégarde, laissé subsister quelques-uns
dans son texte même, — cette loi lui est évidemment
contraire sur ce point.

Nous reconnaissons, il est vrai, que, même sous l'empire de la loi du 20 avril 1810, il faut un texte pour
permettre au ministère public d'agir d'office au civil,
soit un de ceux auxquels renvoie le premier alinéa de
l'article 46, soit le texte plus large, plus compréhensif
que nous fournit le second alinéa. Mais cela non plus
ne prouve pas que nous ayons affaire à une disposition
exceptionnelle, du moins au sens où on l'entend, c'est-
à-dire par opposition aux cas où le ministère public est
partie jointe. En effet, il faut également un texte pour

que les conclusions du ministère public, comme partie
jointe, soient obligatoires, et qu'il y ait lieu à requête
civile quand on s'en est passé. Il en faut un aussi, en
dehors des causes communicables, pour autoriser le
ministère public à donner encore ses conclusions lorsqu'il le juge convenable, et ce texte nous le trouvons dans
le dernier alinéa de l'article 83 du Code de procédure
civile.

Ainsi un texte est toujours nécessaire au ministère
public, soit pour être partie jointe, soit pour être partie
principale. Ce qui a pu faire illusion à cet égard, c'est
que, pour le droit de réquisition, nous avons des textes
aussi nets et aussi larges que possible, — tellement larges,
qu'ils comprennent toutes les hypothèses (voy. art. 83,
in fine, Pr. civ.), — de sorte qu'on n'y a plus songé, parce
qu'on n'avait jamais besoin de les invoquer afin d'appuyer un droit que la loi accordait au ministère public
sans aucune limite, dans tous les cas possibles, et qu'on
ne pouvait dès lors jamais lui contester.

Pour le droit d'action, au contraire, les textes sont
beaucoup plus restrictifs, et, dans bien des cas aussi,
avouons-le, beaucoup moins clairs. Il en est résulté
qu'on ne les a jamais perdus de vue, parce que chaque
fois que le ministère public voulait agir d'office, il sentait
le besoin de se justifier, et ses adversaires éprouvaient
aussitôt la tentation de contester un droit qui reposait
sur une base moins large, moins inébranlable, et semblait en même temps plus discutable par cela seul qu'il
avait moins souvent à s'exercer.

Mais, si nous n'avions pas la disposition du dernier alinéa de l'article 83 du Code de procédure civile, ne pourrait-on pas légitimement interdire au ministère public de jouer le rôle de partie jointe dans les procès où un texte ne lui en donnerait pas le droit? Et ne se mettrait-on pas alors à examiner de très-près l'extension plus ou moins grande qu'il convient d'accorder à chacun des cas où la loi lui permet, lui enjoint de donner ses conclusions?

La législation actuelle, malgré la formule si générale du dernier alinéa de l'article 83 Pr. civ., nous fournit même un exemple qui met en évidence la nécessité de fonder sur un texte le droit de réquisition comme le droit d'action. En effet, le ministère public ne figure pas dans les tribunaux de commere, et par conséquent n'y donne jamais de conclusions, par cela seul que la loi ne l'a pas mentionné en les organisant. Bien qu'il fasse partie de la constitution régulière des tribunaux civils de première instance, on lui a vivement dénié le droit d'y siéger, et par conséquent le droit d'y donner ses conclusions, quand ces tribunaux jugent commercialement, en se fondant sur ce que l'article 641 du Code de commerce décide que « l'instruction, dans ce cas, aura lieu dans la même forme que devant les tribunaux de commerce », sans ajouter que le ministère public conservera cependant le droit d'assister aux audiences avec ses prérogatives ordinaires. Cette prétention n'aurait pu s'élever, si le ministère public puisait dans un principe général et supérieur, en dehors de toute espèce de texte, le droit de donner ses conclusions comme partie jointe.

La nécessité d'un texte positif pour accorder au ministère public le droit de donner des conclusions aussi bien que celui d'agir d'office s'explique et se justifie par des raisons fort naturelles. A certains points de vue, en effet, ces deux droits sont également l'un et l'autre des prérogatives exceptionnelles. Ils font échec à ce grand principe qu'il faut justifier d'un intérêt légitime pour être admis à intervenir dans un procès sous quelque titre que ce soit; car il est clair que le procureur impérial, personnellement, est tout à fait étranger aux procès où il joue le rôle soit de partie principale, soit de partie jointe. Il représente sans doute la société, et ce sont ses intérêts qu'il doit défendre. Mais, comme il n'est en définitive qu'une création de la loi, et n'a pas d'existence en dehors d'elle, il ne saurait posséder d'attribution que celles qu'elle lui confère expressément, ni représenter d'intérêts que ceux dont elle l'a formellement constitué le protecteur.

§ VI. — L'argument à contrario du système restrictif est répudié par ses partisans eux-mêmes dans les cas particuliers où il acquiert précisément le plus de force. — Faiblesse de ce mode d'argumentation.

Ainsi, ce n'est pas encore assez pour les partisans du système restrictif de supposer que les mots « d'ordre public » sont sous-entendus dans le premier alinéa de l'article 46. Cette concession, que nous leur avons faite pour un instant, ne leur suffit pas pour nous atteindre

avec leur argument *à contrario;* ils essayent en vain
de l'étayer sur un principe introduit par la loi des
16-24 août 1790, mais dont la loi du 20 avril 1810
ne parle plus, et, ne pouvant arriver à établir ce principe,
ils sont obligés d'ajouter une seconde fois au texte du
premier alinéa de l'article 46, pour arriver enfin à l'opposer formellement au second et à en tirer les termes
de l'argument *à contrario.*

Je ne sais pas du reste si cet argument *à contrario*
jouit d'une bien grande estime ou inspire beaucoup de
confiance parmi nos adversaires eux-mêmes; toujours
est-il que plusieurs d'entre eux, pour obvier à des inconvénients dont nous allons parler, le répudient dans certaines circonstances, et ces circonstances sont précisément
celles où il serait peut-être le plus facile de le justifier.

Des textes spéciaux du Code Napoléon, les articles 190
et 191, chargent expressément le ministère public de
faire prononcer la nullité des mariages entachés de vices
déterminés : bigamie, inceste, impuberté, etc. Mais aucun texte ne lui accorde spécialement le droit de former
opposition aux mariages qu'on voudrait contracter malgré l'existence d'empêchements légaux, ni d'agir devant
les tribunaux civils pour faire maintenir des mariages dont
les parties demanderaient frauduleusement l'annulation
en se fondant sur des vices purement imaginaires.

Cependant, des faits scandaleux vinrent démontrer à
plusieurs reprises la nécessité de laisser intervenir le ministère public dans ces deux hypothèses. Ne voulant pas
invoquer le second alinéa de l'article 46, qui résolvait

tout naturellement la question, certains défenseurs du
système restrictif essayèrent alors de légitimer l'intervention du parquet en raisonnant par analogie, ou même par
à fortiori, sur les articles 190 et 191 du Code Napoléon.
Mais n'est-ce pas ici précisément qu'il aurait fallu placer
l'argument *à contrario*? N'est-ce pas surtout dans les
circonstances de ce genre qu'il semble avoir le plus de
force?

Lorsqu'on part de ce fait, que la loi autorise expressément le ministère public à poursuivre d'office la nullité
de certains mariages, pour conclure de son silence, par
exemple à propos de la rectification des actes de l'état
civil ou de la jouissance des droits civils, qu'elle a entendu lui refuser le même droit dans ces deux dernières
hypothèses, l'argument *à contrario* n'a guère de consistance, car il enjambe d'une matière sur une autre,
quelquefois très-éloignée et bien différente. Les hommes
qui rédigeaient la loi sur le mariage n'avaient rien à
dire de la rectification des actes de l'état civil ou de la
jouissance des droits civils; et, lorsque ces matières
elles-mêmes ont été réglementées, peut-être avant,
peut-être après, probablement par des hommes la plupart différents, préoccupés de leurs idées personnelles,
on ne songeait pas à ce qui avait déjà été décidé ou à
ce qui pourrait l'être plus tard sur d'autres sujets; le
législateur de 1810, en confirmant toutes ces dispositions en bloc, ne pouvait pas y songer davantage.

Mais, dans les circonstances que nous examinons, il
s'agit d'une seule matière et d'un titre unique, celui du

mariage; or, le législateur permet expressément au ministère public de faire prononcer la nullité, mais il ne l'autorise nulle part à former opposition ou à se porter partie principale pour soutenir la validité d'un mariage contesté : ne semble-t-il pas naturel d'en conclure *à contrario* qu'il a voulu lui refuser ces deux droits? Autrement il n'aurait sans doute pas manqué de les mentionner comme il faisait à quelques lignes de là, pour le droit de poursuivre la nullité. Ce sont les mêmes hommes, à la même époque, qui règlent les deux cas : un oubli est donc impossible, et la différence dans les textes suppose une différence dans l'intention.

Cet argument *à contrario*, que nos adversaires invoquent contre nous dans la discussion du principe général, et lorsque le champ trop vaste où l'on veut l'appliquer lui enlève presque toute valeur, ils sont donc obligés, — précisément lorsqu'il devient plus sérieux en s'enfermant dans un cercle moins étendu, — de le répudier euxmêmes, pour obvier aux inconvénients pratiques de leur doctrine, et tâcher de lui faire produire, au point de vue de l'application, des résultats qui se rapprochent plus ou moins des conséquences logiques de la nôtre. Ils commencent par établir que le droit d'action du ministère public en matière civile est une exception qu'il faut interpréter le plus strictement possible, et ne jamais étendre au delà des cas expressément spécifiés. En se retranchant dans ce principe, ils refusent d'admettre le second alinéa de l'article 46, que nous leur présentons, sous prétexte qu'il n'est pas assez clair et ne prévoit point des cas nettement déterminés ; et ensuite ils raisonnent eux-mêmes par analogie, *à pari*, *à fortiori*, sur des cas spécifiés, afin de chercher à les étendre à de nouvelles hypothèses. Cette inconséquence finale ne prouve-t-elle pas que le point de départ n'était pas bon?

Nous pouvons remarquer à cette occasion que les arguments *à contrario* ne commencent à devenir sérieux que lorsqu'on les applique à des cas très-voisins l'un de l'autre; et, précisément alors, on peut les rétorquer par des arguments *à pari :* ce sont donc des armes qui ne sauraient guère servir d'une manière efficace qu'au moment où l'on s'expose à se blesser soi-même en les employant. Aussi arrive-t-il qu'on les invoque dans leur période de faiblesse, et qu'on les abandonne ensuite dans leur âge de vigueur pour les remplacer au besoin, si les nécessités de la cause l'exigent, par l'argument inverse, c'est-à-dire l'argument *à pari.* C'est ce que font ici nos adversaires. Mais ces évolutions d'argumentation prouvent qu'un raisonnement *à contrario* n'est jamais décisif, et qu'il ne présente même de valeur notable que dans un très-petit nombre de cas.

§ **VII.** — **L'argument à contrario n'est jamais valable quand il a pour résultat de mettre deux textes de loi en contradiction l'un avec l'autre.**

D'ailleurs, on fait ici contre nous un emploi tout à fait abusif de l'argument *à contrario.* Il est de principe, en effet, qu'on ne peut raisonner *à contrario* sur un texte de loi pour le mettre en opposition avec un autre.

Merlin l'a proclamé plusieurs fois d'une manière expresse, notamment dans trois réquisitoires prononcés par lui comme procureur général devant le tribunal de cassation, le 3 pluviôse an X (affaire Sébastien Flecten), le 12 pluviôse an XI (affaire Fortin contre veuve Saron), et le 5 nivôse an XII (affaire héritiers Challaye), tous les trois confirmés par les décisions du tribunal de cassation intervenues dans ces affaires en date des mêmes jours (voy. *Questions de droit*, vⁱˢ Rente foncière, § 10; — Lettres de ratification, § 3; — Engagement, § 2). « Déjà, citoyens magistrats, disait Merlin, le 12 pluviôse an XI, nous avons eu l'occasion de démontrer combien est vicieuse et fautive cette manière de raisonner. A l'audience de la section des requêtes du 3 pluviôse an X, nous avons établi et il a été jugé que l'argument *à contrario* tiré d'une loi ne prouve rien lorsqu'il est en opposition avec le texte formel d'une autre loi. »

Toullier (*Droit civil français*, t. IX, n° 33) n'est pas moins explicite, et cet emploi de l'argument *à contrario* lui paraît même constituer une faute bien lourde, car il s'irrite visiblement en critiquant un arrêt de la Cour de Nîmes du 22 mai 1819, confirmatif d'un jugement du tribunal de Florac du 6 janvier 1817 (Sirey, t. XX, II, 33), et qui raisonnait *à contrario* sur les premiers mots de l'article 1715 du Code Napoléon, sans tenir compte de l'article 1716 du même Code.

« Il ne paraît pas, nous dit-il, que cet arrêt, rapporté dans ces recueils *où l'on trouve confondues les décisions les plus sages et les plus contraires à la loi*, ait été déféré à la censure de la Cour de cassation. *Il est donc nécessaire de le déférer à celle de l'opinion publique*, pour empêcher l'erreur de se propager...

» Le tribunal de Florac et la Cour de Nîmes ont sans doute voulu appliquer ici ce que les dialecticiens appellent l'argument *à contrario sensu*, et raisonner ainsi : L'article 1715 défend d'admettre la preuve de l'existence d'un bail verbal qui n'a encore reçu aucune exécution; donc, *à contrario sensu*, il permet de là recevoir lorsque l'exécution du bail a commencé. — La réponse se trouve dans le principe tiré des lois romaines, et enseigné par tous les auteurs, que l'*on ne peut jamais employer l'argument* à contrario sensu *pour faire dire à un article de la loi le contraire de ce qu'elle dit dans un autre article.* »

« Quelle doit être, se demande enfin Dalloz (*Répert. alphabét.*, v° Lois, n° 516), en matière d'interprétation doctrinale ou législative, l'autorité de l'argument *à contrario?* — Cet argument est en général d'une grande faiblesse. — A moins de circonstances très-démonstratives (voyez, par exemple, ce que nous avons dit plus haut, page 122, sur la proximité nécessaire des cas comparés), le silence ne parle point; et prêter une voix à celui du législateur, c'est toujours s'exposer à lui attribuer une intention qu'il n'a point eue. En particulier, *la jurisprudence, dès l'origine, admit que cette déduction devait être repoussée lorsqu'elle aurait pour résultat de mettre deux articles de loi en opposition l'un avec l'autre*, ou d'amener une dérogation au droit commun. C'est ce que décide

formellement la loi 2, au Code, *de Conditionibus incertis*
(au Code Théodosien, et non au Code de Justinien), et
voici comment s'exprime Godefroy en la commentant :
« Argumentum à contrario sensu in legibus, statutis et
» ultimis voluntatibus est validum ; nisi hujus modi inter-
» pretatione inducatur legis, statuti, vel juris communis
» emendatio vel sententia juri ejusve rationi contraria,
» si contrarius ille casus jure decisus sit. » Cette doctrine... est d'ailleurs visiblement conforme aux notions
du bon sens. »

M. G. Delisle (*Principes de l'interprétation des lois*,
Paris, 1852, t. I, § 10, et t. II, § 155) exprime les
mêmes sentiments.

Sous l'empire du droit romain, un acte législatif avait
eu occasion de proclamer et d'appliquer l'exclusion
de l'argument *à contrario* dans les circonstances de ce
genre.

L'empereur Justinien avait promulgué en 529 une
constitution (loi 8, au Code, *de Bonis quæ liberis in po-
testate*, etc., tit. LXVI, liv. VI), dont le § 5 défendait au
fils de famille de tester sur ceux de ses biens dont son
père avait l'usufruit, c'est-à-dire sur son pécule adventif : « Filiis autem familias in his [duntaxat] casibus, in
» quibus ususfructus apud parentes constitutus est, do-
» nec parentes vivunt, nec de iisdem rebus testari per-
» mittimus... »

Il semblait en résulter *à contrario* que, pour ceux de ses
biens qui échappaient à l'usufruit paternel, c'est-à-dire les
pécules castrense et quasi-castrense, le fils de famille avait

toujours le droit d'en disposer par testament, et il est probable que quelques jurisconsultes tirèrent en effet cette conséquence.

Mais, par une seconde constitution, de septembre 531 (loi 11, *qui testamenta facere possint*, au Code, liv. VI, tit. XXII), l'empereur Justinien la condamne formellement; il déclare qu'il n'a jamais entendu conférer en droit aux fils de famille, et que ceux-ci ne peuvent toujours tester, même sur ceux de leurs biens non soumis à l'usufruit paternel, que dans les cas où ils y sont autorisés par les autres lois en vigueur auxquelles le simple silence de sa première constitution n'avait pu évidemment déroger : « Nullo etenim modo hoc eis permittimus; sed » antiqua lex per omnia conservetur, quæ filiis familias, » nisi in certis casibus, testamenta facere nullo modo » concedit, et in his personis quæ hujusmodi facultatem » habere jam concessæ sunt. »

Il faut se rappeler ici quel était sur ce point l'état de la législation romaine en 531. Depuis longtemps les fils de famille avaient le droit absolu de tester sur leur pécule castrene. Auguste, Nerva et Trajan leur avaient permis de le faire tant qu'ils étaient au service, et Adrien étendit ce privilége à ceux qui avaient obtenu leur congé. Mais pour le pécule quasi-castrense, il n'en était pas de même; les diverses constitutions qui y avaient fait rentrer certaines natures de biens n'avaient pas toujours permis aux fils de famille d'en disposer par testament, quoiqu'ils en eussent la propriété, de sorte qu'en dehors des cas et des personnes spécifiés par ces constitutions, ils retombaient sous l'empire du principe général qui interdisait tout testament aux fils de famille. C'est seulement un an plus tard, en septembre 532, que Justinien assimila sous ce rapport le pécule quasi-castrense au pécule castrense, par une constitution qui forme aujourd'hui la loi 37 *de inofficioso testamento*, au Code, liv. III, tit. XVIII (voy. surtout le § 1ᵉʳ de cette loi). Les *Institutes,* promulguées le 21 novembre 533, nous exposent naturellement ce nouvel état de choses dans lequel le fils de famille peut toujours tester sur ses pécules castrense et quasi-castrense, mais ne le peut jamais sur les biens placés hors de ces deux pécules et compris dans les pécules adventif ou profectice (*Institutes*, liv. II, tit. XII, *quibus non est permissum facere testamentum*, principium).

Les termes de la constitution de 529, il faut bien le reconnaître, se prêtaient assez aisément à l'argument *à contrario*. Cependant Justinien lui-même le repousse d'une manière expresse, parce qu'il conduisait à un résultat en opposition avec les autres lois existantes. Mais si ce motif est concluant lorsqu'il s'agit d'une loi postérieure, où l'on aurait pu chercher une abrogation partielle de lois plus anciennes, combien ne sera-t-il pas plus concluant encore dans notre matière, contre le système restrictif, qui veut raisonner *à contrario* sur la première partie d'un article pour le mettre en opposition avec la seconde, de sorte que le législateur aurait à la fois défendu et ordonné la même chose dans le même article. C'est du reste à cette conséquence que nos adversaires veulent nous conduire pour nous faire reculer devant son évidente impossibilité. Non, le législateur n'a pas pu se démentir ainsi à trois lignes d'intervalle. Mais, cette contradiction de deux textes législatifs, nos adversaires seuls en sont coupables, puisqu'ils l'établissent à l'aide d'un mode d'argumenter que tous les auteurs déclarent inadmissible précisément dès qu'il peut conduire à un semblable résultat.

Le raisonnement *à contrario* du système restrictif n'est donc pas seulement très-faible, comme tous les arguments de ce genre; il est atteint d'un vice fondamental qui lui enlève toute valeur, si minime qu'elle soit, et lui donne les allures d'un paralogisme. Nous pouvons le proclamer hautement, avec confiance, presque comme une maxime en dehors et au-dessus du débat, puisque nous nous bornons à invoquer un principe consacré déjà par les grands jurisconsultes de Rome, et qui ne paraît pas, jusqu'ici du moins, avoir rencontré encore un seul contradicteur.

Ainsi, même après les concessions successives faites à la doctrine que nous combattons, nous pouvons encore montrer que le premier paragraphe de l'article 46, non-seulement ne contredit pas le second, mais conserve vis-à-vis de lui une certaine utilité, en accordant d'une manière expresse au ministère public le droit d'agir dans certains cas où l'on pourrait contester l'application de la formule générale du second paragraphe. Tout en rattachant ces cas à l'ordre public, nos adversaires reconnaîtront sans doute eux-mêmes que ce rapport n'est

pas toujours très-manifeste, et qu'il donnerait quelquefois lieu à bien des discussions. Il est même probable que,
si le second alinéa existait seul, ils seraient les premiers
à soutenir que l'ordre public n'est pas intéressé dans
un bon nombre des cas où un texte spécial nous épargne
aujourd'hui ces embarras en écartant le doute près de
naître.

§ **VIII.** — **En présentant les cas d'ordre public comme des cas
spécifiés, on échappe à la possibilité de l'antagonisme.**

Jetons maintenant un coup d'œil en arrière pour
juger du chemin parcouru. Nos adversaires ont voulu
nous acculer à une contradiction; mais ils ne peuvent en
établir les termes qu'en altérant le texte de l'article 46
de la loi du 20 avril 1810, pour lui substituer une rédaction de fantaisie qui le transforme complétement, et dont
la formule, donnée par M. le conseiller Renault d'Ubexi
dans toute sa nudité (voy. plus haut, p. 43), fait aussitôt
ressortir l'arbitraire. Au lieu d'accepter le premier alinéa
tel qu'il est sorti des mains de ses auteurs, ils y ajoutent
d'abord les mots « *d'ordre public* », et lisent comme s'il
y avait : « Le ministère public agit d'office dans les cas
D'ORDRE PUBLIC spécifiés par la loi. »

Il suffirait peut-être, pour faire condamner cette
adjonction, de remarquer qu'elle est une adjonction, et
que nous devons interpréter le texte des lois sans avoir le
droit d'y rien ajouter dans l'intérêt de nos doctrines.
Mais nous avons montré de plus qu'il était impossible de

l'admettre, parce qu'elle contiendrait une erreur flagrante, — tous les cas spécifiés ne se rattachant pas à
l'ordre public (voy. ci-dessus, p. 90 et suiv.), — et que,
lors même qu'elle serait admissible, ou plutôt introduite
par le législateur dans le texte de l'article 46, il n'en résulterait pas encore de contradiction, puisque les deux dispositions qu'on nous reproche d'opposer l'une à l'autre ne
sont pas en réalité de la même époque (voy. ci-dessus,
p. 107). Enfin, accordant pour un instant à nos adversaires que ces deux dispositions sont réellement contem-
poraines, nous avons pris corps à corps leur argument
à contrario, et nous avons établi qu'il supposait une nouvelle altération du premier alinéa de l'article 46, qui serait
cette fois reconstruit en ces termes : « Le ministère public *n*'agit d'office *que* dans les cas *d'ordre public* spécifiés
par la loi. » (Voy. ci-dessus, p. 114).

Il nous reste maintenant à examiner si la combinaison
nouvelle que nous avons faite des deux alinéas de l'article 46, dans notre commentaire, tout en adoptant le
système extensif, ne permet pas d'élever une fin de non-
recevoir contre les arguments que les adversaires de ce
système viennent de lui opposer.

Avec notre manière d'interpréter l'article 46, il n'y a
plus entre les deux paragraphes de cet article la distinction absolue, l'opposition presque complète de caractères
que les partisans aussi bien que les adversaires du système extensif s'étaient assez généralement accordés jusqu'ici à leur reconnaître, en considérant le premier
comme une disposition essentiellement étroite et restric-

tive, tandis que le second serait au contraire une disposition générale sans aucun rapport avec l'autre. C'est
la coexistence de ces deux dispositions indépendantes,
sinon exclusives, — l'une générale et l'autre spéciale, —
qui créait les difficultés et semblait s'opposer à la conciliation. Mais, pour nous, ces difficultés n'existent plus,
puisque le second alinéa n'est, à nos yeux, qu'un des
cas spécifiés auxquels le premier fait allusion. (Voy. plus
haut, p. 26.)

On pourrait nous objecter qu'indiquer d'un seul bloc
« les dispositions qui intéressent l'ordre public », c'était
véritablement ne rien spécifier du tout. Nous avons répondu en établissant par de nombreux exemples (voy. plus
haut, p. 10 et 27) qu'une formule de ce genre n'avait
rien d'inconciliable avec ce que le législateur entend d'ordinaire par spécification et détermination, un cas déterminable en temps utile équivalant à un cas actuellement
déterminé. Nous avons montré, en outre, que les rédacteurs de la loi du 20 avril 1810 ne pouvaient pas procéder autrement qu'en posant une formule générale (voy.
ci-dessus, p. 28), et que cette formule, bien qu'elle ait
fait naître beaucoup de controverses, est encore préférable
à une tentative d'énumération forcément imparfaite, qui
en aurait probablement soulevé de plus vives encore, et
aurait mis obstacle au progrès des idées (voy. p. 31).

Dès que la disposition du second alinéa est simplement un des cas spécifiés auxquels renvoie le premier,
les objections de nos adversaires ne doivent plus nous
arrêter, et nous pourrions même nous dispenser d'y ré-

pondre, comme les tribunaux refusent d'ordonner une enquête sur des faits qui ne sont pas concluants; car, lors même qu'on parviendrait à les justifier toutes, notre doctrine n'en serait pas le moins du monde atteinte pour cela.

Admettons, en effet, que les cas d'action du ministère public auquel renvoie le premier alinéa se rattachent tous à l'ordre public : qu'en peut-on conclure? Que le législateur a spécifié deux fois le même cas, avec des termes différents. Une seule fois aurait suffi, je vous l'accorde; mais n'est-ce pas ici ou jamais l'occasion de dire : *Utile per inutile non vitiatur?* Et ne serait-il pas vraiment trop plaisant de prétendre que le législateur, ayant spécifié ces cas deux fois au lieu d'une, ne les a pas spécifiés du tout?

Allons plus loin, et supposons, — puisqu'ainsi le veulent nos adversaires, — qu'en accordant le droit d'action au ministère public, dans certains cas déterminés, la loi lui interdit implicitement d'agir dans les cas qu'elle passe sous silence, quoique ces cas rentrent dans des matières tout à fait étrangères à celles qu'elle réglait alors. Qu'en résultera-t-il, si cela est vrai? C'est que nous aurons deux lois contradictoires, et de ces deux lois, le second alinéa de l'article 46, étant la plus récente, doit l'emporter sur l'autre qu'elle a implicitement abrogée dans les dispositions contraires aux siennes. La législation a progressé; elle s'est complétée en marchant, et voilà tout.

Ainsi nous avons défendu le terrain pied à pied contre les objections de nos adversaires relatives à la concilia-

tion des deux alinéas de l'article 46; nous avons montré
que ces objections ne parvenaient jamais à se justifier,
et pouvaient même, avec notre manière de présenter le
système extensif, être écartées par la question préalable.
Nous allons maintenant changer de rôle, prendre l'offen-
sive, interroger la doctrine de nos adversaires sur les
mêmes questions, et voir si elle résistera aussi victorieusement que la nôtre à ces épreuves successives.

SECONDE PARTIE

LE SYSTÈME RESTRICTIF NE PARVIENT PAS A CONCILIER LES DEUX ALINÉAS DE L'ARTICLE 46.

Nos adversaires ont comme nous à résoudre l'antinomie au moins apparente des deux alinéas de l'article 46.
De même qu'ils reprochent à notre doctrine d'accepter
une contradiction pour expliquer les deux textes, et de
sacrifier le premier paragraphe au second, on a depuis
longtemps adressé à la leur un reproche de même
genre, quoique en sens inverse. Or, en admettant que
nous ne puissions pas concilier d'une manière satisfaisante les deux parties de l'article, si nos adversaires n'y
réussissaient pas mieux que nous, cela prouverait que
l'article est extrêmement mal rédigé, et que la contradiction contenue dans son sein est irrémédiable. Mais
aucune des deux opinions en présence ne pourrait se
prévaloir contre l'autre de cette difficulté commune;
leur situation respective resterait la même, et il faudrait
chercher de nouvelles raisons pour décider entre elles.

Voyons donc comment le système restrictif concilie les deux alinéas de l'article 46.

Pour nos adversaires, le second alinéa n'est que le complément et la consécration du premier :

« Le ministère public agit d'office dans les cas spéci-
» fiés par la loi », dit le premier alinéa : voilà la règle ;
et lorsque le second alinéa ajoute que le ministère public
poursuit l'exécution des lois, arrêts et jugements intéressant l'ordre public, cela signifie simplement qu'il poursuit
cette exécution dans les cas spécifiés. En un mot, les
deux parties de l'article 46 pourraient être réunies en
une seule disposition qui serait conçue à peu près en ces
termes : « Le ministère public poursuit d'office, dans les
» cas spécifiés par la loi, l'exécution des lois, arrêts et
» jugements intéressant l'ordre public. » Dans cette
manière de voir, le premier alinéa nous indiquerait quels
sont les cas où le ministère public a le droit d'agir, et le
second pour quels motifs la loi lui a conféré ce droit ;
l'un répondrait à la question : quand ? l'autre à la question : pourquoi ? » (Voy. plus haut, p. 40 et suiv., et surtout p. 43.)

Voilà la doctrine de nos adversaires. Concilie-t-elle
réellement les deux alinéas de l'article 46, et peut-elle,
aussi bien que la nôtre, résister à une critique un peu
serrée? C'est ce que nous allons examiner maintenant.
Mais il est déjà facile de pressentir, d'après nos développements antérieurs, que cette épreuve ne lui sera
point favorable.

§ I. — Le système restrictif fausse les motifs d'un certain nombre de cas spécifiés et conduirait à les supprimer.

Et d'abord parvient-elle à réconcilier les deux paragraphes ennemis? Bien loin de là : elle supprime le second, et attribue au premier un motif qui est souvent inexact, ce qui la conduit à le mutiler aussi. Or, supprimer, n'est pas concilier.

I. — Elle fausse, disons-nous, dans un certain nombre de cas, les motifs du premier alinéa, ou plutôt des dispositions auxquelles il renvoie. On suppose, en effet, que le ministère public ne reçoit jamais le droit d'agir d'office qu'en vertu d'une considération d'ordre public. Or, nous avons longuement établi plus haut (voy. p. 86) qu'il n'y avait aucune raison pour restreindre rigoureusement le rôle du ministère public à ce qui concerne l'ordre public, que son intervention pouvait se justifier, d'une manière également très-légitime, par des motifs tout différents, et qu'en fait, un bon nombre des cas où le droit d'action lui a été formellement conféré par des lois antérieures à celle de 1810 ne se rattachaient pas à l'ordre public (voy. p. 90).

C'est donc une erreur de prétendre que l'ordre public soit, dans toutes les hypothèses, le seul et unique fondement du droit d'action du parquet. Cette erreur, c'est l'opinion adverse qui l'attribue à la loi pour donner un semblant d'explication au second alinéa de l'article 46; la loi, en réalité, ne la commet point : il faudrait une preuve manifeste pour le supposer, et non-seulement cette preuve nous fait défaut, mais le texte résiste aussi énergiquement que possible au sens qu'on veut lui imposer.

II. — Cette discussion paraît d'abord n'avoir qu'un pur intérêt théorique. « Qu'importe, dira-t-on, en vertu de quels principes le ministère public a reçu le droit d'agir dans tel ou tel cas, s'il est certain qu'il l'a reçu ? Que le législateur ait été dominé par une considération d'ordre public ou par des sentiments d'un tout autre ordre, cela ne nous touche guère : quand tout le monde est d'accord sur la nature et l'étendue d'une disposition, la recherche de ses motifs devient stérile et perd tout intérêt. »

Lors même que notre question serait purement théorique, il ne faudrait pas la négliger pour cela, car on ne prévoit pas toujours d'avance, en examinant un principe purement abstrait, les conséquences pratiques qui peuvent en découler plus tard ; et d'ailleurs la solution présente ici une utilité immédiate, quoique indirecte, puisqu'elle peut servir à repousser ou à confirmer le système restrictif. Mais il y a aussi en jeu un intérêt pratique très-direct, quoique moins apparent au premier abord.

Si le législateur avait écrit, en effet, ce que les partisans du système restrictif veulent lui faire dire : — « Le ministère public poursuit d'office, dans les cas spécifiés, l'exécution des lois, arrêts et jugements intéressant l'ordre public » (Comp. la formule du système donnée par M. d'Ubexi, p. 43), — il en résulterait que le ministère public a deux choses à prouver pour être admis à jouer le rôle de partie principale dans un cas donné : 1° que

ce cas touche à l'ordre public ; 2° que c'est un de ceux
où la loi lui accorde expressément le droit d'agir
d'office.

Or, nous avons montré qu'un certain nombre des cas
spécifiés, notamment dans le Code Napoléon, ne se rattachaient pas à l'ordre public, mais à des considérations
différentes. C'est autant d'hypothèses où il ne pourrait
plus agir, malgré le texte exprès qui le lui permet.

Ainsi il n'aurait plus qualité pour faire interdire un
imbécile ou un dément qui n'a ni époux ni parent
connu (art. 491 C. Nap. — voy. plus haut, p. 98) ; pour
veiller aux intérêts des présumés absents ou contredire
à l'enquête destinée à constater l'absence (art. 114 et
116 C. Nap. — voy. plus haut, p. 91) ; pour faire nommer un curateur à une succession vacante ou faire ap-
poser les scellés sur les effets d'une succession échue à
des mineurs, des interdits ou des non présents (art. 812
et 819 C. Nap. — voy. plus haut, p. 98) ; pour requérir
l'inscription de l'hypothèque légale des femmes mariées
ou contredire aux demandes en restriction de cette hypothèque (art. 2138 et 2143 C. Nap.) ; pour réclamer la
déchéance du grevé qui n'a point fait nommer de tuteur à la substitution, ou requérir l'inventaire des biens
substitués lorsqu'il n'a point été dressé en temps utile
(art. 1057 et 1061 C. Nap. — voy. plus haut, p. 106) ; etc.

On ne peut pas essayer d'échapper à cette conséquence choquante en disant que les textes précités chargent le ministère public d'agir d'office, sans distinction,
sans énonciation de motifs ; car la loi du 20 avril 1810,

qui leur est postérieure, a très-bien pu les modifier ou les abroger; et, en effet, son article 66, que nous avons déjà cité tout à l'heure, déclare expressément abroger « toutes les dispositions contraires à la présente loi ».

Si l'argument de nos adversaires était fondé, les législateurs de 1810 auraient donc fait précisément l'inverse de ce que nous prétendons en nous appuyant sur le texte. Dans notre opinion, ils ont commencé par accepter et consacrer en bloc tous les cas déjà spécifiés, sans s'inquiéter des motifs de leurs prédécesseurs, pour y ajouter ensuite d'un seul coup tous les cas intéressant l'ordre public et non prévus jusque-là par la loi. D'après nos adversaires, au contraire, ils auraient voulu restreindre les cas déjà spécifiés par les lois antérieures, puisqu'ils n'auraient plus permis au ministère public d'agir que dans ceux de ces cas qui se rattachent à l'ordre public.

Sans doute nos adversaires n'acceptent pas cette pensée restrictive, parce qu'ils soutiennent que tous les cas spécifiés se rattachent à des considérations d'ordre public. Mais nous avons déjà démontré contre eux (voy. plus haut, p. 91 et suiv.), nous venons encore de rappeler à l'instant que cette prétention était une erreur, et que la loi s'était inspirée, dans certaines circonstances, de sentiments d'un tout autre genre. Nous sommes donc autorisés à nous servir ici de ce fait, acquis à la discussion, et à imposer malgré eux à nos adversaires une conséquence de leur système qu'ils essayent en vain de repousser.

§ II. — Le système restrictif réintroduit lui-même la considération de l'ordre public qu'il voulait éliminer.

Nous pouvons remarquer aussi qu'une des objections du système restrictif, — objection que nous examinerons tout à l'heure (p. 172 et suiv.), — c'est le vague et l'indétermination de cette idée d'ordre public dont nous faisons le critérium d'une règle de compétence pour le ministère public. Mais cette difficulté, — puisque difficulté il y a, — si le point de départ de notre raisonnement est exact, ils ne peuvent plus s'en faire un argument contre nous, car ils y sont également exposés. Dans un système comme dans l'autre, le ministère public, lorsqu'il veut agir d'office, doit établir que l'ordre public y est intéressé. Seulement, d'après notre doctrine, cette preuve suffit pour rendre son droit incontestable, et il peut dès lors marcher en avant, appuyé sur le second alinéa de l'article 46. Au contraire, d'après le système restrictif, il lui faut, en outre et avant tout, démontrer qu'il se trouve dans un des cas spécifiés par la loi.

§ III. — Le système restrictif supprime le second alinéa de l'article 46.

Ainsi, dès le premier pas tenté par nos adversaires dans la conciliation des deux paragraphes de l'article 46, l'un voit son texte s'enrichir en même temps que son sens est mutilé par la suppression de la moitié des cas auxquels il s'applique. L'autre, c'est-à-dire le second, en sortira-t-il plus heureux? C'est ce que nous allons voir.

Le second paragraphe! Les partisans du système res-

trictif ne le tronquent pas, celui-là, ils le suppriment
complétement. Supposez, en effet, que ce paragraphe
n'existe pas, qu'il soit effacé demain par le législateur,
et dites-moi s'il est un cas, un seul, où le ministère
public verra restreindre son droit d'agir d'office. Loin
d'y perdre, il y gagnerait au contraire certaines actions
que nos adversaires sont obligés de lui refuser, s'ils veulent accepter les conséquences de leur système, car il
conserverait intacts tous les cas spécifiés par la loi, tandis que le système restrictif lui laisse seulement les cas
spécifiés se rattachant à l'ordre public.

Il est vrai qu'ils ne veulent pas reconnaître cette dernière conséquence, pourtant si logiquement déduite de
leur doctrine. — Mais, alors, à quoi sert donc ce second
paragraphe dans le système restrictif?

« Il complète et confirme le premier », répondent ses
partisans; « il en donne les motifs ».

I. — Il le complète? dites-vous. Mais *compléter* veut
dire *ajouter;* et, si votre explication du second alinéa ajoute
quelque chose au texte du premier, — ce qu'elle ne devrait
pas faire, — elle est loin d'ajouter également à l'extension
de son sens, puisqu'elle lui enlève au contraire la moitié
des cas où il s'appliquait. On ne complète d'ailleurs que
ce qui est inachevé, en y adjoignant de nouvelles parties
qui faisaient défaut. Or, la disposition du premier alinéa
ne se suffit-elle pas à elle-même? « Le ministère public
agit d'office dans les cas spécifiés par la loi. » Quoi de
plus net et de plus complet? Rien n'y manque, et tout
ce qu'on peut y ajouter, ce sont de nouveaux cas spéci-

.fiés. C'est ainsi en effet que nous avons entendu le second alinéa (voy. p. 26).

Dans notre doctrine, nous pourrions donc dire que le second alinéa complète le premier, car il introduit en effet de nouveaux cas spécifiés qui n'existaient pas auparavant, à savoir, tous les cas non encore prévus où l'ordre public est intéressé. Mais, dans le système de nos adversaires, on n'a pas le droit de tenir le même langage, puisque le second alinéa n'apporte pas la plus légère extension aux cas déjà indiqués par le premier, et retranche au contraire la moitié de ces cas. Singulière manière de parachever, en vérité! Encore un complément aussi heureux que celui-là, et, à force d'être complété, le premier alinéa aura disparu tout à fait, — comme le second. Singulière manière aussi de concilier les deux parties d'un même article que d'employer exclusivement la seconde à détruire la moitié de la première.

II. — On ajoute que le second alinéa confirme le premier. Mais quel besoin y avait-il de le confirmer?

Il arrive quelquefois, sans doute, que le législateur se répète : ainsi, dans une loi générale, organisant à nouveau toute une matière, il rappelle souvent, pour les consacrer, les dispositions des lois spéciales antérieures, afin qu'on ne soit pas tenté de conclure de son silence qu'il a voulu les abroger en ne les reproduisant pas. Dans la loi du 20 avril 1840, notre article 46 lui-même nous en fournit un exemple, car le premier alinéa rappelle et confirme toutes les dispositions des lois antérieures accordant au ministère public le droit d'agir d'office dans des circonstances déterminées. La répétition n'a rien alors dont personne puisse s'étonner, car elle s'explique tout naturellement par la distance des temps.

D'autres fois ce sont des dispositions isolées de la même loi qui se répètent, et cela peut encore se comprendre aisément dans deux circonstances distinctes. Supposez d'abord que le législateur consacre un principe qui semble contraire à une règle énoncée par les articles précédents : il prend soin aussitôt d'ajouter que cette règle subsiste toujours, afin qu'on ne cherche pas à mettre les deux textes en contradiction l'un avec l'autre. Ou bien, il s'agit d'une disposition obscure, mal rédigée, dont les termes vagues ne s'appliquent à rien de bien précis : un article subséquent vient l'éclairer, préciser le sens qu'elle a réellement, et prévenir ainsi les écarts d'interprétation qu'elle pourrait faire naître.

Le premier alinéa de l'article 46 rentre-t-il dans quelqu'une de ces hypothèses? En aucune manière.

Il ne s'agit pas ici de textes éloignés les uns des autres; les deux dispositions sont voisines, pour ainsi dire contiguës; elles forment les deux parties d'un même article : comment expliquer que le législateur éprouve le besoin de reproduire une seconde fois, en d'autres termes, ce qu'il vient déjà de dire à l'instant même? — «Il veut éclaircir et mieux préciser sa pensée. » — Mais il faudrait au moins, pour cela, que le second alinéa fût plus clair que le premier, et, en bonne conscience, nos adversaires peuvent-ils le prétendre, lorsqu'ils invoquent précisément l'obscurité et le vague du second alinéa pour soutenir

qu'il ne contient aucune disposition distincte du premier ?
Celui-ci, d'ailleurs, n'a-t-il pas une clarté complète ? Le
ministère public agit d'office dans les cas spécifiés par la
loi : que peut-on imaginer de plus net, et par quelle
formule espère-t-on mieux préciser cette règle ?

Pouvait-on craindre une contradiction au moins apparente qu'il était urgent de lever ? Mais, si tel avait été le
but réel du second alinéa de l'article 46, il se serait préoccupé d'un danger qui n'existait pas encore et que sa présence seule a fait naître. Puisque c'était là sa seule utilité,
on n'avait qu'à le supprimer, et aussitôt l'article 46
cessait de soulever la moindre difficulté. Ainsi, bien loin
de prévenir une opposition de textes quelconque, c'est
au contraire le second alinéa lui-même qui en introduit
une, au moins apparente, à laquelle, en ce moment, nous
essayons tous d'échapper, chacun à notre manière.

III. — Dira-t-on, enfin, que le second alinéa donne les
motifs du premier ; qu'il caractérise, par une formule
générale, les considérations qui ont décidé le législateur
à permettre au ministère public d'agir d'office dans
certaines circonstances déterminées ? Mais pourquoi supposer une complaisance ou plutôt une prolixité aussi peu
ordinaire ? Le texte des lois n'est pas un rapport : il décide
et ne raisonne pas, il ordonne sans justifier ses ordres.

Que nous importait, d'ailleurs, cette indication ? Si
nous étions curieux, ou si nous avions eu besoin un jour
de connaître les vrais motifs des dispositions de la loi, ne
pouvions-nous point examiner chaque cas en particulier,
et déterminer, par l'étude des circonstances concomi-

tantes et des textes voisins, comme nous le faisons d'ordinaire, l'intention précise du législateur? Cette méthode est même beaucoup plus sûre qu'une formule générale, dans laquelle on essaye de comprendre les motifs d'un grand nombre de dispositions qu'on est loin d'avoir toutes présentes à l'esprit.

Ne suffit-il point, d'ailleurs, de lire sans prévention les deux paragraphes de l'article 46, tels qu'ils sont écrits, en oubliant la manière arbitraire dont nos adversaires veulent les combiner, pour comprendre aussitôt qu'ils ont chacun leur objet propre et des caractères tout différents. L'un décide que le ministère public agit d'office dans les cas spécifiés par la loi; l'autre, qu'il poursuit l'exécution des lois, arrêts et jugements intéressant l'ordre public. Et vous dites que c'est la même chose! Et vous prétendez que la seconde disposition, en exigeant que les cas réunissent certains caractères, mais non qu'ils aient été spécifiés, confirme la première, qui exige leur spécification sans parler de leurs caractères! Voilà une confirmation qui ressemble presque à une contradiction.

Mais ce n'est pas tout. Cette prétendue confirmation n'est pas seulement inutile, intempestive et contraire au texte; elle va encore directement contre le but qu'on lui suppose. D'après nos adversaires, en effet, le second alinéa énoncerait les motifs du premier : et il se trouve que les motifs indiqués seraient faux une fois sur deux, nous l'avons montré plus haut (voy. ci-dessus, p. 90); il confirmerait les cas déjà spécifiés : et, au lieu de leur donner une nouvelle force, nous trouvons, au contraire, qu'il en élimine la moitié, tous ceux qui ne rentrent pas dans l'ordre public ; c'est encore un point démontré (voy. ci-dessus, p. 138).

Le second paragraphe de l'article 46 n'est donc pas plus la confirmation du premier qu'il n'en est le complément. Or, comme nos adversaires n'en veulent pas tirer d'autre utilité que ces deux-là, il en résulte qu'il ne sert plus à rien dans le système restrictif.

IV. — Ainsi le législateur aurait écrit un paragraphe qui ne servirait absolument à rien, et n'aurait aucun sens: cette conséquence est-elle admissible, ou ne condamne-t-elle pas plutôt le système qui en est réduit, pour se défendre, à soutenir de pareilles hypothèses?

« *In omni dispositione*, disait le vieux Dumoulin, *hoc est regulare quod omne verbum, quantum vis modicum, debet de aliquo operari.* » — « Tout mot, si court qu'il soit, doit avoir un sens » ; à plus forte raison, tout article, tout paragraphe. L'aphorisme de Dumoulin s'est transmis à tous les auteurs qui lui ont succédé ; l'article 42 de l'ancienne coutume de Paris le reproduisait, et aujourd'hui encore nous le retrouvons dans l'article 1157 du Code Napoléon, à la section *De l'interprétation des conventions :* « Lorsqu'une clause est susceptible de deux sens, on doit » plutôt l'entendre dans celui avec lequel elle peut avoir » quelque effet, que dans le sens avec lequel elle n'en » pourrait produire aucun. » C'est là, du reste, une règle de bon sens : on ne parle pas, et surtout on n'écrit pas pour ne rien dire.

Mais, si cela est vrai des conventions privées, rédigées

souvent par des personnes ignorantes, remplies de dispositions prolixes, pompeuses et redondantes, sans ordre et
sans clarté, comment ne serait-ce pas plus certain encore pour les dispositions de la loi, dont les auteurs sont
bien plus compétents, la rédaction plus attentive, le style
plus sévère? D'ailleurs, lois ou conventions, c'est la même
chose au point de vue qui nous occupe en ce moment.
« Les conventions... tiennent lieu de loi à ceux qui les ont
faites », dit l'article 1134 du Code Napoléon; et l'on ne
sortirait pas de la vérité en retournant cette phrase pour
lui faire dire : « Les lois sont les conventions de ceux qui
n'en ont point fait. » C'est donc bien ici le cas d'appliquer
l'article 1157. Deux interprétations sont en présence :
avec celle de nos adversaires, le second alinéa de l'article 46 ne peut produire aucun effet utile; dans la nôtre,
au contraire, il possède une portée considérable. En admettant que le texte soit également susceptible des deux
sens, ce serait donc encore notre interprétation qu'il faudrait adopter.

Ainsi le système restrictif n'a pas réussi à démontrer
que notre conciliation des deux paragraphes de l'article 46
reposait sur des bases inexactes; il n'a pas été plus heureux pour établir la légitimité de sa propre conciliation.
Le débat est donc épuisé sur ce point.

DEUXIÈME SECTION

LE SECOND ALINÉA DE L'ARTICLE 46 S'APPLIQUE NÉCESSAIREMENT
A UN DROIT D'ACTION.

Battu à deux reprises successives dans son essai de
conciliation entre les deux alinéas de l'article 46, le système restrictif change alors de tactique : il se rejette sur
la mauvaise rédaction et l'ordonnance vicieuse du texte
pour soutenir que le second alinéa ne parle pas d'un
droit d'action proprement dit. Sera-t-il plus heureux sur
ce nouveau terrain? C'est ce que nous allons examiner.

§ I. — La seconde branche du système restrictif absorbe la fin
du second alinéa de l'article 46 dans le commencement de
cet alinéa.

« L'article 46, disent nos adversaires, contient trois dispositions. La première accorde incontestablement au
ministère public un véritable droit d'action : « Le minis-
» tère public agit d'office dans les cas spécifiés par la loi. »
La seconde lui confère un droit différent de celui-là et
moins étendu ; ce point est encore incontestable : « Il (*le*
» *ministère public*) surveille l'exécution des lois, des arrêts
» et des jugements. » Vient enfin la troisième, sur la
nature et l'étendue de laquelle porte notre difficulté
actuelle, et qui continue en ces termes : « Il (*toujours le*
» *ministère public*) poursuit d'office cette exécution (*celle*
» *des lois, arrêts et jugements*) dans les dispositions qui
» intéressent l'ordre public. » Cette troisième décision se

rattache-t-elle à la première, et constitue-t-elle en faveur
du ministère public un droit d'action contentieuse, ou
se rapporte-t-elle à la seconde, et, à son exemple, ne
parle-t-elle que d'un droit de surveillance plus ou moins
active dont on va tout à l'heure mieux préciser la nature?
Telle est la question en litige.

» Or, le législateur aurait fait preuve d'une singulière
négligence et d'un étrange oubli de tout ordre méthodique, s'il avait commencé d'abord par traiter du droit
d'action directe du ministère public, pour passer ensuite
à son droit de réquisition et de surveillance, et revenir
enfin à ce même droit d'action directe dont il venait déjà
de parler. Si telle avait été sa pensée, n'est-il pas évident
qu'il aurait rapproché la troisième disposition de la première, en disant que « le ministère public agit d'office
» dans les cas spécifiés par la loi, et, en outre, dans les
» cas non spécifiés qui intéressent l'ordre public? »

» Au lieu de cela, il divise l'article en deux alinéas,
dont le premier est consacré au droit d'action : il est
logique de supposer que le second, qui traite certainement du droit de réquisition et de surveillance dans sa
disposition initiale, s'y réfère encore dans sa disposition
finale, alors surtout que ces deux dispositions font partie
de la même phrase, s'enchaînent l'une à l'autre, au
moins dans la forme, et sont à peine séparées par un
point et virgule. En un mot, il est plus naturel d'admettre que la troisième disposition se rapporte à la seconde par le sens, comme elle s'y rattache par la grammaire, plutôt que de supposer qu'elle va donner la

main à la première par-dessus la seconde. » (Voyez ci-dessus, p. 44.)

Voilà la thèse nouvelle de nos adversaires. Tout à l'heure ils prétendaient annexer au premier alinéa la disposition finale du second; maintenant ils veulent l'absorber dans la disposition initiale de ce même alinéa. Malgré la différence des moyens mis en œuvre, le procédé d'interprétation ne varie pas, et le résultat pratique est peu différent. Des trois décisions distinctes contenues dans l'article 46, la troisième disparaît toujours, tantôt annexée à la première, tantôt annexée à la seconde.

Mais il ne suffit pas d'annexer, il faut justifier et faire accepter les annexions ; il faut aussi conserver aux textes annexés une utilité propre, et un rôle convenable dans l'ensemble, pour qu'ils ne revendiquent pas leur autonomie en se plaignant d'être supprimés. Or, il est facile de montrer que, dans le système de nos adversaires, la troisième disposition n'ajoute pas plus maintenant à la seconde qu'elle n'ajoutait tout à l'heure à la première.

En décidant que le ministère public surveille l'exécution des lois, des arrêts et des jugements, le second alinéa de l'article 46 n'entendait point évidemment parler d'une surveillance impassible et inactive. Le ministère public n'est pas un simple observateur sans intérêt et sans autorité, notant que telle loi s'exécute et que telle autre ne s'exécute pas, qu'ici on l'observe exactement, et que plus loin on n'en tient aucun compte, le tout sans chercher à remédier aux irrégularités et aux désordres qu'il constate, ou en se bornant peut-être à en dresser une sorte de statistique. Un tel rôle ne serait pas moins inutile qu'indigne du magistrat auquel on le confierait.

Le ministère public doit surveiller l'exécution des lois, arrêts et jugements, mais pour faire en sorte que cette exécution ait lieu régulièrement. Lorsque deux parties privées plaident devant le tribunal, il examine la cause; s'il remarque qu'un argument important est oublié par l'une d'elles, il le met en lumière, et il soutient dans son réquisitoire l'interprétation qu'il croit bonne, pour arriver à une saine exécution de la loi. Il donne des ordres aux huissiers, requiert l'intervention de la force armée lorsqu'on résiste aux décisions judiciaires, etc.

Si les officiers ministériels, les notaires, les officiers de l'état civil, commettent quelque irrégularité ou manquent à leurs devoirs, il les avertit, les réprimande, les défère à la chambre de discipline de leur ordre, réclame par la voie hiérarchique leur suspension ou leur destitution, et peut aussi (mais ceci se rattache au droit d'action) les traduire, dans certains cas, devant les tribunaux civils pour leur faire appliquer des peines déterminées. Enfin, si les tribunaux eux-mêmes oubliaient qu'ils doivent observer plus scrupuleusement que personne les lois et les règlements, il aurait encore le droit de leur adresser des mercuriales, et d'aviser aux moyens de rétablir l'ordre méconnu.

Voilà la surveillance dont parle, dans sa première partie, le second alinéa de l'article 46; voilà le droit qu'il confère au ministère public pour l'exécution de toutes les lois, de tous les jugements, de tous les arrêts. Je suis prêt, du reste, à reconnaître que cela n'implique pas, en général, la faculté d'introduire des actions contentieuses devant les tribunaux civils.

La dernière partie du second alinéa de l'article 46 ajoute-t-elle quelque chose à ce droit en ce qui concerne spécialement les lois, arrêts et jugements intéressant l'ordre public? « Il poursuit d'office leur exécution », répond le texte. Cela est vrai; mais il ne faut pas oublier l'explication qu'en donnent nos adversaires.

De deux choses l'une, leur dirons-nous. Ou vous admettez que cette disposition accorde au ministère public le droit d'agir d'office : alors elle ajoute évidemment quelque chose à la disposition précédente; mais vous renoncez du même coup à votre argument et à votre doctrine, dont le but est précisément d'enlever au ministère public le droit d'action dans l'intérêt de l'ordre public.

Ou bien vous soutenez que ces mots ne supposent pas nécessairement l'obtention d'un droit d'action directe : et cette fois vous persévérez dans votre système; mais, s'il ne s'agit ici encore que de mesures à prendre pour arriver à une exacte exécution des lois, sans pouvoir jamais intenter d'action directe, la première partie du second alinéa en disait déjà tout autant, et la fin de cet alinéa devient complétement inutile, puisqu'elle n'accorde au ministère public, pour l'exécution des lois, arrêts et jugements intéressant l'ordre public, que les droits qu'il possédait déjà d'une manière générale pour l'exécution des lois, arrêts et jugements quelconques.

Nous pourrions donc répéter ici tout ce que nous avons dit plus haut sur la nécessité de donner un sens spécial et une utilité propre à chacune des dispositions du législateur (voy. ci-dessus, p. 147).

Il faut remarquer aussi que cette interprétation violente le texte de la manière la plus manifeste. Les deux parties du second alinéa ont, dans leur forme, des degrés d'énergie très-différents, qui semblent bien impliquer dans la pensée du législateur des nuances analogues; cependant le système restrictif aboutit à donner les mêmes prérogatives au ministère public dans les deux cas, que les lois, arrêts et jugements intéressent l'ordre public, ou qu'ils y soient étrangers.

Les différences que nos adversaires essayent d'indiquer, lors même qu'ils parviendraient à les préciser et à les justifier, seraient encore fort minimes. Ils ne peuvent pas contester que *poursuivre* est plus que *veiller* ou *surveiller :* s'ils le faisaient, d'ailleurs, ils reconnaîtraient du même coup que la dernière partie du second alinéa n'ajoute rien à la première, ce qui ruinerait par là base leur tentative de conciliation. Or, ces mots *veiller* et *surveiller* ont déjà un sens bien étendu dans notre matière, comme il est facile de s'en convaincre par l'examen de quelques unes des dispositions où ils figurent.

C'est par le mot *veiller* que la loi caractérise les attributions du ministère public en ce qui concerne les absents. « Ils (les commissaires du roi, aujourd'hui les pro- » cureurs impériaux) seront chargés, en outre, de *veiller*

» pour les absents indéfendus», disait l'article 3, titre VIII
de la loi des 16-24 août 1790. Dans le Code Napoléon,
l'article 114 reproduit la même idée en termes presque
identiques : « Le ministère public est spécialement
» chargé de *veiller* aux intérêts des personnes présumées
» absentes, et il sera entendu sur toutes les demandes qui
» les concernent. » Ce droit de surveillance paraissait
même si étendu, que déjà, sous l'empire de la loi de 1790
toute seule, on voulut en déduire, pour le ministère public, la faculté d'agir d'office.

C'était peut-être aller fort loin en présence du principe général posé par l'article 2, titre VIII de cette même
loi : « Au civil, les commissaires du roi exerceront leur
» ministère non par voie d'action, mais *seulement* par celle
» de réquisition, dans les procès dont les juges auront été
» saisis. » Mais on s'accorde à reconnaître que le ministère public a, dans l'article 114 du Code Napoléon, plus
que le droit de réquisition auquel se réfère la seconde
disposition de cet article, et que la première comprend
au moins le droit de faire nommer par le tribunal un
curateur chargé des intérêts de l'absent.

Le pouvoir disciplinaire du ministère public est également qualifié de *surveillance* par la troisième disposition
de l'article 45 de notre loi du 20 avril 1810 : « Ils (les
» procureurs généraux) auront la *surveillance* de tous les
» officiers de police judiciaire et officiers ministériels du
» ressort. » C'est aussi le mot *veiller* qui sert, dans la loi
de 1790 et dans celle de 1810, à caractériser ses prérogatives vis-à-vis des tribunaux eux-mêmes. « Le com-

» missaire du roi, en chaque tribunal, *veillera* au main-
» tien de la discipline et à la régularité du service dans
» le tribunal... », dit l'article 6, titre VIII de la loi des
16-24 août 1790. Et la seconde disposition du même
article 45 de notre loi du 20 avril 1810 modifie à peine
ces termes : « Ils (les procureurs généraux) *veilleront* au
» maintien de l'ordre dans tous les tribunaux. »

Or, ce pouvoir, qu'on appelle une surveillance, s'étend
fort loin. Déjà, sous l'empire de la loi de 1790, Merlin
jugeait incontestable qu'il comprît le droit d'agir d'office ; cette conséquence résultait clairement pour lui de
ce que la loi chargeait le ministère public de *veiller* au
maintien de la discipline (voy. Merlin, *Répertoire*, 5ᵉ édition, vᵒ Mariage, sect. vi, § 3, page 704, 2ᵉ colonne).
La jurisprudence avait expressément reconnu, en effet,
que le principe posé par l'article 2, titre VIII de la loi
des 16-24 août 1790, n'était point applicable lorsqu'il
s'agissait de la police des audiences ; c'est ce qui résulte
notamment d'un arrêt de la Cour de Limoges, du 2 fructidor an XIII, confirmé par un arrêt de rejet de la Cour
de cassation, section des requêtes, du 3 novembre 1806
(affaire Fusibay), rendu sur les conclusions conformes de
Merlin. (Voyez, pour l'exposé des faits, le réquisitoire de
Merlin et le texte de l'arrêt, Merlin, *Répertoire*, vᵒ Chambre
des avoués, nᵒ II, p. 162 à 168, 4ᵉ édition. Voyez aussi
Dalloz, *Jurispr. gén.*, *Répert. alphabétique*, vᵒ Discipline
judiciaire, nᵒ 274, et vᵒ Ministère public, nᵒ 213 ; et
Journal des audiences de la Cour de cassation, 1806,
supplément, p. 225.) Cet arrêt de la Cour de cassation

avait été précédé d'un autre, en date du 22 germinal an XI, rendu dans le même sens (voy. *Jurisprudence de la Cour de cassation*, t. III, p. 296).

Après la loi du 20 avril 1810, qui ne reproduit pas l'article 2, titre VIII de la loi de 1790, le droit d'action directe du ministère public, en matière disciplinaire, est devenu tout à fait certain, et personne aujourd'hui ne songerait à le contester.

Ainsi, lorsque le législateur charge seulement le ministère public de *veiller* ou de *surveiller*, il lui accorde déjà des attributions tellement larges, qu'on a pu y comprendre, au moins dans certains cas, même le droit d'intenter des actions contentieuses. Je suis prêt, sans doute, à reconnaître que cette dernière conséquence est une extension tout exceptionnelle, que des circonstances particulières peuvent seules justifier, et qu'il faudrait se garder d'accepter d'une façon générale. Mais, si le devoir de veiller ne contient pas, en principe, le droit d'agir d'office, c'est là seulement qu'il s'arrête.

Or, lorsque la loi permet au ministère public de *poursuivre*, elle lui accorde quelque chose de plus qu'en le chargeant de *veiller*, et, comme veiller comprend déjà tout, sauf le droit d'intenter une action d'office, que pourrait-elle lui donner de plus, si ce n'est justement ce droit, le seul qui lui fasse encore défaut?

Le système restrictif ne parvient donc pas à montrer en quoi précisément le droit de poursuivre serait plus étendu que le droit de veiller, s'il n'autorisait pas à introduire des actions d'office. Il est même bien loin d'approcher de ce but. Nous venons de voir, en effet, qu'après avoir restitué au droit de poursuivre cette prérogative essentielle, on était encore embarrassé, dans certains cas, pour le différencier du simple droit de veiller, qui la comporte aussi quelquefois.

D'un autre côté, prétendre que le mot *poursuivre* ne signifie pas nécessairement intenter une action directe et contentieuse, c'est en vérité fausser la langue juridique et enlever à ses termes leur sens naturel. On pourrait soutenir peut-être que, dans le langage courant, poursuivre un but, c'est prendre des mesures quelconques pour y arriver, ce qui n'implique pas nécessairement la faculté de prendre telle ou telle mesure déterminée. Mais les jurisconsultes, en s'emparant de cette expression, lui ont donné un sens plus précis dont ils ne s'écartent jamais, et, au lieu de l'appliquer à des mesures quelconques, ils l'emploient exclusivement pour désigner une certaine mesure plus énergique que toutes les autres, à savoir, l'introduction d'une action contentieuse devant les tribunaux.

Poursuivre son adversaire, c'est toujours le traduire en justice ; poursuivre la nullité d'un acte, c'est demander aux tribunaux d'en déclarer authentiquement l'inexistence, ou de prononcer son annulation en raison des vices dont il est infecté ; poursuivre l'exécution d'une obligation, c'est demander aux juges des moyens de contrainte contre le débiteur récalcitrant. Ainsi, quand le législateur nous parle de poursuites, nous n'hésitons jamais sur le sens qu'il faut attacher à sa disposition : nous y voyons toujours l'introduction d'une instance judiciaire. Pourquoi donc le même mot prendrait-il, dans ce seul cas, un sens différent?

§ II. — L'ordonnance vicieuse du texte de l'article 46 s'explique par la comparaison des articles correspondants de la loi des 16-24 août 1790.

Mais si la pensée exprimée par la dernière proposition de l'article 46 ne nous paraît offrir aucun doute, nous sommes forcés de reconnaître qu'elle eût pu être mieux placée. L'ordre suivi par le législateur est certainement vicieux; il eût été bien plus méthodique et bien plus clair de rapprocher la troisième disposition de la première, puisqu'elles accordaient toutes les deux un droit d'action, tandis que la seconde parlait simplement d'un droit de surveillance conférant des attributions moins étendues.

Nous accordons tout cela au système restrictif. Cette concession faite, en résultera-t-il que notre doctrine soit inadmissible parce qu'elle attribue au législateur des négligences de rédaction et des fautes de méthode? Non; car, s'il est évident que l'article 46 est mal rédigé, dans notre système il est plus évident encore que la disposition finale de l'article 46 confère au ministère public le droit d'agir d'office, et l'on ne peut, pour ménager les susceptibilités littéraires ou logiques des auteurs de la loi, en retrancher des prescriptions qu'on y voit clairement contenues.

A quoi nous servirait d'ailleurs cette mutilation? Le

système de nos adversaires ne réhabilite pas le législateur, et nous ne serions pas plus avancés sur ce point
en l'adoptant. La loi, il est vrai, n'est plus coupable
d'être revenue deux fois sur le même sujet dans un seul
article; mais on peut lui reprocher à juste titre d'attribuer au mot *poursuivre* un sens qu'il n'a jamais, et précisément dans un cas où son sens naturel serait fort
admissible. L'une des deux accusations vaut l'autre, et
la réputation du législateur ne gagne rien au système
restrictif.

La mauvaise rédaction de l'article 46 existe toujours,
quelle que soit l'opinion qu'on adopte; c'est donc un fait
qu'il faut accepter comme une difficulté commune à tous
les systèmes, et dont aucun n'a le droit d'arguer contre
les autres.

Ce fait ne doit pas non plus nous étonner outre mesure. Notre article n'est pas le seul qui soit obscur et
mal ordonné. Ceux qui rédigent ou discutent les lois
sont bien loin d'apporter toujours dans leurs formules
l'exactitude rigoureuse qu'y voudrait trouver le jurisconsulte. Le travail se fait généralement un peu à la hâte;
on ne songe pas assez à coordonner les dispositions nouvelles avec les lois existantes; on ne prévoit pas les difficultés qui naîtront plus tard; enfin, la méthode fait
quelquefois défaut, parce qu'on réunit des éléments de
provenance diverse, qu'on veut donner satisfaction aux
idées de chacun, et, quelquefois aussi, qu'on se borne à
corriger les dispositions d'une loi antérieure sans modifier leur ordre.

C'est, je crois, une circonstance de ce dernier genre qui explique les incohérences de rédaction de l'article 46.

Le chapitre VI de la loi du 20 avril 1810, consacré au ministère public, et formé des trois articles 45, 46 et 47, correspond au titre VIII de la loi des 16-24 août 1790, qui traitait la même matière en sept articles. L'article 7 de la loi de 1790 et l'article 47 de la loi de 1810 doivent être écartés: le premier tranche une question d'incompatibilité, le second un point d'organisation intérieure.

L'article 45 de la loi de 1810 détermine les attributions du ministère public en matière criminelle et disciplinaire; en matière disciplinaire, il correspond à l'article 6 de la loi de 1790, qu'il reproduit sous une forme peu différente; en matière criminelle, il a son équivalent dans l'article 4 de la loi de 1790 : mais ici le système a complétement changé par suite de la suppression des accusateurs publics.

Restent, dans le titre VIII de la loi de 1790, les articles 1, 2, 3 et 5, qui traitent des attributions du ministère public en matière civile. Dans la loi de 1810, l'article 46, à lui seul, correspond à ces quatre articles, et nous allons voir que le rédacteur de 1810 les suit, pour ainsi dire, pas à pas.

L'article 1er du titre VIII définit en quelque sorte le ministère public. En 1810, la mode n'était plus, comme sous la Constituante, aux définitions d'institutions et de droits; le besoin, du reste, ne s'en faisait plus sentir, puisqu'on avait abandonné la prétention de tout créer à nouveau, et que l'institution dont on réglait les préroga-

162ACTION DU MINISTÈRE PUBLIC EN MATIÈRE CIVILE.

tives fonctionnait déjà avec tous ses caractères essentiels. Le rédacteur passe donc.

L'article 2 est beaucoup plus important : « Au civil, » les commissaires du roi exerceront leur ministère non » par voie d'action, mais seulement par celle de réquisi- » tion, dans les procès dont les juges auront été saisis. » D'après ce texte, le ministère public n'est jamais partie principale au civil. Mais, en le lisant, le rédacteur se rappelle aussitôt que, depuis 1790, diverses lois, notamment des articles du Code Napoléon, des décrets impé- riaux, etc., ont chargé le ministère public d'agir d'office dans certains cas. Il écrit donc : « En matière civile, le » ministère public agit d'office dans les cas spécifiés par » la loi. » Voilà notre premier paragraphe.

Continuons la lecture du titre VIII de la loi de 1790.

L'article 3 décide que les commissaires du roi « seront » entendus dans toutes les causes des pupilles, des mineurs, » des interdits, des femmes mariées, et dans celles où les » propriétés et les droits, soit de la nation, soit d'une com- » mune, seront intéressés. Ils seront chargés, en outre, de » veiller pour les absents indéfendus. » Ces points sont réglés, soit par l'article 83 du Code de procédure civile, soit par l'article 114 du Code Napoléon, qui suffisent et n'exigent pas de complément; le rédacteur passe outre sans rien écrire.

L'article 4 traite des matières criminelles, dont l'ar- ticle 45 de la loi de 1810 vient de parler; le rédacteur passe donc encore.

Vient enfin l'article 5, qui dit : « Les commissaires du

» roi, chargés de tenir la main à l'exécution des jugements,
» poursuivront d'office cette exécution dans toutes les dis-
» positions qui intéresseront l'ordre public ; et, en ce qui
» concernera les particuliers, ils pourront, sur la demande
» qui leur en sera faite, soit enjoindre aux huissiers de
» prêter leur ministère, soit ordonner les ouvertures de
» portes, soit requérir main-forte lorsqu'elle sera néces-
» saire. » La dernière partie de l'article, après les mots,
qui intéresseront l'ordre public, ne contient qu'un développement : supprimons-le, et nous avons le second alinéa
de l'article 46, moins les mots *lois* et *arrêts*.

Les commissaires du roi sont chargés de tenir la main
à l'exécution des jugements, dit la loi de 1790. Le ministère public surveille l'exécution des lois, des arrêts et
des jugements, dit la loi de 1810, en termes d'une équivalence aussi parfaite que possible. — Les commissaires
du roi poursuivront d'office l'exécution des jugements
dans toutes les dispositions qui intéresseront l'ordre public, continue la loi de 1790. Le ministère public poursuit d'office l'exécution des lois, des arrêts et des jugements dans les dispositions qui intéressent l'ordre public,
reprend, cette fois en termes identiques, la loi de 1810.
Voilà bien les deux dispositions du second alinéa de l'article 46, et les voilà précisément dans l'ordre où nous les
donne cet article.

Nous examinerons tout à l'heure l'importance qu'il
faut attacher aux deux mots *lois* et *arrêts* ajoutés en 1810.
Mais, ce qui est mis hors de doute par ce parallèle, c'est que
le rédacteur de l'article 46 avait sous les yeux le titre **VIII**

de la loi de 1790, et en suivait les dispositions. L'ordonnance si peu méthodique de l'article 46 s'explique donc, d'une manière toute naturelle, par l'ordre des articles de la loi de 1790, qu'il devait résumer ou reproduire. Et cet ordre n'avait rien de choquant dans la loi de 1790, parce que l'article 2, qui correspond au premier alinéa de l'article 46, au lieu d'accorder au ministère public le droit d'agir dans certains cas, lui refusait au contraire ce droit d'une manière générale ; de telle sorte que le législateur ne revenait pas à deux reprises distinctes sur le droit d'action, puisqu'il n'en parlait, pour la première et unique fois, qu'à la fin de l'article 5. C'est seulement dans la loi de 1810 que ce défaut s'est produit.

Voilà donc la rédaction vicieuse de l'article 46 expliquée, sinon justifiée.

§ III. — **Faut-il restreindre le droit de poursuivre l'exécution des lois d'ordre public aux lois qu'aucun particulier n'a intérêt à invoquer ?**

Nous venons de voir que la disposition finale de notre article 46, autorisant le ministère public à *poursuivre*, existait déjà dans la loi de 1790, au moins en ce qui concerne l'exécution des jugements.

« Or, disent nos adversaires (voy. plus haut, page 47), on n'en a jamais conclu que le ministère public avait le droit de poursuivre d'office l'exécution de tous les jugements intéressant de près ou de loin l'ordre public. Cette règle n'était appliquée qu'à certaines condamnations spéciales qu'aucune personne privée n'avait intérêt à faire exécuter, les condamnations disciplinaires par exemple.

Les mêmes termes, en passant dans la loi de 1810, n'ont pas dû acquérir un sens nouveau, et tout ce qu'on peut faire légitimement, c'est d'étendre à l'exécution des lois ce qui n'était décidé auparavant que pour l'exécution des jugements.

» Le ministère public aurait donc le droit de poursuivre certaines condamnations spéciales, comme les condamnations disciplinaires, qu'aucune partie privée n'a jamais d'intérêt à provoquer. Mais, il n'y a pas de raison pour étendre au delà ses prérogatives, et pour lui permettre d'agir d'office, comme le voudrait le système extensif, toutes les fois que l'ordre public est intéressé à un titre quelconque, soit seul, soit en même temps que des particuliers. »

Il suffira de quelques mots pour écarter cet argument, qui, d'ailleurs, porte plutôt sur l'extension du droit du ministère public que sur l'existence même de ce droit. — Vous prétendez que, sous l'empire de la loi de 1790, le ministère public ne devait poursuivre que l'exécution de certains jugements d'une nature toute spéciale. C'est là une limitation qui a grand besoin d'être justifiée, en présence d'un texte autorisant le ministère public, sans distinction, à poursuivre l'exécution de toutes les dispositions qui, dans les jugements, intéresseront l'ordre public. Nous reviendrons du reste sur ce point (voy. plus loin, p. 286).

Mais, en admettant qu'il faille accepter cette doctrine sous l'empire de la loi de 1790, il n'en résulterait pas qu'elle fût vraie encore après la loi de 1810. Cette loi, en effet, ne reproduit pas le principe trop absolu de l'article 2, titre **VIII**, qui refuse d'une manière générale tout droit d'action au ministère public. Nous ne sommes donc plus obligés à une réserve aussi sévère dans l'interprétation d'un texte permettant au ministère public d'agir d'office; et, puisque ce texte le lui permet toutes les fois que l'ordre public est intéressé, nous n'avons pas le droit de le restreindre à certains cas spéciaux. D'ailleurs les arguments de texte, qui justifiaient cette limitation dans la loi de 1790, ne s'appliqueraient plus à celle de 1810.

§ **IV.** — **Le système extensif ne met pas l'article 46 en contradiction avec l'article 83 du Code de proc. civ.**

Reste aux partisans du système restrictif, sur le point particulier que nous examinons en ce moment, une dernière objection.

« D'après la fin de l'article 46, disent nos adversaires, le ministère public poursuit d'office l'exécution des lois dans les dispositions qui intéressent l'ordre public : mais le fait-il comme partie principale ou comme partie jointe? Voilà la question.

» Or l'article 83 du Code de procédure civile, sous l'empire des mêmes préoccupations, décide, dans son premier alinéa, que toutes les causes qui concernent l'ordre public seront communiquées au procureur impérial; celui-ci joue donc le rôle de partie jointe, et rien n'indique qu'il puisse en sortir. C'est sans doute à cette disposition que se réfère la fin de l'article 46. Mais, si ce dernier texte donnait au ministère public le droit de se porter partie principale, il serait doublement contraire à l'article 83 du Code de proc. civ., d'abord, parce que accorder seulement au ministère public les droits de partie jointe, c'est lui refuser le rôle de partie principale ; ensuite, parce que, devenant partie contendante au procès, le procureur impérial ne pourrait plus remplir, suivant le vœu de la loi, les devoirs impartiaux d'une partie jointe. » (Voy. ci-dessus, p. 48.)

Il y a deux réponses à cette objection.

I. — En premier lieu, les rôles de partie principale et de partie jointe ne sont pas aussi inconciliables qu'on veut bien le dire, car nous pouvons citer plusieurs cas où ils seront certainement et nécessairement réunis.

Le premier nous est fourni par l'article 32 de la loi du 30 juin 1838 *sur les aliénés*. Cet article décide qu'il pourra être nommé un administrateur provisoire aux biens de tout individu non interdit placé dans un établissement d'aliénés. Le procureur du roi figure au nombre des personnes indiquées par le commencement de l'article, comme ayant qualité pour provoquer cette nomination « qui *n'aura lieu*, continue le texte, *qu'*après » délibération du conseil de famille, et *sur les conclusions* » *du procureur du roi.* » Lorsque la nomination de l'administrateur provisoire sera réclamée par le procureur impérial lui-même, celui-ci sera donc à la fois partie principale et partie jointe.

Un autre cas, plus intéressant peut-être que le premier, et qui se présente dans la pratique d'une manière beaucoup plus fréquente, c'est celui où le ministère public a été chargé par le préfet, conformément à l'arrêté du 10 thermidor an IV, de représenter les intérêts de l'État dans un procès entre le Domaine et un incapable, tel qu'une commune, par exemple. Le ministère public agit comme partie principale, au nom de l'État, et il est en même temps partie jointe, puisque l'article 83 du Code de procédure civile déclare communicables toutes les causes concernant l'État, les incapables, les communes, etc.

On a bien essayé de soutenir que, dans ce cas, l'organe du ministère public cessait de pouvoir jouer le rôle d'une partie jointe impartiale, et que les incapables se trouvaient ainsi privés de la protection que le législateur avait voulu leur assurer. Mais ce système a été formellement repoussé par deux arrêts de la Cour de cassation, chambre des requêtes, l'un du 21 frimaire an X (affaire commune de Thous *contre* préfet des Vosges), l'autre du 8 novembre 1843 (affaire commune de La Bastide *contre* Roquefère) (Dalloz, *Répert. alphabét.*, v° Ministère public, n°ˢ 133 et 134).

Le ministère public est seulement tenu de déposer les conclusions du préfet, en exposant les motifs qui peuvent les appuyer; mais il recouvre ensuite toute son indépendance de partie jointe, et peut conclure alors, personnellement, dans tel sens qu'il lui conviendra, même contre l'État, s'il croit que les prétentions du Domaine ne sont pas fondées. Les termes exprès de l'arrêté du 10 thermidor an IV (art. 2, *in fine*) lui réservaient du reste cette liberté. « Les commissaires du gouvernement près les tribunaux, dit le jugement du 21 frimaire an X, conservent toujours leur caractère public dans les affaires où la

République est intéressée, quoiqu'ils lisent les mémoires
des préfets à l'audience, et qu'ils prennent telles conclusions que la nature de l'affaire leur paraît exiger. » Et
l'arrêt du 8 novembre 1843 porte « que, dans la cause,
toutes les prescriptions de la loi ont été accomplies,
puisque l'avocat général, après avoir développé les moyens
invoqués par le préfet, a ensuite donné ses conclusions
sur l'affaire ».

Du reste, cette indépendance à l'égard de ses propres
conclusions, le ministère public la possède toujours quand
il agit comme partie principale; seulement, il est assez
rare qu'il ait occasion de l'exercer, car il n'aurait pas
engagé le procès, s'il n'avait pas cru ses prétentions justes
et conformes à la loi.

En matière criminelle, si le procureur impérial vient
à être convaincu de l'innocence de l'accusé qu'il a poursuivi, il peut et doit demander lui-même son acquitte-
ment. C'est ce qui arrive en effet quelquefois.

En matière civile, l'opinion qu'on a du procès dépend
presque toujours, non d'une question de fait, que la
découverte de circonstances inconnues peut présenter
sous un jour entièrement nouveau, mais d'une question
de droit, dont les éléments ne varient point, et sur laquelle,
par conséquent, il n'est guère probable que la manière
de voir du ministère public se transforme avec tant de
promptitude.

Restent donc les cas où l'officier du parquet propose
aux juges des conclusions qui ne sont pas les siennes, qui
lui sont imposées, qu'il présente en quelque sorte par

procuration : alors, le droit de contredire ces conclusions, qui restait latent, et, par la force même des choses,
presque chimérique, éclate dans tout son jour; il passe
de la puissance à l'acte.

Nous venons de le constater dans le cas où le ministère
public représente le Domaine, et dépose les conclusions
que lui indique le préfet. Il existe également, et il a été
pratiqué, dans une autre hypothèse : celle où le procureur
général à la Cour de cassation dénonce, sur l'ordre du
gouvernement, les actes par lesquels les juges auraient
excédé leurs pouvoirs (voy. art. 80 de la loi du 27 ventôse
an VIII, et art. 441 Code d'instr. crim.). Dans ce cas,
les conclusions prises par le procureur général émanent
en réalité du ministre de la justice : le procureur général
doit les exposer; mais il peut très-bien les attaquer dans
son réquisitoire, s'il ne les croit pas fondées, et conseiller
aux juges de les rejeter. C'est ce que M. Dupin a fait
plus d'une fois dans sa longue carrière de procureur
général à la Cour de cassation. (Voyez notamment un
arrêt de la Cour de cassation, chambre criminelle, du
12 janvier 1838, Sirey, 1838, I, 90.)

Ainsi, le rôle de partie principale et celui de partie
jointe peuvent se concilier l'un avec l'autre; et, dans certains cas, la pratique nous les montre en effet réunis.
C'est là beaucoup plus qu'il n'en faut pour répondre à
l'objection que nous étions en train d'examiner; car, le
résultat qu'elle reproche à notre doctrine ne va pas aussi
loin, et ne saurait jamais être choquant, comme celui-là
le paraît au premier abord.

En effet, de ce qu'on accorde à la fois aux officiers du parquet, pour la défense de l'ordre public, et la voie de réquisition, et celle d'action principale, il ne s'ensuit pas du tout que le ministère public devra être à la fois partie contendante et rapporteur impartial. Ces deux rôles qu'on lui accorde, il ne les prendra pas cumulativement dans le même procès, mais distinctement dans des procès différents. Si une partie privée saisit le tribunal, à quoi servirait-il que le procureur impérial compliquât le procès en s'y portant partie intervenante? Il a son droit de réquisition qui lui suffira. Si, au contraire, personne n'agit, ou si, le jugement de première instance ayant été rendu dans un sens contraire à l'ordre public, les parties privées qui y figuraient ne le frappent pas d'appel, le ministère public recourt alors à son droit d'action directe, saisit les tribunaux qui ne l'étaient pas, ou interjette l'appel que les parties auraient dû former, si l'on admet, avec la jurisprudence, qu'il ne doit point, dans ce cas, procéder par voie de tierce opposition.

II. — En second lieu, nous n'avons pas à nous inquiéter d'une contradiction plus ou moins réelle entre l'article 83 du Code de Procédure civile et l'article 46 de la loi du 20 avril 1810. Ces deux textes ne sont pas de la même époque, et, pendant les quatre années qui les séparent, il n'y aurait rien d'étonnant que les idées du législateur se fussent modifiées. La loi des 16-24 août 1790 ne mentionnait même pas les causes concernant l'ordre public parmi celles où les commissaires du roi devaient être entendus (voy. art. 3, tit. VIII de cette loi). En

1806, le Code de procédure civile accorde au ministère
public le rôle de partie jointe pour la défense de l'ordre
public. En 1810, enfin, l'article 46, *in fine*, de la loi du
20 avril, allant plus loin encore, lui permet de se porter
partie principale dans l'intérêt de l'ordre public. N'est-ce
point là un développement régulier, tout à fait en rapport avec la marche des esprits et les modifications successives de la législation en ce qui concerne le ministère
public (voy. p. 276)? Ces changements étaient tellement
naturels, que nous devrions bien plutôt nous étonner, si
nous trouvions les mêmes dispositions dans des lois conçues sous l'influence d'idées aussi diverses.

Le système restrictif échoue donc dans sa seconde
thèse comme dans la première, et il ne parvient pas à
démontrer que le droit de poursuivre l'exécution des
lois, arrêts et jugements intéressant l'ordre public n'implique pas, pour le ministère public, le droit de se porter
partie principale.

TROISIÈME SECTION

LA NOTION D'ORDRE PUBLIC EST-ELLE INDÉFINISSABLE? — DU DANGER DES POURSUITES ABUSIVES DE LA PART DU MINISTÈRE PUBLIC.

Nous arrivons maintenant à une nouvelle série d'objections, qui ont plutôt le caractère d'une critique à
l'adresse du législateur que d'un véritable argument juridique capable d'établir à lui seul la justesse ou la fausseté d'une doctrine. C'est ce qu'on pourrait appeler des

arguments d'appoint, qu'on doit entourer habilement
pour les faire valoir, et qui complètent peut-être, dans
certains cas, une conviction déjà ébauchée, mais qui ne
la déterminent jamais.

§ I. — Le système restrictif voudrait supprimer la loi sous prétexte qu'elle est obscure.

« L'article 46 de la loi du 20 avril 1810, s'écrient nos
adversaires, contient une règle de compétence, — c'est-
à-dire une de ces questions également délicates et importantes qui exigent dans la loi une clarté aussi explicite
que possible, — et vous voudriez que le législateur eût
défini cette règle par une notion aussi vague que celle
de l'ordre public! » (Voy. ci-dessus, p. 51 et suiv.)

I. — On pourrait souhaiter, en effet, que les mots *ordre
public* aient un sens mieux déterminé, dont la nature,
l'étendue et les limites sautent tout de suite aux yeux;
on pourrait désirer que la loi ait une plus grande netteté
d'expression. Je vous accorde tout cela. Mais, enfin, qu'y
faire? La loi s'est ainsi exprimée; et, bien ou mal rédigée,
nous sommes forcés de l'accepter telle qu'elle est.

Il ne faut même pas s'étonner outre mesure, ni se
plaindre trop haut de cette imperfection. Notre article 46,
en effet, est-il le seul qui soit obscur ou qui prête à
des controverses? Loin de là : beaucoup d'autres, malheureusement, lui ressemblent à ce point de vue. Et si
le législateur, en l'écrivant, n'a pas défini sa pensée d'une
manière tout à fait précise, il en est bien moins coupable
que dans une foule d'autres circonstances, où il lui était

très-facile de s'expliquer plus clairement qu'il ne l'a fait, tandis que, dans notre cas, nous avons montré déjà, par des considérations de divers genres (voy. plus haut, p. 28), qu'il ne pouvait employer une autre formule sans tomber dans des inconvénients au moins aussi graves, sinon pires; et encore n'eût-il pas réussi à se faire mieux comprendre et à bannir les controverses. N'accusons donc pas le législateur, puisque nous n'aurions sans doute pas fait mieux que lui.

II. — « Il reste acquis que le texte est obscur. » — Je vous l'accorde volontiers. Qu'est-ce que cela prouve? Qu'il faut l'étudier avec beaucoup de soin pour arriver à déterminer la nature et les limites de ses applications? J'y consens de grand cœur. Mais est-ce une raison pour le supprimer? Non, assurément; car, si l'*ordre public* est une notion tout à fait vague, comme on le prétend, il en résultera peut-être que nous ne parviendrons pas à nous entendre sur le sens qu'il convient de lui attribuer, mais il ne peut en résulter qu'elle n'ait aucun sens. Vous aurez la liberté de contester que tel ou tel cas y soit compris, mais vous ne prétendrez pas qu'elle n'en comprenne aucun; et vous auriez d'autant moins le droit de le soutenir, que votre argumentation consiste précisément à introduire l'ordre public dans presque toutes les dispositions de nos lois, pour nous effrayer de l'extension immodérée de notre système, et nous faire reculer devant ses conséquences exagérées à plaisir.

Quoi qu'on fasse, il y a certainement des dispositions de la loi où l'ordre public est intéressé, et ces dispositions, puisque le législateur, à tort ou à raison, les désigne ainsi pour déterminer le droit d'action du ministère public, nous devons les rechercher, quelque difficile que soit cette tâche. Il serait vraiment trop commode, — et aussi trop dangereux, — d'accorder aux jurisconsultes le droit de supprimer les dispositions du législateur pour cause d'obscurité ou de précision incomplète. Cependant l'argument de nos adversaires ne tend à rien moins que cela.

III. — Comment, en effet, cet argument pourrait-il aboutir à la justification de leur système par une voie différente de celle que nous indiquons?

Ils ne prétendent plus, pour le moment, que la disposition finale du second alinéa de l'article 46 confirme ou complète le premier, en indiquant les motifs qui ont décidé le législateur à permettre au ministère public d'agir dans les cas spécifiés dont parle ce premier alinéa : s'ils élevaient encore cette prétention, nous aurions à l'éliminer d'abord, avant d'entrer dans la discussion actuelle, et il faudrait reproduire pour cela les divers arguments que nous leur avons opposés dans la première section de ce chapitre (voy. ci-dessus, p. 135 et suiv.).

Ils n'essayent pas davantage de rattacher l'une à l'autre les deux dispositions du second alinéa de l'article 46, en soutenant que POURSUIVRE *l'exécution des lois* signifie simplement *prendre des mesures* pour arriver à cette exécution, sans avoir le droit d'intenter d'actions proprement dites. C'est encore une objection que nous avons amplement réfutée plus haut, et il nous suffirait

de renvoyer à ce que nous avons déjà dit (voy. ci-dessus, p. 149 et suiv.).

Ce nouvel argument est, en quelque sorte, chez nos
adversaires, l'aveu que leurs premières objections sont
restées impuissantes; car, si elles avaient victorieusement
résisté aux critiques du système extensif, elles suffiraient,
et au delà, pour démontrer son erreur, et point ne serait
besoin de les conforter par des appuis d'une solidité aussi
douteuse. Dans tous les cas, il est permis de diviser les
difficultés pour mieux les résoudre, et, puisque nous avons
déjà réfuté les objections sur lesquelles celle-ci préten-
drait s'appuyer, nous sommes en droit de la prendre corps
à corps, toute seule, pour la combattre.

Isolée ainsi, et privée de tout secours du dehors, cette
critique se réduit bien, comme nous le disions, à supprimer
un texte qu'on accuse d'obscurité, pour se débarrasser
des ennuis, ou, si vous voulez, des dangers d'une interprétation un peu épineuse. C'est là évidemment un procédé de discussion exorbitant, et, lorsqu'on est en présence
de sa formule brutale, dépouillée des considérations et des
ambages qui le déguisaient en l'ornant, il saute aux yeux
qu'il est inadmissible.

L'argument que nous rencontrons maintenant est donc
loin d'avoir la portée que voudraient lui reconnaître nos
adversaires. Il peut démontrer, — s'il est établi dans toute
son étendue, — que le législateur a fait preuve ici d'une
coupable négligence, et que son style mérite les plus vifs
reproches; mais il ne saurait ni renverser, ni peut-être
même ébranler le système extensif.

§ II. — La notion d'ordre public est-elle indéfinissable ?

Mais cet argument est-il établi en réalité? est-il vrai que l'ordre public soit une idée tellement vague qu'on ne puisse en déterminer les éléments, un fait tellement insaisissable qu'on ne sache où en montrer les limites? C'est là une critique qu'il ne faut pas admettre à la légère, et qui mérite d'être examinée d'un peu plus près.

I. — La première remarque qu'on est tenté de faire, c'est celle-ci : puisque l'ordre public est une chose aussi difficile à définir, ou même à reconnaître, le législateur se sera bien gardé d'y chercher la base d'aucune détermination, et surtout d'en faire dépendre la nullité ou la validité d'un acte. Or, à la première page du Code Napoléon, nous trouvons l'article 6 ainsi conçu : « On ne peut » déroger par des conventions particulières aux lois qui » intéressent l'ORDRE PUBLIC et les bonnes mœurs. » Par application de cette règle, l'article 686 ne permet d'établir des servitudes que pourvu qu'elles « n'aient rien de » contraire à l'ORDRE PUBLIC », et les articles 1131 et 1133 déclarent sans aucun effet l'obligation dont la cause est contraire à l'ORDRE PUBLIC.

Voilà donc un principe d'une importance capitale que le législateur ne craint pas de fonder sur la détermination de l'ordre public. Si toutes les critiques de nos adversaires sont véritablement sérieuses, que de troubles et d'inquiétudes son application ne peut-elle pas engendrer! L'ordre public étant indéfinissable, — à ce qu'ils prétendent, — on ne se croira jamais bien sûr que ce qu'on fait n'y est pas contraire, ou ne sera pas considéré comme tel par les tribunaux; et tout le monde conviendra que rien n'est plus propre à compromettre la tranquillité des esprits et la stabilité de l'ordre social, qu'une pareille incertitude sur la valeur des actes d'où dépend le plus souvent notre fortune.

Cependant ces articles n'ont jamais soulevé, que je sache, les critiques amères auxquelles on devrait s'attendre dans le système de nos adversaires; on n'a jamais reproché à leurs auteurs de nous donner une énigme à déchiffrer; on n'a jamais prétendu qu'ils auraient mieux fait d'énumérer tous les cas où les conventions seraient nulles, plutôt que de les caractériser en bloc par une formule générale; on n'a jamais montré l'ordre social ébranlé; enfin on n'a jamais essayé d'interpréter ces dispositions de manière à les faire disparaître, ou à les supprimer comme inapplicables; et, la preuve qu'elles ne le sont pas en effet, c'est que la jurisprudence les applique, tant bien que mal, sinon d'une manière tout à fait immuable, du moins sans rencontrer plus de difficultés, et sans subir plus de variations, que sur une foule d'autres points.

L'ordre public n'est donc pas une chose aussi vague qu'on l'a prétendu.

II. — Peut-être aussi a-t-on eu tort de nous présenter la question actuelle comme une question de compétence, pour nous rendre plus difficiles sur la clarté et la précision des termes. Quand on parle de compétence, c'est la compétence des juges que l'on veut dire; et alors, en effet, la clarté devient plus nécessaire encore que d'ordinaire, car

une instance mal engagée occasionne des frais et des lenteurs inutiles, ou quelquefois même ne peut plus être re-
nouvelée à temps devant le juge compétent; puis, c'est le
tribunal lui-même qui apprécie sa compétence, sauf
appel, il est vrai, et la loi attache un grand prix à ce que
personne ne soit distrait de ses juges naturels.

La situation que nous avons à régler est bien différente
de celle-là. Ce n'est pas un juge qu'il s'agit de donner,
mais un adversaire ; et le droit de cet adversaire, ce n'est
pas lui-même qui l'appréciera, ce sera le tribunal. Il arrive tous les jours qu'une partie privée intente un procès
sans avoir réellement droit et qualité, et c'est là tout ce
que pourrait faire le ministère public, avec cette différence
en sa faveur, qu'un magistrat, presque toujours aussi
désintéressé comme fonctionnaire que comme homme,
cédera bien plus rarement qu'un particulier aux entraînements irréfléchis de la passion.

Dans tous les cas, l'article 46 de la loi du 20 avril 1810
ne règle pas ce qu'on appelle habituellement un point de
compétence; nous n'avons donc pas le droit de demander
au législateur cet excès de précision qu'il doit apporter
dans les questions de ce genre, et nous ne pouvons critiquer pour ce motif la clarté plus ou moins complète de
l'idée d'ordre public.

III. — D'ailleurs, il ne sera jamais possible d'éliminer
l'ordre public de notre matière. En admettant même
que le système extensif soit repoussé, la fin du second
paragraphe de l'article 46 sera sans doute mise de côté,
ou plutôt supprimée de fait ; mais il restera toujours les

cas spécifiés par la loi, dont parle le premier paragraphe, et là, l'ordre public va reparaître.

N'avons-nous pas, en effet, l'avis du Conseil d'État du 12 brumaire an XI, qui reconnaît expressément au ministère public le droit d'agir d'office dans l'intérêt de l'ordre public, au moins en matière d'*omission* d'actes de l'état civil? Et l'article 122 du décret du 18 juin 1811, contenant le tarif des frais, n'étend-il pas ce droit aux *rectifications* des mêmes actes? Les articles 37 et 30-4° de la loi du 5 juillet 1844, *sur les brevets d'invention*, n'autorisent-ils pas le ministère public à se porter partie principale, pour faire prononcer la nullité des brevets contraires à l'ordre public? (Voy. ci-dessus p. 17 et 37.)

Mais ce n'est pas tout. S'il n'y a plus à chercher, en dehors des cas spécifiés, ceux qui pourraient intéresser l'ordre public, nous avons démontré plus haut contre nos adversaires que, dans la première branche de leur système, on serait obligé par contre de déterminer, parmi les cas spécifiés, ceux qui touchent à l'ordre public, puisque ce sont ceux-là seulement que le second alinéa laisse subsister (voy. ci-dessus, p. 137 à 140). Et l'une de ces tâches ne saurait guère être beaucoup plus facile que l'autre.

Ainsi la définition de l'ordre public est une difficulté qu'on n'a pas le droit d'éluder dans aucun système, puisqu'elle est nécessaire à tous; peu importe, d'ailleurs, qu'elle le soit un peu plus ou un peu moins souvent, dès qu'elle l'est une seule fois : si nous parvenons à déterminer ce qu'il faut entendre par là, il ne sera pas beau-

coup plus difficile d'appliquer notre règle dans cent cas
que dans un, et, quand nous saurons, par exemple, quels
sont les brevets d'invention contraires à l'ordre public,
ne saurons-nous pas tout aussi bien quelles sont les
dispositions de la loi qui intéressent ce même ordre
public?

IV. — Nos adversaires insistent avec complaisance sur
les idées contradictoires qu'on s'est faites de l'ordre public,
à différentes époques de l'histoire et chez différents peuples. Ils nous le montrent acceptant ici l'esclavage, la
polygamie ou le divorce qu'il repousse autre part, proclamant hier la hiérarchie des terres, aujourd'hui leur
complète égalité, se modifiant enfin à chaque instant au
point de condamner tout à coup l'inverse de ce qu'il
condamnait hier (voy. ci-dessus, p. 52 à 61).

Il y a certainement un peu d'exagération dans cet
étalage d'antinomies juridiques : nous devons cependant
avouer qu'il y a aussi beaucoup de vrai. Cela prouve que
l'ordre public est sujet à se modifier, qu'il n'est plus aujourd'hui à Paris ce qu'il était autrefois à Rome, qu'on
ne l'entend pas de la même manière en France et en
Turquie. Est-ce donc là un résultat qui ait lieu de nous
étonner?

L'ordre public varie suivant les temps et les lieux, nous
dit-on. Qu'on cite donc quelque chose qui ne varie pas!
Le changement est la loi universelle; la vie de l'homme
comme celle de l'humanité, au point de vue physique
et au point de vue moral, ne se compose que de changements. En dehors de Dieu, l'Être nécessaire et im-

muable, rien ne peut exister, rien ne peut vivre, que par d'incessantes modifications, et l'immobilité absolue ne serait qu'un signe assuré de mort et de néant. Par quel secret privilége l'ordre public resterait-il donc toujours identique avec ce qu'il était autrefois, tandis que tout se transforme autour de lui?

On se montre surpris des variations de l'ordre public : pourquoi donc ne commence-t-on point par s'étonner des variations de la loi qui en sont la cause? Le législateur consacre ici l'esclavage et là l'égalité; il punit la polygamie dans un pays et l'encourage dans un autre; il ne permet aujourd'hui que la séparation de corps, demain que le divorce, puis il les admet tous deux pour supprimer bientôt après le second.

Lents et graduels ou brusques et complets, indices de la marche naturelle du progrès ou de l'instabilité des esprits, voilà des changements qui ne peuvent se produire sans modifier plus ou moins profondément la constitution de la société. Or, l'ordre public, c'est l'ordre de la société, ordre à la fois moral et matériel, et l'on voudrait qu'il restât le même lorsque l'état social s'est transformé! Ce qui est contraire à l'ordre public, c'est ce qui, dans l'ordre pratique, choque violemment et publiquement les idées régnantes, et celles-ci variant d'une manière incessante, l'ordre public peut-il rester invariable? N'est-ce pas, au contraire, si la même idée d'ordre public s'accommodait indifféremment, sans modifications, des états sociaux les plus opposés, n'est-ce pas alors qu'on pourrait l'accuser justement d'être vague, puisqu'elle ne répondrait à rien de précis? Quand les données d'un problème peuvent varier sans que la solution change, n'est-ce pas alors qu'il est indéterminé?

V. — « Mais, enfin, reprennent nos adversaires, encore faut-il que nous puissions reconnaître les dispositions qui intéressent l'ordre public, et toutes ces variations, si naturelles qu'on les suppose, ne le permettent guère. » — Leurs critiques elles-mêmes prouvent qu'ils exagèrent cette difficulté, car ils n'hésitent pas à nous dire que telle chose est contraire à l'ordre public dans ce pays et ne l'est pas dans cet autre; ils nous montrent à quelle époque elle le devient, et à quelle autre elle cesse de l'être; ils mettent pour ainsi dire le doigt sur chaque revirement du législateur. Cela ne s'accorde pas trop avec l'idée d'un fait qu'on ne saurait jamais où saisir.

Il y a, en effet, des questions qui intéressent nécessairement l'ordre public, parce qu'elles touchent à la constitution même de la société; et, quelle que soit la solution que leur donne le législateur, tout ce qui sera contraire à cette solution le sera en même temps à l'ordre public : tels sont, par exemple, l'esclavage, la polygamie, le divorce, etc. C'est ce qui explique ces revirements subits de la notion d'ordre public, conséquences des revirements de la loi, et sur lesquels personne n'hésite.

Quant aux difficultés qui peuvent naître dans certains cas, nous ne prétendons pas les nier; mais elles ne sont pas invincibles, et nous espérons le prouver en essayant de définir l'ordre public et les circonstances dans lesquelles le ministère public aura le droit de l'invoquer pour agir

d'office en vertu de la disposition finale de l'article 46.
Mais cette question est évidemment trop importante pour
être traitée ici d'une manière incidente, et nous lui con-
sacrerons un chapitre spécial (chap. VII, p. 491).

§ III. — Faut-il craindre des poursuites abusives fondées sur une extension exagérée de l'idée d'ordre public?

Après avoir reproché à l'ordre public d'être une idée
vague, nos adversaires ajoutent qu'il a surtout le tort
d'être une idée trop élastique. «Tout peut finir par y rentrer, disent-ils, et, cette porte une fois ouverte, nul ne
saurait prévoir où s'arrêteront les prétentions du ministère public. » On part de là pour montrer les procureurs
impériaux intervenant partout, la paix des familles menacée par leurs recherches indiscrètes, la sécurité des
transactions compromise, et l'ordre public ébranlé sous
prétexte de l'affermir (voy. ci-dessus, p. 62).

I. — L'objection qu'on nous adresse se réduit, en
l'examinant de près, au raisonnement que voici : « La
disposition finale de l'article 46, telle que l'entend le
système extensif, pourrait engendrer des abus; afin de
les empêcher de naître, il faut donc l'interpréter de manière à les rendre impossibles, et, pour cela, le seul
moyen c'est de la supprimer. » (Comp. p. 68.)

Voilà qui est clair. Mais, depuis quand les abus, — futurs
et peut-être imaginaires, — de la loi autorisent-ils à la
supprimer? S'il fallait effacer de nos codes tous les articles dont on peut abuser, cela conduirait fort loin, car
les abus sont des plantes vivaces dont la végétation com-

plaisante s'accommode à tous les terrains. Aussi le jurisconsulte n'a-t-il pas recours, pour les extirper, à ce
moyen héroïque et par trop facile qui rappelle certaines
plaisanteries vulgaires; il se contente d'étudier la disposition, pour en déterminer la nature et les motifs, ce qui
lui permet de fixer ses limites et d'opposer une barrière sérieuse aux extensions abusives. C'est ce que nous
essayerons de faire dans la suite en définissant d'une manière aussi précise que possible ce qu'il faut entendre par
ordre public (chap. VII, p. 491).

II. — La source réelle de l'objection c'est une excessive défiance à l'égard du ministère public, dont on
redoute l'esprit actif et entreprenant. Voyons donc ce
que vaut cette défiance.

On peut craindre, sans doute, les empiétements de
tous les pouvoirs. Mais cette crainte deviendrait puérile
si elle était exagérée, et elle pourrait alors produire de
grands maux, car elle conduirait à dépouiller ces pouvoirs
de toutes leurs prérogatives, sous prétexte d'empêcher
leurs empiétements, ce qui rendrait impossible l'accomplissement efficace de leurs fonctions. Où est la limite de
l'exagération? C'est ce qu'il est moins facile d'indiquer.
On peut admettre cependant qu'il n'y a pas lieu de se
préoccuper des empiétements possibles d'un pouvoir lorsque ce pouvoir n'a aucun intérêt à les commettre.

Or, dans l'immense majorité des cas où il pourrait agir
d'office sous prétexte d'ordre public, le ministère public
est évidemment désintéressé, et l'on ne voit pas ce qui
expliquerait chez lui des tentatives d'empiétements illé-

gitimes. Personnellement, les membres du parquet n'ont rien à gagner dans de semblables procès, et, d'un autre côté, le ministère public ne forme pas un corps présentant les caractères d'une caste susceptible d'avoir des intérêts particuliers : aussi n'est-ce point là qu'on montre le danger.

Mais le ministère public représente le gouvernement auprès des tribunaux; il est tout à la fois l'œil qui surveille, le bras qui poursuit et qui frappe; on ne veut donc voir en lui qu'un instrument passif du pouvoir, un ennemi-né de l'initiative et de la liberté des citoyens. Voilà pourquoi on le redoute, voilà pourquoi il semble qu'on n'a jamais assez restreint ses attributions : c'est en réalité le gouvernement qu'on poursuit sous son nom.

III. — Il faut remarquer tout d'abord que cette crainte d'une intervention gouvernementale ne peut s'appliquer qu'à un bien petit nombre de circonstances. Si l'on excepte quelques rares questions touchant plus ou moins à la politique, ou intéressant des personnages placés à la tête de l'État ou de l'opposition, le gouvernement n'est pas moins indifférent que le ministère public lui-même aux questions et aux personnes engagées dans les procès.

Il est vrai que les membres du parquet n'ont plus aujourd'hui cette indépendance complète qu'ils puisaient autrefois dans la patrimonialité de leurs offices; mais, enfin, ce sont toujours des magistrats, comme les membres des tribunaux eux-mêmes, et tout le monde proclame d'ordinaire qu'il ne faut pas se défier des tribunaux. Je sais bien que les juges sont inamovibles, tandis que les pro-

cureurs impériaux ne le sont pas. Mais cette inamovibilité est loin d'être une garantie suffisante contre les pressions du pouvoir, car si les juges ne peuvent être
destitués, ils peuvent être privés d'avancement, ce qui
est pour le gouvernement un moyen d'action presque
aussi efficace ; d'ailleurs, lors même qu'il aurait le droit
de les destituer, la crainte de soulever l'opinion publique
l'empêcherait presque toujours d'en user pour les punir
d'un arrêt trop indépendant.

Quoique ces garanties soient, en définitive, assez im-
parfaites, on s'accorde cependant, d'ordinaire, à reconnaître qu'il faut accepter les décisions des tribunaux,
sans mettre en doute leur impartialité ou leur indépendance, et c'est même là une sorte de nécessité à la fois
sociale et logique ; car, si loin qu'on veuille aller, il est indispensable de s'arrêter quelque part, à un point qu'on met
hors de conteste, à un pouvoir réputé impartial. Eh bien !
si le ministère public dépasse les limites de ses droits, les
tribunaux, — plus calmes et plus désintéressés, — met-
tront une borne à son zèle, comme le disait M. le procureur
général Chaix d'Est-Ange à la fin de son réquisitoire devant la Cour de Paris en 1861 (voy. ci-dessus, p. 64).

IV. — Nos adversaires ajoutent bien que le fait seul
des poursuites, même lorsqu'elles échouent, porte déjà
une atteinte quelquefois grave à la considération et au
crédit des individus que le ministère public attaquait à
tort, et leur cause un dommage réel par les dérangements,
les inquiétudes, les calomnies auxquels donne lieu si souvent un procès (voy. p. 64). Mais, dans la plupart des

cas, ce dommage sera très-contestable en fait ; car, lorsque les poursuites s'inspirent de passions politiques, — et c'est là ce qu'il faut supposer, le ministère public ne soulevant guère de défiance sérieuse hors des circonstances de ce genre, — loin de nuire à la réputation des inculpés, elles leur servent plutôt de piédestal, — bien souvent immérité, — devant l'opinion publique.

Si le préjudice existe quelquefois (il ne faut pas oublier que nous sommes exclusivement en matière civile), toujours est-il qu'il reste trop minime et trop rare pour constituer une objection fort redoutable à notre système, car on ne peut pas espérer faire des lois qui n'engendrent jamais le moindre abus, et il faut savoir se contenter de celles qui n'entraînent que des inconvénients relativement très-peu nombreux et très-peu graves.

§ **IV.** — **Des garanties contre les poursuites vexatoires du ministère public.**

I. — Ces inconvénients des poursuites injustes n'ont, d'ailleurs, rien de spécial à notre matière : ils forment le droit commun dans tous les cas ; et je dirai volontiers que c'est la rançon payée par chaque citoyen pour avoir toujours la liberté de réclamer sans crainte l'intervention des tribunaux en faveur de ses intérêts propres. Si ce sont des abus nécessaires à l'obtention d'un plus grand bien, nous ne devons pas nous étonner qu'on ne soit pas mieux protégé contre eux lorsqu'ils émanent du ministère public que lorsqu'ils sont l'œuvre de simples particuliers. Dans un cas comme dans l'autre, la situation est la même : c'est toujours un adversaire qui vous attaque à tort, peut-être sans croire lui-même au droit qu'il invoque, et simplement pour vous vexer ou vous nuire.

Si le procureur impérial, désireux de tracasser un adversaire politique, s'appuie sur des prétextes frivoles pour soutenir que le nom que vous portez ne vous appartient pas, cela sera, je vous l'accorde, tout à fait de nature à vous indigner. Mais vous plaira-t-il davantage qu'un tiers élève la même prétention, revendique ce nom pour lui-même et vous fasse défendre de le porter ? Vous sera-t-il plus agréable qu'un aventurier vous traduise devant les tribunaux, pour vous forcer à reconnaître en lui un frère ou un fils disparu depuis longtemps, et que la cupidité seule vous ferait repousser du toit et de la succession paternelle, comme il ne manquera pas de le dire avec force calomnies ?

Pour rester dans le cercle des faits les plus ordinaires, n'arrive-t-il pas tous les jours qu'on poursuit un légataire en prétendant qu'il a capté le testament qui l'institue, un commerçant, sous prétexte qu'il livre une marchandise inférieure à celle qu'on lui a payée ? Il n'est point de contrat qui ne vous expose à des procès, que tout adversaire peut vous intenter de mauvaise foi, et où votre délicatesse, sinon toujours votre honnêteté, se trouve bien souvent compromise. Ce sont là les abus inévitables de la liberté de poursuivre, et, tout en les regrettant, on les subit sans trop se plaindre.

II. — « Tout cela est vrai, répliquent nos adversaires ; il est certain, en effet, que les particuliers, aussi bien que le ministère public, peuvent intenter des procès sans fondements, et dans un but purement vexatoire ; mais il y a quelques garanties contre les témérités de ces plaideurs passionnés, et il n'y en a point contre celles du ministère public.

» La partie privée qui succombe est nécessairement condamnée à payer tous les frais du procès (art. 130 C. de Pr. civ.), sauf des exceptions toutes spéciales indiquées par le législateur (art. 131, *ibid.*), de sorte que la partie gagnante supporte seulement les honoraires de son avocat et quelques dépenses qui n'entrent pas en taxe. Le ministère public, au contraire, quand il est condamné, paye simplement les frais qu'il a faits lui-même, et son adversaire, injustement attaqué par lui, supporte cependant les siens. D'un autre côté, si le procès intenté par un particulier ne repose évidemment sur aucune base sérieuse, et n'a d'autre but que de nuire, il peut être condamné à des dommages-intérêts, et cette perspective lui inspirera sans doute plus de modération. Quant au ministère public, il est irresponsable, et l'on ne peut jamais lui demander compte du dommage qu'il a causé : cette situation privilégiée n'est-elle point pour lui une tentation permanente, et n'ouvre-t-elle pas son oreille à la voix de la passion, qu'il peut écouter et suivre sans rien craindre ? » (Voy. ci-dessus, p. 67.)

III. — Ces deux objections reposent sur une doctrine qui a pour elle sans doute le témoignage unanime de la jurisprudence, mais qu'aucun texte de loi ne consacre d'une manière expresse. Il faut donc l'examiner ; car, si par hasard cette doctrine était erronée, les objections fondées sur elle s'écrouleraient en même temps que leur base.

Or, sur le premier point, nous n'hésitons pas à dire que le ministère public qui succombe doit être condamné à tous les dépens, absolument comme une partie privée. Cette question est trop délicate en elle-même, — et surtout par l'accord unanime de la jurisprudence et de la doctrine contre lequel nous élevons une protestation presque isolée, — pour que nous puissions la discuter incidemment; mais nous l'examinerons en détail lorsque nous déterminerons les règles générales de l'action du ministère public au civil (voy. plus loin, chap. VIII, 3° section).

IV. — Quant aux dommages-intérêts pour le tort résultant des seules poursuites, nous ferons d'abord remarquer que les tribunaux ne les accordent qu'avec une extrême réserve, dans des circonstances fort exceptionnelles (nous raisonnons exclusivement en matière civile). La loi elle-même montre en plus d'un endroit (voy. surtout loi du 11 avril 1838, art. 2-3°, et loi du 25 mai 1838, art. 7 *in fine*), sa défiance à l'égard de ces demandes reconventionnelles, trop commodes pour ne pas devenir facilement de style, et qu'on emploie si souvent pour effrayer des plaideurs dont les prétentions sont très-fondées. Le législateur ne se montre pas favorable aux règles qui tendent à éloigner les citoyens de la justice, et il considère que chacun doit toujours être prêt à comparaître devant les tribunaux, sans tenir compte des petits désagréments que cela peut lui imposer à l'occasion.

Nous examinerons du reste si le ministère public ne pourrait pas être condamné à des dommages-intérêts, comme aux dépens, lorsque ses poursuites, en matière civile, ont causé un tort considérable, direct, actuel, et facilement appréciable en argent. Mais, lors même qu'on ne croirait pas possible d'aller jusque-là, l'argument de nos contradicteurs ne nous toucherait guère, car il est très-rare que les tribunaux accordent des dommages-intérêts pour le seul fait des poursuites, et, lorsqu'ils les accordent, c'est dans des circonstances telles que le ministère public aurait presque toujours, sinon le scrupule, au moins l'habileté de ne pas s'y placer.

V. — Outre la condamnation aux dépens et aux dommages-intérêts, il y a encore une troisième garantie contre les excès de zèle du ministère public, c'est la prise à partie (art. 505 et suiv. C. de Pr. civ.) qui s'attaque à l'officier du ministère public en son propre et privé nom. Si elle est justifiée, elle se terminera aussi par une condamnation à des dommages-intérêts; mais cette condamnation sera prononcée personnellement contre le membre du parquet auteur des actes incriminés, et non plus, comme nous le supposions tout à l'heure, contre le représentant du ministère public, ès qualité qu'il agissait, c'est-à-dire, en définitive, contre l'État. Nous examinerons plus loin les difficultés que pourrait soulever cette prise à partie et les cas dans lesquels il sera possible d'y recourir (voy. ci-dessous, chap. VIII, 3e section).

§ V. — Indépendance du ministère public.

On vient de voir que des poursuites inconsidérées ou vexatoires devant les tribunaux civils ne sont en réalité ni plus à craindre, ni plus dangereuses de la part du ministère public que de la part de simples citoyens, et cela, lors même que se produiraient les abus qu'on nous signale. Mais ces abus eux-mêmes seront bien plus rares qu'on ne l'imagine. Ils dérivent d'une intervention politique dans des affaires qui doivent rester purement judiciaires et de la pression gouvernementale que peut subir le ministère public; or, nos contradicteurs ont beaucoup exagéré la fréquence et l'efficacité de cette pression.

I. — En droit, l'indépendance du ministère public vis-à-vis du pouvoir est aussi complète qu'on peut le souhaiter : ce principe, — au moins dans les matières civiles qui nous occupent seules ici, — ne saurait, je crois, être mis en doute. Nul ne peut dicter au ministère public des conclusions qui ne lui plairaient pas, et l'autorité du procureur général sur ses avocats généraux et ses substituts ne lui permet même pas de leur imposer le langage qu'ils doivent tenir à l'audience; en cas de dissentiment, c'est l'assemblée générale du parquet qui décide, à la majorité des voix, dans quel sens l'organe du ministère public devra prendre ses conclusions. (Décret du 6 juillet 1810 *sur l'organisation et le service des Cours impériales, des Cours d'assises et spéciales*, art. 48. — Voy. aussi art. 49 de l'ordonnance du 15 janvier 1826.)

Dans certains cas, il est vrai, le ministère public est

obligé de faire les actes nécessaires pour saisir les tribunaux. Ainsi le procureur général à la Cour de cassation
doit déférer à l'ordre du ministre de la justice qui le
charge de dénoncer les actes par lesquels les juges auraient excédé leurs pouvoirs (loi du 27 ventôse an VIII,
art. 80 et 88; Code d'instruction criminelle, art. 441).
Le procureur impérial ne peut non plus refuser la défense
des intérêts du domaine, lorsque le préfet juge à propos
de la lui confier. Mais une fois qu'il a saisi le tribunal,
et déposé les conclusions qu'il est chargé de présenter,
l'organe du ministère public recouvre son indépendance
tout entière; il donne aux juges un avis impartial, tel
qu'il lui est dicté par sa conviction personnelle, et peut,
si bon lui semble, leur conseiller de rejeter les conclusions
qu'il vient de formuler au nom du ministre de la justice
ou du domaine de l'État.

M. Dupin a donné plus d'une fois, comme procureur
général à la Cour de cassation, l'exemple de cette indépendance de la parole du ministère public, en demandant
par son réquisitoire le maintien des actes que le ministre
de la justice l'avait chargé de faire annuler. Qu'il nous
suffise d'en citer un seul cas où il s'agissait précisément
d'un conflit entre le ministre de la justice et le premier
président de la Cour d'Aix qui avaient tous deux nommé
le président des assises dans un des départements de ce
ressort. (Voy. arrêt de la Cour de cassation, chambre criminelle, du 12 janvier 1838; Sirey, 1838, I, 90.)

Lorsqu'il est chargé des intérêts pécuniaires de l'État,
le ministère public conserve également sa liberté d'ap-

préciation, et peut très-bien contester les prétentions du domaine, car, dès qu'il a saisi le tribunal et lu à l'audience les mémoires du préfet, il rentre dans son rôle de partie jointe. On a jugé, par application de ce principe, qu'une personne dont les causes sont toujours communicables, — une commune dans l'espèce (voy. art. 83, C. de Pr. civ.), — avait été valablement protégée par les conclusions du ministère public, bien que celui-ci fût chargé de soutenir contre elle, dans cette affaire, les intérêts du domaine de l'État. (Voy. arrêts de la Cour de cassation, chambre des requêtes, du 8 novembre 1843 et du 21 frimaire an X ; Dalloz, *Répert. alphabét.*, v° Ministère public, n°ˢ 133 et 134. — Voy. plus haut p. 167.)

II. — Dans l'intérieur même du corps formé par le ministère public, si l'indépendance est moins complète, elle n'est cependant pas nulle. « La plume est serve, la parole est libre », disait un vieil adage qui formule assez bien les principes de cette matière. Le droit de saisir les tribunaux appartenant au corps du ministère public, et le magistrat spécial qui l'exerce n'en ayant que la délégation, il est naturel qu'il doive se conformer, à cet égard, aux ordres de son supérieur. Et cependant les actes, positifs ou négatifs, qu'il ferait contrairement à ces ordres n'en seraient pas moins réguliers. Il n'y a là qu'une simple obligation disciplinaire ; car, si le procureur impérial se refusait obstinément à intenter une action, le procureur général ne pourrait pas l'intenter à sa place et n'aurait d'autre moyen que de provoquer la destitution de son subordonné, ce qu'il n'oserait sans doute pas faire si cette résistance était fondée sur des motifs équitables.

Mais une fois l'action intentée, le procureur impérial a rempli ses devoirs hiérarchiques, et il recouvre toute l'indépendance de sa parole : il peut conclure en faveur de la personne qu'il poursuit. Nous avons déjà dit que, sous ce rapport, les divers membres du ministère public près la même juridiction conservaient aussi leur indépendance vis-à-vis de leur chef.

Les membres inférieurs du ministère public ne sont donc point complétement à la merci de leurs supérieurs; et, quant à ceux-ci, nous avons montré qu'ils jouissaient bien plus encore de leur indépendance à l'égard du gouvernement.

III. — Voilà la théorie. La pratique y sera-t-elle toujours conforme? je ne voudrais pas l'affirmer. Il est possible que les hommes faiblissent quelquefois là où les institutions leur permettent de résister; car, si un procureur impérial a toujours le droit, — et en même temps le devoir, — de rester indépendant, il aura souvent intérêt à se montrer souple pour assurer le maintien de sa position actuelle ou son avancement futur. Il faut cependant espérer que si les tentations sont fréquentes, les chutes sont rares.

M. le procureur général Dupin examinait cette même question en 1862 (affaire Dartaud et Terrier de la Chaise), et, loin d'admettre que le ministère public se laisserait inspirer des poursuites vexatoires, il ne supposait même point que l'intervention gouvernementale l'empêcherait d'en intenter qu'il croirait justes.

« Le ministère de la justice, disait-il, est institué pour maintenir et diriger chacun dans la ligne de ses devoirs et de ses attributions, et celui qui exerce ce noble ministère abuserait étrangement de son autorité, s'il la faisait consister à paralyser des actions auxquelles il doit laisser un libre cours dans l'ordre des compétences réglées par les lois. Je ne nierai pas cependant qu'un tel excès de pouvoir s'est produit parfois, mais c'est pour ajouter immédiatement qu'il a été sans influence sur le ministère public.

» En venant à cette audience, je lisais l'éloge d'un magistrat, prononcé récemment par un jeune avocat dans la Conférence des attachés des parquets de Paris. C'est une étude sur M. Bellart; et j'y ai trouvé une belle page : elle servira de réponse à l'objection qui vient de vous être présentée.

» Sous la Restauration, certaines poursuites s'étaient multipliées à ce point que le garde des sceaux s'en émut. C'était M. de Peyronnet; et, par une circulaire aux procureurs généraux, il manifesta le désir « d'être pré-
» venu des poursuites avant qu'elles fussent commen-
» cées ».

» M. Bellart était alors procureur général. Sa susceptibilité fut offensée d'une pareille demande : « il se
» récria, dit son biographe, dans une lettre pleine de
» loyauté et d'une fière indépendance. » On y trouve en effet le passage suivant :

« Quand le ministère public ne doute pas, quand un
» délit est évident, le magistrat chargé du triste devoir

» de poursuivre doit-il, avant tout, prendre ou attendre
» les ordres du gouvernement? Non, monseigneur. S'il
». en était ainsi, le ministère public, qu'on a accusé, dans
» ces derniers temps, contre toute vérité, de n'agir que
» sous l'influence du gouvernement, n'aurait plus rien
» à répondre à cette imputation, quand on jugerait con-
» venable de la reproduire. Le ministère public doit agir
» spontanément, sans qu'il ait besoin de recevoir l'auto-
» risation de personne. Ce qu'il y aurait de plus alar-
» mant pour la liberté, c'est que le gouvernement s'en
» mêlât jamais. Il n'y a pas deux lois. J'ai eu l'honneur
» de jurer aux pieds du roi et entre ses mains de faire
» exécuter toutes les lois sans distinction. Je tiendrai
» mon serment. J'ai reçu de sa confiance mes fonctions
» de magistrat, fort de l'indépendance qui seule peut
» garantir à la société une justice impartiale. Il ne m'est
» pas permis, en brisant cette indépendance, d'accéder
» à une diminution de dignité dans une magistrature
» importante, que je dois remettre au roi quand il m'or-
» donnera de la lui rendre, telle qu'il a daigné me la
» confier. »

  » N'est-il pas permis de supposer que, en pareil cas,
s'il peut se rencontrer des faiblesses, il se révélerait aussi
des énergies comme celle de M. Bellart (1)? »

---

(1) M. Bellart, dont il est ici question, est le procureur général qui dirigea
le procès du maréchal Ney. Il appartenait à la fraction la plus réactionnaire du
parti légitimiste, et se fit surtout remarquer par sa rigueur dans les poursuites
contre les journaux indépendants.

  Je ne sais à quelle occasion fut écrite la circulaire de M. de Peyronnet
rappelée par M. Dupin; mais il est assez vraisemblable que les poursuites dont

Sous le premier empire, à une époque où le pouvoir central n'était cependant pas disposé à interpréter trop restrictivement ses prérogatives, il ne paraît point que la chancellerie se soit cru, en principe, le droit d'empêcher le ministère public d'intenter des poursuites qu'il croirait fondées. En 1806, les ministres de la justice et de l'intérieur, trouvant que les procureurs impériaux poursuivaient quelquefois les officiers de l'état civil pour des infractions trop légères aux règles sur la tenue des registres, désiraient empêcher ces poursuites qui présentaient souvent plus d'inconvénients que d'avantages. Mais

elle voulait restreindre la multiplication exagérée n'étaient autres que des procès de presse. Dans ce cas, la lettre de M. Bellart serait loin d'avoir un caractère libéral, et sa manifestation d'indépendance mériterait beaucoup moins d'éloges, car il aurait été sûr d'être soutenu dans sa résistance par le parti ultra-légitimiste de la cour. D'ailleurs, il est toujours difficile à un gouvernement de sévir contre des fonctionnaires qui le défendent plus énergiquement qu'il ne le voudrait lui-même, alors surtout que ces fonctionnaires sont des hommes qui se sont compromis pour lui (M. Bellart, membre du Corps législatif lors de la chute de l'empire, s'était prononcé un des premiers pour la déchéance de Napoléon), et qui ont des appuis extra-gouvernementaux jusque sur les marches du trône ou au sein du pouvoir législatif. Croit-on, par exemple, que, sous la monarchie de Juillet, alors que les ministres dépendaient en réalité des Chambres plutôt que du roi, il eût été bien facile à un ministre de la justice de réprimander efficacement M. le procureur général Dupin, président de la Chambre des députés?

M. de Peyronnet, lui non plus, n'avait jamais été très-libéral, et sa foi légitimiste prit un caractère de plus en plus réactionnaire à mesure qu'elle vieillissait. Il fit partie du ministère Villèle, et rédigea la fameuse loi sur la presse connue sous le nom de *loi d'amour.* C'est pendant la durée de ce ministère, et probablement après la loi d'amour, qu'il dut lancer la circulaire dont il vient d'être question ; car M. Bellart mourut en 1826, avant la retraite de M. de Villèle et de ses collègues. Plus tard, M. de Peyronnet reprit une seconde fois les sceaux, dans le ministère Polignac, et signa les célèbres ordonnances de juillet, qui amenèrent la chute des Bourbons, et firent mettre les ministres en accusation. — On voit que si M. de Peyronnet recommandait la modération, il fallait qu'elle eût été bien complétement oubliée par les membres des parquets.

ils ne se crurent pas le droit de les interdire; et la question fut portée au Conseil d'État, qui, en maintenant le principe, posé dans l'avis des 30 nivôse-4 pluviôse an XIII (21-25 janvier 1804), que les officiers de l'état civil pouvaient être poursuivis sans l'autorisation préalable du gouvernement (voy. Constitution de l'an VIII, article 75), autorisa « le grand juge (ministre de la justice) à prescrire » aux procureurs impériaux de lui faire connaître les » poursuites qu'ils se proposent de faire, et arrêter » celles qui n'auraient pas pour objet des négligences » vraiment coupables par leur gravité. » (*Avis du Conseil d'État* du 31 juillet 1806.)

Ce droit qu'on lui attribuait spécialement en ce qui concerne les poursuites contre les officiers de l'état civil, le ministre de la justice ne le possédait donc point en principe. — Il ne faut pas oublier qu'en 1806, le Conseil d'État exerçait déjà, en fait, le droit d'interprétation réglementaire de la loi dont il comblait ainsi les lacunes, et que ses avis, ayant la forme de décrets impériaux, doivent être considérés, même aujourd'hui, comme revêtus de la force législative (voy. p. 7). — Dans ce cas particulier, le droit de poursuivre est donc légalement restreint entre les mains des procureurs impériaux; mais dans tous les autres leur indépendance reste entière à cet égard.

§ **VI**. — **Le droit d'action du ministère public en matière civile est bien moins redoutable que les droits confiés à des fonctionnaires moins indépendants.**

Bien que la loi ne donne pas au ministère public la garantie de l'inamovibilité, — garantie beaucoup moins sûre et moins complète qu'on ne le croit généralement, nous l'avons dit plus haut (p. 187), — elle consacre du moins son indépendance ; c'est à lui d'en user, et la pratique montre que cela ne lui est pas impossible en fait. Mais si le législateur peut lui donner le droit de résister, il ne saurait l'y contraindre. Comment, en effet, préviendrait-il l'effacement des caractères, si cet effacement venait à se produire d'une manière générale?

Ici comme partout, il y aura quelques abus, quelques faiblesses : ce sont des imperfections inséparables de la nature humaine, et dont, par conséquent, les institutions des hommes ne sauraient jamais être tout à fait exemptes. Mais pourquoi supposer que les membres du ministère public seront, plus que d'autres, sujets à ces faiblesses? Rien ne justifie cette défiance particulière. Ce qui doit nous tranquilliser sur la critique que nous examinons ici et sur les dangers qu'elle nous signale, c'est qu'il n'est pas de si humble dépositaire d'une partie de l'autorité publique auquel il ne soit facile de l'appliquer. Quel est, en effet, le magistrat ou le fonctionnaire dont les attributions, si restreintes qu'on les suppose, ne nous paraîtront encore trop étendues, en admettant que le ministre lui donnera des ordres injustes, et qu'il s'y conformera docilement?

I. — Prenez, par exemple, un juge d'instruction. Il est inamovible, sans doute, comme juge, mais non comme juge d'instruction, puisque, en cette dernière qualité, il est désigné par le gouvernement pour trois ans seulement, et peut même être choisi parmi les juges sup-

pléants (art. 55 et 56, Code d'instr. crim.). — Ce dernier point est une innovation introduite, pendant la période dictatoriale qui a suivi les événements du 2 décembre 1851, par un décret présidentiel des 1er-5 mars
1852, ayant force de loi (art. 58-2° de la Constitution
des 14-22 janvier 1852), et confirmé d'ailleurs par une
loi des 17-31 juillet 1856, qui a modifié en conséquence
les articles 55 et 56 précités du Code d'instruction criminelle. — Or ce siége de juge d'instruction lui procure,
avec un traitement plus élevé, une position plus in-
fluente que celle dont il jouirait comme juge ordinaire,
surtout comme juge suppléant, puisque les fonctions de
juge suppléant sont tout à fait gratuites et ne s'exercent
qu'accidentellement : il est donc fort naturel qu'il tienne
à sa position, et fort probable qu'il y tient en effet. Les
conséquences de l'instabilité de cette position deviennent
encore plus graves en présence des articles 57 et 279 du
Code d'instruction criminelle, qui placent les juges d'instruction « *sous la surveillance du procureur général* ».

Voilà donc un magistrat dont l'indépendance, également complète en droit, ne se trouve pas moins menacée
en fait que celle du procureur impérial. Voyez cependant
de quels pouvoirs étendus il dispose; et, si vous
songez aux abus qu'il en peut faire, sous une inspiration
politique ou autre, leurs conséquences ne vous semble-
ront-elles pas mille fois plus dangereuses pour les citoyens
que les excès de zèle du ministère public, presque toujours inoffensifs en matière civile?

II. — Le préfet de police à Paris et les préfets des

départements ne sont point inamovibles; on les change
au contraire, et on les renvoie fort facilement : ce sont
les agents les plus directs du pouvoir, qui a sur eux la
plus grande prise, et auquel il est tout à fait invraisemblable qu'ils s'avisent de résister; d'un autre côté, leurs
habitudes, leurs fonctions ordinaires, leur éducation administrative, rien ne les a préparés aux prudentes lenteurs et aux sages ménagements que des magistrats élevés
au respect de la légalité sont plutôt accoutumés à subir.
Ils n'offrent donc aucune garantie d'impartialité. Cependant l'article 10 du Code d'instruction criminelle leur
permet de faire tous les actes de la police judiciaire, c'est-
à-dire rechercher les délits, en rassembler les preuves, en
livrer les auteurs aux tribunaux (art. 8, Instr. crim.). Et
la Cour de cassation a interprété cet article d'une manière aussi rigoureuse que possible, de telle sorte que le
préfet de police peut, par exemple, faire saisir à la poste
et ouvrir des lettres adressées à des individus qu'il soupçonne de certains délits, ou expédiées par eux. — Voyez
dans ce sens un arrêt de la Cour de cassation, chambres
réunies, du 21 novembre 1853, affaire Coëtlogon (Dalloz,
Recueil périodique, 1853, I, 279), et un arrêt de la
Chambre criminelle du 16 août 1862, affaire Taule
(Dalloz, *Recueil périodique*, 1865, V, 230).

III. — Descendez aux derniers échelons de la police
judiciaire, et vous y trouverez une foule d'agents, des
gardes champêtres par exemple, qui dressent des procès-
verbaux, dont le résultat peut être de conduire des citoyens en prison, et qui ont même le droit de les arrêter

provisoirement tout de suite, s'ils les jugent en flagrant délit, ou les croient dénoncés par la clameur publique (art. 16, *in fine*, Code d'instr. crim.). Quelle est pourtant l'indépendance d'un garde champêtre? Aussi nulle que possible, assurément; les faits ne manqueraient pas pour le prouver. Cela n'empêche pas qu'il faille se résigner à quelques abus possibles pour éviter de plus grands désordres. Mais combien cette résignation nous est plus facile en ce qui concerne les poursuites du ministère public devant les tribunaux civils! Ce serait faire injure aux membres du parquet que de songer même à établir un parallèle.

IV. — D'ailleurs, si l'on veut se défier du ministère public et prendre des précautions contre son zèle, ce n'est pas en matière civile qu'il faut le redouter, mais bien plutôt en matière criminelle. Là, en effet, l'importance morale des poursuites, leur influence sur l'opinion publique, leurs conséquences possibles pendant l'instruction (emprisonnement préventif, mise au secret, etc.), enfin les condamnations auxquelles elles peuvent aboutir, tout devient beaucoup plus grave; et en même temps surgissent ces questions de délits politiques, d'émeutes, de tentatives de troubles, sur lesquelles il est si facile de se faire illusion, même de bonne foi, quand on a intérêt à se tromper. Cependant le droit d'action du ministère public, en matière criminelle, ne subit aucune entrave ni aucune restriction : si le législateur ne s'est pas préoccupé de ces dangers, graves et imminents, pourquoi donc se serait-il arrêté devant des inconvénients infiniment moindres à tous égards, ou même nuls dans la plupart des cas?

Nos adversaires ont prétendu aussi que le droit d'action en matière civile dans l'intérêt de l'ordre public ne serait pas moins préjudiciable au ministère public lui-même que dangereux pour les citoyens. « Qu'est-ce, en effet, que le ministère public? se demande M. G. Debacq (1). A quoi tient la considération, sinon le prestige, qui s'attache aux fonctions qu'il exerce? Au rôle complétement désintéressé qu'il est appelé à remplir dans les contestations entre simples particuliers. Le jour où le ministère public cessera de remplir ce rôle, le jour où il descendra lui-même dans l'arène, où il deviendra partie principale, et, partant, intéressée aux luttes judiciaires, le citoyen cessera de voir le magistrat pour ne plus considérer que l'adversaire. Le ministère public aura perdu en considération ce qu'il aura gagné en pouvoir. »

C'est là, de la part de nos adversaires, une préoccupation inattendue et qui aurait bien le droit de nous surprendre : une sollicitude aussi soudaine n'est-elle pas quelque peu suspecte? Ne pourrait-on point se contenter de leur répondre qu'il ne faut pas se montrer plus royaliste que le roi, qu'il faut laisser à chacun le soin de sa dignité, parce qu'il en est meilleur juge que personne,

_____

(1) *De l'action du ministère public en matière civile*, p. 114. — M. Léon Caën (*Revue critique de législation et de jurisprudence*, t. XXX, p. 95) émet la même critique, et cite le passage de M. G. Debacq en l'approuvant.

et que jusqu'ici les membres du parquet n'ont jamais cru leur considération menacée en quoi que ce soit de ce côté? Écartons pourtant cette fin de non-recevoir, et discutons en elle-même la critique qu'on nous oppose.

Cette critique se comprendrait fort bien dans le système de la loi de 1790, où le ministère public, en principe, avait toujours le rôle d'un magistrat impartial. Mais lorsqu'on veut en faire, aujourd'hui encore, un argument pour expliquer la loi du 20 avril 1810, conçue dans des idées très-différentes, elle cesse tout à fait d'être sérieuse.

En admettant que vous parveniez à écarter le second alinéa de l'article 46 et l'action dans l'intérêt de l'ordre public, le ministère public aura-t-il donc perdu le droit de se porter partie principale en matière civile? Non, assurément, car il est une foule de cas où la loi l'y autorise d'une manière expresse; il n'aura plus qualité pour faire valider votre mariage, mais il pourra toujours poursuivre son annulation : sera-t-il moins votre adversaire pour cela? Oubliez-vous aussi qu'en matière criminelle le ministère public a toujours la plénitude de l'action? C'est là pourtant qu'on sera surtout disposé à oublier le magistrat pour ne considérer que l'adversaire : on s'irrite peut-être en se voyant contester le nom qu'on porte; mais croyez-vous qu'on restera calme devant une accusation de vol ou d'assassinat? Si le ministère public doit perdre sa considération le jour où il descend dans l'arène judiciaire pour devenir partie principale, il y a donc longtemps qu'il l'a perdue sans retour, et nos adversaires se préoccupent bien inutilement de lui en conserver les débris.

La conclusion que nous voulons tirer de tout ce qui précède, c'est que la loi ne se préoccupe point des interventions politiques ni des pressions gouvernementales. Elle confie à des fonctionnaires beaucoup moins indépendants que le ministère public des pouvoirs infiniment plus dangereux pour les citoyens que le droit d'agir d'office, en matière civile, dans l'intérêt de l'ordre public. On ne peut donc pas arguer contre nous des abus possibles de ce droit pour prétendre que le législateur n'a pas pu l'établir, puisqu'il consacre des dispositions ouvrant la porte à des abus du même genre, mais incomparablement plus graves. Il faut donc se borner à blâmer, si l'on veut, le législateur; et le blâmer, c'est reconnaître qu'il a établi ce que l'on critique.

QUATRIÈME SECTION

TRAVAUX PRÉPARATOIRES DE LA LOI DU 20 AVRIL 1810; LOIS ANTÉRIEURES ET POSTÉRIEURES.

Nous avons successivement passé en revue toutes les objections relatives au texte même de l'article 46 de la loi du 20 avril 1810. Nous avons établi, dans la première section de ce chapitre, que notre doctrine conciliait parfaitement les deux alinéas de l'article 46 (p. 85), et que le système de nos adversaires ne pouvait y parvenir (p. 135). Dans la deuxième, nous avons examiné une seconde branche du système restrictif, et prouvé contre ses partisans que la disposition finale du second alinéa de l'article 46 impliquait nécessairement pour le ministère public le droit d'agir d'office (page 149). Enfin, dans la troisième, nous venons de montrer que la rédaction de l'article 46 n'était pas aussi vague qu'on le prétendait, et que, le fût-elle, notre système n'en subsisterait pas moins (p. 172 et suiv.).

Nous entrons maintenant dans un nouvel ordre d'idées, la comparaison de la loi du 20 avril 1810 avec les lois antérieures et postérieures, et les conséquences qu'on en peut tirer relativement au sens de l'article 46 de cette loi.

Avant la loi de 1810, les attributions générales du ministère public étaient réglées par le titre VIII de la loi des 16-24 août 1790, qui posait, dans son article 2, le principe suivant : « Au civil, les commissaires du roi » (aujourd'hui les procureurs impériaux) exerceront » leur ministère non par voie d'action, mais seulement » par celle de réquisition dans les procès dont les juges » auront été saisis. »

« Voilà un principe aussi net que possible, disent nos adversaires, et ce principe, le système extensif prétend que la loi du 20 avril 1810, dans son article 46, est venu le transformer complétement ou plutôt le détruire. Si cela est vrai, le législateur de 1810 n'a pas dû manquer d'insister sur les motifs d'un changement aussi considérable, et de le mettre en pleine lumière. Or, nous n'y trouvons pas la moindre allusion dans les travaux préparatoires, et les partisans du système extensif le déduisent simplement de l'addition d'un seul mot dans un article que la loi de 1810 emprunte à celle de 1790. Est-ce là une chose admissible? » (Voy. ci-dessus, p. 69 et suiv.)

A cette objection, il y a une réponse radicale : c'est un système qui prétend établir que, sous l'empire de la loi des 16-24 août 1790 comme depuis la loi du 20 avril 1810, le ministère public avait également le droit de poursuivre d'office l'exécution des lois qui intéressent l'ordre public. Si l'on admettait ce système, il n'y aurait plus lieu de s'étonner que le législateur de 1810 n'ait pas développé les motifs de son innovation, puisque cette innovation n'existerait pas.

Nous devons donc examiner l'état de la législation antérieurement à la loi du 20 avril 1810, et remonter même au delà de 1789, car c'est dans la législation de l'ancien régime que le système absolu dont nous parlons prétend trouver ses racines.

PREMIÈRE PARTIE.

DU DROIT D'ACTION DU MINISTÈRE PUBLIC EN MATIÈRE CIVILE SOUS L'ANCIEN RÉGIME.

Sous l'ancienne législation, le ministère public avait-il le droit de se porter partie principale dans l'intérêt de l'ordre public? C'est un point qui a été contesté, et le plus récent défenseur de la théorie des cas spécifiés (M. G. Debacq, *De l'action du ministère public en matière civile*) soutient que les représentants du parquet ne pou-

vaient jamais introduire eux-mêmes une instance hors
des cas où ce droit leur était expressément conféré, mais
qu'une fois l'instance engagée par des parties privées, le
ministère public avait toujours le droit d'appeler, lors
même que la cause n'intéresserait à aucun degré l'ordre
public.

I. — Le droit d'appel du ministère public est établi
d'une manière incontestable par un grand nombre de
textes. « Il a, disait Guyot, à l'égard du recours à former
» dans sa qualité de partie publique, le même droit que
» les simples parties civiles; il peut former opposition à
» l'arrêt, interjeter appel s'il y échet, ou se pourvoir par
» voie de cassation devant le conseil du roy.» L'article 17,
titre XI, du règlement de ce conseil, consacrait, en effet,
ce droit d'une manière expresse, et sans distinguer suivant que le ministère public avait été partie principale ou
simple partie jointe dans le procès, car il parlait formellement des « requêtes en cassation présentées par les pro-
» cureurs généraux contre les arrêts dans lesquels ils
» auront été parties, ou formé des réquisitoires pour l'in-
» térêt public ».

Voilà pour le droit de se pourvoir en cassation. Le
droit d'appel proprement dit n'était pas moins certain.
L'ordonnance de 1385 ne se contentait pas de le consacrer, elle prenait des mesures pour en faciliter l'exercice. Voici son texte :

« Injungimus ut ipse (le procureur du roi près les
» siéges inférieurs) veniat Parisiis in propria persona,
» aut mittat substitutum sufficienter instructum, qui

» sciat merita et appunctamenta causarum predictarum,
» ut per ipsum procurator noster generalis, debite in-
» structus, easdem causas valeat deducere atque possit. »

Un arrêt du règlement du parlement de Paris, de décembre 1574, et un autre des grands jours de Poitiers,
du 19 décembre 1559, confirment ce droit d'appel du
ministère public. Chenu, dans ses *Règlements et arrêts*,
rapporte sept décisions qui sont conformes à cette doctrine ;
le recueil d'Augeard en contient aussi un assez grand
nombre. (Voy. *Nouveau Denizart*, v° Ministère public. —
Comp. G. Debacq, *Action du ministère public*, p. 37 et suiv.)

II. — La faculté d'appel laissée au ministère public
était donc sans limites. Avait-il, en outre, le droit d'engager lui-même des procès? Il l'avait certainement dans
les matières domaniales, et ce qu'on appelait alors les
matières politiques, ou plutôt les fonctions politiques des
gens du roi. En matière civile, au contraire, il ne l'aurait
eu que dans les cas expressément spécifiés. Mais c'est là
un point qui ne paraît pas démontré; ni les textes législatifs, ni les extraits des auteurs qu'on a cités, ne sont
décisifs en ce sens, d'autant plus qu'on peut leur opposer
des autorités équivalentes : et il semblerait par trop singulier qu'on se montrât si sévère pour permettre au ministère public d'intenter d'office des procès que l'intérêt
de l'ordre public exigeait quelquefois si impérieusement,
alors qu'on lui accordait sans difficulté le droit exorbitant d'interjeter appel, à toute époque, des jugements
définitifs, sans tenir compte du respect de la chose jugée.
(V. d'Aguesseau, lettre 278, édit. de 1777, t. V, p. 345.)

L'article 30 de l'ordonnance de Philippe V, de juillet 1319, nous paraît, du reste, directement contraire à cette opinion. Voici le texte de cet article :

« Præterea nolumus, ymo expresse prohibemus pro-
» curatoribus nostris, ne ipsi in causis quibuscumque
» apponant se, aut partem facere præsumant, nisi de pa-
» trimonio aut alio jure nostro sine fraude agatur, vel
» JUS PUBLICUM REQUIRAT, vel nisi aliter, cognita causa,
» a nobis vel a senescallo habeant specialiter in man-
» datis. » Ainsi Philippe V défend aux « procureurs du
» roy de se porter partie en aucunes causes, à moins que
» le roy ou le public n'y aient intérest », comme disait
un vieil auteur.

On nous objecte que, pour entendre le texte ainsi, il faut traduire *jus publicum* par ordre public ou intérêt public. Mais cela n'est pas nécessaire, et l'on peut traduire, si l'on veut, *jus publicum* par droit public : cela n'empêchera pas de dire que, si l'ordre public est réellement intéressé, c'est parce qu'un principe de droit public se trouve engagé dans la cause ; il nous serait facile de le montrer en prenant des exemples. Ces questions touchent donc, en réalité, au droit public, bien que nous les fassions rentrer aujourd'hui dans le droit civil ; et l'on pourrait en dire autant des fonctions politiques de l'ancien ministère public qui se rattachent bien souvent à de vraies matières civiles. (Sur la nature de l'ordre public, voyez ci-dessus le chapitre VII, 2ᵉ section.)

On nous objecte encore que les articles 11 et 23 de cette même ordonnance résistent à l'interprétation que nous voulons donner de l'article 30, parce qu'ils refusent précisément au ministère public le droit d'agir dans deux cas où l'ordre public est intéressé au plus haut point. En admettant que la remarque soit juste, c'est une conclusion inverse qu'il faudrait en tirer, puisque, si l'on prend la peine d'enlever l'action au ministère public dans ces deux cas, c'est qu'il l'avait dans les autres. Mais, en réalité, ces articles se réfèrent à un ordre d'idées tout différent.

L'article 11 défend aux officiers royaux de poursuivre les criminels dans le Périgord et le Quercy, et l'article 23, d'intervenir dans les affaires criminelles, « *nisi in casibus ad nostram spectantibus superioritatem* », c'est-à-dire ce qu'on appelait alors les *cas royaux*, dont la théorie a été si heureusement employée par la royauté pour battre en brèche les juridictions féodales.

Il ne faut pas oublier que l'ordonnance de juillet 1319 est une transaction entre la royauté et ses vassaux de Rouergue, de Périgord et de Quercy. Les articles 11 et 23 prouvent tout simplement que les seigneurs de ces provinces conservent leurs droits de justice, sauf les *cas royaux*, que les légistes de la couronne étendaient de plus en plus chaque jour. La question du droit d'action du ministère public dans l'intérêt de l'ordre public n'a donc ici rien à voir, car nous sommes en matière criminelle, et là personne ne peut contester que le ministère public n'ait la plénitude de l'action.

Il serait par trop naïf d'interpréter les articles 11 et 23 en ce sens que les délits ne rentrant pas dans les cas royaux ne seraient poursuivis par aucun officier public :

ils le seront fort bien, au contraire, mais par les officiers du seigneur et non par ceux du roi. Tout se réduit donc à un conflit entre les justices royale et seigneuriale. D'ailleurs ces officiers du seigneur qui agiront, ne sont-ce pas des membres du ministère public? Aujourd'hui, la souveraineté étant concentrée, le ministère public l'est aussi; mais, au moyen âge, cette souveraineté était morcelée en un grand nombre de mains, et, de même qu'il y avait plusieurs justices, il devait y avoir aussi plusieurs ministères publics.

Deux remarques encore sur cette ordonnance de juillet 1319. — La première, c'est que la forme même employée par l'article 30 semble indiquer que ce qu'il défend s'était pratiqué jusque-là, c'est-à-dire que le ministère public agissait, peut-être dans tous les cas, mais au moins dans des cas que ne mentionne pas le texte de l'article 30; et, comme cette restriction n'est relative qu'aux provinces de Rouergue, Quercy et Périgord, rien n'empêche de supposer que l'état antérieur a continué de subsister pour le reste de la France.

La seconde, c'est que la fin de l'article réserve au roi la faculté de donner à ses procureurs, en connaissance de cause, l'ordre d'agir dans des circonstances déterminées, hors des limites où son droit d'initiative vient d'être circonscrit. C'est déjà la théorie des cas spécifiés, avec une nuance d'arbitraire qui a disparu depuis.

Après l'ordonnance de 1319, on pourrait invoquer, dans le même sens, l'article 14, titre XX, de l'ordonnance de 1677, et les lettres patentes du 20 septembre 1766 ;

et, parmi les auteurs, Leprestre (*Questions notables*, cen-
turie 1, chap. III), Louët et Brodeau (lettre P, sommaire 59), Bonnier (*Ordonnance de* 1667, p. 209 et 339).

A ces différents textes on oppose d'abord l'ordonnance de Philippe VI, de janvier 1340, qui défend au
procureur du roi d'intervenir dans l'instance avant
que le juge devant lequel elle est engagée ait entendu
toutes les parties, « *a judice coram quo lis pendebit in judi-
cio partibus præsentibus auditis.* » Cela prouve que, dans
les instances introduites par des parties privées, celles-ci
doivent être entendues, demandeur et défendeur, avant
que la parole soit donnée au ministère public. Mais par
quel procédé de raisonnement peut-on en induire que le
ministère public n'introduira jamais lui-même une instance civile? Ce sont deux hypothèses tout à fait différentes ; et l'on peut d'autant moins contester la seconde
qu'elle comprend d'abord les cas d'action spécifiés par
des textes exprès, cas que personne, par conséquent, ne
peut rejeter.

Nous n'examinerons pas les autres textes législatifs
qu'on peut invoquer contre l'action d'office des gens du
roi, notamment la déclaration de décembre 1385, l'ordonnance du 15 juillet 1493, article 87; l'ordonnance
d'octobre 1535; l'ordonnance de 1540, article 5. Ces
textes ne sont pas décisifs, car rien ne prouve que les
actions du ministère public dont ils parlent doivent être
restreintes aux matières domaniales.

Quant aux passages de différents auteurs, Ferrière,
Guyot, Garat, d'Aguesseau, etc., cités dans le même

sens, ils sont tous fort vagues et indiquent seulement la crainte d'excès de zèle chez les membres du parquet. Mais blâmer les excès possibles d'une chose, ce n'est pas déclarer que cette chose n'existe pas ; ce serait bien plutôt, au contraire, constater qu'elle existe.

III. — Nous croyons donc que, sous l'ancienne monarchie, le ministère public avait d'abord le droit d'appeler de toutes les décisions qui lui semblaient mauvaises, et, en outre, le droit d'introduire lui-même des instances quand l'intérêt public l'exigeait. Il n'était guère possible, du reste, qu'il en fût autrement, et on le comprend tout de suite, quand on se reporte à l'origine du ministère public et aux principes de notre ancien droit public.

La féodalité était fondée sur une confusion entre la patrimonialité et la souveraineté ; les attributs régaliens étaient devenus des propriétés. Les droits qui appartenaient au roi, il ne les possédait pas, comme aujourd'hui, à titre de souverain, c'est-à-dire comme représentant d'une abstraction, comme chef de l'État, il les possédait à titre de membre et de chef de la hiérarchie féodale, c'est-à-dire comme propriétaire. Or les procureurs et avocats du roi, ses représentants auprès des tribunaux, étaient chargés de la défense de ses intérêts : c'était là le but de leur institution. Ils défendaient donc tous ces intérêts pêle-mêle, pour ainsi dire, les intérêts du domaine comme ceux de l'ordre public, car tous avaient alors une sorte de caractère privé, patrimonial, et c'est plus tard seulement qu'on distingue les divers ordres de matières. Quant aux attributions protectrices des procureurs du roi relativement aux incapables, qu'on retrouve encore aujourd'hui dans l'article 83 du Code de procédure civile, elles se rattachaient aussi à la même idée : d'après les anciennes lois barbares, le roi avait, dans certains cas au moins, le *mundium* des incapables, qui était autrefois lucratif, et qui comportait un droit et un devoir de protection ; c'est cette mainbournie qu'exerçait le ministère public, et, par conséquent, c'était encore un droit particulier du roi.

DEUXIÈME PARTIE.

DU DROIT D'ACTION DU MINISTÈRE PUBLIC EN MATIÈRE CIVILE SOUS L'EMPIRE DE LA LOI DES 16-24 AOUT 1790.

Sous la législation intermédiaire, un an à peine après la réunion de l'Assemblée constituante, arrive la loi des 16-24 août 1790 *sur l'organisation judiciaire*, préparée par une série de décisions spéciales sur les principes qui devaient présider à cette organisation. Cette loi remplace les anciens tribunaux par des juridictions entièrement nouvelles. Le ministère public est reconstitué comme tout le reste, et le titre VIII détermine ses attributions. Or, l'article 2 de ce titre VIII porte : « Au civil, les com- » missaires du roi exerceront leur ministère non par voie » d'action, mais seulement par celle de réquisition, dans » les procès dont les juges auront été saisis. » Il semble donc bien que le ministère public n'a plus le droit d'agir d'office en matière civile.

Le sens énergiquement exclusif que paraît présenter, avec tant d'évidence, l'article 2, titre VIII, de la loi
de 1790, a été contesté pourtant au nom d'une doctrine
dont M. le procureur général Dupin s'est montré le défenseur le plus éloquent et le plus convaincu. (Voyez son
réquisitoire devant la Cour de cassation, affaires Dartaud
et Terrier de la Chaise contre Ministère public, 22 janvier 1862; Dalloz, *Recueil périodique*, 1862, I, 22.)

Les arguments de cette doctrine pourraient se résumer
ainsi : « Il est de l'essence des fonctions du ministère
public de comprendre la défense de l'ordre public; la
loi des 16-24 août 1790 ne dit rien de contraire à ce
principe; elle entend donc en maintenir l'application
comme elle avait lieu dans l'ancien droit. »

M. le procureur général Dupin, dans le réquisitoire
que nous venons de citer, ne conteste pas les innovations
radicales introduites en 1789 et 1790; il énumère même
quelques-unes des plus importantes, et reconnaît que les
corps nouvellement organisés ont des attributions bien
plus circonscrites que celles de leurs prédécesseurs. Puis,
il continue en ces termes :

« L'action du ministère public sera réduite aux mêmes
dimensions que la compétence des tribunaux. Mais, placés auprès d'eux, les officiers du ministère public conti-
nueront d'être les délégués du pouvoir exécutif. Organes
de la loi, *défenseurs des intérêts généraux dans les matières
judiciaires d'ordre public*, leur pouvoir s'exercera, avec

les distinctions précédemment établies par des *règles demeurées traditionnelles*, tantôt par voie d'action, tantôt par voie de réquisition et par de simples conclusions. »

Et plus loin :

« On s'est trop préoccupé des termes de l'article 2 du titre VIII, comme s'il était toute la loi. On semble n'avoir fait aucune attention à l'article 1er qui, à notre avis, est le principal. Ainsi l'article 2 dit bien qu'« au civil, les » commissaires du roi exerceront leur ministère non par » voie d'action, mais par voie de réquisition, dans les » procès dont les juges auront été saisis. »

» Oui, dans un procès privé où il ne s'agira que d'intérêts privés, le ministère public, appelé à en prendre communication, examinera l'affaire, se joindra à l'une ou l'autre partie, et conclura pour ou contre elle, selon que, dans son appréciation, elle aura tort ou raison. — Mais si, même dans ce procès privé, se révèle tout à coup un intérêt public d'abord inaperçu, l'attention du ministère public s'en emparera aussitôt, soit pour provoquer une décision sur ce point, si la question est de la compétence des juges et peut être décidée sur-le-champ; soit par des réserves de se pourvoir devant une autre juridiction, si, par exemple, en vaquant au jugement d'un procès civil, il se découvre un faux qui ne peut être jugé que par une cour d'assises; ou encore par des réserves de se pourvoir ultérieurement par action principale, si la question civile n'est pas de nature à recevoir immédiatement sa décision.

» Mais, dans ces cas, les organes du ministère public

n'empruntent plus leur droit d'agir à l'article 2 ; ce droit a sa racine dans l'article 1er, lequel est ainsi conçu : « Leurs fonctions (celles des commissaires du roi) consis- » tent à faire observer, dans les jugements à rendre, les » lois qui intéressent l'ordre général, et à faire exécuter » les jugements rendus. »

» En effet, dans cet article, qu'on veuille bien le re- marquer, il s'agit non-seulement de l'exécution des juge- ments, mais aussi et avant tout de l'exécution des lois.

» Or, dans cette double exécution, s'agit-il d'un juge- ment déjà rendu, l'action du ministère public s'y adapte pour lui faire sortir son effet conformément à l'article 5, c'est-à-dire « dans toutes celles de ses dispositions qui intéressent l'ordre public » ; mais s'il s'agit non pas de l'exécution d'un jugement, mais de l'exécution d'une loi, est-ce que le ministère public n'aura pas le même droit d'action ? Est-ce donc que l'exécution des lois importerait moins à l'ordre public que l'exécution des jugements ? Sans doute l'article 5 de la loi de 1790 ne parle que de l'exécution des jugements ; mais l'article 1er ne dit-il pas la même chose des lois, lorsque, en parlant d'elles, il porte « que les fonctions du ministère public consistent à faire » observer dans les jugements à rendre les lois qui inté- » ressent l'ordre général » ? Or, comment le pourra-t-il, si ce n'est en donnant aux juges la question à juger, soit par voie de réquisition, soit par voie d'action, selon la nature des affaires et l'exigence des cas, toutes les fois qu'il s'agira « de lois intéressant l'ordre général de la société » ?

» Ainsi ces derniers mots ont, pour l'exécution des lois, dans l'article 1er, le même sens, et doivent produire le même effet que les mots de l'article 5 concernant l'exécution des jugements « dans les dispositions qui intéressent l'ordre public ». — En effet, qui veut la fin veut les moyens ; et, c'est en vain que le législateur de 1790 aurait recommandé au ministère public de veiller à l'exécution des lois, s'il n'avait pas entendu lui donner les moyens d'action sans lesquels il serait impossible d'y parvenir : *Cui jurisdictio data est, concessa videntur etiam ea sine quibus jurisdictio explicari nequit.* »

Voici maintenant ce que dit dans le même sens le rapport de M. le conseiller Laborie (même affaire) :

« Dans l'une comme dans l'autre de ces lois (celle de 1790 et celle de 1810), se retrouve la règle générale, empruntée à l'ancien droit de la France, qu'en matière civile, les attributions du ministère public sont celles de partie jointe, et s'exercent non par voie d'action, mais par voie de réquisition seulement. Pourquoi en est-il ainsi? C'est que, devant la justice civile, dans les luttes entre les intérêts privés, là même où l'intérêt privé s'attache ou s'attaque à des lois d'ordre général, le ministère public est là, observateur et premier juge du combat, n'ayant à prendre parti que comme simple auxiliaire pour le bon droit. Dans une telle situation, ses fonctions sont purement judiciaires et n'ont pour objet que de préparer, par un avis motivé, une décision sur un procès.

» Cette règle se formule à la vérité d'une manière plus précise dans la première loi : « Au civil, les com-

» missaires du roi exercent Jeur ministère non par voie
» d'action, mais seulement par celle de réquisition, dans
» les procès dont les juges auront été saisis. » Oui, au
civil, dans les procès dont les juges auront été saisis, le
magistrat du parquet exerce son ministère par voie de
réquisition, non par voie d'action, comme partie jointe,
non comme partie principale. La disposition de la loi ne
dit rien de plus, rien de moins. Elle suppose un procès
engagé, un conflit d'intérêt, un débat contentieux entre
deux adversaires devant les tribunaux civils : dans ces
conditions, elle caractérise les fonctions du magistrat du
ministère public comme les caractérisait l'ancienne institution ; elle veut que ces fonctions soient purement judiciaires et réduit les attributions du magistrat au rôle de
partie jointe.

» Mais à côté ou plutôt au-dessus de ces fonctions,
l'ancienne institution du ministère public en reconnaissait
d'autres, que, par opposition aux fonctions judiciaires, on
désignait sous la dénomination peu exacte de fonctions
politiques, celles dont le magistrat était investi, comme
organe de la société, lorsque l'intérêt social ou l'ordre public se trouvaient directement intéressés, et qui s'exerçaient alors par voie d'action au civil aussi bien qu'au
criminel.

» De ce que la loi de 1790 rappelle les fonctions purement judiciaires du ministère public devant la justice civile, et les conditions dans lesquelles elles s'exercent, par
quel procédé de raisonnement en induira-t-on qu'elle
exclut les fonctions d'un ordre supérieur dont nous venons

de parler ? C'est en changeant de la manière la plus arbitraire la formule même, et avec elle le sens de la disposition ; c'est en la traduisant ainsi : « Au civil, le ministère public n'agit que par voie de réquisition » ; c'est en
supposant l'absolu là où le législateur n'a eu en vue que
le relatif. Mais on se trompe quand on attribue au législateur une volonté qui irait évidemment au delà des
termes qui l'expriment. Les autres dispositions du même
titre prouvent qu'il ne l'entendait pas ainsi. Il est manifeste que, tout en interdisant en termes généraux au ministère public la voie d'action au civil, la loi ne laissait pas
de la lui ouvrir au moins pour trois objets : pour l'intérêt
des absents indéfendus, pour l'exécution des jugements
dans les dispositions qui intéresseraient l'ordre public,
pour le maintien de la discipline. »

Nous avons tenu à reproduire, malgré leur longueur,
ces deux passages remarquables où est exposée la doctrine de l'action du ministère public dans l'intérêt de
l'ordre public, sous l'empire de la loi de 1790. Rien n'est
plus propre que leur lecture à faire sentir combien ses
partisans se mettent au-dessus du texte de la loi, et veulent emporter de haute lutte la solution du litige, comme
le disait Mᵉ Rendu en 1862, devant la Cour de cassation.
Ils se réfutent pour ainsi dire d'eux-mêmes par la hardiesse de leurs idées ; et nous allons voir en effet qu'ils
parlent presque toujours en législateurs, lorsqu'il s'agit
de conclure en jurisconsultes.

§ **II.** — **L'article 2, titre VIII, de la loi de 1790, exclut formel-lement le droit d'action du ministère public au civil.**

I. — On objecte d'abord que l'article 2, titre VIII, de la loi de 1790, dit : *Les commissaires du roi exercent leur ministère par voie de réquisition.* Ce qui ne signifie pas : *Les commissaires du roi n'exercent leur ministère que par voie de réquisition.* C'est là une mauvaise chicane, car la formule restrictive qu'on se plaint de ne pas trouver dans le texte y est remplacée par deux autres au moins aussi énergiques : « Les commissaires du roi exerceront » leur ministère, non par voie d'action, mais seulement » par celle de réquisition. » Est-il possible d'être plus clair ?

II. — On imagine ensuite de subtiliser sur les derniers mots du texte : « dans les procès dont les juges auront été saisis ». — « Oui, s'écrie-t-on, dans les procès dont les juges auront été saisis par les particuliers, le ministère public ne pourra être que partie jointe. Mais cela n'est pas relatif aux instances qu'il introduit lui-même. » — On ne peut admettre une pareille réticence chez le législa-teur ; surtout après avoir employé une formule aussi éner-gique, s'il avait voulu distinguer, il l'aurait dit claire-ment. Les mots dont on veut argumenter ont au contraire pour but d'insister encore davantage sur le principe, en montrant que le ministère public n'a de rôle à jouer, en matière civile, que dans les procès dont les juges ont été saisis par des particuliers, et qu'il ne pourrait par consé-quent les saisir lui-même.

III. — Quant aux cas d'action qu'on veut faire découler des articles 3, 5 et 6 du même titre VIII de la loi de 1790, si on les admet, ce seront des cas spécifiés en particulier, des exceptions au principe, si vous voulez, mais exceptions qui ne sauraient évidemment le détruire ; et c'est ici surtout qu'on pourra dire : L'exception confirme la règle. (Voy. plus loin, page 242 et suiv.)

IV. — « Vous ne songez qu'à l'article 2, reprend alors M. Dupin ; mais il n'est pas toute la loi : c'est au contraire l'article 1ᵉʳ qui contient la pensée mère, et cet article dit que les fonctions des commissaires du roi consistent à faire observer DANS LES JUGEMENTS A RENDRE les lois qui *intéressent l'ordre général.* Or, comment le pourrait-il, s'il n'avait pas le droit de saisir les tribunaux pour provoquer leurs décisions ? Qui veut la fin veut les moyens ; et, en chargeant le ministère public de certaines fonctions, la loi lui a implicitement accordé les droits indispensables à leur exercice. » (Voy. ci-dessus, p. 220.)

Voilà qui serait très-bien raisonné, répondrons-nous, si vous étiez législateur. Mais, comme jurisconsulte, vous oubliez que les articles 1 et 2 se suivent et s'expliquent l'un l'autre. Les commissaires du roi ont pour fonction de faire observer les lois qui intéressent l'ordre général, dit l'article 1ᵉʳ. Ils exerceront leur ministère, non par voie d'action, mais seulement par voie de réquisition, continue l'article 2. La pensée n'est-elle pas complète? Vous n'avez pas le droit de la tronquer, en écartant la seconde moitié, pour conserver seulement la première. Le ministère public a telle fonction, et il l'exerce de telle manière : il n'y a

ALGLAVE. — MINIST. PUBL.   15

pas moyen d'échapper à cette combinaison de textes.
Maintenant, soutenez, si vous voulez, que, de la manière
indiquée par la loi, le ministère public ne pourra pas
atteindre le but de sa fonction. Cela est peut-être vrai;
mais que nous importe? Le jurisconsulte n'a pas le droit
d'être plus sage que la loi; car, autrement, ce serait lui
qui deviendrait législateur.

§ 111. — L'article 1er, titre VIII, de la loi de 1790, même en l'isó-
lant de l'article 2, ne permet pas au ministère public d'agir
d'office.

Du reste, cette formule de l'article 1er, même en l'iso-
lant de l'article 2 qui l'explique et la commente, même
en la prenant toute seule, contient-elle ce qu'on veut en
tirer, c'est-à-dire le droit de poursuivre d'office l'exécution des lois d'intérêt général?

I. — On remarque tout de suite la différence des termes
employés, en ce qui concerne les lois, et en ce qui concerne les jugements, pour l'exécution desquels nous admettrons tout à l'heure (voy. plus loin, p. 283) que le ministère public avait un certain droit d'action. Les commissaires du roi doivent *faire exécuter* les jugements
rendus, dit l'article 1er; et l'article 5 ajoute, en effet,
qu'ils *poursuivront d'office cette exécution* dans les dispositions qui intéressent l'ordre public, et prendront, à l'é-
gard des autres, diverses mesures indiquées. Les termes
de l'article 1er sont énergiques, et ceux de l'article 5
viennent les confirmer.

Pour les lois, au contraire, l'article 1er se borne à dire
que les commissaires du roi doivent « *faire observer,*

» dans les jugements à rendre, les lois qui intéressent
» l'ordre général ». Il ne s'agit plus de *faire exécuter*,
mais seulement de *faire observer*. Comment ne pas être
frappé de cette différence, sur un point aussi délicat et
qui préoccupait si vivement le législateur, alors surtout
qu'elle correspond à des différences plus nettes encore
dans les articles suivants? car l'article 2, au lieu de parler
de poursuites d'office comme l'article 5, exclut formellement le droit d'action. N'est-il pas bien naturel de voir
là une nuance introduite à dessein, plutôt qu'un pur
hasard de rédaction?

II. — Le ministère public doit faire observer les lois
d'intérêt général DANS LES JUGEMENTS A RENDRE : voilà ce
que dit le texte invoqué par nos adversaires. Déjà donc
il y avait « des jugements à rendre » lorsque naît ce devoir pour le ministère public, c'est-à-dire que l'instance
était déjà engagée. Et par qui était-elle engagée? Par
des parties privées évidemment, car le ministère public
ne peut pas, pour s'arroger le droit d'introduire une action, invoquer un devoir qui ne naîtra précisément en sa
personne que si l'action est intentée, et si elle l'est à juste
titre : ce serait un cercle vicieux. Ainsi, même en s'en
tenant à l'article 1er, le ministère public n'a rien à faire
tant que les parties privées ne saisissent pas le tribunal,
car, jusque-là, il n'y a point de jugement à rendre, et il
serait par conséquent bien superflu de s'inquiéter si les
lois d'intérêt général y seront observées.

III. — Dira-t-on qu'il y a un jugement à rendre dès
que le ministère public a saisi le tribunal? — Ce serait

jouer sur les mots, car il s'agit précisément de savoir s'il avait le droit de le saisir, s'il l'a saisi légalement; et, s'il n'en avait pas le droit, il ne l'a pas saisi en réalité : le tribunal ne fera que le reconnaître en déclarant qu'il n'avait pas qualité; son introduction d'instance, étant nulle et inexistante aux yeux de la loi, ne pourra produire aucun effet : *Quod nullum est, nullum producit effectum.*

Le ministère public doit veiller à ce que « les jugements à rendre » ne violent pas les lois d'intérêt général : le plus sûr moyen pour lui d'atteindre ce but, lorsqu'aucune partie privée n'engage de procès, n'est-ce pas de se tenir tranquille lui-même? il sera parfaitement certain alors qu'aucun jugement ne violera les lois d'intérêt général, puisque aucun jugement ne sera rendu.

IV. — Et qu'on ne s'étonne pas de voir le législateur, si soucieux de faire observer les lois d'ordre général dans les jugements des tribunaux, ne pas se préoccuper des infractions à ces mêmes lois que peuvent commettre les particuliers. Sans doute, dans un cas comme dans l'autre, la loi est violée et l'intérêt général reçoit une atteinte; mais l'effet moral est loin d'être le même. Un acte privé passe souvent inaperçu et fait rarement école, d'autant plus que ses auteurs ne tiennent pas à le divulguer; un arrêt, au contraire, donne à une erreur inoffensive les proportions d'une doctrine anarchique. Que la loi soit méconnue par quelques citoyens, c'est assurément fort regrettable; mais qui la respecterait encore, si les magistrats mêmes chargés de son application et de sa dé-fense montraient, jusque dans l'exercice de leur ministère,

l'exemple de la désobéissance? L'inobservation des lois
d'ordre général est donc infiniment plus grave lorsqu'elle
émane des magistrats que lorsqu'elle est l'œuvre de simples particuliers; et, dès lors, on s'explique très-bien que
le législateur, tout en ne jugeant pas nécessaire de s'en
occuper au point de vue des actions privées qui ne
tombent pas sous le coup des lois pénales, ait cru cependant devoir prendre des mesures pour la prévenir dans
les décisions judiciaires.

§ IV. — **Le second alinéa de l'article 1er, titre VIII, se réfère au
droit de réquisition. — Sous l'empire de la loi de 1790, le ministère public est confiné dans l'enceinte du tribunal.**

Mais il ne suffit pas d'établir quel sens un texte ne présente pas; il faut indiquer en même temps quel autre
sens il possède : c'est seulement alors que la démonstra-
tion devient complète et persuasive.

I. — Si le second alinéa de l'article 1er ne fait pas allusion au droit qu'aurait le ministère public d'agir d'office, à quoi se réfère-t-il donc? Il est facile de voir que
c'est au droit de réquisition que les membres du parquet
exercent comme partie jointe. Dans ce cas, en effet,
l'instance est engagée par des parties privées lorsque
naît le devoir du ministère public, et il y a forcément un
jugement à rendre; ce jugement pourrait être contraire
à des lois d'intérêt général, que les parties privées néglige-
raient de mettre en évidence, parce que ces lois seraient
indifférentes ou même opposées à leurs prétentions, et le
ministère public a le devoir de faire ce qu'elles ne font

pas, de procurer l'observation de ces lois d'intérêt général en les exposant aux juges dans son réquisitoire.

II. — Dès qu'on admet cette interprétation, tout, on le voit, s'explique aisément, et l'esprit de la loi de 1790 se montre à nous avec la clarté de l'évidence la plus convaincante. Le ministère public ne s'occupe que de ce qui se passe devant le tribunal et de ses conséquences; rien de ce qui peut se produire au dehors ne le regarde; ses fonctions sont exclusivement judiciaires, dans le sens le plus étroit du mot; elles pivotent toutes autour du jugement : avant, elles ont pour but d'y faire observer les lois d'intérêt général; après, de le faire exécuter.

III. — L'ordonnance de notre titre VIII devient en même temps toute naturelle. L'article 1er pose le principe général que nous venons d'indiquer. Les articles 2, 3 et 4 traitent du premier ordre de fonctions dévolues au ministère public, celles qu'il exerce avant le jugement; l'article 5, du second ordre de ces fonctions, celles qu'il exerce après le jugement.

Avant le jugement, il n'est jamais que partie jointe. L'article 2 le dit d'une manière expresse pour les matières civiles, et l'article 3 indique les cas où, dans cet ordre de matières, il devra nécessairement être entendu. En matière criminelle, l'article 4 ne lui donne aussi que le droit de réquisition, et le place également comme une partie jointe impartiale entre l'accusateur public et l'accusé, afin de requérir, dit le texte, « pendant le cours de l'instruction, pour la régularité des formes, et, avant le jugement, pour l'application de la loi ». En matière crimi-

nelle comme en matière civile, il est donc chargé de faire
observer les lois d'intérêt général, car la régularité des
formes, surtout devant les tribunaux de répression, et
l'application de la loi pénale, rentrent évidemment dans
cet ordre d'idées, c'est-à-dire engagent l'intérêt général.

Après le jugement, l'article 5 donne au ministère public des fonctions plus actives, qui vont peut-être même,
suivant l'opinion la plus vraisemblable, jusqu'à comprendre le droit d'agir d'office pour faire exécuter les jugements qui intéressent l'ordre public. (Voyez plus loin,
page 283.)

Voilà l'interprétation véritable de l'article 1er du
titre VIII. Il est vrai que le rapprochement des articles
suivants la mettent dans un nouveau jour, la confirment
en la montrant appliquée et pour ainsi dire en action.
Mais il est vrai aussi qu'on y arrive également en prenant cet article tout seul : par conséquent, la doctrine que
nous combattons ne gagne rien à l'isoler.

§ V. — **La loi de 1790 étant la mise en œuvre d'un système entièrement nouveau, on ne peut conclure de son silence sur certains points qu'elle entendait maintenir les attributions confiées
autrefois au ministère public de l'ancien régime.**

« Dans l'ancien droit, disent enfin les partisans du système que nous examinons ici, le ministère public avait
deux genres de fonctions devant les juridictions civiles :
d'abord des fonctions civiles proprement dites ; puis, ce
qu'on appelait ses fonctions politiques, qui comprenaient

le droit d'action. La loi de 1790 parle des premières et les consacre. Elle ne parle pas des secondes : mais de quel droit peut-on conclure de son silence à leur égard qu'elle entend les supprimer? » (Voyez ci-dessus, p. 222.)

I. — Les arguments de ce genre se comprennent lorsqu'il s'agit de deux lois peu distantes l'une de l'autre, s'inspirant d'idées au moins voisines, écrites sous l'empire de la même constitution, et dont la seconde ne fait que modifier la première sur des points de détail, en conservant ses principes généraux. Mais la situation dans laquelle fut rédigée la loi de 1790 différait singulièrement de celle-là.

Une révolution étant une rupture violente avec le passé, les lois qui se font pendant son cours, et sous son influence, présentent presque toujours le caractère d'une réaction de parti pris, — quelquefois aveugle, — contre tout ce qui existait auparavant. Et cela est vrai surtout des questions qui touchent, même de loin, à la politique. C'est donc plutôt une contradiction qu'une confirmation qu'il faudrait prévoir d'avance.

II. — L'Assemblée constituante avait, du reste, la prétention avouée d'organiser un ordre de choses entièrement nouveau. Remplie des idées mises en circulation par les philosophes du xviiie siècle, elle voulait les appliquer de plain-pied, et s'inquiétait d'autant moins de ce qui l'avait précédée, que, si elle avait cherché un modèle parmi les législations positives, c'est hors de France et plutôt même hors de son siècle qu'elle aurait tourné ses regards. Son procédé, c'est de faire d'abord table rase, et de chercher ensuite, d'après des vues théoriques, ce qu'elle pourra construire sur le terrain tout nu qu'elle vient de déblayer des restes du passé. Mais tout est remis en question, même les choses qui paraissent les plus fondamentales; et ce qui le montre bien, c'est que l'on commence par discuter le plan général de l'édifice.

Ainsi, pour ce qui concerne l'organisation judiciaire, l'Assemblée nationale décrète, le 31 mars 1790, qu'elle discutera et décidera d'abord les questions suivantes : 1° Établira-t-on des jurés? — 2° Les établira-t-on en matière civile et en matière criminelle? — 3° La justice sera-t-elle rendue par des tribunaux sédentaires ou par des juges d'assises? — 4° Y aura-t-il plusieurs degrés de juridiction, ou bien l'usage de l'appel sera-t-il aboli? — 5° Les juges seront-ils établis à vie, ou seront-ils élus pour un temps déterminé? — 6° Les juges seront-ils élus par le peuple, ou devront-ils être institués par le roi? — 7° *Le ministère public sera-t-il entièrement établi par le roi?* — 8° Y aura-t-il un tribunal de cassation ou des grands juges? — 9° Les mêmes juges connaîtront-ils de toutes les matières, ou divisera-t-on les différents pouvoirs de juridiction pour les causes du commerce, de l'administration, des impôts et de la police?

Chacune de ces questions est longuement discutée; et, le 30 avril 1790, l'Assemblée décide qu'il y aura des jurés en matière criminelle, mais non en matière civile; le 1er mai, que les juges de première instance seront sédentaires, et qu'il y aura en principe deux degrés de juridiction en matière civile; les 4, 5 et 7 mai, que les juges seront élus pour six ans, et que le roi ne pourra s'opposer à leur admission; le 8 mai, que *les officiers chargés du ministère public seront nommés par le roi, institués à vie, et ne pourront être destitués que pour forfaiture;* les 24 et 26 mai, que les jugements définitifs pourront être attaqués par voie de cassation devant des juges qui seront sédentaires; le 27 mai, qu'il y aura des juges particuliers pour le commerce.

III. — En face des actes d'une assemblée qui remet en question et renouvelle tout jusque dans ses fondements, comment prétendre qu'elle ait entendu, par son silence, conserver au ministère public des attributions contraires ou voisines, comme on voudra, de celles qu'elle lui désignait expressément? Ce serait méconnaître au plus haut point l'esprit rénovateur qui l'animait.

Lorsque la loi nouvelle reproduit des règles anciennes, c'est moins une confirmation qu'une coïncidence qu'il faut y voir; le législateur les a maintenues sans s'inquiéter si elles existaient déjà, et uniquement parce qu'elles étaient une conséquence naturelle du plan théorique qu'il s'était tracé. Il faut donc se garder de les interpréter avec les principes qu'on leur appliquait autrefois. Quant aux décisions qu'il ne reproduit pas, elles se trouvent abrogées par cela seul qu'elles sont omises, car le plan général a été refait à neuf, et cette omission prouve qu'elles n'en font plus partie. Au fond, tout est nouveau, et le ministère public de la loi de 1790 est une institution différente du ministère public de l'ancien régime: il a seulement hérité de quelques-unes de ses attributions, que la loi indique;

mais on ne peut pas en conclure que les autres lui appartiennent également, car sa nature s'est beaucoup modifiée, et, de représentant du roi qu'il était autrefois, il est devenu représentant de la loi.

Du reste, le roi, lui aussi, n'est plus le même ; il n'a plus de droit propre : le décret de l'Assemblée *concernant les bases de la Constitution*, du 3 septembre 1789 et jours suivants, déclare en effet que tous les pouvoirs ne peuvent émaner que de la nation (art. 1er), et que c'est seulement en vertu de la loi que le roi règne et peut exiger l'obéissance (art. 2) (1). Or, les droits que le ministère public devait faire valoir, c'étaient précisément, au moins à l'origine, les droits propres au roi, — je dirais volontiers surtout ses droits privés, si la distinction des droits publics et des droits privés du souverain avait existé d'une manière nette au moyen âge ; — et les diverses fonctions qui lui furent successivement attribuées se rattachaient plus ou moins étroitement à cet ordre d'idées, par suite du caractère en quelque sorte patrimonial et privé que présentaient, sous le régime féodal, la plupart des droits régaliens.

C'est donc une illusion que de venir nous parler (p. 219), pour les fonctions du ministère public, de traditions demeurées constantes, au moment où toutes les traditions de l'ordre judiciaire sont violemment interrompues, et

---

(1) Comp. l'art 3 de la Déclaration des droits de l'homme et du citoyen, placée en tête de la Constitution des 3-14 septembre 1791, et dans cette Constitution les articles 1 et 4 du titre III, ainsi que l'article 3 de la section 1re du chapitre II de ce même titre III.

où les principes mêmes qui présidaient autrefois aux attributions du ministère public sont transformés d'une manière aussi complète. Si de pareils raisonnements étaient admissibles pour rendre au ministère public de la loi de 1790 ce qu'on appelait autrefois les fonctions politiques du ministère public de l'ancien régime, ne le seraient-ils pas également pour lui conférer, par exemple, les attributions domaniales, dévolues aussi aux gens du roi avant la révolution, et que cependant le législateur de 1790 n'avait certainement pas l'intention de lui conserver, puisqu'il allait confier expressément à d'autres mains, celles des administrations départementales (loi des 28 octobre - 5 novembre 1790, tit. III, art. 13 et suiv. ; loi du 15 mars 1791, art. 13, 14 et suiv. ; et Constitution des 3-14 septembre 1791, tit. III, chap. ii, sect. 1ʳᵉ, art. 11), le soin de défendre devant les tribunaux les intérêts du domaine?

IV. — Le caractère entièrement original des lois de cette époque repousse les inductions tirées de la législation antérieure, auxquelles le texte résiste du reste. L'esprit du législateur leur est peut-être encore plus contraire. En lutte contre la royauté, on redoutait tout ce qui émanait d'elle, et le ministère public avait une large part dans les défiances universelles. C'est ce qui conduisit à lui enlever le droit d'intenter les poursuites criminelles, et Thouret disait à cette occasion, en présentant à l'Assemblée le rapport sur l'organisation judiciaire, que « dans une monar-
» chie, le pouvoir exécutif, résidant aux mains d'un seul, a
» toujours un intérêt, une tendance et des moyens qui peu-

» vent devenir funestes à la liberté de tous ; qu'il fallait se
» tenir attaché au principe de la démarcation sévère des
» fonctions entre le pouvoir exécutif et les représentants
» électifs du peuple ; qu'en l'appliquant à l'accusation
» publique, on reconnaîtrait d'abord, par la nature de
» cette fonction, qu'elle ne pouvait pas être une déléga-
» tion constitutionnelle de la couronne. »

Les paroles de Thouret n'étaient pas l'expression
d'idées particulières ; elles correspondaient bien au sentiment général de l'Assemblée. Quand les auteurs d'une loi
ont de semblables opinions à l'égard du ministère public,
est-ce en sa faveur ou contre lui qu'on doit interpréter
leur silence ?

§ **VI.** — **Le droit d'agir d'office dans l'intérêt de l'ordre public ne
peut pas être considéré comme de l'essence du ministère public,
surtout sous l'empire de la loi de 1790, qui lui maintenait partout le rôle d'un magistrat impartial.**

Dira-t-on qu'il est de l'essence du ministère public
d'être le défenseur de l'ordre public devant les tribunaux,
et que la loi de 1790, en le maintenant, a nécessairement
entendu lui conserver ses attributions essentielles ?

I. — A cela nous répondrons que le ministère public,
étant une création de la loi, n'a de fonctions que celles
qu'elle lui confère expressément, et que le jurisconsulte
ne peut lui en reconnaître d'autres sous prétexte qu'elles
découlent nécessairement de l'idée qu'il s'en est faite, de
la définition qu'il en a donnée.

II. — Il faut remarquer d'ailleurs que le législateur

de 1790 était loin de concevoir le rôle du ministère public comme nous le ferions aujourd'hui, ou comme on l'avait fait autrefois, et la manière dont il le considérait ne semblait pas en effet comporter de droit d'action.

Les diverses attributions de l'ancien ministère public pouvaient se ramener à deux grandes classes : tantôt il était partie principale, contendante, par exemple, en matière criminelle, en matière domaniale, et, dans certains cas, en matière civile ; tantôt, au contraire, il était simple partie jointe, désintéressée, faisant en quelque sorte à l'audience un rapport verbal sur la cause. Dans le premier cas, il avait les intérêts et les passions d'une partie plaidante, à peu près comme un simple particulier; dans le second, au contraire, il remplissait les fonctions d'un magistrat rapporteur destiné à éclairer les juges, et devait en conserver l'impartialité.

Ces deux rôles si différents, cumulés autrefois par le ministère public, la loi de 1790 les désunit, et les commissaires du roi ne conservent que le second, le rôle de magistrat. (Comp. ce que nous avons dit plus haut, p. 230.)

La défense des intérêts privés du roi, c'est-à-dire les matières domaniales, cesse de leur être confiée; le domaine de la couronne est représenté par l'intendant de la liste civile, et le domaine de l'État par les administrations départementales. (Voy. ci-dessus, p. 236.)

En matière criminelle, ils requièrent pendant le cours de l'instruction pour la régularité des formes, et avant le jugement pour l'application de la loi (titre VIII, art. 4); mais on institue à côté d'eux des accusateurs publics

chargés des fonctions actives qu'ils remplissaient autrefois, provoquant l'instruction, engageant la procédure et
poursuivant les criminels.

En matière civile, la même séparation devait logiquement avoir lieu, et elle se trouve constatée, en effet, par
l'article 2, aux termes duquel les commissaires du roi
exercent leur ministère au civil, non par voie d'action,
mais seulement par voie de réquisition.

III. — Ici, malheureusement, la loi ne songe plus,
comme en matière criminelle, à établir de nouveaux officiers pour leur confier les fonctions autrefois dévolues
aux gens du roi devant les juridictions civiles. Est-ce un
simple oubli? ou faut-il y voir une omission volontaire
du législateur, qui jugeait le maintien de ces fonctions
absolument inutile en lui-même? Y a-t-il là une lacune inaperçue, ou l'Assemblée se proposait-elle de la
combler plus tard? Nous ne savons rien de précis à ce
sujet. Tout au plus pouvons-nous conjecturer, d'après les
tendances générales du législateur à cette époque, qu'il
préférait laisser libre carrière à l'initiative individuelle,
et restreindre autant que possible l'intervention de l'État.

Cette préoccupation se traduit, en matière criminelle,
par la création des accusateurs publics, institution qui se
rapproche du système romain confiant aux particuliers
l'action publique pour la poursuite des crimes et des
délits. En effet, ces accusateurs publics sont élus par le
peuple : le droit d'accusation que les citoyens exerçaient
directement à Rome, en France ils l'exerçaient donc
en quelque sorte par mandataire. Cette action dans

l'intérêt public, qu'on remettait, en matière criminelle, au représentant des citoyens, en matière civile, où elle est certainement moins importante, on pouvait essayer de la confier aux citoyens eux-mêmes, ou du moins à ceux d'entre eux qui auraient des intérêts connexes à l'intérêt général.

IV. — Il faut remarquer d'ailleurs que, même dans l'ordre civil, — si l'on excepte les matières domaniales confiées autrefois au ministère public, mais à la défense desquelles il allait être pourvu autrement, — les actes contraires à l'ordre public ou aux intérêts généraux, lorsqu'ils prennent une certaine gravité, deviennent des délits, c'est-à-dire rentrent dans la compétence des tribunaux de répression, et par suite dans celle des accusateurs publics.

Les auteurs de la loi du 24 août 1790 pouvaient donc, jusqu'à un certain point, se poser le dilemme suivant : Ou les actes civils contraires à l'ordre public seront graves, et alors nous les frapperons d'une peine dont les accusateurs publics poursuivront l'application ; ou les infractions seront légères, et, alors, puisque nous ne jugeons pas convenable de les punir, c'est que nous ne les considérons pas comme dépassant d'une manière notable les limites du droit des citoyens. Tout ce qui n'est pas défendu est permis : les actes ou les omissions que nous ne punissons pas, pourquoi charger des magistrats de les poursuivre devant les tribunaux civils?

Je sais bien que ce dilemme n'aurait pas été parfait. Il pouvait arriver que l'action publique fût éteinte, par la mort du coupable, par exemple; et bien des circonstances devaient empêcher de sanctionner, par des peines, une foule de dispositions du droit civil qui intéressaient cependant l'ordre public d'une manière incontestable. Mais on n'apercevait pas ces difficultés de détail, parce qu'on n'en était pas encore à la rédaction du Code pénal, et l'argument, pris en gros, se présentait avec une apparence de raison qui pouvait séduire.

Du reste, que ces hypothèses soient fondées ou non, cela nous importe peu en définitive; car, en admettant que le législateur de 1790 ait eu l'intention, en matière civile comme en matière criminelle, de réserver le droit d'action dans l'intérêt public à un certain ordre de fonctionnaires, toujours est-il qu'il l'a retiré au ministère public, pour lui conserver intact, dans tous les cas, en matière civile comme en matière criminelle, son caractère de magistrature impartiale.

§ VII. — Des cas où la loi de 1790 elle-même autorisait le ministère public à agir d'office.

Mais ce système que nous venons d'exposer semble sujet à une objection qui se présente naturellement à l'esprit, et qu'il est nécessaire d'examiner. On peut nous répondre, en effet, « que ce caractère exclusif de magistrature impartiale dont nous faisons l'attribut essentiel du ministère public dans la loi de 1790, — et que nous déclarons incompatible avec l'ardeur, les passions et le désir d'avoir gain de cause, sentiments qu'engendre toujours l'exercice d'une action; — on peut nous répondre que ce caractère supposé n'a pas empêché la loi de 1790 elle-même de le charger d'agir d'office dans trois cas : 1° pour les absents indéfendus ; — 2° en matière disciplinaire ; — 3° pour l'exécution des jugements dans les dispositions qui intéressent l'ordre public ; de telle sorte que, si l'on admet l'existence réelle de ce caractère, au moins faut-il reconnaître que, dans l'esprit du législateur de 1790, il ne paraissait pas incompatible avec l'exercice d'une action par le ministère public. »

Si les trois cas d'action qu'on nous indique sont consacrés en effet par la loi de 1790, il faudra seulement y voir, ainsi que nous l'avons déjà dit plus haut (p. 225), des exceptions très-rares, à interpréter fort strictement, et qui ne sauraient entamer le principe lui-même. Examinons cependant chacun de ces cas, pour voir si les textes invoqués n'ont pas été mal interprétés, ou si des circonstances particulières ne faisaient point disparaître l'incompatibilité que nous avons signalée entre l'impassibilité d'un magistrat et l'exercice d'une action.

A. — Des droits du ministère public en matière d'absence.

Et d'abord le ministère public aurait le droit d'agir d'office pour les absents indéfendus. On fait résulter ce droit de la fin de l'article 3, titre VIII, de la loi de 1790, qui dit : « Ils (les commissaires du roi) seront chargés en » outre de veiller pour les absents indéfendus. »

I. — Ils sont chargés de *veiller*, c'est vrai : mais *veiller*, est-ce intenter des actions ? Et surtout, peut-on lui donner ce sens dans un texte qui suit immédiatement

l'article 2, proclamant que, « au civil, les commissaires
» du roi exerceront leur ministère, non par voie d'action,
» mais seulement par celle de réquisition ? » L'article 2
domine et commente l'article 3 tout entier. Le ministère
public veille pour les absents indéfendus, mais il veille
avec les armes que lui a données la loi.

   Si nous raisonnions en ce moment dans une législation
faisant du droit d'action l'attribut ordinaire du ministère
public en matière civile, — comme il l'est aujourd'hui, par
exemple, en matière criminelle, — nous conclurions très-
facilement du devoir de veiller au droit d'agir d'office : car
le ministère public ne veillerait pas en réalité aux intérêts
des absents, s'il n'employait pas pour les défendre les
moyens énergiques mis à sa disposition par le législateur.

   Mais, au lieu de cette loi hypothétique, nous avons
maintenant à commenter la loi de 1790, qui, au moins
en principe, refuse le droit d'action au ministère public,
en matière criminelle comme en matière civile ; — car
nos adversaires eux-mêmes ne discutent en ce moment
que sur des cas particuliers, très-peu nombreux, qu'ils
prétendent expressément consacrés par les textes, et dont
ils veulent se faire ensuite un argument dans la question
générale. — Le ministère public veille toujours, comme
le veut la loi, pour les absents indéfendus ; mais il ne peut
veiller évidemment qu'avec les armes moins nombreuses,
moins puissantes, — inoffensives, si vous voulez, — dont
la loi elle-même l'a pourvu ; il exerce ses fonctions, non
par voie d'action, mais seulement par voie de réquisition ;
et, s'il en résulte qu'il les exerce d'une manière inefficace,

la faute en sera au législateur : mais nous n'aurons pas le droit d'y remédier en accordant précisément au ministère public le mode d'exercice qui lui est refusé.

II. — « Cependant, nous dit-on, la première partie de l'article 3, en parlant des causes concernant les incapables, dit simplement que les commissaires du roi y seront entendus ; voilà bien la formule du droit de réquisition. Mais la seconde partie du même article qualifie tout autrement les devoirs du ministère public vis-à-vis des absents indéfendus : il est chargé de veiller pour eux. Ces mots n'impliquent-ils pas nécessairement une intervention plus active que de simples conclusions à l'audience ? »

Admettons cela, si vous voulez. Il en résulte que le ministère public doit montrer plus de sollicitude pour les affaires des absents que pour celles des incapables. Eh bien, il surveillera la conduite des notaires et des officiers ministériels qui n'apporteraient pas, dans l'accomplissement de leurs devoirs à l'égard de ces absents, tout le zèle ou toute la loyauté désirables ; au besoin, il fera des injonctions à ces officiers ministériels, placés plus tard sous son autorité, ou encore aux officiers de l'état civil qui se disposeraient à dresser des actes contraires aux droits ou aux intérêts de l'absent : par exemple, à célébrer un nouveau mariage de son conjoint, ou à constater l'adultérinité d'un enfant que ce conjoint aurait eu ; il ordonnera des recherches pour retrouver la résidence actuelle de l'absent, et l'avertir des périls qui menacent ses intérêts ; il dénoncera même au tribunal la négligence, peut-être calculée, de l'adversaire du prétendu absent, qui l'a fait citer de manière que l'exploit d'ajournement ne lui parvînt pas, tandis qu'il lui était possible de se procurer son adresse véritable, etc.

III. — Voilà bien des mesures que le ministère public peut prendre en faveur des absents, outre son réquisitoire ordinaire. Mais doit-il aller plus loin? A-t-il le droit d'examiner la situation des biens et des affaires de l'absent ; de rechercher si ses propriétés ne sont pas détériorées par des tiers, afin de poursuivre les auteurs du dommage, usurpées même, afin de poursuivre les usurpateurs ; si ses débiteurs ne le payent pas, pour les contraindre à s'acquitter ? A-t-il, en un mot, le droit de prendre fait et cause pour l'absent, de le représenter envers et contre tous, comme ferait un mandataire?

Non. Ce droit, il ne l'a certainement pas; et le texte même que l'on invoque contre nous renferme un mot qui le prouve d'une manière irréfutable. Le ministère public doit veiller « pour les absents INDÉFENDUS ». Il s'agit donc d'absents qui auraient besoin d'être défendus, et qui ne le sont pas; mais comment appliquer cela aux absents que personne n'attaque, ne poursuit? Peut-on dire que ceux-là sont *indéfendus?* Assurément non ; et l'on ne saurait leur appliquer la règle qu'en se mettant précisément au-dessus de ces textes qu'on prétend si formels dans le cas particulier qu'ils régissent.

Ainsi, ceux que veut protéger l'article 3 dans son second alinéa, ce sont les absents poursuivis judiciairement et indéfendus, c'est-à-dire sur le point d'être condamnés par défaut. Alors arrivera l'intervention protectrice du

ministère public, avec les mesures dont nous venons de
parler. Il cherchera s'il est réellement impossible de savoir où est l'absent, si l'on a bien fait le nécessaire pour
le découvrir, etc. Il devra même exposer aux juges,
dans son réquisitoire, les arguments qui militeraient en
faveur de l'absent ; et il le fera avec plus de sollicitude
que s'il s'agissait d'une partie présente à l'audience et
développant elle-même ses moyens. Mais, restant partie
jointe, magistrat impartial, il conservera le droit de conclure contre l'absent, s'il croit réellement que l'absent a
tort ; et toute cette discussion ne sera cependant pas inutile, puisque le tribunal ne doit adjuger, à l'adversaire du
défaillant, le bénéfice de ses conclusions, que « si elles sont
» trouvées justes et dûment vérifiées », disait l'article 5,
titre XI, de l'ordonnance de 1667 *sur la réformation de
la justice*, confirmé plus tard par l'article 150 du Code
de procédure civile.

IV. — Une loi postérieure de cinq mois seulement à
celle du 24 août 1790 montre du reste que le législateur
d'alors n'avait pas l'intention d'accorder, dans aucun cas,
au ministère public, le droit d'action en faveur des absents : c'est la loi des 29 janvier-1er février 1791, dont
l'article 1er déclare que « s'il y a lieu de faire des inven-
» taires, comptes, liquidations, partages, dans lesquels se
» trouvent intéressés des absents *qui ne soient défendus
» par aucun fondé de procuration*, LA PARTIE LA PLUS DILI-
» GENTE s'adressera au tribunal du district, lequel com-
» mettra d'office un notaire qui procédera à la confec-
» tion desdits actes. » (Comp. loi du 6 oct. 1791, tit. 1er,

sect. 2, art. 7 ; et art. 113 C. Nap.) On voit qu'il n'est aucunement question du ministère public ; cependant les termes mêmes de cet article montrent que nous sommes précisément dans l'hypothèse prévue par la loi de 1790, celle d' « absents indéfendus » ; et, si cette loi avait accordé le droit d'action au ministère public en matière d'absence, n'était-ce pas ici ou jamais le cas de mettre en jeu cette action ? Il faut donc bien reconnaître que le ministère public ne devait pas se charger alors, en faveur des absents, d'un rôle qui l'eût rendu partie au procès.

V. — Sans doute, l'absent serait mieux défendu, si le ministère public pouvait s'identifier en quelque sorte avec lui, et se constituer partie principale au procès, afin de le représenter. Mais le texte est loin d'être assez clair et assez énergique pour donner aux commissaires du roi un droit directement contraire au principe posé d'une manière expresse par le législateur, et non moins opposé à l'esprit d'impartialité et d'impassibilité que la loi de 1790 veut toujours faire présider à leurs fonctions. Aujourd'hui même, après que des lois postérieures, et surtout celle du 20 avril 1810, sont venues modifier profondément cet esprit, en rendant au ministère public le droit d'action dans une foule de cas, notamment en matière criminelle, on ne soutient plus guère que le ministère public ait le droit de représenter les présumés absents dans les procès qui peuvent leur survenir ; et cependant l'article 114 du Code Napoléon répète, à très-peu près, les termes de l'article 3 *in fine*, tit. VIII, de la loi de 1790. Les jurisconsultes s'accordent généralement à reconnaître qu'il doit se borner à faire nommer un curateur pour agir au nom de l'absent, et rentrer ensuite aussitôt dans son rôle ordinaire de partie jointe.

Eh bien, admettons, si vous le voulez, — bien que cela soit loin d'être démontré, — que, sous l'empire de la loi de 1790, comme depuis le Code Napoléon et la loi du 20 avril 1810, le ministère public avait le droit de provoquer la nomination d'un curateur chargé des intérêts de l'absent. Cela ne prouvera point du tout que le législateur de 1790 n'envisageait pas le rôle actif, ardent, passionné, d'une partie contendante, comme inconciliable avec l'impassibilité du magistrat, qu'il voulait toujours conserver au ministère public. Dans cette hypothèse, en effet, s'il est vrai que le ministère public joue le rôle de partie principale, ce n'est que pendant un temps extrêmement court, et dans une circonstance où il n'y a aucune question litigieuse à débattre, ni par conséquent aucune cause d'irritation à craindre.

VI. — Il faut remarquer d'ailleurs qu'il n'aurait pu exercer ce droit qu'en ce qui concerne les absents indéfendus, — les seuls dont parle l'article, — c'est-à-dire ceux qui sont poursuivis par défaut ; mais qu'il n'aurait pas eu qualité pour faire nommer un curateur chargé de gérer les biens et affaires d'un absent, ou d'intenter des actions en son nom. Cette prérogative n'avait donc rien de contraire à l'idée générale que nous avons donnée plus haut (voy. p. 230) — d'après l'article 1er, titre VIII, de la loi de 1790 — des fonctions du ministère public, en les considérant comme exclusivement judiciaires et se rapportant toutes aux jugements; elle ne le fait pas sortir de l'enceinte du tribunal où il doit demeurer confiné; elle ne le conduit pas à s'enquérir de ce qui se passe au dehors, pour rechercher et réprimer les illégalités ou les désordres qui peuvent se produire dans la société : et c'est au contraire ce qui arriverait nécessairement, s'il avait le droit d'agir d'office pour l'exécution des lois d'intérêt général. Enfin, on peut remarquer que les termes de l'article 3 parlant des absents « *indéfendus* », c'est-à-dire poursuivis, s'accordent parfaitement avec ceux de l'article 1er, qui chargent le ministère public de faire observer les lois d'ordre général « dans les jugements à rendre ». D'un côté comme de l'autre, on aperçoit clairement l'intention de réserver aux citoyens seuls le droit de mettre en mouvement les tribunaux civils, et de n'autoriser l'intervention active du ministère public que lorsqu'il y a un jugement à rendre, c'est-à-dire lorsqu'il est devenu possible que les magistrats eux-mêmes violent les lois destinées à la protection de l'ordre général. C'est une nouvelle confirmation de ce que nous avons dit plus haut (p. 227 à 229) en expliquant l'article 1er du titre VIII.

B. — Des droits du ministère public en matière disciplinaire.

Le second cas où l'on allègue que la loi de 1790 elle-même aurait accordé le droit d'action au ministère public, ce sont les matières disciplinaires. On fait résulter ce droit de l'art. 6, titre VIII, de la loi de 1790, qui est conçu en ces termes : « Le commissaire du roi en chaque » tribunal veillera au maintien de la discipline et à la ré-

» gularité du service dans le tribunal, suivant le mode
» qui sera déterminé par l'Assemblée nationale. »

I. — Le ministère public *veillera....* Nous pourrions
répéter ici tout ce que nous avons dit sur le premier cas
(ci-dessus, p. 242). Cette formule est insuffisante pour
établir nettement un droit d'action. Cependant il faut reconnaître que des lois particulières, postérieures à la loi
de 1790, ne tardèrent pas à donner expressément le droit
d'action au ministère public dans certaines matières disciplinaires spéciales, ou dans quelques matières analogues,
et qu'on croyait assez généralement que cette loi de 1790
n'avait pas entendu refuser le droit d'action au ministère
public en matière disciplinaire. Nous avons déjà dit plus
haut (voy. p. 156) que telle était l'opinion de Merlin
(voy. *Répertoire*, v° Chambre des avoués, n° II), et nous
avons cité un arrêt de rejet de la Cour de cassation, du
3 novembre 1806 (affaire Fusibay), rendu sur ses conclusions conformes, et confirmant un arrêt de la Cour de
Limoges du 2 fructidor an XIII (voy. Dalloz, *Répert.
alphabét.*, v° Discipline judiciaire, n° 274, et v° Ministère
public, n° 213), qui consacrait expressément cette doctrine, au moins en ce qui concerne la police des audiences.

II. — Admettons donc encore ce point. Nous pourrons faire remarquer alors, pour l'expliquer, que, si les
matières disciplinaires se rattachent à l'ordre civil en un
certain sens, puisqu'elles rentrent dans la compétence
des tribunaux civils, elles n'en ont pas moins un caractère tout particulier qui les rapproche beaucoup des matières pénales. Puis, là aussi, à vrai dire, il n'y a pas de

question à débattre, mais une simple contravention à constater, et le ministère public se borne à la signaler au tribunal : il était impossible de sortir autrement de cette impasse, puisque aucune personne privée ne pouvait avoir d'intérêt dans la cause.

III. — Remarquons, d'ailleurs, que la loi de 1790 ne parlait pas du pouvoir disciplinaire en général ; elle ne s'occupait que du tribunal lui-même : l'article 6 charge seulement le commissaire du roi de veiller « au maintien » de la discipline et à la régularité du service *dans le* » *tribunal.* » Cette disposition s'accorde donc très-bien avec ce que nous disions tout à l'heure encore, — à propos des devoirs du ministère public vis-à-vis des absents indéfendus, — sur l'idée générale qu'on doit se faire des fonctions de ce ministère, toujours confiné dans l'enceinte du tribunal, et ne devant pas diriger son attention vers ce qui se passe au dehors.

Il est vrai que des lois postérieures donnèrent une plus grande extension au principe posé par la loi de 1790, en soumettant les officiers ministériels et les notaires au pouvoir disciplinaire, ou du moins à la surveillance du ministère public. — Occupons-nous d'abord des notaires.

IV. — Dans la loi des 29 septembre-6 octobre 1791 sur la nouvelle organisation du notariat, l'article 14 du titre II confie au commissaire du roi près le tribunal civil le soin de requérir les notaires conservés ou nouvellement institués d'avoir à verser dans les caisses de l'État « leur fonds de responsabilité », c'est-à-dire leur cautionnement; et, d'après les articles 14, 15 et 16 du titre V, c'est entre ses mains qu'ils doivent justifier de l'accomplissement de toutes les formalités relatives à ce fonds de responsabilité.

En vertu des articles 19 et 20 du titre II, c'est le commissaire du roi près le tribunal qui doit faire afficher le tableau des anciens notaires non conservés dans le placement des nouveaux notaires publics, ou qui n'ont pas rempli les formalités nécessaires pour leur institution régulière (art. 14, 15 et 17 du même titre), et leur enjoindre d'avoir à cesser leurs fonctions. D'après les articles 17, 18 et 19 du titre IV, les notaires régulièrement nommés doivent prêter serment devant le tribunal, en justifiant qu'ils ont rempli toutes les formalités exigées par la loi, et consigner leur signature et paraphe dans le procès-verbal de la prestation de serment, le tout évidemment sur les réquisitions du ministère public. — Conformément aux articles 3 et 5 du titre III, le commissaire du roi est chargé de veiller à la remise des minutes des anciens notaires supprimés entre les mains des nouveaux notaires désignés par la loi; d'après l'article 12, c'est au greffe du tribunal que ces nouveaux détenteurs doivent remettre le répertoire des actes qui arrivent ainsi en leur possession; et, d'après l'article 9, c'est au greffe du tribunal de district, et non aux archives, que doivent être déposées les pièces provenant des anciennes justices seigneuriales. — Aux termes de l'article 13 du même titre III, en cas de démission ou de décès d'un notaire, si le démettant ou les héritiers du décédé n'ont pas remis les minutes à l'un des autres notaires publics de la résidence, dans un délai d'un mois à compter de la démission ou du décès, le commissaire du roi près le tribunal civil doit poursuivre la remise de ces minutes entre les mains du plus ancien des notaires publics du lieu.

Enfin, d'après les articles 2, 5 et 11 du titre IV, parmi les neuf fonctionnaires composant, dans chaque chef-lieu de département, la commission chargée de choisir au concours les individus qui rempliront plus tard les fonctions de notaire, parmi ces neuf fonctionnaires figurent deux juges et le commissaire du roi près le tribunal du lieu ; c'est le commissaire du roi qui reçoit les différentes pièces destinées à constater que chaque candidat remplit les conditions légales d'admissibilité au concours, et la liste des candidats reconnus aptes à exercer les fonctions de notaire doit rester affichée dans tous les tribunaux du département.

Quelques années après la loi du 29 septembre-6 octobre 1791, qui resta la loi organique du notariat jusqu'à celle du 25 ventôse an XI, une loi du 6 floréal an IV (5 mai 1796) déclara, dans son article 2, que « le commissaire du pouvoir exécutif près le tribunal civil de chaque département *demeure chargé*, sous sa responsabilité, de poursuivre les notaires en retard (de déposer au greffe le double du répertoire de leurs actes); il les fera condamner à l'amende déterminée par la loi précitée (loi des 29 septembre-6 octobre 1791, tit. III, art. 16), et cette amende sera recouvrée par le receveur des domaines de l'arrondissement de la résidence du notaire qui l'a encourue. » La loi de 1791, en établissant l'amende dont il est ici question, n'avait point dit qu'elle serait prononcée par le tribunal, sur la requête du ministère public.

Enfin, l'article 3 de la loi du 23 fructidor an VI (9 septembre 1798) charge le commissaire du Directoire exécutif près le tribunal correctionnel de faire condamner à l'amende fixée par la loi les notaires qui auraient employé dans leurs actes le calendrier grégorien au lieu du calendrier républicain.

Les textes que nous venons de citer paraissent rattacher les notaires à l'ordre judiciaire, et confier, dans une certaine mesure, leur surveillance au ministère public. Mais, à côté de ces textes, on peut en trouver d'autres qui détruisent l'impression laissée par la lecture des premiers, et qui semblent bien placer les notaires sous l'œil et sous la main des autorités administratives.

Dès avant la loi des 29 septembre-6 octobre 1791, dont nous venons de parler, l'article 20 de la loi des 9-25 juillet 1790 sur l'aliénation des domaines nationaux, — préparée et discutée presque en même temps que la loi des 16-24 août 1790 sur l'organisation judiciaire, dont nous cherchons en ce moment à déterminer l'esprit, — enjoint aux notaires, tabellions et autres détenteurs d'actes publics, de communiquer les baux de biens nationaux qu'ils auraient entre les mains, toutes les fois qu'ils en seraient requis, et ce, sous peine d'une amende de vingt-cinq livres qui sera prononcée par le juge ordinaire; le soin de provoquer la condamnation à cette amende est confié au procureur-syndic du district, qui correspond à peu près au sous-préfet actuel, et non au ministère public. Comme c'était encore l'ancien ministère public qui fonctionnait, peut-être n'avait-on pas une

confiance suffisante dans son zèle en semblable matière.
Mais nous allons trouver des dispositions analogues dans
la loi du 29 septembre 1791 elle-même, — dont nous venons pourtant de citer des articles qui semblent en apparence procéder d'une idée différente, — ainsi que dans
des lois postérieures, faites à une époque où le nouveau
ministère public était organisé, et devait inspirer autant
de confiance que les autres autorités constitutionnelles.

D'après la loi de 1791 (tit. Ier, sect. 2, art. 8), ce sont
les directoires de département, c'est-à-dire les autorités
administratives, — il y avait alors à la tête de chaque
département, au lieu d'un préfet assisté d'un conseil de
préfecture, un directoire électif, et un procureur général
syndic, représentant direct du pouvoir central, — qui
transmettent au Corps législatif « les instructions » destinées à servir de base pour la fixation du nombre et le placement des notaires. Par la force des choses, le Corps législatif ne pouvait, dans la plupart des cas, que confirmer
de confiance les propositions des directoires de département, sans avoir le temps ni les moyens de les contrôler.

Ces points une fois fixés, c'est le procureur général
syndic (tit. II, art. 4 et 5) qui notifie aux anciens notaires la répartition décrétée, et reçoit leurs demandes
d'être compris au nombre des nouveaux notaires publics.
Puis, le directoire du département (art. 6) vérifie ces demandes, constate leur régularité, et dresse le tableau nominatif des anciens notaires acceptants. S'il reste encore
des places à pourvoir, le directoire du département
(art. 9) en fait publier la liste, et le procureur général

syndic (art. 10) reçoit les demandes des personnes auxquelles la loi donne, dans un certain ordre, le droit d'y prétendre. Enfin, le procureur général syndic (art. 13) envoie au commissaire du roi près le tribunal le tableau des notaires publics attachés à chaque résidence, afin qu'il veille à ce que ces notaires versent en temps utile leur fonds de responsabilité, et se fassent instituer régulièrement; et le directoire du département (art. 19) lui adresse l'état nominatif des anciens notaires qui ne se trouvent pas compris dans le nouvel établissement, pour qu'il leur enjoigne d'avoir à cesser l'exercice de leurs fonctions. Mais, dans un cas comme dans l'autre, le ministère public paraît moins agir en vertu d'une attribution qui lui soit propre qu'à titre de représentant de l'autorité administrative, à peu près comme il dut le faire plus tard en matière domaniale, quand l'arrêté du Directoire exécutif du 10 thermidor an IV l'eut chargé de défendre les intérêts de l'État, au nom des administrations départementales, lorsque celles-ci lui remettraient ce soin.

En ce qui concerne les mesures à prendre pour la conservation des anciennes minutes, c'est bien sans doute le ministère public qui doit agir, comme nous l'avons dit tout à l'heure; mais, ici encore, l'initiative semble plutôt appartenir à l'autorité administrative, car c'est l'administration du district (tit. III, art. 3) qui dresse l'état des offices dont les minutes doivent être remises aux nouveaux notaires publics, et envoie cet état au commissaire du roi près le tribunal, pour qu'il prenne les dispositions nécessaires.

Quant à la commission chargée de juger le concours des candidats notaires, et de dresser la liste des personnes reconnues capables, qui seront appelées plus tard aux fonctions de notaires dans l'ordre de cette liste, si elle compte dans son sein deux juges et un commissaire du roi près le tribunal, elle comprend aussi deux membres du directoire du département, et le procureur général syndic (tit. IV, art. 2), de sorte que l'élément administratif y est précisément égal à l'élément judiciaire, dans une circonstance où la prédominance de l'élément judiciaire serait si naturelle, puisqu'il s'agit d'apprécier les connaissances juridiques des candidats (les trois autres membres de la commission étaient trois notaires). Si le tableau des personnes déclarées habiles à remplir les fonctions de notaires publics doit être affiché dans les tribunaux, auxquels il est envoyé par le procureur général syndic (tit. IV, art. 11), il doit aussi, et avant tout, figurer « dans la principale salle de l'administration du département » (tit. IV, art. 11). Enfin, quand une place de notaire devient vacante (titre IV, art. 14 et 15), c'est la municipalité de la résidence qui doit en donner avis au directoire du département, lequel fait annoncer cette vacance par affiches publiques, et y pourvoit dans l'ordre du tableau dressé par la commission d'examen. Le tribunal n'intervient que pour recevoir le serment du notaire, après avoir constaté sa nomination et son institution régulières.

Ajoutons, pour terminer sur ce point, que, dans le système de la loi de 1791 (tit. 1er, sect. II, art. 11, 12, 15;

— tit. IV, art. 1ᵉʳ ; — et *passim*), les notaires publics étaient tous de la même classe, et organisés par départements, avec concurrence libre entre tous ceux du même département, c'est-à-dire répartis suivant la division administrative du territoire, et non d'après la division judiciaire (il y avait alors comme aujourd'hui un tribunal civil par district ou arrondissement).

La loi des 29 septembre - 6 octobre 1791 paraît donc bien rattacher les notaires, non à l'ordre judiciaire, mais à l'ordre administratif, et, par suite, ne semble pas pouvoir confier leur discipline au ministère public, institution exclusivement judiciaire, surtout à cette époque. Les lois postérieures, — jusqu'au Consulat, qui remplace la loi de 1791 par celle du 25 ventôse an XI, — ne démentent point cette manière de voir.

Le 18 brumaire an II (8 novembre 1793), un décret de la Convention frappe d'une amende de 1000 livres, et, en cas de récidive, de destitution, les notaires qui recevraient des actes hors de leur département. D'après l'article 4, l'application de ces peines est poursuivie, non par le ministère public, c'est-à-dire par les commissaires de la nation près les tribunaux, mais « soit par le procureur de la commune du lieu de la passation de l'acte, soit par le procureur syndic du district, soit par le procureur général syndic du département dans lequel cette commune se trouve comprise ». Avec des nuances d'attributions qu'il est inutile de rappeler ici, ces trois personnages correspondent aux autorités administratives que nous appelons aujourd'hui maire, sous-préfet et préfet.

Le 7 pluviôse an III (26 janvier 1795), beaucoup de notaires ayant quitté le lieu de leur résidence, ou été destitués pour n'avoir pu présenter un certificat de civisme assez satisfaisant [décrets des 1er-2 novembre 1792, 7-11 mars 1793, et 19 vendémiaire an III (10 octobre 1794)], on éprouve le besoin, pour faire reprendre aux affaires leur marche ordinaire, de permettre aux autorités locales de pourvoir provisoirement au remplacement des notaires publics. A qui confie-t-on ce soin? Est-ce au ministère public, ou du moins au tribunal, sur la réquisition du commissaire de la nation? Non, c'est au directoire de district, c'est-à-dire à l'autorité administrative. Il n'y a rien là, du reste, que de très-naturel, puisque, régulièrement, d'après l'article 15 du titre IV de la loi du 29 septembre 1791, la nomination des notaires devait être faite par le directoire du département, ainsi que nous l'avons dit tout à l'heure.

Le 2 vendémiaire an VII (23 septembre 1798), le Directoire exécutif prend un arrêté contenant des mesures pour assurer la remise des minutes après la démission ou le décès d'un notaire public non à remplacer, et le fonctionnaire qu'il charge de constater les démissions ou décès de notaires, c'est le « commissaire du Directoire exécutif près l'administration municipale », qui correspond à la fois au maire et au commissaire de police. Celui-ci en donne avis au commissaire près l'administration centrale (plus tard le préfet), qui transmet cet avis au commissaire près le tribunal civil (il n'y en avait alors qu'un par département), c'est-à-dire au ministère public, lequel le fait parvenir au ministre de la justice. L'arrêté du Directoire rappelle ensuite et confirme les devoirs imposés en pareil cas aux membres du ministère public par la loi des 29 septembre – 6 octobre 1791 ; mais on voit qu'il n'en a pas moins l'air de considérer les notaires comme étant plutôt soumis à la surveillance des autorités administratives.

C'est seulement la loi des 25 ventôse - 5 germinal an XI, — aujourd'hui encore la loi organique en matière de notariat, — qui change ce système, rattache définitivement les notaires, d'une manière complète, à l'ordre judiciaire, et les soustrait à l'action des autorités administratives pour les placer sous la surveillance du ministère public.

D'après les articles 43 et 44, c'est avec le commissaire du gouvernement près le tribunal (plus tard le procureur impérial) que communique la chambre de discipline des notaires, notamment en ce qui concerne le certificat de capacité qu'elle doit délivrer aux impétrants. En vertu de l'article 46, les commissions de notaires doivent être adressées par le gouvernement, au tribunal civil de la résidence, auquel elles arrivent par l'intermédiaire du commissaire du gouvernement, et l'autorité administrative n'intervient plus pour rien dans la désignation des notaires. D'après les articles 47, 48 et 49, c'est devant ce tribunal qu'ils doivent prêter serment et déposer leur signature, ainsi que cela se faisait déjà du reste sous l'empire de la loi de 1791. Lorsqu'il y a lieu de destituer un notaire pour manquement à ses devoirs (art. 4),

c'est le ministre de la justice qui prononce, après avoir
pris l'avis du tribunal. Quand le notaire a besoin d'une
autorisation pour communiquer un acte (art. 23), ou
délivrer une grosse (art. 26), c'est le président du tribunal qui la donne. S'il y a lieu à un compulsoire dans
l'étude (art. 24), c'est le tribunal qui indique le rédacteur
du procès-verbal; si une minute doit être déplacée de
l'étude, c'est le tribunal qui l'ordonne, et il en est dressé
une copie certifiée par le président du tribunal et le
commissaire du gouvernement (art. 22). Les répertoires
sont visés, cotés et paraphés par le président du tribunal
(art. 30). Les honoraires sont réglés par le tribunal
(art. 51). Comme dans la loi de 1791, le ministère public
doit veiller à la conservation des minutes (art. 57); mais
il n'a plus à attendre l'initiative des autorités administratives, et il peut, dans certains cas, désigner lui-même le
notaire auquel seront remises les minutes d'un notaire
décédé ou supprimé. La légalisation de la signature des
notaires est faite par le président du tribunal (art. 28), et
non par le maire. Enfin, aux termes de l'article 53,
« toutes suspensions, destitutions, condamnations d'a-
mendes et dommages-intérêts sont prononcées contre les
notaires par le tribunal civil de leur résidence, à la poursuite des parties intéressées, ou d'office *à la poursuite et
diligence du commissaire du gouvernement* (plus tard procureur impérial).

Pour compléter ce changement de système, la répartition des notaires est rattachée à la division judiciaire du
territoire (art. 5), et non plus à sa division administrative;

ils sont divisés en trois classes, correspondant aux trois
ordres de tribunaux établis alors et encore existants aujourd'hui, et leur ressort est le même que celui du tribunal auquel ils se rattachent. Il ne reste plus qu'une trace
de l'ancien système, dans l'article 28 de la loi du
25 ventôse an XI, qui reproduit la disposition de l'article 15, 2ᵉ section du titre Iᵉʳ de la loi de 1791, en vertu
duquel les actes des notaires étaient exécutoires, sans
légalisation de leur signature, dans toute l'étendue du
département : ce qui, par une conséquence naturelle,
conduit l'article 49 de la loi de l'an XI à exiger le dépôt
de la signature du notaire au greffe de tous les tribunaux
civils du département, quoique ces tribunaux ne fussent
réunis entre eux par aucun lien plus particulier que celui
qui existe entre tous les tribunaux de première instance
d'un même ressort de Cour d'appel. Cette disposition
aurait dû être changée, puisque les limites de la compétence territoriale des notaires ne dépendaient plus dans
aucun cas de celles du département où ils exercent.
Ajoutons toutefois que l'inconséquence de la loi du
25 ventôse an XI n'existe qu'en ce qui concerne les notaires de seconde et de troisième classe ; car les actes des
notaires de première classe sont exécutoires sans légalisation dans tout le ressort de la Cour d'appel auprès de
laquelle ils siègent (art. 28), et leur signature doit être
déposée au greffe de tous les tribunaux de ce ressort. Il
faut remarquer aussi que, d'après l'article 47, les notaires doivent faire enregistrer le procès-verbal de leur
prestation de serment à la municipalité de leur résidence,

et, d'après l'article 49, y déposer également leur signature et parafe.

De tous les textes que nous venons de parcourir, il semble bien résulter que c'est seulement sous le Consulat, — c'est-à-dire dix ans au moins après la loi des 16-24 août 1790, — qu'on doit considérer le ministère public, comme chargé de la discipline des notaires, et possédant pour cet objet le droit d'action directe devant les tribunaux civils.

V. — Passons maintenant aux officiers ministériels, et d'abord aux avoués.

Lorsque fut promulguée la loi des 16-24 août 1790, les anciens procureurs existaient toujours, et la vénalité de leurs charges n'avait pas encore été supprimée. Mais il était évident que cet état de choses ne pouvait plus durer longtemps, car il était implicitement condamné par la célèbre déclaration de l'Assemblée nationale, décrétée dans la nuit du 4 août 1789 (voy. art. 7), et confirmée, en ce qui concerne l'abolition de la vénalité des offices de judicature, par l'article 2 du titre II de la loi de 1790 elle-même. Aussi n'est-ce pas aux procureurs, provisoirement conservés, que pouvaient songer les rédacteurs de cette loi; car il était certain qu'on ne les maintiendrait pas, au moins avec leur organisation ancienne. Comment, dès lors, aurait-on pu confier leur discipline au ministère public?

Bientôt après, la loi des 29 janvier-20 mars 1791 abolit, en effet, « la vénalité et l'hérédité des offices ministériels auprès des tribunaux pour le contentieux » (art. 1er), supprima les procureurs, et les remplaça par des avoués, chargés de fonctions analogues, mais dont le nombre n'était pas limité par cette loi, ni par celle des 29 janvier-1er février 1791, qui déterminait les conditions à remplir pour devenir avoué. Ni l'une ni l'autre de ces deux lois ne parlent du ministère public, et ne lui confient la discipline des nouveaux officiers ministériels. Si certains avoués avaient enfreint les règles, — très-peu nombreuses du reste, — qui leur étaient imposées, le ministère public, au lendemain de la loi organique de 1790, qui lui interdisait formellement la voie d'action directe, n'aurait donc eu aucun prétexte à invoquer pour s'arroger le droit de les poursuivre devant les tribunaux civils (s'il s'était agi de saisir les tribunaux criminels, ce droit aurait appartenu aux accusateurs publics) et de faire réprimer leurs écarts disciplinaires. C'était aux parties lésées à se pourvoir elles-mêmes pour la défense de leurs intérêts.

L'article 1er de cette loi des 29 janvier-1er février 1791 montre du reste combien peu on songeait alors à permettre au ministère public de saisir dans aucun cas les tribunaux. Cet article suppose, en effet, qu'il y a lieu de faire des inventaires, comptes, liquidations, ou partages intéressant des absents qui ne sont défendus ni représentés par personne, et il charge la partie la plus diligente de s'adresser au tribunal du district pour faire commettre un notaire qui procédera à la confection de ces actes. Mais il ne donne pas ce droit au ministère public, que la loi de 1790 elle-même (tit. VIII, art. 3) chargeait cependant « de veiller pour les absents indéfendus ». Comment donc pourrait-on induire, du seul silence de ces deux lois de 1791, qu'elles entendent autoriser éventuellement l'action du ministère public dans des circonstances où cette intervention semble bien moins urgente, et sur lesquelles le texte de la loi de 1790 est complétement muet, en même temps que ses principes généraux (tit. VIII, art. 2) sont tout à fait contraires au droit qu'on voudrait supposer?

L'état de choses organisé par la loi des 29 janvier-20 mars 1791 ne fut que transitoire. L'article 12 du décret du 3 brumaire an II supprima complétement les avoués, et permit aux parties de se faire représenter, si elles le voulaient, par des fondés de pouvoir quelconques, tenus simplement de justifier d'un certificat de civisme. Malgré cette exigence, — qu'on prodiguait trop alors pour qu'il soit permis d'en tirer aucune conséquence sérieuse, — ces fondés de pouvoir n'avaient plus de caractère public, plus d'honoraires qu'ils pussent réclamer devant les tribunaux; et, par conséquent, il ne pouvait être question de leur discipline, ni des droits qu'aurait le ministère public à l'égard de cette discipline.

Lors de la réorganisation judiciaire opérée dès le commencement du Consulat par la loi du 27 ventôse an VIII (18 mars 1800), on décida le rétablissement des avoués (art. 93 à 95 de cette loi), que les malversations de leurs remplaçants volontaires non surveillés n'avaient point tardé à faire regretter; et, le 18 fructidor an VIII (5 septembre 1800), on remettait provisoirement en vigueur la

loi des 29 janvier-20 mars 1791, qui, nous venons de le
dire, ne semblait pas confier au ministère public la discipline des avoués.

Le 13 frimaire an IX (4 décembre 1800), un arrêté
des consuls établit auprès de chaque corps judiciaire une
chambre des avoués, composée d'un certain nombre d'a-
voués élus par leurs confrères, et chargée de leur discipline intérieure. D'après l'article 11 de l'arrêté du 13 frimaire, c'est un des membres de cette chambre, le syndic,
qui doit lui déférer « les faits relatifs à la discipline, et il
est tenu de les lui dénoncer, soit d'office, quand il en a
eu connaissance, soit sur la provocation des parties intéressées, soit sur celle de l'un des membres de la chambre. » On voit qu'il n'est pas question du droit qu'aurait
eu le ministère public de saisir la chambre des avoués, ou
même de provoquer le syndic à la saisir; et cet oubli serait bien étrange, si les rédacteurs de l'arrêté du 13 frimaire avaient cru que le maintien de la discipline des
avoués rentrait dans les fonctions du ministère public.
Le commissaire du gouvernement (procureur impérial)
n'est nommé, dans l'arrêté du 13 frimaire, que pour le
cas où la chambre émet l'avis qu'il y a lieu de suspendre
un avoué. Alors, dit l'article 10, l'avis « sera déposé
au greffe du tribunal, et expédition en sera remise au
commissaire du gouvernement, qui en fera l'usage qui
sera voulu par la loi ».

Un nouvel arrêté des consuls du 2 thermidor an X
(21 juillet 1802), rendu pour interpréter celui du 13 frimaire an IX, déclara que les décisions de la chambre

des avoués devaient être exécutées sans appel ni recours
devant les tribunaux, quand elles prononçaient les
peines disciplinaires ordinaires (art. 1ᵉʳ); mais que, si
la chambre était d'avis qu'il y avait lieu de suspendre
l'avoué inculpé, cet avis n'avait d'effet qu'après avoir été
homologué par le tribunal, « sur les *conclusions* du commissaire du gouvernement » (art. 2). Quoique ces derniers mots, pris au pied de la lettre, ne semblent assigner
au ministère public que le rôle de partie jointe, il était
en réalité partie principale et poursuivante. En effet, ce
n'est pas le syndic de la chambre des avoués qui peut saisir le tribunal, pour lui demander l'homologation de l'avis
émis par cette chambre, puisque l'article 10 de l'arrêté
du 13 frimaire an IX lui permet seulement de déposer
cet avis au greffe, et d'en remettre une expédition au commissaire du gouvernement. C'est donc le commissaire du
gouvernement lui-même qui doit intenter l'action devant
le tribunal, s'il croit les plaintes suffisamment fondées.
C'est cette action que l'arrêté du 2 thermidor désigne
par le mot de « conclusions », et que l'article 10 de l'arrêté du 13 frimaire indiquait déjà d'avance, en disant
que le ministère public ferait de l'expédition de l'avis
« l'usage qui *sera* voulu par la loi ».

Il faut remarquer que l'arrêté du 2 thermidor an X
n'a pas été inséré au *Bulletin des lois*, ni publié au *Moniteur*, peut-être parce qu'il était rendu pour trancher un
différend soulevé entre la chambre des avoués du tribunal de la Seine et l'un des membres de la corporation.
Mais comme il présente, au moins dans la forme, un

caractère interprétatif à l'égard de celui du 13 frimaire
an IX, les auteurs le considèrent comme obligatoire.
(Voy. Merlin, *Répert.*, v° Chambre des avoués, n° III. —
Bioche, *Dictionn. de procéd.*, v° Discipline, n° 239. —
Morin, *De la discipline*, n° 226.)

Ainsi, c'est seulement en 1802 que le ministère public
reçoit formellement le droit d'action pour la discipline
des avoués; et par une extension naturelle, il prit bientôt
l'habitude de saisir lui-même la chambre des avoués de
tous les faits qui lui paraissaient susceptibles d'une répression disciplinaire, quoique l'article 11 de l'arrêté du
13 frimaire an IX n'eût pas prévu son initiative à cet
égard. Du reste, les tribunaux avaient toujours eu le droit
de prendre d'office les mesures de discipline nécessaires
contre les avoués exerçant auprès d'eux, qui étaient
nommés sur leur présentation (loi du 27 ventôse an VIII,
art. 95), et qu'ils pouvaient même suspendre d'après l'arrêté du 2 thermidor an X, art. 2. (Comp. Merlin,
Répert., v° Chambre des avoués, n° II, 4° édit., p. 165.)
En donnant ses conclusions dans les circonstances de ce
genre, le ministère public avait toujours pu suggérer aux
juges les mesures convenables, et participer ainsi, indirectement, à la discipline des avoués. (Voy. décret du
30 mars 1808, art. 12 *in fine*, 88 *in fine*, 102 et 103-2°.)

VI. — Après les avoués, nous pouvons placer les commissaires-priseurs, qu'on appelait alors jurés-priseurs ou
huissiers-priseurs. Lors de la promulgation de la loi des
16-24 août 1790, ils venaient d'être supprimés dans
toute la France, sauf à Paris, par la loi des 21-26 juil-

let 1790, qui chargeait des ventes mobilières les notaires, greffiers et huissiers. La loi des 16-24 août 1790 n'avait donc point à s'occuper de leur discipline, car, s'ils existaient encore dans la capitale sous le nom d'huissiers-priseurs, il était évident qu'ils ne devaient pas tarder à disparaître, et ils furent supprimés en effet par un décret de la Convention du 17 septembre 1793 (art. 2). Il ne semble même pas que l'on considérât leurs fonctions — transportées aux notaires, huissiers et greffiers — comme placées sous la surveillance du ministère public, car les deux arrêtés du Directoire exécutif des 12 fructidor an IV (29 août 1796) et 5 nivôse an V (16 janvier 1797), rendus pour empêcher les personnes autres que notaires, huissiers et greffiers de s'immiscer dans les prisées et ventes de meubles, chargent de la poursuite des contrevenants, non les commissaires du gouvernement près les tribunaux, mais les commissaires du Directoire exécutif près les administrations.

Sous le Consulat, la loi du 27 ventôse an IX rétablit les commissaires-priseurs à Paris. Ils doivent être nommés par le gouvernement, sur la présentation du tribunal (art. 9); et l'article 10 les place sous la surveillance du ministère public, en annonçant l'institution d'une chambre de discipline qui fut organisée sur le même plan que celles des avoués [loi du 29 germinal an IX (19 avril 1801), et règlement du 21 frimaire an X (12 décembre 1801), délibéré par le tribunal de la Seine]. Ici encore c'est donc bien longtemps après la loi des 16-24 août 1790 qu'apparaît le pouvoir disciplinaire du ministère public, entraînant son droit d'agir par voie d'action.

VII. — Les huissiers sont les seuls officiers ministériels nommés dans le titre VIII de la loi des 16-24 août 1790, consacré au ministère public. L'article 5 de ce titre dit que les commissaires du roi près les tribunaux « pourront, sur la demande qui leur en sera faite, soit enjoindre aux huissiers de prêter leur ministère, soit... ». Cette disposition implique un certain droit de surveillance du commissaire du roi sur les huissiers; et, si l'un d'eux avait résisté à ses injonctions, il semble bien qu'il devait avoir la faculté, pour faire réprimer cette désobéissance illégitime, de le traduire devant le tribunal, qui de tout temps avait exercé la juridiction disciplinaire sur les huissiers, en leur infligeant des censures et des amendes, ou même en les suspendant lorsqu'il y avait lieu. (Comp. décret du 14 juin 1813, art. 74.)

Du reste, on trouve, dans des lois un peu postérieures à celle de 1790, des traces de la surveillance du ministère public sur les huissiers. Ainsi l'article 22 de la loi des 2-17 mars 1791, qui établit l'impôt des patentes, en ordonnant de mentionner, en tête de tous les actes judiciaires, extrajudiciaires ou notariés concernant des patentables, le numéro de leur patente, prononce des amendes contre les huissiers et notaires contrevenants; et ce sont les commissaires du roi près les tribunaux qu'il charge de veiller à l'exécution de ces mesures, ce qui suppose le droit de saisir les tribunaux pour faire prononcer les amendes. L'article 37 de la loi du 1er brumaire an VII (22 octobre 1798), en reproduisant la même disposition, consacre en effet, d'une manière for-

melle, le droit d'action du ministère public dans ces circonstances.

La corporation des huissiers ne fut pas réorganisée
sous le Consulat comme celles des notaires, des avoués et
des commissaires-priseurs. Le législateur n'eut donc pas
occasion de déférer expressément au ministère public
l'action disciplinaire contre les huissiers au moment où
il le faisait pour les autres officiers ministériels. Mais
c'est à cette époque que nous voyons les tribunaux affirmer, d'une manière incontestable, leur droit de suspendre
les huissiers attachés à leur siége (jugement du tribunal
de cassation, section criminelle, du 22 germinal an XI,
confirmant un jugement du tribunal de Rouen du 7 fructidor an IX; voy. Dalloz, *Répert. alphabét.*, v° Huissier,
n° 118); et, par la nature même des choses, ils devaient
exercer ce pouvoir bien moins souvent d'office que sur
les réquisitions du ministère public, auquel Merlin (*Répert.*, v° Chambre des avoués, n° III) n'hésitait pas à reconnaître le droit d'action dans ce cas, en le déclarant consacré par un usage constant et journalier.

C'est seulement le 14 juin 1813 que fut rendu le décret qui réorganisa le service des huissiers, et réglementa
leur discipline en instituant une chambre analogue à celle
des avoués et des commissaires-priseurs. Ce décret consacre le droit de suspension en faveur des tribunaux
(art. 74), et l'attribution au ministère public de l'action
disciplinaire (art. 22, 42-2°, 43 *in fine*, 44, 56, 69 *in fine*,
70-5° et 7°, 72 *in fine*, 73 *in fine*, 90, 101 *in fine*, 109 *in
fine*), que l'article 86 du décret du 18 juin 1811, conte-

nant le tarif des frais en matière criminelle, lui avait, du reste, déjà formellement conférée. Mais, comme ce décret organique de 1813 est postérieur à la loi du 20 avril 1810, dont l'article 45 confiait expressément au ministère public la surveillance de tous les officiers ministériels, ces décisions allaient de soi, et nous ne pouvons en tirer aucune conséquence en ce qui concerne l'état de choses antérieur à la loi de 1810.

VIII. — Pour terminer la liste des officiers ministériels, il resterait à parler des greffiers. Mais il a toujours été reconnu que les greffiers faisaient partie des tribunaux, et ce principe a été formellement proclamé par plusieurs actes législatifs peu de temps après la loi du 16-24 août 1790 (voy. notamment décrets des 29 septembre - 21 octobre 1791, des 12-16 mai 1793 ; et Constitution du 5 fructidor an III, art. 216, 234 et 245). Les termes de l'article 6, titre VIII, de la loi des 16-24 août 1790, chargeant le ministère public de veiller « au maintien de la discipline et à la régularité du service dans le tribunal », s'appliquent donc aux greffiers aussi bien qu'aux juges. Mais, par une conséquence du même principe, cette attribution disciplinaire ne fait pas sortir le ministère public de l'enceinte du tribunal, où nous avons essayé de montrer que le législateur voulait le confiner. (Voy. ci-dessus, p. 230.)

IX. — Quant aux avocats, l'intention de l'Assemblée nationale, lorsqu'elle votait la loi des 16-24 août 1790, était de les comprendre dans la proscription générale dont elle frappait toutes les corporations de l'ancien régime.

Leur suppression fut prononcée, d'une manière tout occasionnelle, par la loi des 2-11 septembre 1790, qui réglait des questions de costume, et dont l'article 10 déclare que les hommes de loi, ci-devant appelés avocats, *ne devant former ni ordre, ni corporation*, n'auront aucun costume particulier dans leurs fonctions.

L'article 4 de la loi du 15 décembre 1790 reconnaissait simplement le droit des parties d'emprunter le ministère d'un défenseur officieux. Mais ces défenseurs officieux n'avaient aucun caractère public, se nommaient eux-mêmes, et n'étaient soumis à aucune règle particulière, si ce n'est l'exigence d'un certificat de civisme, qui leur fut imposé par la Convention comme à tant d'autres personnes. Il ne pouvait donc être question alors d'une action disciplinaire contre les avocats, qui n'existaient pas, mais tout au plus de mesures de police contre les défenseurs officieux, lorsqu'ils plaidaient devant le tribunal.

Les avocats ne furent légalement rétablis qu'à la fin du Consulat, par l'article 24 de la loi du 22 ventôse an XII (13 mars 1804) sur les écoles de droit; et encore cet article ne devait-il produire tout son effet que le 23 septembre 1808. (Comp. décret du 2 nivôse an XII, art. 6, qui avait déjà rendu aux « hommes de loi » le costume traditionnel des avocats.) La discipline des avocats rétablis, — que l'article 38-7° de la loi de l'an XII renvoyait à un règlement d'administration publique, — ne fut régulièrement organisée qu'après la loi du 20 avril 1810, par un décret du 14 décembre 1810. Ce décret donne naturellement une action très-étendue au ministère public (art. 19, 21, 24, 29, 30, 32, 39, 40), qui nommait même le conseil de discipline; l'esprit d'indépendance et de libéralisme, traditionnel parmi les avocats, inspirait beaucoup d'ombrage à Napoléon, qui se plaignait de n'avoir pas assez de « prise » sur eux. Avant le décret de 1810, les avocats, manquant d'organisation légale, s'étaient spontanément donné, dans beaucoup de barreaux, une organisation officieuse et volontaire, ainsi que le font encore aujourd'hui la plupart des commissaires-priseurs des grandes villes, qui n'ont pas, comme les commissaires-priseurs de Paris, de règlement organique, ni de chambre de discipline officielle. C'est ainsi que dans l'affaire Fusibay (Merlin, *Répert.*, v° Chambre des avoués, n° II), que nous avons déjà citée et sur laquelle nous reviendrons encore tout à l'heure, on voit figurer des délibérations de la corporation des avocats. La juridiction disciplinaire était exercée par les tribunaux, comme partie ou annexe de la police de l'audience, et, par suite, sur les conclusions du ministère public, ainsi que cela avait dû se pratiquer auparavant pour les défenseurs officieux.

On voit donc que nous devons nous éloigner beaucoup de la loi des 16-24 août 1790, avant de trouver, entre les mains du ministère public, une véritable action disciplinaire contre les avocats.

Un mot en finissant sur les avocats à la Cour de cassation et au Conseil d'État. Les anciens avocats au conseil, leurs devanciers, perdirent leur titre en même temps que les avocats au Parlement, et leurs fonctions par la suppression du Conseil du roi. L'article 5 de la loi des 14-27 avril 1791 leur réserva seulement le droit de postuler comme avoués au tribunal de cassation ou aux tribunaux de district, droit qui leur fut enlevé du reste par la loi des 21 septembre 1791-15 avril 1792. On voit qu'il n'y avait pas non plus alors à s'occuper des droits du ministère public relativement à leur discipline. C'est la loi du 27 ventôse an VIII (art. 93) qui rétablit des « avoués » au tribunal de cassation, en même temps qu'aux tribunaux d'appel et de première instance. Ils furent soumis comme les autres aux dispositions disciplinaires de l'arrêté du 13 frimaire an IX (voyez plus haut, p. 266), et, après le rétablissement des avocats par l'article 24 de la loi du 22 ventôse an XII, ils reçurent le titre d'avocats à la Cour de cassation en vertu d'un décret du 25 juin 1806. C'est à peu près à la même époque que l'article 33 du décret du 11 juin 1806, sur l'organisation du Conseil d'État, y attacha des « avocats » qui furent plus tard réunis aux avocats à la Cour de cassation (ordonnances des 10 juillet 1814 et 10 septembre 1817). Comme les uns et les autres pouvaient alors plaider devant les Cours impériales et les tribunaux, ils furent en outre exposés aux dispositions disciplinaires du décret du 14 décembre 1810 jusqu'à ce que l'ordonnance du 10 juillet 1814 les eût exclusivement soumis à l'ancienne discipline des avocats au conseil, fondée sur le règlement de 1738.

X. — Le long examen que nous venons de faire des lois et règlements relatifs à la discipline des notaires, des

officiers ministériels et des avocats, prouve que, loin d'a-
voir obtenu l'action disciplinaire contre ces diverses personnes dans le texte même de la loi des 16–24 août 1790,
le ministère public ne la reçut que beaucoup plus tard.

Or, on n'est pas obligé d'admettre à priori que ces
dispositions postérieures sont nécessairement en parfaite
conformité avec l'esprit de la loi de 1790. Rien n'empêcherait de supposer qu'elles constatent, au contraire, un
commencement d'abandon du principe trop absolu consacré en 1790; car nous croyons que ce principe était à
peine en vigueur, qu'on apercevait déjà ses inconvénients
pratiques, et qu'on cherchait à l'entamer. Avec le temps,
ces inconvénients se révélaient de plus en plus nombreux
à l'application, et, dans la période de vingt ans qui sépare
la loi de 1790 de celle de 1810, on pourrait suivre, pour
ainsi dire pas à pas, les échecs que subit chaque jour le
principe étroit et jaloux proclamé en 1790, en même
temps que les progrès incessants du principe contraire,
celui du droit d'action du ministère public.

L'historique que nous venons d'esquisser à propos des
notaires et des officiers ministériels contient de nombreux
exemples de cette tendance du législateur; et il serait superflu de reproduire une seconde fois tous les textes que
nous venons de citer il n'y a qu'un instant. — En dehors des questions plus ou moins directement relatives à
la discipline, nous pouvons, sans entrer dans des détails
qui nous mèneraient trop loin, rappeler tout de suite, en
quelques mots, les faits les plus importants.

Sous la Convention, un décret des 20-22 octobre 1792

supprima les commissaires nationaux près les tribunaux criminels et réunit leurs fonctions à celles des accusateurs publics, ce qui équivalait à reconstituer le ministère public, au grand criminel, avec la plénitude de ses anciennes attributions, et notamment le droit d'action. Le nom seul était changé. — Sous le Directoire, bornons-nous à citer l'arrêté du 10 thermidor an IV, qui charge le ministère public de défendre les intérêts du domaine de l'État au nom des administrations départementales. Dans la pensée du Directoire, ce mode de défense, motivé par des raisons d'économie, ne devait pas être une combinaison facultative et exceptionnelle, comme il l'est devenu depuis, mais une règle constamment pratiquée. Si l'on ne revenait pas complétement au système de l'ancien régime, qui faisait du ministère public le représentant légal du domaine, c'est qu'il ne dépendait pas du pouvoir exécutif d'enlever cette qualité aux administrations départementales, qui l'avaient reçue de la loi.

Sous le Consulat, on peut dire que le législateur accorde le droit d'action au ministère public dans presque tous les cas sur lesquels il a occasion de se prononcer. On sent que le système nouveau qui s'organise cherche à renouer la chaîne du passé et n'admet plus le principe de la loi de 1790.

La Constitution du 22 frimaire an VIII (13 décembre 1799) commence par réunir définitivement les fonctions d'accusateurs publics et celles de commissaires du gouvernement (art. 63), c'est-à-dire par rendre le droit d'action au ministère public en matière criminelle. En

matière civile, le Code Napoléon lui confère également le
droit d'agir dans un grand nombre de cas, à propos de
nullité de mariage, d'interdiction, de successions vacantes,
de substitutions, d'hypothèques légales des femmes mariées, etc. C'est vers la même époque qu'il acquiert incontestablement l'action disciplinaire contre les officiers
ministériels, les notaires, et aussi les officiers de l'état
civil (art. 53, C. Nap.). Le 6 brumaire an XI, une simple décision des ministres de la justice et des finances le
charge de poursuivre la rectification des actes de l'état
civil concernant les individus reconnus indigents. Le
12 brumaire an XI, un avis du Conseil d'État lui reconnaît le droit d'action en matière d'omission d'actes de
l'état civil, lorsque l'ordre public est intéressé ; et le 22
brumaire an XIV, une circulaire du ministre de la justice
déclare que ce principe doit s'appliquer notamment pour
ce qui touche à la conscription. Plus tard, en 1809, les
décrets des 1er juillet et 30 décembre le chargent d'agir
dans l'intérêt des lycées et des fabriques d'églises. — Si
le principe de l'article 2, titre VIII, de la loi de 1790
restait encore inscrit dans la législation organique, on ne
s'en préoccupait plus guère dans les lois spéciales ni dans
les actes gouvernementaux. D'un autre côté, le ministère
public ne pouvait manquer de suivre l'exemple parti d'en
haut. S'inspirant des mêmes tendances, il s'efforçait chaque jour de reculer davantage encore, en pratique, les
limites que le législateur élargissait déjà devant lui avec
tant de libéralité, et de faire admettre son action par les
tribunaux dans des cas qui, ne se rattachant à aucune

des dispositions nouvelles, devaient rester, légalement, sous l'empire du principe restrictif de 1790.

XI.— Mais, en ce qui concerne le pouvoir disciplinaire sur les officiers ministériels et les notaires, il n'est pas nécessaire de supposer, pour l'expliquer, que les vues du législateur s'étaient déjà modifiées lorsqu'il le consacrait. En effet, s'il est certain que ce pouvoir ne résultait pas de l'article 6, titre VIII, de la loi des 16-24 août 1790, il n'en est pas moins vrai qu'il peut se concilier assez aisément avec les principes que nous avons proclamés tout à l'heure comme étant ceux de cette loi.

Les fonctions du ministère public, avons-nous dit, (p. 230) ne dépassent jamais l'enceinte du tribunal; les événements du dehors ne le regardent point. Mais les officiers ministériels ne sont-ils pas des auxiliaires de la justice, et la plupart de leurs fonctions, celles des avoués notamment, ne s'accomplissent-elles pas dans le tribunal même? N'est-ce point là que les avocats plaident? Le nom des huissiers n'indique-t-il pas qu'ils se rattachent plus étroitement encore au tribunal, et les actes qu'ils signifient ne peuvent-ils pas être considérés, presque toujours, comme des messages de la justice?

Il faut remarquer, du reste, que l'arrêt Fusibay, déjà cité tout à l'heure (p. 250 et 274), — et qui est, sinon tout à fait le seul, du moins le principal monument jurisprudenciel qu'on ait conservé sur cette question, — a été rendu à propos de faits d'audience, contre un avoué qui ne semblait mériter aucune espèce de sympathie, c'est-à-dire dans des circonstances où les juges cherchent souvent à faire plier la loi au vœu de l'équité.

Son premier considérant porte que « l'article 2 du » titre VIII de la loi du 24 août 1790, en disant que les » commissaires du roi (représentés aujourd'hui par les » procureurs généraux) n'exerceront leur ministère que » par voie de réquisition, n'est point applicable *au cas* » *où il s'agit de la police des audiences.* » Cet arrêt ne re- connaît donc pas d'une manière générale, au ministère public, comme on l'a prétendu à tort, le droit d'agir d'office dans toute matière disciplinaire ; et il est impos- sible de ne pas être frappé de ce fait, que le cas où ce droit lui est accordé est précisément celui qui rentre d'une ma- nière rigoureuse dans notre théorie. C'est seulement par induction qu'on en tire, pour le ministère public, le droit d'agir dans toute espèce de matière disciplinaire.

Merlin dit, il est vrai, dans son réquisitoire : « Con- » clure de cet article (l'article 2, titre VIII) que les pro- » cureurs impériaux ne peuvent pas, *au civil*, agir d'of- » fice pour l'ordre public, et qu'ils ne le peuvent pas » dans les affaires où il n'existe aucune partie privée qui » puisse agir, c'est de quoi l'on ne s'est jamais avisé, » c'est même à quoi s'opposent formellement les lois les » plus précises. » Et Merlin cite les lois qui, à cette époque (en 1806), avaient déjà expressément autorisé l'action d'office du ministère public dans certaines hy- pothèses déterminées. Mais sa pensée ne saurait être de prétendre que le ministère public peut agir pour l'ordre public, — sans qu'un texte le lui permette, — dans les affaires où il n'existe pas de partie privée intéressée ; et ce qui le prouve, c'est qu'il cite aussitôt à l'appui de sa proposition les articles spéciaux consacrant le droit du procureur impérial. Son opinion est, d'ailleurs, incontestable : il l'a longuement développée, comme on sait, quelques années plus tard, en critiquant les arrêts des Cours de Bruxelles et de Pau, qui reçurent l'appel du ministère public contre des jugements prononçant à tort des nullités de mariage, bien qu'aucun texte formel ne lui permît de se porter partie principale pour faire valider un mariage contesté. Cependant ces deux af- faires intéressaient évidemment l'ordre public, et c'était par un concert frauduleux entre elles que les parties avaient surpris les jugements conformes à leurs désirs coupables.

Enfin, Merlin termine, sur ce point, — toujours dans le même réquisitoire, — en disant : « Ainsi, tous les » jours, on voit le ministère public requérir, soit la cen- » sure, soit la suspension d'un avoué ou d'un huissier » qui, dans l'exercice de ses fonctions, a manqué grave- » ment à ses devoirs. » Mais il ne cite aucun arrêt à l'appui, et le seul que nous aient conservé les recueils de jurisprudence (jugement du tribunal de cassation, sec- tion criminelle, du 22 germinal an XI, confirmant un jugement du tribunal de Rouen du 7 fructidor an IX ; voy. Dalloz, *Répertoire alphabét.*, v° Huissier, n° 118) mentionne simplement que l'huissier s'était rendu cou- pable de malversations envers une partie, sans dire où elles avaient été commises et découvertes, de sorte que nous ne pouvons plus savoir aujourd'hui si les faits qui motivaient ces actions du ministère public ne s'étaient point passés à l'audience, au moins par contre-coup, comme dans l'affaire Fusibay.

En effet, les fautes graves reprochées à Fusibay ne s'étaient point passées à l'audience; mais elles avaient donné lieu à une délibération d'une réunion des avocats près la Cour de Limoges, décidant qu'ils refuseraient toute communication avec Fusibay, délibération en vertu de laquelle deux avocats s'étaient effectivement refusés, *à l'audience*, à plaider contre lui. C'est ce qui avait donné lieu aux poursuites. On peut même remarquer que le ministère public devait connaître les faits reprochés à Fusibay, — puisque les documents de la cause affirment que ces faits étaient de notoriété publique, — et qu'il semblait en quelque sorte attendre, pour agir, un scandale d'audience, comme s'il avait cru que tout ce qui se passait hors de l'enceinte du tribunal ne pouvait pas motiver son action. Cependant nous sommes ici à une époque déjà bien éloignée de la loi de 1790, et où les idées hostiles au ministère public avaient perdu beaucoup de terrain.

Rien n'empêche de supposer que ces choses s'étaient passées d'une manière plus ou moins analogue, dans les diverses circonstances où le ministère public avait agi d'office en vertu de son pouvoir disciplinaire. On voit, par conséquent, que la jurisprudence accordant le droit d'action au ministère public, n'est certaine qu'en ce qui concerne les faits d'audience, et non, comme l'ont dit certains auteurs, pour tout ce qui concerne la discipline des officiers ministériels. Il faut remarquer aussi que les arrêts cités plus haut ne remontent pas au delà du Consulat, c'est-à-dire sont postérieurs à l'époque où nous venons de montrer (p. 277) que le législateur commence à répudier les applications du principe de 1790, pour en arriver plus tard à modifier le principe lui-même.

XII. — Les notaires ne se rattachent pas moins étroitement que les officiers ministériels à l'ordre judiciaire, auquel ils ont toujours été subordonnés dans l'ancien régime, de même qu'ils le sont encore aujourd'hui. Ils pourraient en quelque sorte être considérés comme chargés d'une délégation permanente de la justice; dans beaucoup de cas, en effet, ils remplissent un mandat judiciaire, par exemple, lorsque le tribunal les charge de présider à un partage, ou de procéder à une vente qui pourrait avoir lieu devant lui. Il est vrai que, le plus ordinairement, ils ne font que constater les conventions des parties; mais les actes authentiques qu'ils dressent sont destinés à faciliter plus tard la tâche des juges, en fournissant un moyen de preuve irréfragable.

Dans le principe, ces actes étaient passés le plus souvent devant les tribunaux eux-mêmes, ecclésiastiques ou laïques, et de simples greffiers en tenaient note. De là le nom des notaires. S'ils se sont constitués en corps distincts, cela tient peut-être seulement aux insatiables besoins fiscaux des papes et des rois, qui les poussaient à créer sans cesse de nouveaux offices pour bénéficier de la finance qu'ils en tiraient. Quoi qu'il en soit, l'ori-

gine de ces fonctionnaires montre clairement qu'ils sont
des auxiliaires de la justice, et que leurs fonctions ont
été remplies, ou pourraient l'être encore aujourd'hui, par
les tribunaux eux-mêmes.

Ce caractère des officiers ministériels et des notaires
une fois bien mis en lumière, il est tout naturel de considérer leurs bureaux comme une sorte de prolongement
ou d'annexe du tribunal, et, dès lors, on comprend sans
peine que la surveillance disciplinaire du ministère public puisse s'étendre sur eux, sans entamer le principe
de la loi de 1790 qui le confine dans l'enceinte du tribunal.

C. — Des droits du ministère public en matière d'exécution de jugements.

Reste, enfin, le dernier cas allégué, qu'on prétend
trouver dans l'article 5 du même titre VIII : « Les com-
» missaires du roi, chargés de tenir la main à l'exécution
» des jugements, poursuivront d'office cette exécution
» dans les dispositions qui intéresseront l'ordre public... »

I. — Nous pourrions, ici encore, soutenir que le texte
ne confère pas au ministère public le droit d'agir d'office, car la plupart des dispositions que l'on peut prendre
pour arriver à l'exécution d'un jugement ne sont pas
des actions contentieuses, et ne forcent pas à retourner
devant le tribunal.

Il semblerait peut-être, au premier abord, que cette
opinion contredirait la doctrine par nous soutenue sur
l'article 46 de la loi du 20 avril 1810, — qui répète
exactement la même disposition que l'article 5, titre VIII,

de la loi de 1790, en ajoutant seulement les lois et les arrêts aux jugements, — puisque nous donnerions, dans ces deux cas, des sens différents à une expression identique. Mais il n'en est rien au fond, et les deux interprétations peuvent très-bien se concilier, car il serait tout simple que le mot *poursuivre*, appliqué aux fonctions du ministère public en matière civile, ne signifiât pas la même chose dans une législation qui, devant tous les tribunaux, même ceux de répression, confine le ministère public dans le rôle impartial de partie jointe, et dans une autre qui le reconnaît également apte à jouer le rôle d'un magistrat impartial ou d'une partie principale active.

II. — Cependant nous croyons plus sûr, et plus conforme au texte, d'admettre ici que le ministère public avait le droit d'agir d'office pour l'exécution des jugements intéressant l'ordre public. Et ce qui nous décide surtout à nous prononcer dans ce sens, c'est l'opposition incontestable qui existe entre les deux parties de l'article 5 : l'une s'occupant des dispositions des jugements qui intéressent l'ordre public, l'autre de celles qui concernent les particuliers.

Dans le second cas, le texte indique diverses mesures que peut prendre le ministère public pour assurer l'exécution du jugement : « Enjoindre aux huissiers de prêter leur ministère ; ordonner les ouvertures de portes ; requérir main-forte. » Rien n'autorise à supposer que cette énumération soit limitative ; par conséquent, le ministère public pourrait également prendre d'autres mesures ana-

logues à celles-là, et dont les circonstances démontre-
raient l'opportunité ou la nécessité.

Dans le premier cas, lorsque l'ordre public est intéressé, le ministère public *poursuit* l'exécution. Le législateur entend évidemment lui donner ici des attributions
plus étendues; et cependant, si l'on refusait d'y comprendre le droit de saisir le tribunal des difficultés qui
pourraient s'élever, les différences entre les deux cas
seraient presque insensibles.

III. — En vertu de l'article 5, titre VIII, le ministère
public peut donc agir d'office pour assurer l'exécution
des jugements dans les dispositions qui intéressent l'ordre
public. Mais, ce droit, l'occasion de l'exercer se présente,
en définitive, assez rarement. L'exécution, volontaire ou
forcée, des jugements, s'obtient d'ordinaire sans qu'on
ait besoin de recourir une seconde fois au tribunal; il
est bien clair, d'ailleurs, que, s'il en était autrement, les
procès s'éterniseraient, et les décisions judiciaires cesse-
raient d'être une solution, puisqu'elles ne termineraient
rien et ne pourraient s'exécuter sans nouveaux recours
à la justice, frappés sans doute, eux aussi, de la même
stérilité.

IV. — D'un autre côté, la disposition de l'article 5 est
bien plus restreinte qu'on ne le croirait tout d'abord,
et elle est loin de s'appliquer, en réalité, à tous les jugements où l'ordre public est intéressé à un titre quelconque,
principalement ou secondairement. L'intention du législateur se révèle par l'opposition manifeste des deux
parties de l'article 5 ; il est évident qu'il a divisé tous les

cas en deux classes, et que ceux-là seulement rentrent dans la première qui ne font point partie de la seconde. Or, quelles sont les dispositions dont parle la dernière partie de l'article 5 ? Celles qui concernent les particuliers. La première partie s'occupe donc exclusivement des dispositions qui ne concernent point les particuliers, c'est-à-dire qui n'intéressent que l'ordre public, au point de vue actif bien entendu, car il est clair qu'au point de vue passif, l'exécution des jugements se poursuivra toujours contre quelqu'un qu'ils concernent.

Ainsi, le ministère public ne devait poursuivre d'office, en matière civile, que l'exécution de certains jugements spéciaux, qui, sans cela, seraient restés à l'état de lettre morte, les particuliers n'ayant point d'intérêt à les faire exécuter. Telles sont, par exemple : les condamnations prononcées dans certains cas par les tribunaux civils, contre les officiers de l'état civil négligents, en vertu des articles 53, 156 et 157 du Code Napoléon ; — la condamnation prononcée contre la femme adultère, accessoirement au divorce ou à la séparation de corps, en vertu de l'article 309 du même Code ; — les condamnations prononcées par les tribunaux civils pour délits d'audience, en vertu des articles 11, 12, 89, 90, 94 du Code de procédure civile ; — enfin, toutes les condamnations disciplinaires en général.

Mais nous croyons qu'il n'aurait pas eu qualité pour faire exécuter un jugement obtenu par une partie privée, dans son propre intérêt, et dont elle négligerait de poursuivre l'exécution, encore bien que cette exécution puisse toucher plus ou moins directement à l'intérêt public. En effet, on ne se trouve plus rigoureusement dans l'hypothèse prévue par le commencement de l'art. 5, titre VIII, puisqu'il s'agit d'un jugement concernant des particuliers, au point de vue actif, et obtenu par eux dans leur propre intérêt.

Ainsi, le ministère public n'aurait pas eu le droit, *au moins en général*, de faire opérer une rectification d'acte de l'état civil prononcée, sur la demande d'une partie privée, par un jugement devenu définitif : et ce résultat n'a rien que de très-raisonnable, car il se peut que la partie poursuivant cette rectification ait reconnu son erreur, et que son adversaire n'ait laissé périmer les délais d'appel, ou de pourvoi en cassation, que sur la promesse de ne pas faire opérer la rectification obtenue.

Nous disons qu'il en est ainsi *en général;* car il faut bien reconnaître que le ministère public aurait toujours eu le droit de faire exécuter le jugement obtenu par les parties privées, s'il se trouvait dans un des cas où les lois postérieures à la loi de 1790 n'avaient pas tardé à lui donner exceptionnellement le droit d'agir d'office. C'est ce qui arriverait, par exemple, s'il s'agissait d'une omission d'acte de naissance, qui fournirait le moyen d'échapper aux lois sur la conscription. (Avis du Conseil d'État du 12 brumaire an XI.)

V. — On voit donc que le droit conféré au ministère public par l'article 5, titre VIII, est bien plus restreint en réalité qu'il n'en a l'air à première vue. Il est facile de montrer, en outre, que, dans ce troisième cas comme dans les deux premiers, les décisions du législateur s'accordent parfaitement avec la formule générale par laquelle nous avons essayé de caractériser les attributions du ministère public.

En effet, les jugements se rendent à l'audience, en présence du ministère public, qui est en quelque sorte la partie active du tribunal, l'œil et le bras de la justice : n'est-il donc pas tout naturel qu'il soit chargé de veiller à leur exécution, et qu'il puisse même agir d'office, lorsque cela est nécessaire pour l'assurer, aucune partie privée n'y étant intéressée ? En réalité, il ne sort pas encore de l'enceinte du tribunal, car c'est là qu'a commencé l'exercice de sa fonction, et il ne fait que suivre au dehors les conséquences de ce qui s'y est passé. Ajoutons, d'ailleurs, que cette action externe se bornera, en définitive, à des rapports avec des officiers ministériels ou des fonctionnaires publics, dont nous avons déjà montré le caractère judiciaire. (Voy. ci-dessus, p. 279 et suiv.)

§ **VIII.** — **Le droit d'agir d'office pour faire exécuter les lois d'ordre général aurait été beaucoup plus étendu que le même droit en ce qui concerne les jugements, et aurait remplacé partout le droit de réquisition.**

« Mais, enfin, reprennent les partisans du système de M. Dupin, — et c'est la dernière objection qui nous reste à examiner, — vous permettez au ministère public de poursuivre l'exécution des jugements lorsque l'ordre public y est principalement intéressé, et vous ne le lui permettez plus pour les lois, dans le même cas.

« Est-ce donc que l'exécution des lois importerait moins
» à l'ordre public que l'exécution des jugements? » Il y
a là une inconséquence : d'abord, parce que l'ordre public est violé aussi bien dans un cas que dans l'autre ;
ensuite, parce que les jugements ne sont, en définitive,
que l'application d'une loi. » (Voy. ci-dessus, p. 220.)

Les considérations que nous avons développées déjà
répondent, pour ainsi dire d'avance, à cet argument. Il
suffira donc d'y ajouter quelques mots.

I. — Et, d'abord, serait-il donc déraisonnable de soutenir que, si l'exécution des lois est nécessaire, celle des
jugements l'est plus encore? Un jugement est un acte
public, connu de tous, s'appliquant d'une manière très-
précise à un cas particulier : s'il ne s'exécutait pas, le
prestige des tribunaux diminuerait évidemment beaucoup. Une loi, au contraire, est un acte général, s'appliquant à une foule de cas, et auquel le législateur lui-même
prévoit des infractions, puisqu'il a soin de sanctionner ses ordres par certaines mesures. Mais ces infractions, tant qu'elles ne se multiplient pas trop, ne compromettent pas son autorité, car si la loi est quelquefois
violée, le plus souvent encore elle est obéie. Dans bien
des cas, d'ailleurs, cette infraction reste ignorée, ou du
moins fort peu connue, et, comme le disait déjà Ferrière, il y a plus de scandale dans la poursuite d'un
manquement à la loi civile que dans le manquement lui-
même. (Voy. ci-dessus. p. 228.)

II. — Mais, au fond, il ne s'agit pas de savoir si
l'inexécution des lois d'ordre public est plus ou moins

fâcheuse que l'inexécution des jugements présentant le
même caractère. La loi des 16-24 août 1790 confine le
ministère public dans l'enceinte du tribunal, et ne lui permet pas de s'inquiéter de ce qui se passe au dehors. Telle
est la formule générale qui domine, comme nous l'avons
montré (p. 230 et 238), toutes ses attributions, attributions
exclusivement judiciaires dans le sens le plus strict du
mot. Nous avons établi (p. 289) que cette formule générale
n'était pas inconciliable avec le droit de poursuivre l'exécution des jugements qui concernent l'ordre public d'une
manière exclusive. Peut-elle également se concilier avec le
droit de poursuivre l'exécution des lois intéressant l'ordre
général? Toute la question est là en ce moment.

Or, si le ministère public doit agir d'office pour l'exécution des lois intéressant l'ordre général, n'est-il pas
évident que, du même coup, il est obligé de surveiller
partout la manière dont ces lois sont observées, et, pour
cela, de se renseigner sur ce qui se passe dans les différentes classes de la société, d'examiner les actes des particuliers, afin de découvrir les infractions à la loi qui
auraient pu se commettre? Ce sont là des attributions
dépassant de beaucoup les limites que la loi a voulu lui
tracer, tandis que le droit de poursuivre l'exécution des
jugements ne le faisait pas sortir de ces limites.

III. — D'un autre côté, ce droit de poursuivre l'exécution des jugements se bornait, comme nous l'avons montré (page 286), aux jugements intéressant *exclusivement*
l'ordre public. Mais l'opposition contenue dans l'article 5,
et qui nous permet de restreindre sa disposition à ces

limites étroites, n'existerait plus en ce qui concerne les lois, dont le ministère public aurait eu ainsi la faculté de poursuivre l'exécution, dès que l'ordre public s'y serait trouvé intéressé, et lors même qu'elles auraient été faites en même temps ou principalement pour accorder certains droits aux particuliers.

De plus, comme l'article 1er, titre VIII, est le seul sur lequel on puisse s'appuyer, il faudrait autoriser le ministère public à intenter des actions d'office pour faire exécuter toutes les lois qui intéressent, à un degré quelconque, l'ordre général. Or, ces mots *ordre général* paraissent bien correspondre ici à *intérêt général*, — expression beaucoup plus étendue que celle d'*ordre public* (voy. ci-dessus, p. 87).

En effet, le principe posé par l'article 1er, que les fonctions des officiers du ministère public « consistent à faire observer, dans les jugements à rendre, les lois qui intéressent l'ordre général », se trouve appliqué et développé dans l'article 3, qui charge le ministère public de veiller pour les absents indéfendus, et lui impose le devoir de donner ses conclusions « dans toutes les causes des pupilles, des mineurs, des interdits, des femmes mariées, et dans *celles où les propriétés et les droits, soit de la nation, soit d'une commune, seront intéressés* ».

Ces divers cas, surtout le dernier, dépassent évidemment les limites de ce qu'on doit entendre par ordre public, et peuvent tout au plus se rattacher à l'intérêt général. Il n'est pas moins certain, d'ailleurs, qu'ils sont compris dans la disposition générale que nous venons de

rappeler, car l'article 1er résume les attributions du ministère public par deux formules, — l'une relative aux
lois à faire observer dans les jugements à rendre, l'autre
aux jugements à faire exécuter, — et ces deux formules,
le législateur les développe chacune dans un article distinct, pour ce qui concerne les matières civiles : la première, dans l'article 3 ; la seconde, dans l'article 5. La
simple lecture de cet article 3 suffit, du reste, pour convaincre qu'aucune de ses dispositions ne peut se rattacher à la seconde formule; il faut donc bien qu'elles
rentrent dans la première, puisqu'il n'y en a que deux,
et qu'elles doivent tout comprendre.

Ainsi, pour ceux qui voient, dans le principe posé par
l'article 1er, la reconnaissance du droit d'action du ministère public, la faculté de poursuivre attribuée aux officiers du parquet se serait étendue énormément plus loin
en ce qui concerne l'exécution des lois qu'en ce qui
concerne l'exécution des jugements, et, — devons-nous
ajouter, — beaucoup plus loin que nous ne le prétendons nous-même sous l'empire de la loi du 20 avril
1810. Restreinte dans des limites modérées, la charge
d'intenter des actions pour faire exécuter les lois était
déjà inconciliable avec les idées générales du législateur
de 1790 sur les fonctions du ministère public; à plus
forte raison le devient-elle, en prenant des proportions
aussi considérables.

IV. — Mais cette extension immodérée du droit d'agir
d'office, à laquelle les partisans du système de M. Dupin
ne peuvent échapper, a encore un autre inconvénient,

non moins grave que le premier : c'est qu'il conduirait
à tirer de l'article 3 précisément l'inverse de ce qu'il dit
avec une clarté indiscutable, et à détruire, d'une manière
plus ou moins complète, le droit de réquisition du ministère public en matière civile, pour lui substituer, dans
presque tous les cas, le droit d'action.

On nous dit, en effet, que la première formule de l'article 1er : — « Les fonctions des officiers du ministère
» public consistent à faire observer, dans les jugements à
» rendre, les lois qui intéressent l'ordre général », — on
nous dit que cette formule implique le droit d'agir d'office. Or, l'article 3, comme nous venons de le montrer,
ne fait que développer cette même formule, en indiquant
les cas où elle s'applique, et il déclare que les officiers du
ministère public *seront entendus*, c'est-à-dire qu'ils auront le droit de réquisition, le rôle de partie jointe. Il y
a là une contradiction dont on ne peut pas sortir. Les
conséquences auxquelles aboutit ce système montrent
bien qu'il n'a aucune base dans la loi.

**§ IX. — Le droit d'action est-il indispensable au ministère public
pour remplir son devoir de faire observer les lois d'ordre général.**

On ajoute encore que, « si le ministère public n'a pas le
droit d'agir d'office pour l'exécution des lois qui intéressent l'ordre général, il ne pourra pas les faire observer,
comme le veut la loi ». (Voy. ci-dessus, p. 220 et 221.)

I. — Mais sur quelles considérations peut-on se fonder
pour établir que les conclusions du ministère public sont

complétement inefficaces? Si cela était, il faudrait les
supprimer bien vite de notre procédure ; et qui songerait
cependant à le demander aujourd'hui? Personne assurément : les partisans du système que nous combattons
moins encore que leurs adversaires.

II. — D'ailleurs, lors même que cette inefficacité serait
démontrée, — ce que nous n'admettons pas, — il n'en
resterait pas moins certain que le législateur de 1790 n'y
a pas cru, ou n'en a pas tenu compte. En effet, les lois
qui intéressent le plus directement l'ordre général, l'ordre
public, ce sont sans contredit les lois pénales ; et, pour
celles-là au moins, il est incontesté que le ministère public n'a pas le droit d'en poursuivre l'exécution par voie
d'action. Mais le législateur de 1790 lui confiait le droit
de réquisition, et il n'eût pas sans doute pris la peine
d'établir ce droit en matière criminelle, s'il l'avait jugé
complétement inefficace. Toujours est-il qu'il croyait
sauvegarder ainsi, d'une façon suffisante, les intérêts généraux de la société, dans les cas où ces intérêts se trouvaient le plus gravement compromis, et qu'il a dû croire,
par conséquent, que cette protection suffisait encore
dans les cas où le danger était bien moins imminent.

III. — On pourrait nous répondre qu'en matière criminelle, à côté du ministère public, chargé simplement
de donner des conclusions et de requérir, il y avait des
accusateurs publics pourvus, eux, du droit d'action dans
toute son étendue et dans tous les cas, tandis qu'en matière civile, le législateur de 1790 n'avait rien établi de
semblable.

Cela est vrai. Mais, comme nous l'avons déjà montré plus haut (voy. p. 239), rien ne prouve que le législateur n'ait pas eu d'abord l'intention d'instituer, en matière civile, des magistrats chargés d'attributions actives, analogues à celles des accusateurs publics en matière criminelle.

On ne peut pas repousser péremptoirement cette hypothèse, en disant que, si cette institution avait été dans la pensée des auteurs de la loi de 1790, ils l'auraient établie tout de suite, car ils ne sont pas plus explicites en ce qui concerne l'ordre criminel qu'en ce qui touche à l'ordre civil; l'article 4 dit simplement : « Les commissaires du » roi ne seront point accusateurs publics, mais ils seront » entendus sur toutes les accusations intentées et pour- » suivies... », comme l'article 2 dit : « Au civil, les com- » missaires du roi exerceront leur ministère, non par » voie d'action, mais seulement par celle de réquisition, » dans les procès dont les juges auront été saisis. » Les deux textes sont parfaitement équivalents, et se correspondent, pour ainsi dire, proposition par proposition, quoique les mots ne soient pas rigoureusement les mêmes. Dans le cas de l'article 4, les accusations peuvent avoir été intentées et poursuivies, soit par des particuliers, soit par les accusateurs publics. Dans le cas de l'article 2, il n'est pas plus contradictoire d'admettre que les juges ont été saisis, soit par des parties privées, soit par des magistrats *ad hoc* que le législateur se réserve d'instituer plus tard (1).

(1) Cet argument ne contredit pas celui que nous avons présenté plus haut

IV. — Lors même qu'on ne croirait pas à l'intention, chez le législateur de 1790, d'établir l'ordre particulier de magistrats dont nous venons de parler, la différence entre l'organisation de l'ordre criminel et celle de l'ordre civil ne devrait pas pour cela être opposée à notre système, car elle peut encore s'expliquer de plusieurs manières, ainsi qu'on l'a vu plus haut (p. 239 à 241).

§ X. — Le système de M. Dupin avait été repoussé
par la jurisprudence.

Le système de M. le procureur général Dupin, — pour lui donner le nom de son plus célèbre défenseur, — est donc tout aussi peu conforme à l'esprit qu'au texte de la loi, et, de quelque côté qu'on le prenne, il se heurte toujours à des impossibilités juridiques. Il nous reste à montrer que la jurisprudence l'avait constamment repoussé.

I. — Nous trouvons d'abord quatre jugements du tribunal de cassation, des 16 fructidor an II (Aillou contre Bourdon), 3 floréal an IV (Gault contre Dumont), 16 messidor an IV (Marchet contre Artaud), et 3 fructidor an IV (commune d'Harcourt contre Piédoux), qui rejettent l'action du ministère public dans des circonstances spéciales, qu'il serait trop long et sans intérêt d'énumérer ici (voy. Dalloz, Répert. alphab., vᵒ Ministère

---

(voy. p. 227) sur les mêmes mots de l'article 2, en disant qu'ils ne pouvaient se rapporter qu'à une action intentée par des particuliers (à l'exclusion du ministère public), parce que nous raisonnions alors au point de vue de la législation qui a été effectivement établie, tandis que nous raisonnons maintenant dans l'hypothèse où les auteurs de la loi de 1790 auraient eu l'intention de compléter autrement leur première œuvre.

public, n°° 94 et 97, et v° Cassation, n°ˢ 331, 332 et 386).

Plus tard, un jugement du tribunal de cassation du 5 thermidor an V (*Journal du palais*, 3° édit. chronologique, à sa date) casse un jugement du tribunal de Bayeux qui avait reçu l'opposition du ministère public à un jugement par défaut. Le 27 frimaire an XIII, un arrêt de cassation de la section civile de la Cour de cassation (*Bulletin civil*, t. VII, p. 110; — Sirey, VII, II, 1058; — Dalloz, *Répert. alphab.*, 1ʳᵉ éd., t. XI, p. 38) décide qu'il ne peut provoquer d'office ni faire annuler un avis de parents dans l'intérêt du mineur. Un autre arrêt de la même section de la Cour suprême du 26 août 1807 (Sirey, VII, I, 437), — cassant, dans l'intérêt de la loi seulement, deux arrêts de la Cour de Rouen des 19 avril 1806 et 19 février 1807, — interdit au ministère public de se porter partie principale pour faire observer les lois relatives à la tutelle des mineurs. Enfin, un arrêt de la Cour de Bruxelles, du 6 frimaire an XIV (Sirey, VII, II, 766), refuse de l'admettre à plaider contradictoirement avec un individu qui réclame la rectification de son acte de naissance.

Voyez aussi un arrêt de la Cour de cassation, section des requêtes, du 12 décembre 1810, et surtout le réquisitoire conforme de Merlin (*Répertoire* de Merlin, v° Conscription, §11). Cet arrêt confirme un arrêt de la Cour de Turin, du 3 janvier 1810, antérieur, par conséquent, à la loi du 20 avril 1810, lequel arrêt avait déclaré nulle, comme contraire à l'ordre public, — sur le réquisitoire du procureur général, auquel l'affaire avait été communiquée d'office, en vertu d'un arrêt de la Cour,

— une convention conclue entre un avocat au tribunal
d'Yvrée et l'oncle d'un conscrit, par laquelle le premier
s'engageait, moyennant une somme de 2000 francs payée
à forfait, à faire remplacer ce conscrit à ses frais dans
le cas où il serait désigné par le tirage au sort pour faire
partie du contingent (1). Mais le réquisitoire de Merlin,
comme l'arrêt de la Cour de cassation, ont bien soin de
faire observer que, s'ils décident ainsi, c'est parce que le
procureur général n'avait pas joué le rôle de partie principale, ce qui lui était interdit par l'art. 2, titre VIII, de la
loi des 16-24 août 1790 ; qu'en accusant d'être contraire
à l'ordre public la convention précitée, que les deux parties regardaient comme obligatoire, il n'avait pas formé
une demande nouvelle, mais simplement apporté un
nouveau motif de droit à l'appui des prétentions d'un
des plaideurs, ce qui lui était permis en sa qualité de
partie jointe ; et qu'en effet la Cour de Turin n'avait
statué que sur les demandes dont elle était régulièrement saisie par les parties, puisqu'elle s'était bornée à
adjuger à l'une d'elles ses différentes conclusions.

II. — On pourrait dire, il est vrai, que les diverses
hypothèses réglées par ces arrêts n'intéressaient pas,
en réalité, l'ordre public, et nous avons effectivement
soutenu nous-même (voy. ci-dessus, p. 90), pour la plupart de ces hypothèses, qu'elles étaient étrangères à
l'ordre public. Cette objection ne saurait pourtant nous

(1) Ce genre de contrat aléatoire, assez en usage aujourd'hui, avait été re-
prouvé à cette époque par l'article 121, titre VIII, de l'instruction du ministre
directeur général de la conscription, en date du 11 février 1808.

toucher ; car il ne faut pas oublier qu'en ce qui concerne l'observation des lois, le législateur de 1790 n'emploie pas, comme celui de 1810, les mots *ordre public*, mais bien l'expression notablement plus compréhensive d'*ordre général*, et les articles suivants montrent qu'il faut l'entendre dans le sens d'intérêt général. D'ailleurs, les arrêts ne se fondent pas sur ce qu'en fait, l'ordre général n'était pas intéressé ; ils posent en principe général que l'article 2, titre VIII, enlève tout droit d'action au ministère public : « Attendu, — dit l'arrêt de la Cour de cassation » du 27 frimaire an XIII, — que les juges d'appel ont » décidé que le commissaire du gouvernement avait eu » qualité pour provoquer et poursuivre d'office une dé-» libération de parents........ ce qui est une violation de » l'article 2, titre VIII, de la loi du 24 août 1790, » *d'après lequel les commissaires du gouvernement ne* » *peuvent exercer leur ministère par voie d'action.* »

III. — Deux arrêts font cependant exception au milieu de l'unanimité de cette jurisprudence : c'est l'arrêt de la Cour de Bruxelles du 1ᵉʳ août 1808 (Dalloz, *Répert. alphab.*, 1ʳᵉ édit., t. X, p. 109 ; — Sirey, t. VIII, II, 273), et celui de la Cour de Pau, du 28 janvier 1809 (Dalloz, *Répert. alphab*, eod. loc. ; — Sirey, t. IX, II, 241), dont nous avons déjà parlé plusieurs fois, et dont nous parlerons encore dans un instant. Ces deux arrêts permettent au ministère public d'agir en validité d'un mariage. Mais ils ne se fondent pas sur un droit d'action que les officiers du parquet auraient, d'une manière générale, pour faire observer toutes « les lois qui intéressent l'ordre

général »; ils se bornent à conclure, du droit expressément conféré au ministère public de poursuivre d'office
la nullité de certains mariages, au droit de se constituer
partie principale pour défendre leur validité (voy. p. 76).

Le raisonnement est bon ou mauvais, peu nous importe pour le moment, nous l'examinerons plus tard
(p. 311); mais il montre que les Cours de Bruxelles et
de Pau, au moins en principe, ne méconnaissaient point
la portée absolue de la règle posée dans l'article 2,
titre VIII de la loi de 1790. Nous savons du reste que
Merlin (*Répertoire*, vº Mariage, sect. VI, § 3, nº 3), tout
en reconnaissant l'utilité de mettre un terme aux scandales qui s'étaient produits dans ces deux cas, combattit
fort vivement les arrêts des Cours de Bruxelles et de
Pau, et ne mettait pas en doute que la Cour de cassation
ne les eût désavoués, si un pourvoi l'avait saisie de la
question.

TROISIÈME PARTIE.

L'ARTICLE 46 DE LA LOI DE 1810 A MODIFIÉ LE SYSTÈME DE LA LOI DE 1790.

L'examen critique de la législation antérieure à la loi
du 20 avril 1810 nous a conduit à repousser le système
de M. le procureur général Dupin, et à reconnaître que,
sous l'empire de la loi des 16-24 août 1790, le ministère
public n'avait pas le droit de se constituer partie principale, afin de poursuivre d'office l'exécution des lois intéressant l'ordre public, si ce n'est dans les cas particuliers,
— devenus surtout plus nombreux depuis l'établissement

du gouvernement consulaire, — où ce droit lui avait été spécialement conféré. Nous nous retrouvons donc vis-à-vis des objections résumées au commencement de cette section, et qu'il nous faut maintenant examiner en elles-mêmes, puisque nous n'avons pas le moyen de les écarter d'emblée.

« Vous prétendez, nous disent nos adversaires, que la loi du 20 avril 1810 est venue donner au ministère public, d'une manière générale, le droit d'agir d'office, en matière civile, dans l'intérêt de l'ordre public, droit qu'il n'avait pas auparavant. C'est là une innovation des plus considérables. Comment expliquez-vous donc que les travaux préparatoires n'indiquent pas le moindre motif pour la justifier, et n'y fassent même aucune allusion ? » (Voy. ci-dessus, p. 69 et suiv.)

§ Ier. — Quelle importance faut-il attribuer au silence des travaux préparatoires sur l'innovation indiquée par le système extensif dans l'article 46 de la loi de 1810 ?

I. — Il serait, je crois, superflu de discuter longue-ment les termes vagues et déclamatoires des deux rap-ports présentés au Corps législatif ; je suis forcé de re-connaître qu'on ne peut y chercher sérieusement l'exposé, ni même l'indication des motifs qui expliquaient le chan-gement considérable introduit en 1810. L'objection pa-raît donc fort embarrassante au premier abord, car il semble difficile de concilier, chez le législateur, l'inten-tion de modifier à ce point le système des lois précé-

dentes, avec un silence aussi absolu sur les raisons déter-
minantes de cette grave innovation.

Mais après tout, l'article est ce qu'il est. Le législateur
a eu tort, sans doute, de ne pas nous expliquer pourquoi il modifiait les principes admis jusqu'alors : est-ce à
dire pour cela qu'il ne les ait pas modifiés ? Qu'avons-
nous besoin en définitive d'un lambeau de rapport ou
de discussion, puisque nous avons un texte formel, —
vraisemblablement plus médité que ne pourraient l'être
ceux-là, — le texte du dernier alinéa de l'article 46.

II. — Allons plus loin ; admettons qu'on ne puisse pas
découvrir, d'une manière certaine, l'intention du législateur : si son intention nous échappe, restera toujours ce
qu'il a écrit, et c'est là l'important.

Le rôle d'un jurisconsulte n'est pas de se tenir sans
cesse à l'affût des fragments d'opinions, plus ou moins
raisonnables et méditées, émises par ceux qui concou-
raient à la rédaction de la loi. Nous disons *le législateur;*
mais ce n'est là qu'une forme de langage, une abstraction qu'on essayerait en vain de réaliser ; au fond, il n'y
a pas de législateur, il y a seulement des individus qui
préparent, rédigent, discutent, exposent ou votent la
loi. Quelle était la pensée de ces individus ? Cela ne présente après tout qu'un intérêt secondaire. Bien souvent
ils ne s'entendent pas entre eux, et ils émettent, sur le
sens de la loi discutée, les avis les plus divers, l'un dans
la discussion, l'autre dans un rapport, le troisième dans
un discours : de telle sorte que tous les systèmes ont
quelquefois des titres presque égaux à invoquer en leur

faveur le témoignage des travaux préparatoires. Lors
même qu'on ne rencontre pas de ces contradictions cho-
quantes, à combien d'erreurs ne pourrait-on pas se laisser conduire, en suivant trop servilement cette piste? Et
combien d'opinions évidemment inadmissibles ne trouve-
t-on pas dans les discours des rapporteurs de nos lois?

Le jurisconsulte ne doit donc pas se préoccuper outre
mesure de toutes ces opinions : ce sont des documents
qu'il consulte, sans y voir des règles absolues. Sa tâche
est de coordonner les textes qu'on lui fournit, de les interpréter par les principes rationnels du droit, pour en
constituer une législation aussi logique et aussi homogène
que possible : s'il ne peut plus, comme les Prudents de
Rome, créer les éléments mêmes du droit, au moins
faut-il qu'il reste libre dans leur agencement et leur
interprétation.

III. — On nous objectera peut-être qu'il ne s'agit pas
précisément ici d'interpréter un texte, mais de montrer
que le législateur n'avait pas l'intention de modifier le
système des lois antérieures, puisqu'il ne parle pas
d'innovations, ni de motifs qui les expliqueraient. Qu'importe! au fond, cela revient toujours à expliquer l'article
par les travaux préparatoires.

IV. — Pourquoi d'ailleurs tant s'étonner du silence
ou du vague des deux rapports? Serait-ce donc la seule
innovation importante qui soit passée inaperçue en pareil
cas? Loin de là : pour ne prendre qu'un exemple, est-ce
que les travaux préparatoires du Code Napoléon nous
renseigneraient d'une manière bien complète sur le

principe du transfert de la propriété par la convention ?
N'est-il même pas arrivé, dans certains cas, que des règles
d'une importance capitale, adoptées après de vives discussions, disparurent du texte sans qu'on ait pu s'expliquer comment : par exemple, la nécessité de la transcription pour le transfert de la propriété immobilière à
l'égard des tiers ? Le législateur ne se rend donc pas toujours un compte exact de ce qu'il fait, et il innove quelquefois sans en donner les motifs, ou même sans en
avoir conscience, ce qui n'empêche pas l'innovation de
subsister.

Quelquefois aussi il adopte une formule ambiguë, ou
combine deux formules contraires pour satisfaire tout le
monde : ce sont là des transactions inconscientes, sur lesquelles on tombe souvent d'accord à la fin d'une discussion, sans pressentir les difficultés qu'elles doivent créer
plus tard aux commentateurs. Ce genre de surprise est
surtout facile quand on examine des lois entièrement rédigées du premier coup, et où les principes se noient
dans les détails. Il vaudrait beaucoup mieux suivre le
mode employé par l'Assemblée constituante : poser d'a-
bord les principes en formules brèves et claires, les discuter et les voter ; puis rédiger les articles qui mettraient
ces principes en œuvre. Les règles générales de chaque
matière apparaîtraient alors dans tout leur jour, et l'on
ne serait plus exposé à méconnaître involontairement ici
ce qu'on a conservé là-bas.

V. — D'un autre côté, l'innovation de la loi de 1810,
qui nous semble aujourd'hui si radicale, pouvait paraître

alors beaucoup moins importante. Les rédacteurs
voyaient le ministère public déjà pourvu, dans la loi
de 1790, du droit de poursuivre d'office l'exécution des
jugements intéressant l'ordre public, et ils ne se rendaient
pas compte des limites étroites où pouvait se restreindre
l'application de cette règle, comme nous l'avons montré
tout à l'heure (p. 286). Il devait leur sembler tout naturel d'étendre aux lois ce que leurs prédécesseurs n'a-
vaient appliqué qu'aux jugements, et cette addition d'un
seul mot au texte de 1790 pouvait n'être à leurs yeux
qu'un changement sans importance, allant de soi, presque aussi bien que l'adjonction du mot *arrêts*, en quelque
sorte la réparation d'un oubli : d'autant plus que les lois
antérieures, notamment le Code Napoléon, avaient déjà
spécifié les plus importants des cas où le ministère public pouvait avoir à intervenir dans l'intérêt de l'ordre
public; de telle sorte que la formule générale ne semblait pas devoir y ajouter grand'chose.

VI. — Ces considérations générales, que nous oppo-
sons à nos adversaires, paraîtront sans doute un peu vagues; et elles le sont en effet dans une certaine mesure.
Mais il ne faut pas oublier qu'il ne s'agit point ici d'un
argument en forme, qu'on puisse rétorquer de même. Du
silence des travaux préparatoires, nos adversaires tirent
des déductions hypothétiques : ne sommes-nous pas en
droit de les attaquer avec d'autres hypothèses qui n'ont
ni plus ni moins de vraisemblance?

Cela suffirait peut-être à la rigueur; mais il n'est pas
impossible de mieux faire : nous allons donc essayer de

prendre l'argument corps à corps et de le discuter d'une manière plus précise.

VII. — Les travaux préparatoires ne parlent point du droit d'action du ministère public, en matière civile, dans l'intérêt de l'ordre public. Voilà ce qu'on nous dit. Eh bien, de deux choses l'une : ou cet argument ne prouve rien, — comme nous l'avons prétendu, — ou, s'il prouve quelque chose, il prouve beaucoup trop. En effet, les rapports présentés au Corps législatif ne contiennent pas la moindre allusion au droit d'action en matière civile ; nos adversaires eux-mêmes ne feront sans doute aucune difficulté pour le reconnaître. Ces rapports sont donc également muets sur les cas spécifiés dont parle le premier alinéa de l'article 46, et sur les cas intéressant l'ordre public que prévoit le second alinéa de cet article.

Si le sens d'un texte de loi ne vous semble certain que lorsqu'il est corroboré par les travaux préparatoires, dites donc qu'en matière civile, le ministère public n'a pas le droit d'agir d'office, même dans les cas spécifiés. Ou bien, si vous reculez devant cette conséquence, trop énorme à vos propres yeux, trop directement contraire au texte, avouez que l'appoint des travaux préparatoires n'est pas nécessaire, abandonnez franchement votre principe, et ne prétendez plus maintenir, pour le second alinéa de l'article 46, une exigence à laquelle vous êtes obligés de renoncer pour le premier. Aucun prétexte ne pourrait déguiser votre inconséquence, car les deux alinéas, pris chacun isolément, ne sont pas plus obscurs l'un que l'autre : les difficultés naissent seulement de leur

combinaison ; et, quant au texte en lui-même, je crois
que *poursuivre d'office* n'est ni moins clair, ni moins
énergique qu'*agir d'office*.

§ II. — Le silence des travaux préparatoires peut s'interpréter avec
plus de raison contre le système restrictif que contre le système
extensif.

I. — L'argument de nos adversaires est du reste une
arme à double tranchant, qu'il est fort aisé de retourner
contre eux, et qui acquiert même, entre nos mains, plus
de puissance qu'elle n'en avait dans les leurs. Les rapports de la loi de 1810 ne disent pas, il est vrai, que le
ministère public a le droit d'agir d'office dans l'intérêt
de l'ordre public ; mais ils ne disent pas non plus le contraire, puisqu'ils sont tout à fait muets sur ce point ; et,
par conséquent, les deux systèmes n'ont pas plus de droit
l'un que l'autre à prétendre se fonder sur ces rapports.

Mais il y a cette différence en notre faveur, que c'est
nous surtout qui aurions le droit de demander à nos adversaires la justification de leur doctrine par les travaux
préparatoires, car on ne peut contester que nous n'ayons
pour nous au moins la lettre de la loi, qui ne se prête
qu'avec les plus grandes difficultés, ou plutôt qui résiste
absolument aux idées contraires. Si le silence des travaux préparatoires doit être invoqué dans la discussion,
n'est-ce pas contre la doctrine qui veut modifier le texte
de la loi, et qui précisément ne pouvait trouver autre part
un fondement légitime à ces modifications ?

II. — On nous dira peut-être qu'il y a là un point en

quelque sorte négatif, et que les rapporteurs d'une loi
n'ont pas à se préoccuper des droits que la loi n'a pas
consacrés, mais exclusivement de ceux qu'elle a jugé convenable d'établir. Cela serait fort juste assurément, s'il
s'agissait de dispositions où la pensée de personne ne
devait se porter d'une manière sérieuse. Mais est-ce bien
ici le cas ? La question avait été soulevée solennellement
par les arrêts des Cours de Bruxelles (1er août 1808) et de
Pau (28 janvier 1809) ; elle était donc posée devant le
législateur, et réclamait instamment une solution qui
évitât le retour de pareils scandales. La loi de 1810, —
qu'on élaborait déjà (voy. p. 335) lors de ces deux arrêts,
et des instructions conformes du ministère de la justice
qui les avaient provoqués, — devait nécessairement contenir une réponse à cette demande légitime ; et, surtout si
elle la repoussait, il était indispensable d'indiquer les
motifs, fort graves sans doute, qui déterminaient à maintenir l'ancienne législation, malgré ses inconvénients
considérables, mis tout récemment encore en évidence,
et son impuissance avérée.

§ III. — Inconvénients du principe de 1790. — Les arrêts de
Bruxelles et de Pau n'y ont obvié qu'en violant la loi.

Nos adversaires ont contesté ces inconvénients et cette
impuissance de la législation antérieure à 1810 ; ils soutiennent « que la loi des 16-24 août 1790, avec les com-
pléments qu'elle avait reçus dans certains cas particuliers, fournissait des armes suffisantes pour réprimer les

scandales possibles, puisque ceux qui s'étaient produits avaient été réprimés en effet, — précisément par les deux arrêts que nous venons de citer, — et sans qu'on ait eu besoin d'invoquer, au nom du ministère public, le prétendu droit d'agir d'office dans toutes les matières intéressant l'ordre public. » (Voy. ci-dessus, pages 75 à 77.)

I. — Il est vrai que les Cours de Bruxelles et de Pau ont validé, sur l'appel du ministère public, des mariages que les parties intéressées avaient fait ou laissé frauduleusement annuler en première instance. Il est vrai encore que les procureurs généraux près ces deux cours avaient agi en vertu d'instructions motivées du ministère de la justice (voy. ci-dessus, p. 77), et que ces instructions ne leur attribuaient pas le droit d'agir d'office dans toutes les matières d'ordre public.

Cette dernière remarque était au moins inutile. Comment aurait-il pu être question alors d'une prérogative que nous prétendons consacrée par la loi du 20 avril 1810, mais qui, de l'avis de nos adversaires comme du nôtre, n'existait pas sous l'empire de la loi de 1790 ? Le grand juge ministre de la justice ne possédait pas le pouvoir législatif, et, si dangereuse que lui parût cette disposition, il n'avait pas qualité pour la modifier ; son droit se bornait à prendre note des faits qui s'étaient produits, et à les invoquer plus tard auprès du pouvoir législatif, afin qu'une loi nouvelle vînt étendre et rendre plus efficaces les attributions du ministère public. Tout ce qu'il avait à faire pour le moment, c'était donc de tirer le meilleur parti possible de la législation existante, et d'y chercher des raisons plus ou moins spécieuses, permettant de réparer les scandales actuels.

C'est ce que l'on fit en effet ; et le résultat de cette tentative, c'est le raisonnement suivant qui sert de base aux instructions ministérielles comme aux arrêts des Cours de Bruxelles et de Pau : « Les articles 184, 190 et 191 du Code Napoléon accordent expressément au ministère public le droit de faire annuler les mariages entachés d'une cause de nullité absolue; ce droit implique celui d'agir en sens inverse, c'est-à-dire de se pourvoir pour faire prononcer la validité d'un mariage dont les parties intéressées auraient obtenu à tort l'annulation en première instance. »

Tel est le seul argument qu'ont pu fournir les textes antérieurs à la loi de 1810. S'il est bon, on pourra dire que la législation existante protégeait suffisamment l'ordre public, au moins sur ce cas particulier (sauf à voir s'il en était de même dans les autres) ; mais, s'il est mauvais, il sera établi que le système de la loi de 1790 était insuffisant, et que les arrêts des Cours de Bruxelles et de Pau, comme les instructions du ministre de la justice, avaient, dans une intention louable, méconnu la loi.

II. — L'argument est-il bon, est-il mauvais ?

Je pourrais m'en rapporter sur ce point au jugement de mes adversaires : eux qui veulent rigoureusement restreindre l'action du ministère public aux cas spécifiés par la loi, iront-ils lui permettre d'agir sans qu'aucun texte le dise ? Ils s'en gardent bien, en effet, et je crois qu'ils ont raison, car ils sont là dans la logique de leur système. Seulement, cela ne les autorise pas à se contredire pour la plus grande commodité de la doctrine qu'ils défendent (1).

Il faut choisir entre ces deux alternatives inconciliables. Ou l'argument est bon, et alors le système de la loi de 1790 pourra être considéré sur ce point comme protégeant l'ordre public d'une manière suffisante ; mais vous serez obligé, même dans le système restrictif que vous défendez, de permettre au ministère public d'interjeter appel ou de se pourvoir en cassation contre une décision judiciaire qui prononcerait, à tort suivant lui, la nullité d'un mariage qu'il croirait valable. Ou bien l'argument est mauvais, et vous pourrez, dans ce cas, refuser au ministère public le droit de se pourvoir pour faire valider un mariage déclaré nul en première instance ; mais il vous sera logiquement impossible de défendre les arrêts des Cours de Bruxelles et de Pau, et de soutenir que les lois alors existantes suffisaient à la répression des scandales qui s'étaient produits. Une fois forcés de choisir, je crois que mes adversaires auraient bientôt pris leur parti, et qu'ils n'hésiteraient pas à sacrifier leurs raisonnements sur les articles 184, 190 et 191 du Code Napoléon, plutôt que de faire une concession qui entamerait aussi profondément et compromettrait même beaucoup leur système.

III. — Mais il ne faudrait pas croire que je profite

---

(1) Voyez notamment G. Debacq, *Action du ministère public en matière civile*, p. 80 et suiv., et p. 329 et suiv.

des doctrines de mes adversaires pour écarter un argument par la question préalable au lieu de le réfuter. Cet argument est certainement mauvais, dans tous les systèmes. Il ne serait pas possible d'engager utilement ici, d'une manière incidente, une discussion longue et délicate. Bornons-nous donc à quelques remarques fort brèves, qui suffiront du reste au débat actuel.

Pour conclure légitimement du droit de poursuivre la nullité du mariage au droit de poursuivre la validité, il faudrait que ces deux droits eussent le même fondement, la même nature et les mêmes effets. Or, il n'en est rien. Les mariages que le ministère public peut faire annuler constituent un scandale public, ou sont directement contraires à l'ordre et aux bonnes mœurs ; tandis que l'annulation d'un mariage obtenue à tort et frauduleusement par les parties ne constitue un scandale que si la fraude est patente : et, dans presque tous les cas, c'est seulement l'intervention du ministère public qui lui donnera ce caractère, car il n'est pas admissible que le tribunal de première instance eût annulé le mariage, si la collusion des parties avait été publique et évidente. Le scandale, l'atteinte portée à l'ordre public réside donc beaucoup moins dans la fraude même que dans l'appel interjeté par le ministère public pour en obtenir la répression. « Il y a souvent, disait Portalis (Exposé des motifs du titre du *Mariage*, sur l'art. 190), plus de scandale dans les poursuites indiscrètes d'un délit obscur, ancien ou ignoré, qu'il n'y en a dans le délit même. »

D'un autre côté, l'annulation illégale d'un mariage

valable, par suite de la collusion des parties, ébranle beaucoup moins l'ordre public que l'existence patente d'une union entachée par exemple de bigamie ou d'inceste. Cette différence était surtout fort sensible lors de la rédaction du Code Napoléon, qui admettait le divorce par consentement mutuel; car cette annulation, obtenue collusoirement par les parties, ressemblait beaucoup, en définitive, à un divorce de ce genre pour lequel on n'aurait pas observé les formalités déterminées par la loi.

Enfin, le droit d'interjeter appel, pour faire prononcer, contre les deux parties, la validité d'un mariage, est bien plus dangereux, entre les mains du ministère public que le droit d'en poursuivre l'annulation. Le premier conduirait quelquefois à marier malgré elles deux personnes qui, peut-être, ont toujours entendu et cru n'être pas unies : ce qui est directement contraire à l'essence même du mariage fondé sur le consentement des deux conjoints. Le second, au contraire, exposerait tout au plus à faire annuler un mariage qui, en réalité, ne serait atteint d'aucune nullité; ce qui reviendrait à introduire un nouveau cas d'empêchement que la loi n'avait pas admis. Mais ce dernier résultat, bien que très-regrettable, serait encore, après tout, moins grave que l'autre au point de vue des principes; et, au point de vue des faits, s'il est désagréable de ne pas être marié avec qui on veut, combien ne l'est-il pas plus encore d'être marié avec qui on ne veut pas !

Quant au texte des articles invoqués, il est à peine besoin de dire qu'ils parlent exclusivement et nettement

du droit de demander la nullité, et qu'ils doivent être
interprétés strictement sous l'empire d'une loi, comme
celle des 16-24 août 1790, qui posait en principe l'interdiction au ministère public d'agir par voie d'action.

Il resterait encore à faire remarquer que, dans l'espèce
de l'arrêt de la Cour de Bruxelles, le mariage avait été
annulé en première instance, comme contracté sans le
consentement du père de la femme (voy. p. 76), c'est-à-dire
sur l'allégation d'une nullité relative, que le ministère public n'a jamais le droit d'invoquer, lorsqu'elle existe. Or,
en admettant même qu'on puisse conclure du droit de
poursuivre la nullité au droit de poursuivre la validité,
toujours est-il qu'il faudrait restreindre ce dernier droit
dans les limites du premier, c'est-à-dire ne l'appliquer
que lorsqu'il s'agit d'une nullité absolue. Nous verrons,
du reste, en revenant sur cette question, à propos de la
matière du mariage, que l'arrêt de la Cour de Bruxelles,
conformément aux réquisitions de son procureur général, essayait d'échapper à cette difficulté par une invo-
lution de raisonnement que nous aurons alors à apprécier.

§ IV. — Opinion de Merlin sur le sens de la loi de 1799 et de
l'article 46 de celle de 1810. — Cette opinion n'a jamais varié.
— Son importance particulière.

I. — A ces arguments, que je crois irréfutables, s'a-
joute une autorité imposante, presque décisive à elle
seule dans cette matière, celle de Merlin. Il avait été
consulté sur cette affaire de Bruxelles, car il nous fait
part des hésitations du ministre de la justice en ajoutant

qu'il « parle de science personnellement certaine ».
Enfin, pour employer les termes mêmes de Merlin, le
ministre « *prend sur lui* de répondre au procureur général qu'il est de son devoir d'appeler du jugement » (1).
Alors intervient l'arrêt de la Cour de Bruxelles, et voici
ce qu'en pense le célèbre procureur général de la Cour
de cassation (*Répertoire*, vᵒ Mariage, sect. VI, § III,
nᵒ 3; 4ᵉ édit., t. XVI, p. 785) :

« J'ignore par quel motif les sieurs D... et G... ne
se sont pas pourvus contre cet arrêt ; mais ce que je
crois pouvoir assurer, c'est que, s'ils l'eussent fait, cet
arrêt n'aurait pas échappé à la cassation ; et que la Cour
suprême, tout en rendant hommage aux considérations
morales qui avaient déterminé les magistrats et le procureur général de la Cour d'appel de Bruxelles, aurait
pensé qu'ils avaient ouvertement violé la loi, défectueuse
sans doute en cette matière, mais toujours sacrée pour
ses organes. »

Le langage de Merlin n'est pas moins net contre l'arrêt de la Cour de Pau ; et voici comment il l'apprécie un
peu plus loin :

« Je le dis sans hésiter, juger autrement dans cette
espèce, c'eût été un scandale affligeant pour l'ordre pu-

---

(1) La manière dont Merlin s'exprime ici n'indiquerait-elle pas un simple
ordre, non accompagné, comme d'ordinaire, d'instructions motivées? ce qui
expliquerait tout naturellement pourquoi on n'a jamais pu découvrir ces instructions aux archives du ministère de la justice, tandis qu'on y retrouvait
celles envoyées un an plus tard au procureur général de Pau. La première fois,
c'était un simple coup de hardiesse qu'on tentait à tout hasard, parce qu'on
n'apercevait aucune issue légale à l'impasse où l'on était acculé. La seconde fois,
le succès de cette hardiesse encourageait à la déduire en théorie.

blic. Mais à qui en eût été la faute ? A l'imperfection de
la loi ; et les magistrats ne doivent jamais s'écarter de la
loi, quelque imparfaite, quelque vicieuse même qu'elle
leur paraisse. Une fois cette règle méconnue, il n'y a plus
d'ordre social, il n'y a plus que confusion et anarchie. Il
était donc du devoir de la Cour d'appel de Pau de se roi-
dir contre les considérations qui, dans une affaire moins
grave encore, avaient entraîné la Cour de Bruxelles, et de
déclarer le procureur général non recevable à attaquer
le jugement du 3 août 1807. »

« Mais en même temps, continue Merlin, le législateur,
averti, par les arrêts de ces deux Cours, de la nécessité
qu'il y avait de faire cesser, pour les magistrats, la position pénible où les plaçait le choc de la loi et de la morale publique, devait se hâter de rectifier l'une et de la
remettre en harmonie avec l'autre ; et c'est ce qu'il a fait
par l'article 46 de la loi du 20 avril 1810 *sur l'organisation judiciaire.* » — Puis vient une longue dissertation,
ayant pour but d'établir que le dernier alinéa de cet
article donne bien au ministère public le droit d'agir
d'office en matière civile pour faire exécuter les lois
qui intéressent l'ordre public, et en particulier pour
faire déclarer valable un mariage annulé à tort par les
tribunaux.

II. — Le témoignage de Merlin est donc aussi clair,
aussi énergique que possible, et les circonstances personnelles qui l'accompagnent lui donnent ici une importance
tout exceptionnelle.

A quelle époque, en effet, Merlin refusait-il avec tant

de force au ministère public le droit d'agir d'office dans
l'intérêt de l'ordre public? Lorsqu'il était le chef de ce
ministère public dans toute la France, lorsqu'il prononçait en quelque sorte dans sa propre cause et contre lui,
lorsque l'instinct naturel qui pousse tous les hommes à
étendre volontiers le cercle de leurs attributions eût dû
lui inspirer des sentiments tout contraires. Et quand il
revendique hautement ce droit qu'il repoussait autrefois
sans hésiter, est-ce encore pour lui qu'il le réclame, pour
ses subordonnés, ses collaborateurs, ses amis? Non, c'est
dans l'exil qu'il écrit ; et les hommes auxquels il veut
faire reconnaître ce droit, ce sont les agents du gouvernement qui l'a proscrit, ce sont ceux-là mêmes qui ont
recueilli sa succession dans des circonstances si propres à
l'irriter, ce sont des représentants plus ou moins avoués
de l'ancien ordre de choses, en partie restauré, c'est-à-
dire ses adversaires politiques depuis l'Assemblée constituante. Et justement, dans les deux affaires où il critique
si hardiment la Cour de cassation, celle-ci, en repoussant l'action du ministère public, avait maintenu
des annulations collusoires de mariages, qui n'étaient
que des divorces déguisés, prononcés malgré la loi du
8 mai 1816, c'est-à-dire assuré, cette fois au moins, la
victoire d'un principe de la révolution, d'un principe de
Merlin, contre la réaction qui l'avait effacé de notre
Code.

Ainsi, pour décider comme il le fait, Merlin devait
triompher à la fois en lui des ressentiments personnels,
des haines politiques et de l'influence toujours puissante

de ses propres opinions, qu'on éprouve souvent un secret plaisir à voir appliquer encore en pratique, malgré la loi qui les a condamnées.

C'est un des exemples de cette haute et constante impartialité qu'on s'est toujours accordé à reconnaître comme une des qualités les plus éminentes de Merlin, et dont ses opinions juridiques fournissent du reste plus d'une preuve. Mais, en même temps, n'avons-nous pas raison de dire qu'il y a là une circonstance à laquelle sa décision emprunte une force nouvelle pour influer sur nos esprits?

III. — Ne pouvant contester la haute valeur du témoignage de Merlin, on a essayé d'en affaiblir indirectement l'importance, et d'en suspecter même l'énergie, en lui reprochant des contradictions qui seraient l'indice d'une conviction hésitante ou mal assise. Le plus récent de nos adversaires avance que « l'éminent procureur général, qui, dans son *Répertoire*, au mot *Mariage*, a essayé de faire prévaloir la thèse du droit d'action d'office du ministère public, semble avoir oublié, au mot *Mineur*, là doctrine qu'il avait ailleurs défendue » (1). Je crois que c'est là une pure illusion, dont il est peut-être possible de conjecturer l'origine, sans l'indiquer toutefois d'une manière absolument certaine, le passage que nous venons de citer ne renvoyant à aucun texte précis.

Voyons donc ce que contient l'article *Mineur* du *Répertoire* de Merlin, qui puisse se rapporter à notre question.

(1) G. Debacq, *De l'action du ministère public en matière civile*, p. 82.

On trouve d'abord, au § ɪᴠ (tome VIII, page 211), un jugement du tribunal de Neufchâtel du 26 frimaire an XIV, confirmé par deux arrêts de la Cour de Rouen, des 19 avril 1806 et 19 février 1807. Le jugement du tribunal de Neufchâtel homologuait la délibération d'un conseil de famille réglant les droits successifs et disposant de la fortune du mineur d'une manière tout à fait opposée aux prescriptions légales. Le procureur impérial avait interjeté appel, et la Cour de Rouen, *admettant cet appel*, avait fini, après un long examen, par confirmer le jugement de première instance. Pourvoi dans l'intérêt de la loi, formé et soutenu par Merlin, en sa qualité de procureur général à la Cour de cassation. La section civile, adoptant ses conclusions par un arrêt du 26 août 1807, casse ces deux arrêts, d'abord au point de vue du fond, et ensuite parce qu'ils avaient admis le ministère public à jouer le rôle de partie principale.

Voilà bien l'opinion de Merlin, et son réquisitoire la développe d'une manière rigoureuse. Mais est-ce là qu'on pourrait voir une contradiction avec la doctrine soutenue à l'article *Mariage*? Il faudrait oublier pour cela que ces deux arrêts, comme les conclusions de Merlin, et par conséquent les idées qu'il y soutient, sont de 1807, c'est-à-dire antérieurs de trois ans à la loi de 1810, et qu'ils se réfèrent exclusivement à la loi de 1790.

Il est vrai que, dans le supplément du *Répertoire*, publié en 1825, le § ɪᴠ (p. 148) du mot *Mineur* renvoie à la section V, § ɪᵉʳ (p. 822) du mot *Tutelle*, où nous trouvons un arrêt de la Cour de cassation, du 11 août 1818, cassant deux arrêts de la Cour de Paris, des 1ᵉʳ juillet 1816 et 25 mars 1817, qui avaient permis au ministère public de requérir d'office la convocation d'un conseil de famille, à l'effet de délibérer, s'il y avait lieu, sur la destitution d'un tuteur, et qui lui avaient reconnu qualité pour faire des réquisitions relativement à la manière d'affermer les biens des mineurs (voy. plus loin, p. 390 et 391). — Cette fois, nous sommes sous l'empire de la loi de 1810. Mais rien n'indique que Merlin approuve cet arrêt en le rapportant, puisqu'il ne le fait suivre d'aucune réflexion.

Du reste, il aurait pu l'approuver sans se contredire, car il ne s'agit point là d'ordre public, mais seulement d'intérêts privés, fort respectables, il est vrai, et auxquels la loi accorde une sollicitude toute particulière (voy. plus haut, p. 88 et suiv.; et ci-dessous, p. 389, et chap. VII, 2ᵉ sect). Mais M. G. Debacq (*op. cit.*, p. 96) rattache ces matières à l'ordre public, et il le déclare formellement (*eod. op.*, p. 64), à propos de l'arrêt de la Cour de cassation du 26 août 1807, rendu dans des circonstances analogues (voy. ci-dessus, p. 298).

IV. — Ainsi, l'opinion de Merlin n'a jamais varié ; avant la loi de 1810 il a toujours cru que le ministère public n'avait pas le droit d'agir en matière civile hors des cas expressément spécifiés, et en même temps il a hautement proclamé les dangers d'une pareille législation (voy, cependant plus loin, p. 420).

Qu'on ne vienne donc point nous parler des arrêts des Cours de Bruxelles et de Pau, ni des arguments, plus ou moins spécieux, qui les motivaient. Ces arguments, peut-être avaient-ils été suggérés par Merlin lui-même, — qui n'y croyait pas, — car il arrive souvent que, pour sortir d'une situation difficile, on emploie des raisonnements qu'on sait mauvais, faute d'en pouvoir trouver de bons. Dans tous les cas, ce n'est pas sur une pareille base que les esprits pouvaient se reposer avec une confiance suffisante pour qu'il ne fût pas nécessaire de les rassurer, et d'exposer au moins ses motifs dans les rapports, si l'on avait jugé à propos de maintenir l'ancienne législation.

Qu'on ne vienne pas invoquer non plus les instructions du ministre de la justice au procureur général de Pau ; car il est tout simple qu'il ait cherché dans la législation en vigueur des arguments tels quels pour sortir de l'impasse où l'on se trouvait, puisqu'il ne pouvait faire davantage. Mais cela ne prouve point qu'il fût convaincu de la justesse de ces arguments, ni qu'il considérât la loi comme suffisamment efficace et prévoyante. Était-ce là le lieu de se plaindre des oublis ou des idées mesquines du législateur? Cela ne regardait point le procureur général, qui pouvait bien moins encore y remédier que le ministre de la justice; et l'on aurait plutôt compris que ce fût lui, procureur général, qui exprimât ces regrets au grand juge en lui [demandant des instructions, parce que les devoirs de sa charge lui ordonnaient de porter à la connaissance du gouvernement, — armé du pouvoir de provoquer une nouvelle loi ou de faire interpréter l'ancienne par le conseil d'État, — les lacunes des lois existantes qui se révélaient à la pratique. Il n'est pas certain d'ailleurs (voy. p. 346) que ces instructions ne posassent point en principe le droit d'action du ministère public dans l'intérêt de l'ordre public.

Qu'on ne vienne pas nous dire enfin que le *Répertoire* de Merlin est le seul document de cette époque qui nous parle de la nécessité de modifier les principes de la loi de 1790. Dans quel autre document voudrait-on trouver l'expression des mêmes idées ? C'est le seul grand ouvrage de droit publié à cette époque et qui nous fournisse des renseignements sur ce qui se passait alors. Toute l'activité était concentrée dans le gouvernement ; les impressions du monde judiciaire ne laissaient pas, comme aujourd'hui, une trace durable, toujours facile à retrouver, et les publications périodiques, — fort peu nombreuses du reste, — n'avaient pas assez d'initiative ni d'indépendance pour critiquer ouvertement la loi, et l'accuser des scandales qu'elle n'avait pas songé à prévenir.

§ V. — **Les vrais travaux préparatoires de l'article 46, ce sont les faits relatifs aux arrêts de Bruxelles et de Pau, et surtout les textes de Merlin.**

I. — On nous demande de fouiller les travaux préparatoires, pour y découvrir les motifs de la grande innovation contenue, suivant nous, dans l'article 46. Eh bien, les vrais travaux préparatoires, ce sont ces faits scandaleux, justement mais illégalement réprimés par les arrêts de Bruxelles et de Pau ; ce sont les efforts du ministre de la justice,—aidé peut-être par Merlin lui-même,—cherchant à faire sortir des textes du Code Napoléon la prévoyance que ses auteurs n'y avaient pas mise. Les motifs, c'est ce désaccord entre la loi et la morale, que Merlin montrait en termes saisissants, et le triomphe certain de l'immoralité sur une loi dépourvue de défenseurs. Le commentaire enfin, c'est le rapprochement, établi encore par Merlin, entre les scandales qui s'étaient produits sous la loi ancienne et la rédaction différente, plus complète, de la loi nouvelle, qui s'y appliquait exactement et permettait de les réprimer; c'est le savant plaidoyer qu'il nous a laissé en faveur de cette thèse, et la critique incisive dont il accabla plus tard les deux arrêts de la Cour de cassation qui la rejetèrent, critique où il semble se passionner, contre son habitude, comme s'il défendait une œuvre personnelle. (Voy. ci-dessus, p. 316.)

Que nous manque-t-il encore? Ne sont-ce point là des travaux préparatoires précis, concordants, médités, décisifs? Merlin n'est-il pas un rapporteur en qui on puisse avoir confiance? La haute position qu'il occupait à la tête de la magistrature française, son talent et sa science reconnus, ne lui donnaient-ils pas une action incontestée sur la préparation des lois?

II. — Sans doute, on ne suivait plus en 1810 les errements du Consulat, on ne soumettait plus les projets de lois à tous les corps judiciaires, comme on l'avait fait pour le Code Napoléon, où leurs critiques firent introduire plus d'une fois de salutaires amendements. Mais, si l'on tenait moins de compte de l'opinion publique, comment n'aurait-on pas consulté le procureur général à la Cour de cassation, le représentant et l'interprète du gouvernement près de la Cour suprême régulatrice? Le caractère même de ses fonctions n'en faisait-il pas le conseiller naturel et obligé du gouvernement pour tout ce qui concernait les lois judiciaires proprement dites? N'est-ce pas à lui qu'on devait forcément s'adresser pour connaître l'état de la jurisprudence, les inconvénients, les avantages ou les lacunes des lois antérieures, les exigences et les détours de la pratique? N'était-il point par essence une sorte de conseiller d'État en service extraordinaire, dont le rôle, — je dirais volontiers un rôle prépondérant, — était marqué d'avance dans la préparation de toutes les lois? Et cette expression qui vient naturellement sous notre plume se trouve être exacte au pied de la lettre, puisque Merlin était en effet conseiller d'État et membre de la section de législation.

Les procureurs généraux ne sont pas seulement des magistrats, ce sont aussi — ne pourrais-je pas dire surtout, au moins à certaines époques? — des membres actifs du gouvernement, dont ils partagent souvent, sinon les passions, du moins la bonne ou la mauvaise fortune. On les voit, par exemple, dans les temps de troubles, se concerter avec les autorités politiques et militaires sur les mesures à prendre pour conserver l'ordre matériel : c'est là une conséquence naturelle de leurs attributions en matière de police judiciaire. Mais n'est-il pas plus naturel encore, — et en même temps plus conforme à leur caractère de magistrat, — qu'ils soient consultés sur la préparation des lois destinées à maintenir l'ordre matériel ou moral, et qu'ils devront plus tard faire appliquer par les tribunaux? N'est-il pas au moins nécessaire de faire in-

tervenir le premier d'entre eux, le procureur général à
la Cour de cassation, qui par suite du caractère même de
la cour à laquelle il est attaché, a pour mission plus spéciale d'examiner les lois sous un point de vue abstrait et
général, et qui voit aboutir entre ses mains toutes les
difficultés de la pratique?

III. — Puis, de quelle loi s'agit-il ici? D'une loi qui
organise l'ordre judiciaire dont le procureur général à la
Cour de cassation a la surveillance suprême et la discipline (loi de 1790, tit. VIII, art. 6 ; loi de 1810, art. 45),
on pourrait ajouter, surtout à cette époque, la direction.
Dans cette loi, quel est le point discuté? Les attributions
du ministère public, dont il est le chef dans toute la
France. Et c'est là qu'on pourrait contester l'influence
de sa charge, doublée par le prestige de son talent? Lui
qui inspirait tant d'autres lois, c'est justement à celle-là
qu'il n'aurait point pris part ! En vérité, peut-on y songer
sérieusement ?

S'il s'agissait d'une loi sur l'administration départementale, personne imaginerait-il qu'on n'a pris l'avis
d'aucun préfet ni celui du directeur de l'administration
départementale au ministère de l'intérieur? Cette supposition serait évidemment insensée, car le gouvernement
ne manque jamais, avant de proposer une loi, de consulter les chefs du service qu'elle doit régir : c'est là une
pratique tout à la fois fort raisonnable, et commandée en
quelque sorte par les principes de l'organisation bureau-
cratique. On ne ferait même pas un règlement sur les notaires, les avoués ou les agents de change, sans entendre

au moins les chefs de ces diverses compagnies à Paris; et cependant ces fonctionnaires ne sont pas, comme les procureurs généraux, les hommes du gouvernement.

IV. — Quelle est donc l'étrange exception qu'on vient nous proposer ici? Le ministère public serait le seul corps dont on réglerait les attributions sans le consulter, ou sans le consulter au moins dans la personne de son chef, alors surtout que ce chef possédait une influence et une valeur personnelles aussi considérables? Est-ce là une hypothèse vraisemblable? Et c'est cependant ce qu'il faut admettre dans le système de nos adversaires; car, s'ils reconnaissent que Merlin a dû intervenir dans la préparation de la loi, ils se heurtent aussitôt à des difficultés plus grandes encore.

Dans ce cas, en effet, Merlin ne pouvait manquer de songer aux arrêts des cours de Bruxelles (1er août 1808) et de Pau (28 janvier 1809), ou du moins, s'il s'agit d'une époque où ils n'étaient pas encore rendus, aux faits scandaleux qui les provoquèrent et sur lesquels il avait été consulté par le ministre de la justice. Ces deux arrêts, il les trouvait directement contraires à la loi alors en vigueur : c'est lui-même qui nous l'apprend; et nous savons aussi, par son propre aveu, qu'il condamnait énergiquement cette loi comme une source de désordres. Comment donc n'aurait-il pas invoqué ces scandales, — auxquels il ne trouvait aucun remède sous la législation en vigueur, — pour réclamer dans la loi nouvelle une innovation salutaire destinée à prévenir le retour de semblables dangers? Cela est évidemment impossible, car les

scandales de Bruxelles et de Pau se produisirent précisément à l'époque où l'on préparait la loi du 20 avril 1810.
Nous verrons en effet (p. 336) que le premier projet
a été imprimé le 18 novembre 1808, et que le ministère de la justice devait s'en occuper déjà bien avant
cette date. C'est donc au moment même où Merlin
blâmait l'imprévoyance des lois antérieures qu'il était
appelé à donner son avis sur la loi nouvelle. D'un autre
côté, comment le ministre de la justice, au lendemain
du jour où il se croyait obligé de recourir, pour la défense de l'ordre public, à des moyens dont la légalité lui
semblait douteuse à lui-même, n'aurait-il pas eu le désir
d'asseoir cette défense pour l'avenir sur une base législative moins chancelante?

En admettant, contre toute vraisemblance, que cette
question, nettement posée eût été résolue négativement,
ne devait-on pas au moins à la haute autorité de Merlin,
comme au caractère si regrettable des faits qui s'étaient
produits, de la discuter avec soin et d'exposer les motifs
qui l'avaient fait écarter? Puis, si les choses s'étaient en
effet passées ainsi, s'expliquerait-on qu'il se fût précisément introduit dans la rédaction de la loi un changemen.
qui semble bien consacrer l'innovation demandée? S'expliquerait-on surtout que Merlin déclare d'une manière
aussi expresse que ce changement a été adopté en toute
connaissance de cause pour combler les lacunes de la
législation précédente, et pour étendre à l'exécution des
lois d'ordre public le droit d'action du ministère public
restreint autrefois à l'exécution des jugements?

Quelle suite interminable de difficultés pour la doctrine de nos adversaires !

§ **VI.** — **Les documents réunis d'ordinaire sous le nom de travaux préparatoires n'avaient plus, en 1810, la même valeur qu'en 1803. D'ailleurs les plus importants de ces documents sont restés inconnus.**

On nous dira peut-être que nos travaux préparatoires sont en définitive des hypothèses ou des figures de rhétorique, et qu'il faut en revenir à ce qu'on appelle d'ordinaire travaux préparatoires, c'est-à-dire des rapports et des procès-verbaux authentiques de discussions.

I. — Sur ce terrain, je crois que M. le procureur général Chaix-d'Est-Ange a été un peu trop loin dans son réquisitoire devant la Cour de Paris, en 1860 (voy. ci-dessus, p. 75). Il ne suffit pas de dire que l'utilité de l'innovation était si évidente, qu'elle ne pouvait être contestée par personne, et conséquemment n'avait pas besoin d'être justifiée. Les rapports sont avant tout des exposés de motifs, et ne se bornent pas exclusivement à répondre aux objections qui ont été ou qui vont être faites. Cependant il ne faut pas non plus se laisser leurrer par un mot qui représente, suivant les diverses époques où on le prend, des choses de même nature peut-être, mais à coup sûr de valeurs fort inégales.

II. — Lorsqu'on parle de travaux préparatoires, notre esprit se reporte aussitôt aux riches travaux préparatoires du Code Napoléon, qui nous fournissent en effet de nombreux renseignements, et qu'on ne manque jamais de consulter avec fruit dans toutes les discussions relatives au texte de ce Code. Mais ce serait une grande illusion de

croire qu'il en fut toujours de même pour les lois postérieures, et de confondre à cet égard les périodes successives du premier Empire.

Sous le Consulat, le souvenir des grandes assemblées
révolutionnaires, et de la discussion la plus large des intérêts du pays à tous les degrés de l'échelle administrative,
était encore trop proche et trop vivant pour que les divers
pouvoirs publics ne prissent point une part active à la
confection des lois. Mais au fur et à mesure qu'on s'é-
loigne de cette époque, la vie se retire de plus en plus
des assemblées délibérantes, et leur rôle va sans cesse en
s'amoindrissant. Leur intervention, leur part d'influence
étaient devenues bien faibles en 1810, et, par suite, les
documents qui s'y rapportent ont perdu beaucoup de leur
ancienne importance.

Ainsi les deux rapports sur la loi du 20 avril 1810 ont
presque partout le vague et l'indécision d'idées que nous
avons remarqués déjà dans les passages concernant le ministère public : et cependant c'était certes une loi importante que celle qui organisait à nouveau l'ordre judiciaire. Les exposés de motifs avaient cessé d'être une
discussion sérieuse pour devenir de simples discours d'ap-
parat, vides d'idées, rédigés dans le style emphatique et
creux, goûté alors, d'une manière si universelle, dans tous
les genres de manifestations de la pensée, qu'il sert en
quelque sorte de caractéristique à la littérature de cette
époque.

III. — Il ne faut pas oublier non plus que ces rapports
étaient faits le plus souvent par des gens très-peu au

courant de la matière qu'ils avaient à traiter, et qu'aucune
discussion préalable n'était venue instruire. Quant à
s'éclairer eux-mêmes par des recherches personnelles,
c'était bien long : et comment auraient-ils eu l'idée de
s'imposer une besogne aussi peu attrayante ? Elle ne
leur aurait rapporté qu'un trop maigre profit. N'oublions
pas, en effet, que le but de ces rapports n'était pas de
discuter le fond des choses, ni même d'en préparer la
discussion. Les représentants du pays votaient encore les
lois ; mais, depuis la suppression du Tribunat, ils ne les
discutaient plus. L'administration s'était chargée seule
de ce dernier soin, et il n'entrait d'ailleurs dans la pensée
de personne qu'elle s'en fût mal acquittée. Tout se rédui-
sait donc à une question de forme : aligner quelques
phrases ronflantes, parsemer son discours de mots so-
nores, se draper dans des sentiments presque toujours
maladroitement imités de l'antique. L'exacte intelligence
du sujet n'était pas indispensable pour réussir dans ce
genre de travail.

S'il se rencontrait en chemin quelque disposition
obscure ou délicate, au moins pour le rapporteur, celui-ci
pouvait très-bien supposer que ce défaut de clarté ou
cette contradiction, qu'il croyait apercevoir, tenait seulement à son peu de connaissance des lois, et qu'un
homme plus versé que lui dans leur étude découvrirait
aussitôt le sens véritable ou la conciliation qui échappait
à son ignorance. Il avait, du reste, un moyen tout simple
de ne s'exposer à commettre aucune erreur, c'était de
sauter le passage embarrassant, de l'escamoter dans une

phrase générale, ou d'en reproduire textuellement les
termes (1); personne ne songerait évidemment à s'en
plaindre, puisqu'il n'y avait pas de discussion (constitution du 22 frimaire an VIII, art. 54; sénatus-consultes des
28 floréal an XII, art. 82 et 83, et 19 août 1807, art. 5).
Quant à signaler une contradiction ou proposer des changements, il était trop tard pour y penser : le texte était
arrêté, il devait être voté sans amendement. Et qui aurait
proposé de le rejeter? C'était sans exemple depuis le vote
du Tribunat sur le premier titre du Code Napoléon.

Nous avons montré déjà (p. 303 et 330) que les rapports, même à la belle époque des travaux préparatoires,
ne méritaient jamais qu'une confiance médiocre, parce
qu'ils étaient souvent l'expression de sentiments tout indi-
viduels. C'est à eux surtout que s'adressaient nos critiques
générales. Mais que dirons-nous donc maintenant, qu'ils
sont devenus en quelque sorte des exercices de rhétorique, et quelle autorité pourrons-nous sérieusement leur
reconnaître ?

IV. — Resteraient, il est vrai, les discussions du Conseil d'État qui, à toutes les époques, ont une valeur bien
moins contestable que celle des rapports, et présentent,
par suite du choc même des opinions diverses qui se suc-
cèdent, une sorte de signification impersonnelle : ce qui a
fait dire bien des fois que nous assistions, dans ces procès-
verbaux, à la formation de la pensée du législateur.

(1) N'est-ce pas un peu ce procédé qui a été mis en pratique pour notre
article 46 ? Et si la crainte de se compromettre en traitant des matières qu'on
ne connaît point ne paraît pas pouvoir s'appliquer au comte Treilhard, ne serait-elle pas assez vraisemblable en ce qui concerne M. de Noailles?

Malheureusement, les discussions du Conseil d'État, relativement à la loi du 20 avril 1810, ne nous sont point parvenues. Les procès-verbaux des séances de cette époque, conservés au secrétariat général du Conseil d'État, ne contiennent que des protocoles administratifs, mentionnant les sujets mis en discussion et les textes définitivement arrêtés. On n'y trouve même point la liste des membres du Conseil d'État présents à ces séances, de sorte que nous ne pouvons pas dire au juste si Merlin y assistait, quoique cela paraisse trop vraisemblable pour n'être point vrai. (Voy. ci-dessus, p. 325 et 327.)

Il faut donc nous résigner à ignorer les discussions qui eurent lieu au Conseil d'État, puisque les procès-verbaux ne nous en laissent rien entrevoir. D'ailleurs il est permis de douter qu'elles fussent de nature à éclaircir complétement notre question. En effet, si le rôle du Conseil d'État n'avait pas diminué d'importance en 1810, — c'est plutôt le contraire qui serait vrai, — il avait peut-être un peu changé de nature et d'objet.

Pendant la seconde moitié de l'Empire, les membres du Conseil d'État, qui n'auraient dû avoir sur les affaires publiques qu'une influence collective, exerçaient cependant une action personnelle considérable. Cela tenait à ce qu'ils étaient fort souvent revêtus de missions extraordinaires relatives aux diverses branches du gouvernement, et destinées à transmettre d'une façon plus directe, plus rapide et plus sûre l'impulsion du pouvoir central (1).

(1) Bien que l'emploi de ces *missi dominici* soit renouvelé de Charlemagne, il serait assez difficile de croire qu'il ait été inspiré par un exemple aussi loin-

D'un autre côté, la sphère d'action du gouvernement s'était sans cesse élargie, le territoire s'agrandissait, et la situation politique se compliquait chaque jour davantage. C'était autant de causes qui augmentaient rapidement le nombre des affaires soumises au Conseil d'État, et restreignaient le temps qu'il pouvait consacrer à la pré-paration des lois proprement dites. Il était, du reste, impossible que l'importance de cette dernière tâche ne fût pas quelque peu diminuée par la suppression du Tribunat et l'amoindrissement progressif du Corps législatif, car le rôle attribué au Conseil d'État était en corrélation intime avec celui de ces deux dernières assemblées. Destiné d'abord à préparer des lois qu'il devait soutenir ensuite dans une discussion publique, le Conseil d'État se consacrait de plus en plus à l'élaboration de mesures gouvernementales.

Sans doute, en 1810 comme en 1803, les lois proprement dites étaient discutées au Conseil d'État avant d'être soumises au Corps législatif. Mais, en 1803, tout s'élaborait et se discutait dans les assemblées générales de ce Conseil ou dans les séances particulières de ses diverses sections. Les premières bases de chaque projet étaient elles-mêmes établies dans le Conseil d'État par des commissions spéciales choisies parmi ses membres. C'était là,

---

tain ; mais ils ressemblent beaucoup aux représentants que la Convention prenait dans son sein pour les envoyer assurer partout l'exécution de ses décrets, en leur confiant des pouvoirs exceptionnels. On avait pu apprécier l'énergique efficacité de ce moyen de gouvernement, et il est vraisemblable que c'est ce précédent qui a donné l'idée des missions extraordinaires confiées aux membres du Conseil d'État.

pour ainsi dire, que résidait en fait l'initiative des lois, et, lorsque l'idée première venait de Napoléon lui-même, c'était dans le sein du Conseil qu'il l'apportait. En 1810, au contraire, le Conseil d'État était surchargé de tant d'affaires, qu'il semblait utile d'alléger sa tâche, et les bureaux des ministères se chargeaient le plus souvent d'une grande partie du travail. On lui apportait alors un projet déjà ébauché, qu'il discutait et remaniait ensuite, à peu près comme l'aurait fait une véritable Assemblée législative. Cette remarque doit surtout être vraie pour les lois qui touchent, — comme celle du 20 avril 1810, — à l'organisation des pouvoirs ou à la politique générale du gouvernement.

§ **VII. Nouveaux documents relatifs à la préparation de la loi du 20 avril 1810. — Discussion de ces documents. — Corrélation intime de la loi de 1810 avec les scandales de Bruxelles et de Pau.**

I. — Quand nous écrivions ce qui précède, nous ne connaissions des travaux préparatoires de la loi du 20 avril 1810 que ce qui a été publié depuis longtemps, c'est-à-dire l'exposé des motifs par le conseiller d'État comte Treilhard au Corps législatif, et le rapport fait par M. de Noailles au nom de la commission de législation de ce même corps. Depuis (1), nous avons pu étudier

(1) C'est seulement le 4 février 1868 que j'ai eu en main pour la première fois les pièces dont je vais parler. A ce moment, les feuilles précédentes, jusqu'à la page 305, étaient déjà tirées, et les feuilles suivantes mises en pages jusque vers la fin du chapitre VI. Dans la feuille 20, qui était sous presse, j'ai pu modifier seulement une ligne à la page 309 pour y introduire un renvoi au § VII que j'ajoute ici.

C'est grâce à la bienveillante intervention de M. Duvergier, président de la section de l'intérieur, de l'instruction publique et des cultes, au Conseil d'État, un certain nombre de documents déposés aux archives du Conseil d'État et restés inconnus jusqu'ici. Ce sont les dossiers 36265, 36280 et 36511, et le tome XIXᵉ des imprimés faits pour l'usage du Conseil d'État, pièces portant pour signature le n° 1728. Ces documents, sans résoudre complétement notre question, jettent cependant de nouvelles lumières dans le débat, et peuvent servir à tracer un historique assez complet des travaux prépara-toires de la loi du 20 avril 1810 à partir du moment où le Conseil d'État en a été saisi.

La pièce la plus ancienne qu'on trouve dans ces divers dossiers est une épreuve intitulée : *Projet de loi présenté par Son Excellence le grand juge, relatif à l'organisation judiciaire*, et portant, imprimée de l'imprimerie impé-riale, la date du 18 novembre 1808. C'est le projet pré-senté par le ministre de la justice à l'Empereur pour être renvoyé à l'examen du Conseil d'État. Il comprend 55 ar-ticles, et le chapitre VI, portant la rubrique : *Du minis-tère public*, est conçu en ces termes :

« 33. Les procureurs généraux exerceront l'action de » la justice criminelle dans toute l'étendue de leur res-» sort; ils veilleront au maintien de la discipline dans la » Cour impériale, dans les Cours d'assises et dans tous » les tribunaux; ils auront la surveillance sur tous les » officiers de police judiciaire et officiers ministériels » du ressort.

que j'ai obtenu communication de ces documents. Je le prie d'agréer ici l'expres-sion publique de ma reconnaissance, ainsi que M. A. Valette, professeur à la Faculté de droit de Paris, qui a bien voulu m'aider de son entremise en cette circonstance.

» En matière civile, ils agiront d'office dans tous les
» cas qui intéresseront l'ordre public et qui sont spéci-
» fiés par la loi.

» Ils surveilleront en général l'exécution des lois, des
» arrêts et des jugements.

» 34. Les procureurs impériaux criminels, les substi-
» tuts des procureurs généraux, les procureurs impériaux
» et leurs substituts, exerceront la même action dans les
» mêmes cas et d'après les mêmes règles, sous la direc-
» tion du procureur général. »

Voilà le premier texte connu, celui qui représentait
le résultat final du travail du ministère de la justice.

Onze jours après, le 29 novembre 1808 (la date est
toujours imprimée avec la mention de l'imprimerie impériale), nous trouvons trois épreuves successives d'une
nouvelle rédaction intitulée : *Projet de loi sur l'administration de la justice en France*, qui diffère assez notablement de celle du ministre et ne contient plus que
52 articles. Voici, d'après la troisième épreuve, le texte
du chapitre V, qui porte pour rubrique : *Du ministère
public :*

« 32. Les procureurs généraux exerceront l'action de
» la justice criminelle dans toute l'étendue de leur res-
» sort ; ils veilleront au maintien de la discipline dans
» tous les tribunaux ; ils auront la surveillance de tous
» les officiers de police judiciaire et officiers ministériels
» du ressort.

» 33. En matière civile, le ministère public agit d'of-
» fice dans les cas spécifiés par la loi.

» Il surveille l'exécution des lois, des arrêts et des
» jugements; il poursuit d'office cette exécution dans
» les dispositions qui intéressent l'ordre public.

» 34. Les substituts du procureur général exercent la
» même action dans les mêmes cas, d'après les mêmes
» règles, sous la surveillance et la direction du procu-
» reur général. »

Ce texte porte imprimée en marge la mention : *Section
de législation. M. le comte Treilhard, rapporteur.*

Ces deux textes sont réunis sous le titre de : *Projets de
loi relatifs à l'organisation judiciaire,* dans un petit cahier
imprimé à la date du 2 décembre 1808. Le premier texte
est intitulé : *Projet de loi présenté par Son Excellence le
grand juge;* et le second : *Projet de loi présenté par la
section de législation.* C'est ce second projet qui l'emporte ; nous en trouvons une deuxième rédaction datée
en imprimé du 5 décembre 1808, et le lendemain 6,
l'assemblée générale du Conseil d'État en est saisie par le
comte Treilhard au nom de la section de législation, ainsi
qu'on le voit dans les registres des procès-verbaux conservés au secrétariat général du Conseil d'État. Il est sans
intérêt pour notre question de continuer plus loin l'historique des travaux préparatoires, puisque l'article 33, qui
a pris le n° 46 dans la rédaction définitive, n'a plus subi
aucune modification. (Voy. la note page 340.)

II. — Que se passe-t-il à la section de législation entre
le 18 novembre et le 6 décembre 1808 ? Nous l'ignorons
absolument, car il ne reste plus, — c'est du moins ce qui
m'a été assuré au secrétariat de la section de législation,

— aucun procès-verbal des séances de cette section à
cette époque, et, vu le nombre extrêmement restreint
de ses membres (trois ou quatre en service ordinaire et
autant en service extraordinaire), il ne paraît même pas
bien certain qu'on en ait jamais dressé régulièrement.
Nous en sommes donc réduit à des conjectures sur les
motifs qui déterminèrent l'adoption de telle ou telle
disposition.

Ce défaut de documents ne nous permet pas non plus
d'affirmer d'une manière positive que Merlin prit part à
cette discussion, ce qui aurait une grande importance par
suite de l'opinion qu'il exprima plus tard si énergiquement. Cela est cependant fort probable en raison de l'objet
de la loi (voy. p. 326). Il est vrai que Merlin n'était que
conseiller d'État en service extraordinaire ; mais comme la
section de législation ne renfermait alors que trois membres, ou quatre au plus, en service ordinaire, il semble
qu'elle n'aurait pu suffire à sa tâche sans l'assistance
plus ou moins régulière de ses membres en service extraordinaire ; et nous voyons en effet que l'un de ceux-ci,
M. Muraire, premier président de la Cour de cassation,
fut désigné par le décret impérial du 11 avril 1810 (dossier 36511) comme l'un des trois commissaires chargés
de défendre la loi sur l'organisation judiciaire devant le
Corps législatif, ce qui fait supposer qu'il avait pris une
part active à la discussion de cette loi.

D'un autre côté, le projet du ministre devait être accompagné d'un rapport à l'Empereur ; il avait dû aussi
être précédé d'un travail préparatoire dans les bureaux

du ministère, probablement aussi d'informations recueillies auprès des parquets, etc. Ces documents administratifs sont peut-être les plus importants de tous à cette époque (voy. ci-dessus, p. 334), et ils nous apprendraient sans doute quel était le but qu'on voulait atteindre en introduisant les mots « ordre public » dans le texte de l'article 46. Malheureusement je n'ai rien pu en retrouver jusqu'ici. Aux archives du ministère de la justice et à la direction des affaires civiles de ce ministère, il ne reste plus de pièces remontant à une date aussi reculée; elles ont été transportées depuis 1848 aux Archives générales de l'empire, et, dans les notes conservées aux archives du ministère sur les documents de cette époque qu'elles ont possédés autrefois, il ne paraît exister aucune trace d'un dossier consacré à la loi du 20 avril 1810. Quant aux Archives générales de l'empire, on comprend que, dans ces conditions, il est assez difficile d'y découvrir les pièces qui peuvent être relatives à notre loi (1).

(1) On trouve dans le dossier 36511 des archives du Conseil d'État, et dans le tome XIXᵉ de ses imprimés, sous les nᵒˢ 1728 *quater*, *quinquies* et *sexies*, deux rapports du ministre de la justice et un rapport de Treilhard. Mais ces rapports ne sont pas directement relatifs à la loi du 20 avril 1810; ils concernent les décrets des 6 juillet et 18 août suivants, qui la complétèrent en réglant les points de détail. On considérait le tout comme formant l'ensemble d'une seule affaire. Ces rapports contiennent du reste plusieurs détails intéressants.

Le projet de loi présenté par la section de législation, après avoir été discuté par l'assemblée générale du Conseil d'État, les 6 décembre 1808, 28 janvier et 11 février 1809, avait été adopté le 22 avril 1809. Le projet de décret présenté par le ministre après cette adoption entraînait une augmentation de dépenses de 4 millions. L'Empereur désirait qu'on l'évitât. Pour y parvenir, le ministre propose une réduction du nombre des tribunaux.

« On peut bien présumer, dit le ministre, que dans les départements dont

Nous sommes [donc]forcé de discuter les deux textes primitifs sans documents qui nous révèlent leurs motifs et nous expliquent leurs différences.

III. — Le premier fait qui doit attirer notre attention, c'est que la préparation de la loi du 20 avril 1810 remonte beaucoup plus haut qu'on ne pouvait s'y attendre.

la population est de cent à trois cent mille âmes, il ne faut pas plus de deux tribunaux de première instance ; que dans les départements qui ont une population de trois cents à cinq cent mille âmes, trois tribunaux suffiraient aux besoins des justiciables ; enfin que les départements dont la population excède cinq cent mille âmes n'ont pas besoin de plus de quatre tribunaux d'arrondissement ; je crois même que le département du Nord est le seul où quatre tribunaux soient rigoureusement nécessaires. — En partant de cette première base, on trouve que les quatre cent soixante-cinq tribunaux de première instance qui existent aujourd'hui dans toute l'étendue de l'empire pourraient, sans beaucoup d'inconvénients, être réduits à trois cents... » Le ministre demandait, en outre, à transporter le tribunal de Valenciennes à Douai.

Treilhard approuve cette suppression « de tribunaux de première instance reconnus évidemment inutiles et placés dans des lieux où il est impossible de trouver des juges ». Il pense même que cette mesure doit conduire à supprimer également un certain nombre de sous-préfectures. Par contre, il voudrait élever la compétence des juges de paix jusqu'à cent francs en dernier ressort et deux cents francs à charge d'appel, réforme opérée plus tard par la loi du 25 mai 1838.

Treilhard propose en outre de permettre aux tribunaux de première instance de continuer à prononcer en matière civile à trois juges seulement, au lieu de quatre qu'exigeait le projet de loi adopté le 22 avril 1809, ce qui a été admis en effet dans l'article 40 de la loi du 20 avril 1810.

Par suite de cet incident financier, le projet de loi sur l'organisation judiciaire fut discuté de nouveau dans l'assemblée générale du Conseil d'État, les 27 février, 13, 15 et 17 mars 1810, et définitivement adopté le 20 mars. Le dossier 36511 et le tome XIXe des imprimés du Conseil d'État contiennent cinq rédactions successives qui jalonnent, pour ainsi dire, le chemin parcouru par la discussion.

Les rapports du ministre de la justice et de Treilhard montrent qu'en 1810 on comprenait déjà que les petits tribunaux et les petites sous-préfectures sont plus nuisibles qu'utiles. Mais combien leur suppression est plus désirable encore, aujourd'hui que les communications sont devenues infiniment plus faciles et plus rapides !

Nous avons vu, en effet, que le premier projet présenté
par le ministre était imprimé le 18 novembre 1808, et ce
projet devait être élaboré depuis longtemps déjà dans les
bureaux du ministère. Comme on n'a pas encore retrouvé
jusqu'ici les documents relatifs à ce travail préparatoire
du ministère, il est impossible de dire à quelle époque il
a commencé. Il est certain toutefois qu'on s'en occupait
déjà depuis quelque temps le 5 janvier 1808. Voici ce qui
le prouve. Nous avons trouvé aux Archives de l'empire
(Section législative et judiciaire, ministère de la justice,
Direction des affaires civiles, liasse du département des
Basses-Pyrénées contenant les pièces de 1808 et 1809)
un mémoire d'un avocat de Pau, nommé Mailhos, contenant un projet d'organisation judiciaire, et accompagné
d'une lettre, datée du 5 janvier 1808, dans laquelle
l'auteur motive l'envoi de ce mémoire par les projets de réorganisation judiciaire que le gouvernement
élaborait en ce moment. La nature des questions abor-
dées dans ce mémoire démontre du reste, avec évidence,
qu'il ne pouvait pas y avoir là d'allusion au décret du
30 mars 1808 exclusivement relatif à la discipline des
Cours et tribunaux (1). Ainsi, dès avant le 5 janvier 1808

(1) Comme les rapports du ministre de la justice et du comte Treilhard
(voyez ci-dessus la note p. 341), le mémoire de Mailhos propose de supprimer
les tribunaux de première instance des petites villes et d'élever le taux de la
compétence des juges de paix. Il va même encore plus loin, puisqu'il ne voulait établir qu'un seul tribunal civil par département, ce qui avait existé sous
l'empire de la constitution directoriale de l'an III, jusqu'à la loi du 27 ventôse
an VIII. Il demandait en outre la réunion des plus petits départements aux départements voisins. On voit que l'opinion du comte Treilhard et du ministre de
la justice n'était pas isolée.

il était déjà public qu'on s'occupait, au ministère de la justice, d'un projet de loi sur l'organisation judiciaire. Si l'on pouvait fouiller toutes les archives de cette époque, on trouverait sans doute beaucoup d'autres pièces qui conduiraient à la même conclusion.

C'est précisément, selon toute vraisemblance, dans la première partie de l'année 1808 que le ministre de la justice fut consulté par le procureur général de la Cour de Bruxelles sur l'affaire dont nous avons déjà parlé plusieurs fois (voy. ci-dessus, p. 76, 300, 309, 315, 323, 327). Le jugement prononçant la nullité de mariage, obtenue collusoirement par les parties, avait été rendu par le tribunal de Bruxelles le 11 août 1807; mais cette collusion n'avait été soupçonnée que plus tard, après la transcription du jugement sur les registres de l'État civil, et lorsque le mari se disposait à contracter un nouveau mariage avec la sœur cadette de sa première femme. Il est donc probable que c'est seulement en 1808 que le procureur général de Bruxelles demanda au ministre s'il avait le droit d'agir par voie d'appel, d'autant plus que l'arrêt de la Cour de Bruxelles n'intervient que le 1er août 1808.

Merlin nous apprend la perplexité du ministre vis-à-vis de cette demande et son embarras pour trouver une base légale à l'action du ministère public. S'il finit par *prendre sur lui*, comme dit Merlin, d'engager le procureur général de la Cour de Bruxelles à interjeter appel, ce n'est pas qu'il ait trouvé un bon argument juridique, c'est parce qu'il est « frappé du scandale qu'il y aurait à laisser célébrer un mariage qui est évidemment projeté en fraude de la loi ». Or, c'est en ce moment même qu'il préparait la loi nouvelle. Comment donc n'aurait-il pas songé à y introduire une disposition qui évitât le retour de pareils embarras et mît hors de conteste pour l'avenir le droit d'action du ministère public? Comment Merlin, avec l'opinion qu'il a exprimée plus tard, n'aurait-il pas énergiquement insisté auprès du ministre pour faire consacrer ce droit en termes formels, lorsque la pratique venait au moment même démontrer sa nécessité d'une manière si évidente, qu'on était obligé de lui chercher une base en dehors de la légalité rigoureuse, pour défendre l'ordre public compromis?

Ce qui fortifie encore cette présomption, c'est que le projet de loi imprimé le 18 novembre 1808 était peut-être entièrement rédigé au ministère, au moins dans la partie qui nous intéresse, avant que l'on connût l'arrêt de la Cour de Bruxelles du 1er août 1808, qui avait donné gain de cause à la tentative hardie du ministre en faveur de l'ordre public, et prouvé que la magistrature ne se montrerait pas toujours trop difficile pour suppléer à l'insuffisance de la loi par une jurisprudence complaisante.

D'ailleurs, en admettant même que la rédaction du 18 novembre 1808 ne remonte pas jusqu'au 1er août précédent, les perplexités du ministre de la justice sur l'efficacité de la législation actuelle n'en auraient pas été moins grandes; car si les mauvais arguments du ministère public, les seuls qu'on pût trouver alors, étaient parvenus à triompher devant la Cour de Bruxelles, les inquiétudes avaient été ravivées par le scandale de Pau, bien plus grave encore que celui de Bruxelles. Il s'agissait en effet d'un mariage qu'on avait fait collusoirement annuler, pour bigamie prétendue, le 3 août 1807, par un tribunal de ce ressort, en s'appuyant sur « une pièce fabriquée dans les ténèbres pour mettre impunément une femme adultère dans les bras de son complice », et constatant un mariage antérieur qui n'avait jamais existé. C'est le 5 juillet 1808 que cette pièce est déclarée fausse par un arrêt de la Cour de justice criminelle des Basses-Pyrénées, et par conséquent le vice du jugement du 3 août 1807 légalement établi.

Il est probable que le procureur général demanda immédiatement après des instructions au ministère de la justice en ce qui concerne ce dernier jugement; au moins dut-il le faire dès qu'il eut connaissance de l'arrêt de la Cour de Bruxelles du 1er août 1808. Cependant les instructions ne furent envoyées que plus tard, car l'appel du procureur général de Pau n'a été interjeté qu'après le 5 octobre 1808 (Merlin, *Répertoire*, v° Mariage, sect. VI, § III, n° 3, 4° édit., t. XVI, p. 785). Mais elles ne doivent pas être de beaucoup postérieures à cette date, puisque l'arrêt de la Cour de Pau intervint le 28 janvier 1809. Le ministère de la justice devait donc être instruit des scandales de Pau, lorsqu'il mettait la dernière main au projet imprimé le 18 novembre 1808, et il ne pouvait prévoir encore si la Cour de Pau se montrerait aussi facile que l'avait été celle de Bruxelles pour admettre l'action du ministère public.

IV. — On a publié en 1851, à l'occasion de l'affaire Vergniol, une analyse des instructions envoyées par la chancellerie au procureur général de la Cour de Pau (voy.
ci-dessus, p. 77). Cette analyse se trouve en effet textuellement dans un registre conservé aux archives du ministère
de la justice, sous le titre : B-8, Division civile, 1809,
et contenant des décisions sur divers points de droit, rangées par ordre alphabétique, avec les numéros d'ordre des
affaires, ce qui permet de se reporter aux circonstances
dans lesquelles elles avaient été rendues. Elle figure dans
la deuxième partie, intitulée : *Tribunaux civils et tribunaux de commerce*, sous la rubrique : *Mariage (nullité,
ministère public)*, et avec le n° 5660. On sait que, d'après
ses termes, le grand juge fondait le droit d'action du ministère public en matière de validité de mariage sur l'argument à fortiori tiré des articles 184 et 191, C. Nap.

Mais il existe sur le même registre, à quelques lignes
d'intervalle, une autre analyse portant aussi le n° 5660
et placée sous la rubrique : *Mariage (validité, ministère
public)*. Voici les termes dans lesquelles elle est conçue :
« Il résulte de diverses dispositions du Code Napoléon
» relatives au mariage que, dans les questions qui s'élè-
» vent sur sa validité, *comme dans toutes celles qui tien-
» nent essentiellement à l'ordre général*, le ministère public
» doit spécialement intervenir. » D'après la similitude
des numéros et des rubriques, il semble vraisemblable
que cette seconde analyse se rapporte à la même affaire
que la précédente.

Or, on voit que dans cette nouvelle version, le grand

juge aurait invoqué l'intérêt de « l'ordre général » comme
fondement du droit d'action du ministère public. Il serait
donc très-important d'avoir le texte même de ces instructions pour savoir au juste sur quels motifs elles se fon-
daient réellement ; d'autant plus que le ministre y an-
nonçait peut-être l'introduction, dans le projet de loi sur
l'organisation judiciaire, d'un article destiné à lever toutes
les incertitudes en accordant formellement au ministère
public le droit d'action dans l'intérêt de l'ordre public :
ce qui mettrait hors de doute l'intention des auteurs de
l'article 46. Malheureusement, je n'ai pu retrouver la minute de ces instructions, ni aux archives du ministère
de la justice, ni aux Archives générales de l'empire, et
l'original n'existe plus au parquet de la Cour de Pau, où
M. Daguilhon, le procureur général actuel, a bien voulu
le faire rechercher sur ma demande.

Il ne serait pas impossible que Merlin fût intervenu
dans cette affaire de Pau, comme pour celle de Bruxelles.
En effet, dans un registre conservé aux archives du ministère de la justice (1808-1809, Division civile, B-8), et
qui semble relater jour par jour toutes les pièces de la
correspondance du ministère (affaires civiles), on trouve,
sous le n° 5660, la mention suivante : « Le procureur
» général de la Cour de cassation transmet une lettre du
» procureur général de la Cour d'appel de Metz, relative
» au jugement du tribunal, etc. » Il est probable qu'au
lieu de « Metz » il faut lire « Pau » ; hypothèse qui n'a
rien d'étonnant, car ce n'est pas la seule erreur de ce
genre qu'on puisse relever dans ce registre.

V. — Après avoir démontré la corrélation intime qui
a existé entre les scandales de Bruxelles et de Pau, et
la préparation de la loi du 20 avril 1810 au ministère
de la justice, il faut maintenant discuter la rédaction de
l'article du projet du grand juge, qui est devenu plus
tard notre article 46, et comparer cette rédaction à celle
de la section de législation.

Reprenons le texte du projet du grand juge, imprimé
le 18 novembre 1808 :

« En matière civile, ils (les procureurs généraux) agi-
» ront d'office dans tous les cas qui intéresseront l'ordre
» public ET qui sont spécifiés par la loi.

» Ils surveilleront en général l'exécution des lois, des
» arrêts et des jugements. »

Il semble d'abord que, pour être la consécration complète du système extensif que nous avons défendu, le
premier alinéa devrait contenir le mot « OU » au lieu du
mot « ET »; il serait alors très-clair que le rédacteur entendait autoriser l'action du ministère public dès qu'une
des deux conditions était remplie, soit que le cas inté-
ressât l'ordre public, soit qu'il fût spécifié par la loi;
tandis qu'avec le mot « ET », on peut l'entendre en ce sens
que les deux conditions étaient exigées cumulativement.

Mais il ne faut pas attacher trop d'importance à une
particule si mince, qu'elle se glisse pour ainsi dire dans
la phrase sans être aperçue, et qui n'est, d'ailleurs, bien
souvent qu'une erreur de plume, quelquefois même une
faute de copiste ou une coquille typographique.

D'un autre côté, prétendre que, d'après ce texte, le

ministère public ne pourrait plus agir dans un cas formellement spécifié par la loi sans démontrer auparavant
que ce cas intéressait l'ordre public, c'est supposer une
théorie étrange qui aurait eu pour résultat de bouleverser l'économie de toutes les lois antérieures et d'engendrer des difficultés d'application dont il était impossible
d'apercevoir les limites. Cette théorie est précisément
une conséquence que nous avions essayé de tirer du
système restrictif (voy. ci-dessus, p. 138 et suiv.) pour
en faire un argument contre lui, mais que ses partisans
se garderaient bien d'accepter jamais. Il n'est pas besoin
d'ajouter qu'elle serait en contradiction aussi directe que
possible avec les tendances du gouvernement d'alors,
l'esprit de toutes les lois de cette époque et de la loi du
20 avril 1810 elle-même, enfin avec les besoins impérieux
qui se manifestaient en ce moment même dans la pratique
à Bruxelles et à Pau (1).

Dira-t-on qu'il faut entendre le projet du grand juge
en ce sens que le ministère public agirait d'office dans
les cas qui intéressent l'ordre public, lesquels cas sont spécifiés par la loi ? Mais, avec cette nouvelle interprétation,

(1) Un arrêt de la Cour de cassation, section des requêtes, du 9 décembre
1819, cité plus loin (page 406), emploie des expressions analogues à celles du
projet du grand juge ; mais il exige d'abord que les cas soient spécifiés par la
loi, et ajoute seulement ensuite qu'ils intéressent l'ordre public. On pourrait
donc plus facilement y considérer la mention de cette dernière circonstance
comme un simple développement, d'autant plus que les motifs d'un arrêt ne
sont pas tenus à la même concision qu'un texte de loi. Cependant, quoique
l'arrêt du 9 décembre 1819 repousse dans l'espèce l'action du ministère public, il ne paraît pas lui refuser d'une manière générale le droit d'agir dans
les circonstances qui intéressent l'ordre public, lorsqu'elles n'ont pas été spécifiées par la loi. (Voy. plus loin, p. 409.)

le premier alinéa serait fort mal rédigé, puisqu'au lieu des mots « ET QUI », il faudrait supposer « LESQUELS », et ne voir qu'une seule disposition dans une phrase où l'emploi de la disjonctive ET suppose nécessairement que le rédacteur a voulu en mettre deux.

Quelles sont donc ces deux dispositions distinctes qu'il faut absolument trouver pour respecter le texte à la lettre ? Est-ce l'établissement de deux conditions exigées cumulativement pour que le ministère public ait le droit d'agir d'office ? Mais nous venons de montrer que ce cumul aurait été un principe irraisonnable, qu'aucun système ne voudrait accepter aujourd'hui, et qui, de plus, était à cette époque en opposition complète avec l'esprit du gouvernement et celui de la loi elle-même. Puisque les conditions d'existence imposées au droit du ministère public ne peuvent nous fournir les deux dispositions dont nous avons besoin, il faut donc bien qu'elles se trouvent dans les cas d'application de ce droit; il faut que nous ayons deux séries de cas consacrés ; il faut que le ministère public puisse agir « dans tous les cas qui intéressent l'ordre public et ceux qui sont spécifiés par la loi ».

Sans doute, pour rendre ma phrase plus claire, j'ajoute le mot « ceux » dans le texte; mais ce mot n'est pas indispensable, et il arrive tous les jours qu'on le supprime en pareille circonstance ; sa seule fonction est de tenir la place du mot « cas », qui est tout près, et ne semble point, par conséquent, avoir grand besoin d'être répété. Puis le mot « ceux » produisait là une altération désagréable et alourdissait la phrase ; or, ne sait-on pas que les rédacteurs de nos lois ont plus d'une fois sacrifié la rigoureuse exactitude du texte à de pareils scrupules d'élégance ?

VI. — Mais laissons là ces arguties de grammaire. Croit-on que celui qui écrit un projet de loi discute ainsi chacun de ses mots et s'arrête à de pareilles subtilités de langage ? Il procède bien plus largement, et on l'étonnerait souvent beaucoup en lui apprenant toutes les finesses qu'on a cru découvrir dans ses paroles. Pour saisir sa véritable intention, il ne faut pas épeler chaque syllabe, mais prendre la phrase dans son ensemble. Or, quelle pourrait être l'utilité véritable de ces mots, « qui intéresseront l'ordre public », s'ils ne signifiaient pas que le ministère public pouvait agir dans les cas qui intéresseront l'ordre public? Si le grand juge n'avait voulu accorder le droit d'action au parquet que dans les cas spécifiés par la loi, comment l'idée lui serait-elle venue de parler ici de l'intérêt de l'ordre public? Dans cette dernière hypothèse, rien ne pouvait faire naître une préoccupation de ce genre, ni surtout en provoquer la mention dans l'article. Les dispositions de la loi sur les cas spécifiés suffisaient largement, et un pareil commentaire n'était propre qu'à les obscurcir.

Enfin, est-ce que ces mots ne s'illuminent pas d'une clarté saisissante, quand on les rapproche des circonstances dans lesquelles ils ont été écrits? Nous avons montré, en effet (voy. ci-dessus, p. 344), qu'en ce moment même le grand juge était instruit des scandales de

Bruxelles et de Pau, qui portaient une atteinte si directe
à l'ordre public, et cherchait une base légale à l'action
du ministère public, qui pouvait seule les faire réprimer.
Un semblable rapprochement ne lève-t-il pas tous les
doutes? ne montre-t-il pas, dans notre texte, d'une manière évidente, la conséquence immédiate des inquiétudes
du ministre? peut-être même le résumé des instructions
(voy. ci-dessus, p. 346) qu'il envoyait au procureur général de la Cour de Pau? N'est-ce pas le vivant commentaire du passage de Merlin (voy. ci-dessus, p. 317), resté
jusqu'ici un peu vague, où l'illustre procureur général
nous montre le législateur, averti par les scandales de
Bruxelles et de Pau, se décidant sous cette influence à
donner le droit d'action au ministère public dans l'intérêt de l'ordre public?

VII. — On peut donc regarder comme incontestable,
dans le projet du grand juge, le droit d'action du ministère public en faveur de l'ordre public. Mais, entre le
18 et le 29 novembre 1808, ce projet fut discuté dans la
section de législation, et, à la suite de cette discussion, elle
rédigea un nouveau projet dans lequel l'article qui correspond à notre article 46 est conçu dans les termes où
il fut voté plus tard : « En matière civile, le ministère
» public agit d'office dans les cas spécifiés par la loi », dit le
premier alinéa de cet article, qui portait alors le n° 33. La
section de législation efface donc les mots : « *qui intéresseront l'ordre public* », sur lesquels se fondait le droit
d'action du ministère public. N'est-il pas raisonnable
d'en conclure qu'elle veut restreindre cette action aux cas
spécifiés par la loi?

Cette conclusion serait en effet légitime, si là se bornaient les changements introduits par la section de législation. Mais elle a modifié aussi le second alinéa de l'article ; et, en réalité, elle n'a pas supprimé les mots décisifs, elle les a simplement changés de place.

Dans le projet du grand juge, le second alinéa était conçu en ces termes :

« Ils (les procureurs généraux) surveilleront en général » l'exécution des lois, des arrêts et des jugements. »

Il est certain qu'il n'y avait là en faveur du ministère public l'établissement d'aucun droit d'action. Cela était inutile, en effet, puisque le premier alinéa y avait déjà pourvu par une disposition assez large pour satisfaire à toutes les exigences de la pratique. Aussi le grand juge, en s'inspirant, pour écrire le second alinéa, du commencement de l'article 5, titre VIII, de la loi des 16-24 août 1790 (voy. ci-dessus, p. 284), s'était-il bien gardé de reproduire la suite de cet article, qui chargeait le ministère public de poursuivre d'office l'exécution des jugements intéressant l'ordre public. Cette disposition aurait été sans objet, et elle aurait fait double emploi avec ce que disait déjà le premier alinéa.

Voici maintenant ce que devient le second alinéa entre les mains de la section de législation :

« Il (le ministère public) surveille l'exécution des lois, » des arrêts et des jugements ; *il poursuit d'office cette* » *exécution dans les dispositions qui intéressent l'ordre* » *public.* »

N'est-il pas vrai de dire qu'il n'y a rien de supprimé,

et que tout se borne à un changement de place? La disposition que la section de législation enlève du premier alinéa, elle la transporte, en termes peu différents, à la fin du second, et, au droit d'agir d'office dans les cas qui intéressent l'ordre public, elle substitue le droit de poursuivre d'office l'exécution des lois, arrêts et jugements dans les dispositions qui intéressent l'ordre public : quelle différence sérieuse pourrait-on établir entre ces deux rédactions ?

Il n'y a donc dans ces changements aucune circonstance autorisant à prétendre que la section de législation a voulu enlever au ministère public le droit que lui accordait le grand juge. Si le second alinéa avait été rédigé primitivement tel que nous le trouvons aujourd'hui, on pourrait dire qu'en supprimant le droit d'action du ministère public en faveur de l'ordre public dans le premier alinéa, la section de législation avait oublié de supprimer en même temps dans le second alinéa les mots qui se référaient à ce droit. Mais ces mots, c'est elle-même qui les a introduits : comment cela serait-il compréhensible, si elle avait voulu éliminer la considération de l'ordre public, et restreindre l'action du ministère public aux seuls cas spécifiés? On ne saurait en donner aucune explication plausible.

D'ailleurs, une fois que le droit d'action du ministère public dans l'intérêt de l'ordre public était formellement proposé par le grand juge, il fallait donner des raisons pour l'écarter, soit devant la section de législation, soit plus tard devant l'assemblée générale du Conseil d'État, à laquelle le projet du grand juge et celui de la section paraissent avoir été soumis en même temps (voy. ci-dessus, p. 338), afin qu'elle pût choisir entre eux. Et quelles raisons décisives aurait-on trouvées vis-à-vis des scandales de Bruxelles et de Pau, qui démontraient en ce moment même, d'une manière si pratique, la nécessité de faire intervenir le ministère public, alors surtout qu'on ignorait encore s'il serait possible d'obtenir la répression de ces scandales? En effet, l'arrêt de la Cour de Pau est du 28 janvier 1809, et c'est à partir du 5 décembre 1808 que le projet du grand juge semble définitivement écarté.

Nous avons déjà indiqué plus haut tous les motifs qui militaient en faveur du droit du ministère public, et qui auraient certainement empêché la section de législation ou l'assemblée générale du Conseil d'État de supprimer ce droit. On verra, du reste, tout à l'heure (p. 362), qu'il faisait pour ainsi dire partie du plan même du gouvernement, et qu'il ne pouvait dès lors trouver des adversaires parmi les hommes qui étaient les mieux initiés à son esprit et qui participaient chaque jour d'une manière si directe à sa réalisation. D'un autre côté, il avait dans Merlin un défenseur aussi influent qu'énergique, qui aurait victorieusement répondu à toutes les critiques, s'il s'en était produit en sa présence; et il est tout à fait invraisemblable que l'illustre procureur général, membre de la section de législation, n'ait pas assisté aux séances de cette section et de l'assemblée générale du Conseil d'État, au moins les jours où l'on discutait la partie de la loi sur l'organisation judiciaire qui concernait le ministère public.

VIII. — Mais enfin, dira-t-on, si la section de législation voulait consacrer le droit d'action du ministère public dans l'intérêt de l'ordre public, comme l'avait fait le projet du grand juge, pourquoi donc modifiait-elle ce projet ? Sur ce point nous en sommes réduit à des conjectures, puisqu'il ne reste aucun procès-verbal des discussions qui pourraient seules nous apprendre les motifs allégués pour expliquer chaque changement. Mais l'important, c'était de démontrer que, sous une rédaction différente, la pensée avait dû rester la même.

D'ailleurs, le travail de la section de législation n'a pas consisté précisément à modifier tels ou tels articles dans le projet du grand juge. S'il en avait été ainsi, on pourrait dire jusqu'à un certain point que tout changement apporté au texte suppose naturellement une différence dans la pensée. Mais la section de législation n'a pas suivi cette marche ; elle a rédigé un nouveau projet en s'inspirant de celui du grand juge. Dès lors, parce qu'elle a employé des expressions différentes, il n'en résulte pas nécessairement qu'elle ait désapprouvé la rédaction du grand juge, et encore moins sa pensée ; cela peut tenir tout simplement à ce que ces expressions sont venues les premières sous la plume du rédacteur, qui n'avait pas de raisons pour les changer ensuite, puisqu'elles présentaient le même sens.

Ainsi le projet du grand juge s'occupait d'abord des tribunaux, et ensuite des Cours ; au contraire, le projet de la section débute par les Cours. Pourquoi avoir interverti cet ordre, et quelle conséquence voudrait-on en déduire? Pour être rangées autrement, les dispositions de la loi n'en ont-elles pas le même sens?

Dans le chapitre consacré au ministère public, on trouve des changements de rédaction qui n'ont certainement ni pour but, ni pour effet de modifier la pensée primitive (voy. ci-dessus, p. 336 à 338). Par exemple, le grand juge avait dit partout « les procureurs généraux », et non « le ministère public ». La section laisse la même expression dans le premier article, et, dans l'article suivant, la remplace par la seconde. Quelle intention pouvait-elle avoir? Était-ce de montrer que le droit d'agir en matière civile appartenait au procureur impérial aussi bien qu'au procureur général? Mais cela était inutile, puisque le dernier article du chapitre le disait formellement. D'un autre côté, si l'on voulait en conclure que devant les tribunaux de répression les procureurs impériaux n'ont pas le droit d'agir, on se mettrait en contradiction formelle avec ce dernier article, et l'on commettrait certainement une erreur. Ainsi la rédaction de la section de législation ne dit pas autre chose que celle du grand juge, et elle a même le désavantage d'être bien moins liée dans ses diverses parties, car le troisième article du chapitre ne doit plus maintenant se référer qu'au premier, et non plus au second.

Voilà bien la preuve qu'en adoptant une rédaction différente, la section de législation n'entendait pas toujours pour cela modifier la pensée du grand juge.

Enfin, la rédaction de la section de législation devait se présenter tout naturellement sous la plume du rapporteur, car elle est évidemment calquée sur l'article 5, titre VIII, de la loi des 16-24 août 1790, qui servait de guide dans la préparation de la loi nouvelle. (Voy. p. 161.)

La conclusion qui nous paraît démontrée par tout ce qui précède peut se résumer ainsi : 1° Le projet du grand juge consacrait formellement le droit d'action du ministère public en matière civile dans l'intérêt de l'ordre public. 2° En adoptant une rédaction nouvelle, la section de législation ne voulait pas modifier le système du grand juge. Le droit du ministère public est donc resté consacré.

§ VIII. — La tendance constante du législateur, en 1810, était d'étendre les attributions de tous les agents du pouvoir; c'est donc en ce sens qu'il faut interpréter l'article 46 de la loi du 20 avril 1810, pour rester dans son esprit.

I. — A défaut de discussions ou de rapports suffisamment explicites, — et les documents que nous venons d'analyser y suppléent en grande partie, — nous pouvons interroger l'esprit du gouvernement à cette époque; car il est clair que la loi rédigée par lui ou sous sa direction immédiate doit refléter ses opinions, et porter la marque de son caractère.

Or, il y avait sous l'Empire une tendance générale, chaque jour croissante, au retour vers le passé. On restaurait pièce à pièce l'ancien régime; les principes proclamés par l'Assemblée constituante étaient, sinon reniés

ouvertement, du moins bien souvent éludés dans la pratique ; et l'on tenait presque en suspicion tout ce qui
s'était dit ou fait depuis 1789 jusqu'à 1800. Tandis que
la constante préoccupation des premières assemblées
révolutionnaires, si fort en défiance contre la royauté
était de restreindre sa sphère d'activité et de prévenir ses
empiétements ultérieurs, on ne songeait, au contraire,
en 1810, qu'à étendre la main du pouvoir et l'action de
ses agents partout où ils n'avaient pas encore pénétré. Le
ministère public, en particulier, avait vu le cercle de ses
attributions s'élargir sans cesse, et il est certain qu'à la
veille de la loi du 20 avril 1810, son rôle dépassait singulièrement les limites restreintes que lui avait assignées
la loi de 1790, surtout en matière criminelle. Nous avons
déjà eu l'occasion d'indiquer plus haut (voyez surtout
p. 276 et suiv.), d'une manière succincte, les progrès les
plus importants de son droit d'action, et ces progrès justifient largement ce que nous disons ici. A priori, et avant
d'en pressentir aucune preuve, on doit donc bien moins
s'attendre à trouver, dans la loi de 1810, une reproduction
des principes consacrés en 1790 qu'une modification de
ces principes dans le sens des idées régnantes.

Rappelons-nous ce qu'on pensait du ministère public à
l'Assemblée constituante, et avec quelle rigueur on avait
mutilé ses attributions. Thouret proclamait que « dans
une monarchie, le pouvoir exécutif, résidant aux mains
d'un seul, a toujours un intérêt, une tendance et des
moyens qui peuvent devenir funestes aux droits et à la
liberté de tous ; qu'il fallait se tenir attaché au principe

de la démarcation sévère des fonctions entre le pouvoir exécutif et les représentants électifs du peuple ; qu'en l'appliquant à l'accusation publique, on reconnaîtrait d'abord, par la nature de cette fonction, qu'elle ne pouvait pas être une délégation constitutionnelle de la couronne, etc. » Quant au droit d'action en matière civile, on n'avait même pas songé à le discuter. Voilà quels étaient, en 1790, l'état de l'esprit public et le langage des députés. Quel changement, si nous nous transportons vingt années plus tard ! et comment admettre que des situations politiques aussi différentes aient abouti à des principes identiques en ce qui concerne les attributions du ministère public?

Personne assurément n'imaginerait que le discours de Thouret a été prononcé en 1810. Eh bien, si les motifs de la loi ancienne heurtaient si violemment les idées d'alors, est-il donc naturel de croire que les dispositions fondées sur ces motifs ont été maintenues. Peut-on s'arrêter à cette idée en songeant que les lois intermédiaires avaient presque toujours entamé, chaque fois que l'occasion s'en présentait, le principe posé en 1790, et que déjà ce principe, successivement battu en brèche de toutes parts, ne s'appliquait plus guère que dans les cas sur lesquels des lois nouvelles n'avaient pas encore eu à se prononcer? C'était la première fois, depuis 1790, qu'on reprenait les attributions du ministère public dans leur ensemble, et ce qu'on n'avait pu faire jusque-là que sur des applications particulières du principe, il était logique qu'on le fît alors sur le principe lui-même, en constituant à l'état de théorie générale, par une formule abstraite, l'action du ministère public en matière civile.

II. — Oublions un instant la date matérielle de la loi de 1810. C'est dix ans plus tôt, c'est-à-dire à l'avénement du Consulat, qu'il faudrait placer sa *date morale*, si je puis employer cette expression. C'est à ce moment, en effet, que se produit un changement complet dans l'esprit de nos lois, dans le caractère et les tendances de l'administration.

De 1790 à 1800, le but de toutes les constitutions, de tous les actes législatifs, c'était d'assurer la liberté du citoyen. Sans doute la pratique s'éloigna bien souvent de cet idéal, sous l'influence des entraînements révolutionnaires et des nécessités ou des préjugés du moment. Mais, en agissant ainsi, les chefs du gouvernement reconnaissaient eux-mêmes qu'ils reniaient leurs principes, et ils ne manquaient jamais de dire que leurs mesures étaient transitoires. *En théorie*, ce qui dominait alors, c'était donc à peu près l'idée formulée plus tard par un publiciste de nos jours, M. Stuart Mill : LE MOINS DE GOUVERNEMENT POSSIBLE ; c'est-à-dire libre champ à l'initiative individuelle, et attributions des agents du pouvoir central réduites à leur minimum, pour qu'elles n'entravent point cette initiative. Dans un plan comme celui-là, le ministère public ne devait point avoir le droit d'action.

En 1800, au contraire, le régime nouveau qui s'organise a pour principe avoué de donner le pas aux nécessités de l'ordre sur les exigences de la liberté. L'objectif du législateur a changé du tout au tout. Si je ne craignais

de me laisser entraîner par une antithèse, je le caracté-
riserais volontiers par cette formule : LE PLUS DE GOUVER-
NEMENT POSSIBLE. Ce qui veut dire : élargissement d'attributions pour tous les agents du pouvoir, chargés de
maintenir l'ordre à l'encontre de l'initiative des citoyens
qui pourrait le troubler.

Si tel est bien l'esprit du Consulat, — et tous ses actes
sont là pour le prouver, — comment, dans cette conception nouvelle, le ministère public, représentant du
pouvoir auprès des tribunaux, n'aurait-il pas eu le droit
d'agir dans l'intérêt de l'ordre public ? Il est évident que
ce droit devait faire partie intégrante du programme
de 1800. Seulement, ce programme était trop vaste
pour être appliqué partout en un jour, et il fallait courir
au plus pressé. Voilà pourquoi l'article 46-2° de la loi de
1810 n'a pas été voté dix ans plus tôt. — Mais, en attendant que le principe ait pu être écrit dans la législation,
on ne s'est point fait faute de l'appliquer par avance.
Qu'on nous cite, en effet, à partir de 1800, une seule loi,
je ne dirai pas qui restreigne sur un point quelconque
les droits du ministère public, mais qui néglige de lui
accorder l'action d'office dans un cas se rattachant à
l'ordre public, lorsque la nature du sujet était telle
qu'elle pouvait attirer de ce côté l'attention du rédacteur. (Voy. ci-dessus, p. 277 et suiv.)

Bien plus, on considérait déjà le principe du droit
d'action du ministère public comme virtuellement existant ; et l'article 2, titre VIII, de la loi de 1790, paraissait
implicitement abrogé aux yeux du gouvernement, sans

doute par le seul fait de l'installation du régime nouveau et des modifications qu'il avait introduites dans l'organisation judiciaire. N'est-ce point là, en effet, la seule idée qui puisse expliquer comment l'avis du Conseil d'État du 12 brumaire an XI (voy. ci-dessus, page 11) déclare « INCONTESTABLE » le droit d'action du ministère public en matière d'actes de l'état civil — (ou, plus exactement, d'omission d'actes de l'état civil, pour prendre le texte à la lettre), — *dans les circonstances qui intéressent l'ordre public*, alors qu'aucun acte législatif ne pouvait justifier à aucun degré une pareille doctrine? Ne devient-il pas surtout indispensable de recourir à cette explication pour comprendre la décision des ministres de la justice et des finances, du 6 brumaire an XI, qui chargeait le ministère public de poursuivre la rectification des actes de l'état civil concernant des individus reconnus indigents? Est-ce que personne aurait pu songer un seul instant à une pareille décision, si l'on avait regardé le principe de 1790 comme étant encore en vigueur?

Et ce n'est point là un acte isolé. Nous pourrions, par exemple, citer encore à la même époque l'arrêté du 13 brumaire an X (4 novembre 1801), relatif aux conflits d'attributions, dont l'article 1er charge le ministère public de requérir d'office le renvoi devant l'autorité compétente des questions portées devant les tribunaux et qui leur paraîtraient attribuées par la loi à l'autorité administrative. Il ne faudrait pas croire qu'il s'agisse là simplement du conflit élevé par l'administration : ce sont les articles 3 et 4 qui en parlent. L'article 1er, au contraire, suppose une action ordinaire sur laquelle le tribunal délibère et qu'il peut repousser comme toute autre (art. 2), s'il juge qu'elle n'est pas fondée, tandis que la notification d'un conflit est en quelque sorte un acte administratif qui arrête immédiatement toute procédure judiciaire (art. 3), et dont il n'est pas permis au tribunal d'apprécier le mérite. Voilà donc bien encore un droit d'action introduit sous le Consulat par simple arrêté du pouvoir exécutif.

De 1800 à 1810, la nature essentielle du gouvernement était restée la même, ou, si elle s'était modifiée, c'était pour développer davantage encore son caractère primitif. Le plan conçu à l'origine n'avait fait que s'étendre et s'affermir à mesure que son exécution devenait plus complète. Dès lors le gouvernement avait-il pu renoncer, en 1810, aux vues qui le dirigeaient sous le Consulat, et qu'il avait manifestées ou fait consacrer législativement à tant de reprises successives dans leurs applications particulières? Pouvait-il renier un principe qui devait faire une partie essentielle de son projet d'organisation, et qui se rattachait à la donnée même sur laquelle il s'était établi, la restauration et le maintien de l'ordre? Évidemment non.

Les actes du gouvernement prouvent en effet que, loin d'avoir abandonné ce principe, il ne cessait de l'appliquer et de l'étendre de plus en plus. Nous avons déjà cité (p. 278) la circulaire du ministre de la justice du 22 brumaire an XIV, ainsi que les décrets de 1809, relatifs aux lycées et aux fabriques d'églises, qui attribuaient le rôle de partie principale au ministère public dans des cas non prévus par la loi et qui ne semblent même pas intéresser l'ordre public. Ces deux décrets sont du reste postérieurs à la première adoption (22 avril 1809) du projet de loi de 1810 par le Conseil d'État (voyez ci-dessus, p. 340, note).

Ajoutons que la pratique, guidée par les circulaires et les décisions du ministère de la justice, favorisait chaque jour davantage l'extension des droits du ministère public. Les arrêts des Cours de Bruxelles et de Pau en sont un exemple remarquable; et lorsqu'on se reporte à la seconde analyse, citée plus haut (p. 346), des instructions envoyées au procureur général de la Cour de Pau, on voit que le ministre de la justice entendait faire donner dans la pratique un bien grand développement à l'action du parquet. (Voy. ci-dessus, p. 278.)

Nous avons rappelé, il est vrai (p. 298), plusieurs arrêts de cette époque qui repoussent le droit d'action du ministère public; mais ces arrêts étaient rendus dans des circonstances très-peu favorables. Ainsi, celui du 26 août 1807 avait à réprimer plusieurs violations flagrantes de la loi (voy. ci-dessus, p. 320), et dans l'espèce de celui du 6 frimaire an XIV, c'était le demandeur en rectification d'un acte de l'état civil qui prétendait forcer le ministère public à plaider contre lui (affaire veuve Jessens *contre* Ministère public; — voy. Dalloz, *Répert. alphab.*, v° Actes de l'état civil, n° 436). Lorsque l'intérêt de l'ordre public apparaissait nettement, on trouvait presque toujours un biais pour admettre l'action du ministère public. (Voyez, par exemple, l'arrêt de la Cour de cassation du 12 décembre 1840, rapporté plus haut, page 298.)

Quelquefois même on oubliait la loi de 1790 pour proclamer sans détour le droit d'action du parquet dans l'intérêt de l'ordre public. Ainsi, un arrêt de la Cour d'Amiens du 11 prairial an XIII (Dangers *contre* Fabres; — voy. Sirey, anc. édit., 1809, II-252) admet le ministère public à prendre le rôle de partie principale en matière de cession de droits litigieux, pour faire prononcer la nullité édictée par l'article 1597 du Code Napoléon, qu'aucune des parties en cause n'avait invoquée; et il fonde sa décision sur ce motif, « que le ministère public peut, dans toutes les causes et jusqu'à leur jugement définitif, requérir, *pour l'intérêt public*, l'exécution de la loi, quelque voie que puissent prendre ou suivre les parties dans la poursuite de leurs actions ou de leurs défenses ». Bien que cet arrêt soit le seul que nous ayons trouvé dans ce sens, il est permis de croire qu'il n'était pas isolé.

Enfin il existe, dans le *Traité des personnes* de Proudhon (1ʳᵉ édit., 1809), un passage qui semble également consacrer d'une manière générale l'intervention du parquet dans l'intérêt de l'ordre public. « Comme la bigamie, nous dit-il, est un crime qu'*il importe à l'ordre public de prévenir plutôt que de laisser commettre*, et que la tentative en pourrait déjà être punissable, nous croyons que, *d'après les principes du droit commun*, le procureur général serait aussi en droit de former opposition au mariage dans ce cas ; mais tout autre, si ce n'est les ascendants, n'aurait que la voie de la dénonciation au ministère public. » (Tome Ier, p. 420, 3e édition, conforme à la 1re.)

Ainsi le principe du droit d'action du ministère public, implicitement posé sous le Consulat, avait continué à s'affirmer sous l'Empire dans tous les actes du gouvernement; il se présentait à tous les esprits à la fois comme une disposition équitable et comme une conséquence naturelle du nouvel ordre de choses, et il s'imposait pour ainsi dire d'avance à la pratique, malgré les termes exprès de la loi de 1790.

L'article 46-2° de la loi de 1810 n'était donc autre chose que la consécration définitive d'une pensée déjà ancienne, qui s'était réalisée partiellement jusque-là dans les cas spéciaux dont le législateur avait eu l'occasion de s'occuper, et que tout le monde acceptait avec empressement. Pour le dire par parenthèse, cela montre combien on fait fausse route en cherchant à nous opposer ces décisions particulières afin de contester la décision générale (voy. ci-dessus, p. 41), puisqu'elles sont toutes la mise en œuvre successive du même plan.

Blâmez tant qu'il vous plaira, dirons-nous à nos adversaires, les tendances qui dominaient alors tout le monde, et qui se manifestaient si clairement dans la loi de 1810 elle-même. Mais en condamnant ces tendances, vous êtes bien forcés de les reconnaître, car l'histoire vous y oblige, et vous ne rendrez jamais vraisemblable que les lois

préparées par un gouvernement ne soient pas conformes
à l'esprit qui l'anime, ou plutôt soient directement contraires à cet esprit. L'essence même du gouvernement
d'alors, ses origines, son programme, qui avait été sa
seule raison d'être, enfin l'évolution successive des idées
politiques sous le Consulat et l'Empire, tout conduisait
trop naturellement les rédacteurs de la loi de 1810 à
étendre les prérogatives du ministère public, pour que
nous ne soyons point obligé de l'admettre, — en présence d'un texte rendant cette supposition au moins fort
plausible, — tant qu'on ne produit pas la preuve du
contraire.

III.— Le système de nos adversaires entraînerait donc
à établir un désaccord aussi choquant que possible, ou
plutôt un complet antagonisme, entre la loi du 20 avril
1810 et les idées régnantes qui devaient cependant présider à sa rédaction. Mais il ne se contente pas de prétendre que cette loi emprunte à la loi de 1790 un principe
restrictif des droits du ministère public, si peu en harmonie
avec l'esprit de la législation de cette époque. Il va plus
loin, et, au lieu d'étendre les attributions du ministère
public, il a pour conséquence nécessaire de les restreindre
encore, en lui enlevant la voie d'action dans certains cas
où il la possédait.

Nous avons vu, en effet (p. 284), que, d'après l'article 5, titre VIII, de la loi des 16-24 août 1790, le ministère public poursuivait d'office l'exécution des jugements dans les dispositions qui intéressaient l'ordre
public. Voilà bien un droit d'action. C'est ce texte qui

est devenu, — avec l'adjonction des lois et des arrêts aux jugements, — le dernier alinéa de l'article 46 de la loi du 20 avril 1810. Mais, de deux choses l'une : ou le ministère public a le droit d'agir d'office pour faire exécuter les lois, arrêts et jugements intéressant l'ordre public : c'est ce que nous prétendons; ou il n'a pas le droit d'agir d'office, hors des cas expressément spécifiés, pour faire exécuter les lois qui intéressent l'ordre public : c'est ce que soutiennent nos adversaires. Mais alors, les lois, jugements et arrêts se trouvant compris dans la même phrase, dans la même disposition, comment serait-il possible de distinguer entre les lois d'un côté, les arrêts et jugements de l'autre, pour lui permettre d'agir d'office en ce qui concerne ceux-ci, et le lui défendre lorsqu'il s'agit de celles-là? Quand on a une fois embrassé cette opinion, il faut l'accepter jusqu'au bout : on arrive ainsi à ce résultat singulier de restreindre les prérogatives du ministère public par l'application d'un texte qui étend au contraire les dispositions du texte antérieur, et à une époque où toutes les lois développaient chaque jour davantage les attributions des agents du pouvoir, au lieu de les mesurer d'une manière si parcimonieuse et si jalouse, comme on le faisait lors de la loi précédente (1).

Voilà donc où aboutit en définitive un argument sur lequel nos adversaires semblaient pouvoir fonder tant

_____

(1) Nous avons déjà vu, dans la première section de ce chapitre (p. 138), que le système de nos adversaires conduirait encore à tirer de la loi de 1810 une autre restriction des droits d'action du ministère public à un point de vue différent de celui que nous examinons ici.

d'espérances. Et je ne parle point des objections décisives qu'on peut tirer contre lui des nouveaux documents
analysés et discutés dans le § VII (p. 335 à 358).

§ IX. — Les décrets promulguant le Code Napoléon à Parme et
en Ligurie ne pouvaient modifier la législation qu'ils promul-
guaient, si graves que fussent ses inconvénients.

Il ne nous reste plus à présenter que des remarques
fort brèves sur deux arguments secondaires invoqués
par les défenseurs du système restrictif.

Nous avons dit (p. 276) que le principe posé dans l'article 2, titre VIII, de la loi des 16-24 août 1790, et qui
enlevait le droit d'action au ministère public en matière
civile, n'avait pas tardé à être reconnu mauvais. On nous
répond que si ces inconvénients s'étaient révélés comme
nous le prétendons, les décrets du 20 prairial et 15 messidor an XIII, promulguant le Code Napoléon à Parme et
en Ligurie, ne reproduiraient pas presque textuellement
cet article 2, titre VIII, de la loi de 1790. — C'est là une
réponse qui n'est pas sérieuse. Les décrets promulguant le
Code Napoléon n'avaient pas le droit de modifier la législation existante, si défectueuse qu'elle pût paraître.
C'est seulement plus tard qu'on prit l'habitude de faire
par simples décrets ce qu'on n'aurait pu faire légalement
que par des lois. D'ailleurs, parce que cet abus a été souvent commis, ce n'est pas une raison pour qu'il dût l'être
toujours, et qu'on puisse s'en faire ici un argument.

On vient de voir (p. 363) que, malgré le principe
toujours en vigueur de la loi de 1790, les décrets du
pouvoir exécutif chargèrent souvent le ministère public

d'intervenir dans des cas non prévus par la loi, et que la pratique allait sans doute beaucoup plus loin encore (voy. p. 365). Le gouvernement esquivait donc autant que possible l'application du principe et le détruisait pièce à pièce ; mais il ne pouvait l'abroger directement. Dans les pays annexés comme dans l'ancienne France, il devait se borner à le paralyser plus ou moins par des tempéraments qui en diminuaient les périls ; et la recherche de ces tempéraments, — qui est incontestable, — suffit à démontrer l'opinion qu'on avait du principe.

§ X. — Les lois postérieures à 1810, qui accordent expressément le droit d'action au ministère public dans des cas se rattachant à l'ordre public, ont pour but d'éviter des controverses sur le caractère des cas qu'elles régissent. Ces dispositions étaient d'ailleurs indispensables en présence de l'interprétation donnée alors par la jurisprudence à l'article 46 de la loi de 1810.

« On nous a objecté enfin les articles 29 et 32 de la loi du 30 juin 1838 *sur les aliénés*, l'article 37 de la loi du 5 juillet 1844 *sur les brevets d'invention*, et la loi du 10 juillet 1850 *sur la publicité des contrats de mariage* qui chargent le ministère public d'agir dans des circonstances intéressant l'ordre public. Il n'avait donc pas ce droit auparavant, en vertu de l'article 46 de la loi du 20 avril 1810, puisqu'on prend la peine de le lui accorder alors, et la discussion prouve même qu'on ne le lui accorda point sans difficulté dans le second cas ; les rapports constatent en outre que l'action du ministère public en matière civile est exceptionnelle et doit être restreinte aux cas spéciaux pour lesquels elle a été édictée. » (Voy. ci-dessus, p. 78 et suiv.)

I. — Nous pourrions d'abord écarter immédiatement
du débat ce qui concerne la loi de 1838. D'après ce que
nous avons déjà dit plus haut sur ce qu'il faut entendre
par ordre public (voy. ci-dessous, chap. VII, p. 491), il
est facile de voir que le ministère public, en faisant nommer un administrateur provisoire aux biens de l'aliéné
ou en provoquant sa sortie, agit comme représentant
légal de l'aliéné, et non pour protéger l'ordre public
(voyez ci-dessus, p. 102).

On pourrait même soutenir, en ce qui concerne la loi
de 1850 et la plupart des dispositions indiquées dans la
loi de 1844, qu'elles ne se rattachent pas non plus à
l'ordre public, quoiqu'on admette généralement le contraire. Les auteurs ont souvent montré trop de facilité
à invoquer la considération de l'ordre public, sans se
rendre un compte exact de ce qu'il fallait entendre par
ce mot ; et nous verrons, en essayant de le définir d'une
manière plus précise (chap. VII, p. 491), qu'il ne paraît
devoir s'appliquer aux cas de ce genre que dans des
circonstances exceptionnelles.

II. — Les opinions émises par les rapporteurs ne
peuvent pas avoir une grande autorité, parce qu'elles sont
généralement peu méditées, et quelquefois même peu
compétentes. Mais, dans le cas actuel, elles n'ont fait que
se conformer à la jurisprudence qui repoussait alors sans
hésitation la thèse du droit d'action du ministère public
en matière civile, dans l'intérêt de l'ordre public (voy. ci-
dessous, le chap. VI, p. 432). Il était tout naturel que les
rédacteurs des lois de 1838 et de 1844 prissent cette

jurisprudence pour point de départ, car il est évident que ce qui intéresse la pratique et ce qui doit préoccuper le législateur, ce n'est pas la loi telle que l'entend la doctrine, mais la loi telle que l'appliquent les tribunaux.

D'ailleurs, il n'y a jamais de mal à spécifier à part un cas déterminé déjà compris dans une formule générale, surtout lorsque cette formule est vague ou que ses applications sont contestées, parce que ce cas se trouve ainsi soustrait aux incertitudes et aux variations possibles de la jurisprudence. De ce que l'auteur d'une loi consacre certaines applications d'un principe, on aurait tort d'en conclure qu'il repousse le principe lui-même et qu'il refuserait d'admettre les autres conséquences qui en découlent (voy. ci-dessus, p. 111).

Nous montrerons même, en faisant l'historique de notre question (p. 453), que les lois de 1838, de 1844 et de 1850, loin de fournir un argument en faveur du système restrictif, prouvent au contraire que le législateur était favorable au droit d'action du ministère public, et voulait réagir, avec la doctrine, contre la jurisprudence qui repoussait ce droit. Il est vrai qu'en 1844, le droit d'action du ministère public souleva quelques objections (voy. ci-dessus, p. 81); mais elles furent écartées. On comprend du reste très-bien qu'elles se soient produites, car la matière des brevets d'invention est une de celles où l'intervention du ministère public paraît le moins nécessaire, et où elle semble en même temps pouvoir dégénérer le plus facilement en poursuites vexatoires.

III. — La loi du 10 juillet 1850 *sur la publicité de*

contrats de mariage nous fournit un exemple qui montre combien des raisonnements de ce genre pourraient souvent nous égarer. Cette loi confère expressément au ministère public le droit d'agir d'office dans des circonstances qu'on rattache d'ordinaire à l'ordre public. Elle a été rédigée presque tout entière par M. A. Valette, qui en fut le rapporteur devant l'Assemblée nationale, et c'est peut-être même sur son initiative, ou du moins avec son assentiment, que la disposition dont il s'agit fut adoptée par la commission.

Or, M. A. Valette a toujours été un partisan déclaré de la doctrine extensive ; il a toujours cru que le second alinéa de l'article 46 de la loi du 20 avril 1810 donnait au ministère public le droit d'agir d'office toutes les fois que l'ordre public était intéressé, sans avoir besoin pour cela de s'appuyer sur une disposition législative spéciale, et il avait déjà publié sa manière de voir, avant 1850, dans ses notes sur le *Traité des personnes* de Proudhon (t. I, p. 445, chap. XII, *Du mariage*, sect. VII, observ. II). Il n'en a pas moins accepté dans la loi de 1850 la disposition qui autorise le ministère public à faire rectifier les actes de mariage dans lesquels la déclaration des parties, qu'il a ou qu'il n'a pas été fait de contrat de mariage, serait omise ou erronée ; et l'on voit combien il serait inexact de conclure de là qu'il repoussait en général le droit d'action du ministère public dans l'intérêt de l'ordre public.

CHAPITRE VI

DE L'ACTION DU MINISTÈRE PUBLIC DANS L'INTÉRÊT DE L'ORDRE
PUBLIC (*Suite*). — EXAMEN HISTORIQUE
DE LA DOCTRINE ET DE LA JURISPRUDENCE

Nous n'avons pas à exposer ici l'histoire du droit d'action du ministère public dans l'intérêt de l'ordre public, l'examen de la question fondamentale que nous venons de discuter sous toutes ses faces nous a déjà conduit à esquisser rapidement les traits principaux de cette histoire sous l'ancien droit et le droit intermédiaire dans la quatrième section du chapitre précédent (p. 209 à 301 et 361). Nous sommes exclusivement en face de la loi du 20 avril 1810. Après avoir développé la doctrine qui nous paraît la plus conforme au texte comme à l'esprit de l'article 46 de cette loi, il nous reste à compléter cette discussion en recherchant de quelle manière et dans quel sens la même question a été résolue par les auteurs qui ont commenté la loi de 1810 et par les arrêts qui ont eu à l'appliquer.

Bien que cette question dérive du texte même de l'article 46 de la loi de 1810, on peut dire qu'elle lui est

antérieure, et qu'elle remonte aux arrêts de Bruxelles
(1ᵉʳ août 1808) et de Pau (28 janvier 1809) dont nous
avons déjà parlé plusieurs fois (p. 76, 300, 310 et 316),
car ces arrêts ont toujours figuré depuis dans la controverse, et les motifs spéciaux qu'ils invoquaient ont été
reproduits, souvent avec une portée plus grande que
celle qu'ils avaient reçue d'abord, de telle sorte qu'ils ont
servi à trancher, dans certains cas, la question générale
en éludant la véritable difficulté. — Voyez dans le *Répertoire* de Merlin (vᵒ Mariage, section VI, § 3, nᵒ 3,
4ᵉ édit., t. XVI, p. 783 et suiv.) le texte de ces
arrêts, avec l'exposé très-complet des circonstances dans
lesquelles ils ont été rendus, et la discussion des points
de droit qu'ils soulèvent.

On sait qu'il s'agissait de mariages frauduleusement
annulés par suite d'une entente collusoire de toutes les
parties intéressées qui avaient réussi à surprendre la religion des juges de première instance par un semblant de
procédure contradictoire. L'ordre public était certainement intéressé à ce que ces coupables tentatives ne triom-
phassent point définitivement. Soutenu par cette considération, le ministère public interjeta appel, et fit admettre
la légitimité de cet appel, sous prétexte que le droit
d'agir en nullité établi par les articles 184 et 190 C. Nap.
impliquait celui d'agir en validité, et de faire maintenir le
titre qui pouvait servir plus tard à introduire une action
en nullité. Pour la Cour de Bruxelles, « les articles 184 et
190 du Code civil, en plaçant dans les attributions du
ministère public la vindicte de la loi, quant aux mariages

qu'ils réprouvent, ont dérogé à l'article 2, titre VIII, de la loi du 24 août 1790 (qui enlève le droit d'action au ministère public), *pour le cas où l'exception devient néces-saire.* » C'est déjà le germe de la théorie de l'ordre public, bien que le mot n'y soit pas.

Peu de temps après, intervient la loi du 20 avril 1810, dont l'article 46 s'exprime comme il suit :

« En matière civile, le ministère public agit d'office » dans les cas spécifiés par la loi.

» Il surveille l'exécution des lois, des arrêts et des » jugements ; il poursuit d'office cette exécution dans les » dispositions qui intéressent l'ordre public. »

§ Ier. — **Doctrine et jurisprudence de 1810 à 1818. — Le droit d'action du ministère public paraît s'exercer en général sans difficulté.**

I.— Dans les premières années qui suivirent la promulgation de la loi du 20 avril 1810, on ne parut point faire grande attention au second alinéa de cet article 46. Dans la théorie de l'action du ministère public en matière civile, ce qui préoccupait alors tous les esprits, ce n'était pas la question générale, qu'on n'apercevait pas encore d'une manière nette, ou plutôt qu'on ne formulait pas dans la controverse, mais la question spéciale soulevée par les arrêts précités des Cours de Bruxelles et de Pau, c'est-à-dire le point de savoir si le ministère public pouvait se porter partie principale pour soutenir la validité d'un mariage que les intéressés voudraient faire frauduleuse-ment annuler.

Or, cette question particulière, on la laissait dans les

termes restreints où les arrêts des Cours de Bruxelles et
de Pau avaient forcément dû la poser, avant la loi du
20 avril 1810; on la discutait avec des arguments spéciaux, sans toucher à la question générale qui y était
pourtant engagée, et on la résolvait, sans grande difficulté, dans le même sens que les Cours de Bruxelles et
de Pau.

II. — Toullier, dans le tome Ier (n° 648) de son *Droit civil
français suivant l'ordre du Code*, publié en 1811, adopte
formellement cette opinion : « Il est à remarquer, dit-il,
que le pouvoir du ministère public n'est pas borné à
provoquer la nullité des mariages contraires à la loi; il
doit aussi protéger et faire maintenir les mariages légalement faits, que les parties voudraient faire annuler par
des procédures collusoires. Il pourrait même se rendre
appelant d'un jugement qui aurait déclaré un mariage
nul et auquel les parties auraient acquiescé..... »

On voit que Toullier ne fait même pas allusion à la loi
du 20 avril 1810, comme Merlin le remarque en citant
ce passage (*Répert.*, v° Mariage, sect. VI, § 3, n° 3,
4e édit., t. XVI, p. 783, publié en 1824). Il n'a donc
pas l'air de se douter que la solution de la question se
trouve dans l'article 46 de cette loi du 20 avril 1810, et il
se place simplement au point de vue du Code Napoléon,
comme si la loi de 1810 n'y avait rien changé ou complété. Cela n'est pas douteux, car il ajoute en note, au
passage que nous venons de citer : « Ainsi l'ont décidé
avec raison deux arrêts, l'un de la Cour de Bruxelles, du
1er août 1808, l'autre de la Cour de Pau, du 28 jan-

vier 1809. » Ce sont donc bien les motifs de ces deux arrêts qui le déterminent.

En effet, dans les n°ˢ 591 et 592 du même volume, il s'étonne que le Code n'ait pas mis le procureur impérial au nombre des personnes qui peuvent former opposition à un mariage, au moins lorsqu'il existe un empêchement absolu de nature à entraîner une nullité que le ministère public aurait le droit d'invoquer plus tard, et il cherche à expliquer cette lacune par diverses considérations, sans songer à se demander si l'article 46 de la loi de 1810 ne permettrait pas de la combler. Il n'essaye même pas de conclure, comme Delvincourt l'a fait un peu plus tard (voy. p. 383), du droit de demander la nullité à celui de former opposition, de même que les Cours de Bruxelles et de Pau, dont il adoptait le raisonnement, faisaient découler le droit de soutenir la validité de celui d'agir en nullité.

D'un autre côté, en parlant de la rectification des actes de l'état civil, il se borne (tome Iᵉʳ, n° 340) à dire « que les parties intéressées peuvent *seules* demander la rectification des registres »; et, loin de soupçonner que l'article 46-2° de la loi de 1810 pourrait bien donner également ce droit au ministère public, il passe sous silence, comme s'il les ignorait, la décision ministérielle du 6 brumaire an XI, l'avis du Conseil d'État du 12 brumaire an XI (voy. ci-dessus, p. 278), et l'article 122 du décret du 18 juin 1811 (tarif des frais en matière criminelle), qui autorisaient expressément le ministère public à intervenir en cette matière dans certains cas déterminés.

III. — Deux ans après, en 1813, Schenck publie son *Traité sur le ministère public*, et Delvincourt la troisième édition de ses *Institutes de droit civil français*, à laquelle il ajoute des notes et explications cinq ou six fois plus étendues que le texte du manuel primitif.

Schenck accepte la même opinion que Toullier sur le point réglé par les arrêts des Cours de Bruxelles et de Pau ; mais il approche un peu plus de la question générale, sans y introduire, il est vrai, de fort grandes clartés.

La loi du 24 août 1790....., dit-il à la page 70 du tome Ier, ôte au ministère public la voie d'action et ne lui laisse que la voie de réquisition. — Cependant ce principe a été changé, *non-seulement* par plusieurs dispositions du Code Napoléon (telles que les articles 50, 52, 68, 114, 156, 157, 165, 184, 191, 228, 491, 1057) et du Code de procédure, *mais aussi par la loi du* 20 *avril* 1810, *article* 46, où il est dit : « En matière civile, le » ministère public agit d'office dans les cas spécifiés par » la loi. » Et l'auteur s'arrête là, sans copier également le second alinéa de l'article 46. On serait presque tenté de dire que c'est là un simple oubli, car le premier alinéa de l'article 46 n'ajoute rien aux dispositions antérieures, et cependant les mots soulignés semblent bien indiquer que l'auteur croyait trouver dans l'article 46 une innovation particulière, ce qui ne pourrait se rapporter qu'au second alinéa.

A la page 137 du tome Ier, Schenck revient sur la même question : « Il faut..., dit-il, poser ce principe que ni la loi du 24 août 1790, ni le Code Napoléon, ni celui de procédure, n'ont refusé la voie d'action au ministère public agissant comme partie principale, et que la première n'a eu en vue que de réprimer l'abus que les officiers du ministère public commettaient autrefois en se rendant appelants de tout jugement qui était rendu contre leurs conclusions. Aussi la loi du 20 avril 1810, § 46, dit-elle qu'en matière civile, le ministère public agit d'office dans les cas spécifiés par la loi. » Ici encore ne semble-t-il pas que Schenck avait l'intention de citer le second alinéa de l'article 46? Ce passage serait alors conçu tout entier dans la théorie très-large de M. Dupin (voy. ci-dessus, page 218), tandis que, sans ce complément, la dernière phrase semble être en opposition complète avec les autres, et se référer au système le plus restrictif, celui des cas spécifiés.

Du reste, Schenck se montre très-favorable pour l'action du ministère public, à laquelle il donne une grande extension. Ainsi, en matière d'absence, il considère (tome Iᵉʳ, page 160) les fonctions du ministère public comme étant « celles d'un procureur légal universel pour toutes les affaires, soit contentieuses, soit volontaires, d'administration et de surveillance... », et il entre dans de grands détails pour montrer ce que devra faire le ministère public dans une foule de circonstances en sa qualité de représentant de l'absent.

IV. — Delvincourt suit à peu près le même ordre d'idées que Toullier, mais il va plus loin que lui.

Dans la note 4, page 388 (t. Iᵉʳ, 3ᵉ édition, 1813), il s'exprime en ces termes :

« On a jugé, et avec raison, à Bruxelles, le 1ᵉʳ août 1808, que le ministère public pouvait agir par voie d'action, lorsqu'il s'agissait de prévenir un mariage du nombre de ceux dont il doit, aux termes dudit article, demander la nullité.

» Dans l'espèce, un mari veuf voulait épouser la sœur de sa femme, nonobstant la prohibition portée dans l'article 162. Pour y parvenir, il avait imaginé, de concert avec le père de sa première femme, qui était absent et émigré lors du premier mariage, de faire demander par ce dernier la nullité de ce premier mariage, sous prétexte du défaut de consentement. Un premier jugement, rendu de connivence, avait prononcé la nullité, et le délai de l'appel allait expirer, lorsque le procureur général se porta appelant. On le soutint non recevable : d'abord parce que le droit d'appeler ne lui était accordé par aucune loi, et, en second lieu, parce que le procureur impérial avait été d'avis de la nullité en première instance, et que, le ministère public étant indivisible, il ne pouvait pas appeler d'un jugement rendu conformément à ses conclusions. Mais la Cour de Bruxelles jugea, avec raison, que l'action de la loi dans le ministère public appartient tant au procureur impérial qu'au procureur général, chacun en droit soi, et suivant la nature et l'état de l'affaire qui en provoque l'exercice; et, en outre, que puisque le ministère public a le droit de faire annuler le mariage après qu'il a été contracté, il doit avoir, à plus forte raison, celui d'empêcher la réussite des moyens frauduleux que l'on voudrait prendre pour y parvenir. »

Delvincourt ne parle expressément que du cas où l'action en validité du premier mariage a pour but d'empêcher la conclusion d'un second qu'on prépare. Mais il est clair que cette circonstance, lors même qu'elle ne la soupçonne pas d'abord, peut toujours se réaliser plus tard. D'ailleurs, Delvincourt devait admettre ici l'argument d'analogie tel que nous l'avons vu présenté par Toullier, car il invoque cet argument à propos des oppositions au mariage.

« Je ne vois pas..., dit-il en effet (tome Ier, p. 367), pourquoi on n'a pas permis aux collatéraux de former opposition dans d'autres cas d'une plus grande conséquence (que les deux cas indiqués par l'art. 174 C. Nap.), *même pour l'ordre public*, tels que ceux d'inceste ou de bigamie, etc. Ce ne peut être que parce qu'on a pensé que le futur mariage pouvait être *alors* dénoncé au ministère public, *qui formerait opposition dans l'intérêt des mœurs ;* car, quoique ce droit ne lui soit pas expressément accordé, dès qu'on lui donne celui de demander la nullité du mariage dans certains cas, à plus forte raison doit-il avoir celui de l'empêcher dans les mêmes cas. »

Delvincourt ne s'appuie ici encore que sur l'argument d'analogie, et il ne fait aucune allusion à l'article 46 de la loi du 20 avril 1810. Mais la théorie de l'ordre public semble déjà percer un peu, et elle se montre plus à découvert dans un autre passage (t. Ier, p. 321, note 3), toujours, il est vrai, sans se rattacher au seul texte qui puisse véritablement lui servir de base. Voici ce passage, qui est relatif à la rectification des actes de l'état civil :

« ... Dans toute affaire où le ministère public intervient, il ne peut que requérir ou conclure (1). Quand il requiert, il n'est pas nécessaire qu'il y ait déjà procès existant, partie en cause; *il suffit que l'ordre public, les bonnes mœurs soient intéressés à ce qu'une disposition soit ordonnée, pour que le ministère public ait le droit de la requérir.* C'est ainsi que, dans toutes les affaires criminelles, le ministère public agit par voie de réquisition ; il a le même droit, au civil, lorsqu'il s'agit de personnes dont les intérêts lui sont spécialement confiés, tels que les présumés absents (art. 114 C. Nap.) (2). Le ministère public ne fait au contraire que conclure, dans les contestations déjà existantes, lorsque l'affaire est de nature à lui être communiquée, à raison de la connexité qu'elle peut avoir avec des choses d'ordre public ou à raison de la qualité des parties (art. 83 Proc. civ.). »

Delvincourt part de là pour démontrer que l'article 99

---

(1) Aujourd'hui ces deux mots s'appliqueraient souvent l'un et l'autre au cas où le ministère public est simple partie jointe. Mais l'ensemble du développement montre bien que dans la pensée de Delvincourt, *requérir* signifie *agir comme partie principale*. Du reste, tous ces termes ne paraissent pas avoir alors, dans le langage des auteurs, le sens précis que nous attribuons maintenant à chacun d'eux, car nous voyons, par exemple, Schenck (*Traité sur le ministère public*, t. I, p. 137) prendre la peine de démontrer que, dans les cas où le ministère public est partie principale en matière civile, il est indispensable de lui permettre d'agir par voie d'action, malgré les termes de l'art. 2, titre VIII, de la loi du 24 août 1790 : ce qui n'est plus aujourd'hui, pour nous, qu'une incompréhensible logomachie.

(2) Bien qu'il parle seulement de l'absence, il est évident que Delvincourt ne pouvait avoir la pensée de restreindre sa proposition à ce cas unique, car il existe dans le Code Napoléon lui-même d'autres cas où le droit d'action du ministère public est consacré d'une manière bien plus formelle, par exemple celui des nullités de mariage (art. 184, 190, 191) ; et le passage qui va suivre montre, du reste, qu'il donnait à son système une portée bien plus générale.

du Code Napoléon, en disant que les demandes en rectification d'actes de l'état civil sont jugées « *sur les conclusions du ministère public*, décide par là implicitement
qu'il n'a pas le droit de *requérir* cette rectification... » Il
ne songe même pas à citer la décision ministérielle du
6 brumaire an XI, ni, — ce qui est plus étonnant, —
l'avis du Conseil d'État du 12 brumaire an XI (voy. ci-
dessus, p. 278), qui se rattachait pourtant d'une façon
si intime à sa manière de voir. Puis il termine en ces
termes :

« Il peut arriver, au surplus, que le ministère public
requière et conclue tout à la fois dans la même affaire.
Supposons, en effet, un procès sujet à communication, et
dans lequel il soit question d'un acte prohibé par la loi,
d'une séparation volontaire par exemple, d'un pacte sur
une succession future, et que cependant les parties n'en
aient pas demandé la nullité : le ministère public pourra,
en prenant ses conclusions, *requérir*, *dans l'intérêt des
mœurs*, *l'annulation de l'acte.* »

V. — Outre les deux ouvrages de Schenck et de Delvincourt, l'année 1813 en vit paraître un troisième où l'on
s'attendrait à trouver quelque chose sur notre question :
c'est le tome VIII de la quatrième édition du *Répertoire* de
Merlin, contenant le mot *Mariage*. Mais Merlin, qui n'avait
pas encore les loisirs de l'exil, s'était borné, pour mettre
au courant de la législation nouvelle le chapitre du *Répertoire* de Guyot traitant des nullités, à y ajouter le texte
des articles du Code Napoléon relatifs à cette matière. Le
premier supplément, publié en novembre 1815, un mois

après la terminaison de l'ouvrage, et lorsque Merlin avait cessé d'être procureur général, ne contient rien encore qui touche à notre sujet, et ne fait aucune allusion aux arrêts des Cours de Bruxelles et de Pau.

VI. — Enfin, en 1817, Nougarède (*Jurisprudence du mariage*, in-8°, p. 288) attribue sans hésiter au ministère public le *devoir* d'agir en validité de mariage, et il n'invoque d'autre motif que les exigences de « l'intérêt public », mais ne cite pas la loi de 1810.

VII. — Ainsi, nous arrivons à la Restauration, sans que la doctrine ait porté son attention sur l'article 46 de la loi du 20 avril 1810. Ce n'est pas à dire que l'action du ministère public dans l'intérêt de l'ordre public fût écartée d'emblée, car nous venons de voir, au contraire, que les auteurs s'y montraient favorables, sans avoir l'air de songer, toutefois, au texte qui la légitimait. Ce qu'il y a donc de plus vrai sur ce point, c'est que la base de la théorie restait inaperçue, mais qu'on cherchait à y suppléer par des arguments de circonstance.

VIII. — Il est même assez vraisemblable qu'en pratique, l'action du ministère public dans l'intérêt de l'ordre public s'exerçait sans obstacle. Nous voyons en effet, le 15 mars 1815, un jugement du tribunal de la Seine (affaire Lainé *contre* Ministère public ; — voy. Dalloz, *Répert. alphab.*, v° Agent diplomatique, n° 82) déclarer « que, dans l'intérêt public, le ministère public est *toujours* recevable à former tierce opposition à des jugements qui sont reconnus contraires à cet intérêt. » C'est à la fois la reconnaissance formelle du droit du ministère public et la constatation de l'exercice usuel de ce droit. Il faut surtout remarquer que le tribunal énonce cette doctrine comme un principe incontesté qu'il ne discute pas (c'est en effet le seul considérant du jugement qui se rapporte à cette question) et se borne à appliquer aux circonstances de la cause.

La Cour de Paris semble bien accepter la même manière de voir; car, le jugement du tribunal de la Seine, ayant été frappé d'appel, elle le confirma purement et simplement par arrêt du 22 juillet 1815, en se contentant de dire qu'elle adopte les motifs des premiers juges. Le droit d'action du ministère public ne lui paraît donc pas douteux, puisqu'elle ne se donne pas la peine de le justifier; et il fallait même qu'on fût disposé à élargir assez facilement le cercle de ce droit d'action, pour admettre qu'il s'appliquât dans les circonstances de la cause, car on ne pouvait y relever aucune de ces violations flagrantes de l'ordre public qui provoquent instamment la répression; il s'agissait simplement de faire déclarer que la succession d'un conseiller de la légation prussienne, décédé à Paris pendant le cours de sa mission, avait dû s'ouvrir en Prusse, où, d'après les principes généraux de la matière, il avait conservé son domicile, et qu'en conséquence le tribunal de la Seine n'avait pas été compétent pour juger diverses affaires relatives à cette succession.

IX. — Il était, du reste, tout naturel que la Cour de Paris admît ici sans difficulté le droit d'action du ministère public, car elle l'avait déjà consacré trois ans auparavant (affaire Colbert de Seignelay *contre* Leroi; arrêt du 6 juin 1812) dans des circonstances bien moins favorables encore, et qui semblent même de nature à exciter quelque étonnement sur la décision intervenue. Je n'ai pu découvrir dans les recueils de jurisprudence le texte de cet arrêt du 6 juin 1812. Mais il est analysé dans le *Bulletin civil de la Cour de cassation*, t. XVI (1814), p. 103, et dans le recueil de Sirey, anc. édit., 1814, I-278, à propos de l'arrêt de cassation, du 8 mars 1814, qui intervint plus tard sur la même affaire, et ses dispositions se trouvent rappelées dans les considérants de ce dernier arrêt.

Colbert de Seignelay avait assigné Leroi, tuteur du mineur Bourbon–Busset, devant le tribunal de la Seine, pour être condamné : 1° à fournir l'état de sa gestion comme tuteur; 2° à donner une caution personnelle ou réelle de 100 000 fr. pour garantie du paiement du reliquat de compte. Le tribunal de la Seine rejette cette demande. Colbert interjette appel devant la Cour de Paris. Celle-ci suppose un appel du procureur général, qui n'avait pas été interjeté, reçoit d'office cet appel tant à l'égard du jugement précédent qu'en ce qui concerne un jugement antérieur du 24 floréal an XI, et, par suite de cet appel, annule l'ordonnance qui avait rendu exécutoire une délibération du conseil de famille du mineur Bourbon-Busset, du 18 germinal an XI, et tout ce qui s'en était suivi. Elle repousse du reste la demande à fin de cautionnement formée par Colbert de Seignelay.

Cet arrêt dépassait évidemment la mesure, car le droit d'action qu'il accordait au ministère public ne pouvait même pas, dans les circonstances de la cause, se rattacher de loin à l'ordre public, et il ne paraît pas en effet qu'on ait essayé de le faire ; le seul moyen de le justifier était de le fonder sur l'article 83 du Code de procédure civile, et cet article n'accorde au ministère public, dans l'intérêt des mineurs, que le droit de réquisition. D'ailleurs, en recevant d'office appelant le procureur général, la Cour de Paris, comme le remarque la Cour de cassation, s'arrogeait un droit que les Cours souveraines de l'ancien régime avaient quelquefois exercé, mais qui ne pouvait appartenir dans aucun cas aux nouveaux corps judiciaires organisés après la Révolution (voy. plus loin, p. 394, l'arrêt de la Cour de cassation qui annule l'arrêt de la Cour de Paris).

X. — Quelque temps après ces deux affaires, la Cour de Paris eut l'occasion de montrer de nouveau qu'elle persistait dans les mêmes sentiments à l'égard du droit d'action du ministère public. Cependant les circonstances de la cause étaient encore moins favorables aux prétentions du procureur général que celles de l'affaire Lainé, car la compétence des tribunaux, étant la base de l'organisation judiciaire, peut être considérée avec certaines distinctions, comme intéressant l'ordre public. Ces circonstances présentaient quelque analogie avec celles de l'affaire Leroi, dont il vient d'être question en dernier lieu, et l'on va voir qu'elles étaient également tout à fait étrangères à l'ordre public, à moins qu'on ne veuille comprendre sous ce mot tout ce qui concerne les incapables, protégés par la loi dans un simple intérêt d'humanité.

Il s'était élevé un procès, devant le tribunal de Melun, entre Berdin et Thibaut, munis tous deux d'un bail applicable au même domaine, lequel appartenait à un interdit, le comte de Balby père. Le bail de Berdin émanait du tuteur Balby fils; celui de Thibaut était consenti par la comtesse de Balby, mère, à laquelle une délibération du conseil de famille, homologuée par le tribunal compétent, avait alloué une pension annuelle de 15 000 francs à prendre sur les revenus de son mari, avec assignation pour partie sur les fermages du domaine en question. Le prix de location stipulé dans ce second bail était un peu supérieur à celui du premier. Le 19 décembre 1815, le tribunal de Melun maintient le bail de Berdin et annule celui de Thibaut.

Appel est interjeté, devant la Cour de Paris, par Thibaut et par la comtesse de Balby, qui était intervenue dans l'instance pour soutenir la validité du bail qu'elle lui avait accordé.

Avant de statuer au fond, la Cour de Paris ordonne, par arrêt du 1ᵉʳ juillet 1816, *rendu sur les seules conclusions du ministère public* : 1° que le conseil de famille sera convoqué pour décider s'il y a lieu de nommer un nouveau tuteur au comte de Balby père; qu'il se fera remettre par le tuteur actuel, Balby fils, les états de situation de sa gestion; et qu'il donnera son avis sur l'utilité du bail fait au sieur Berdin; 2° que, par provision, Thibaut, comme fermier sortant, continuera l'exploitation du domaine.

Le 12 février 1817, le conseil de famille, réuni en exécution de cet arrêt, émet l'avis : 1° qu'il y a lieu de retirer la tutelle à Balby fils, attendu qu'un voyage à l'étranger le met hors d'état d'en exercer les fonctions, et de le remplacer par un sieur Schenest; 2° qu'il y a utilité « manifeste et palpable » pour l'interdit dans l'exécution du bail fait à Berdin.

Par arrêt du 25 mars 1817, la Cour de Paris annule, pour vilité du prix, le bail de Berdin, et, *statuant sur le réquisitoire du procureur général,* ordonne que le domaine sera mis en location, aux enchères publiques, à la diligence du nouveau tuteur. (Voy. Merlin, *Répertoire,* v° Tutelle, sect. V, § 1er, 4e édit., t. XVII, p. 822.)

On voit que l'intervention du ministère public avait complétement transformé la nature primitive de l'affaire, et cette intervention devait paraître d'autant plus exorbitante, que les décisions de la Cour de Paris sur le fond étaient extrêmement critiquables en droit. Les circonstances de la cause n'indiquaient du reste aucun fait qui pût justifier des mesures aussi exceptionnelles ; c'était même un véritable abus que de les rattacher à l'ordre public et d'y admettre l'intervention du procureur général. Il ne faut donc point s'étonner que cet arrêt ait été cassé par la Cour de cassation, comme on va le voir dans un instant (p. 396). Le ministère public compromettait gravement son droit en voulant le pousser trop loin, car il donnait ainsi un prétexte plausible aux craintes d'intrusions illimitées que ses adversaires devaient plus tard exploiter contre lui avec tant d'habileté et de succès.

XI. — Si les recueils d'arrêts de cette époque contiennent fort peu de décisions relatives à notre matière, cela tient probablement à ce que le droit du ministère public n'était pas contesté lorsqu'il se produisait, et que, par suite, les tribunaux, et surtout les Cours, n'avaient pas à l'affirmer. On peut même croire que cet état de choses remonte au delà de la loi du 20 avril 1810, et que cette loi ne fit que consacrer des usages admis déjà par la pratique, au moins dans beaucoup d'endroits. Il faut remarquer, en effet, que les décisions du tribunal de la Seine et de la Cour de Paris, en affirmant le droit d'action du ministère public, ne citent même pas l'article 46 de la loi de 1810.

XII.—Nous devons toutefois reconnaître qu'un arrêt de la Cour de Metz, du 21 janvier 1812 (affaire Beaudeux *contre* Vincent ; — voy. Dalloz, *Répert. alphab.*, v° Degrés de juridiction, n° 391), refuse au ministère public le droit de frapper d'appel un jugement d'un tribunal de première instance, sous prétexte que ce tribunal avait prononcé sur une matière rentrant dans la compétence du tribunal de commerce. C'est donc un cas analogue à l'affaire Lainé (ci-dessus, p. 386), et il se trouve sur la limite où l'intérêt public cesse d'être assez évident pour ne pas pouvoir être contesté. Mais c'est en tranchant la question générale que la Cour de Metz arrive à repousser l'appel du ministère public, et elle discute, brièvement, il est vrai, l'article 46 de la loi de 1810.

« Considérant, dit cet arrêt..., qu'il résulte de ces deux articles (les art. 45 et 46 de la loi de 1810) que si, dans la partie criminelle, la voie d'action est déférée aux procureurs généraux sans aucune exception, il n'en est pas de même dans la partie civile, où la loi n'accorde

l'action au ministère que dans les cas qu'elle a spécifiés,
et que, par conséquent, elle la leur interdit hors de ces
cas ; qu'il ne faut pas confondre ces deux expressions :
agir d'office et *poursuivre* d'office, qui se rencontrent dans
la première et la deuxième partie de l'article 46, pour
en conclure que le ministère public doit agir d'office et
se rendre partie dans les procès sur appel de jugements
dans lesquels il croirait rencontrer des contraventions
aux lois qui intéressent l'ordre public ; que l'article 46
a bien distingué l'action et la poursuite d'office ; qu'il a
déféré l'action d'office au ministère public, à l'effet de
provoquer des jugements et arrêts dans les cas spécifiés
par la loi, mais qu'il l'astreint à la poursuite d'office
pour ce qui concerne l'exécution des lois, arrêts et jugements dans les dispositions qui intéressent l'ordre public ;
que la cause actuelle ne présentant aucun des cas spécifiés par la loi au sujet desquels elle défère l'action
d'office au ministère public, le procureur général est
sans qualité pour interjeter appel comme de juge incompétent du jugement dont il s'agit... »

: L'argumentation de la Cour de Metz repose tout entière,
comme on le voit, sur la différence qu'elle établit entre
« l'action et la poursuite d'office » et qu'elle ne justifie
par aucun texte ni par aucun raisonnement. Cette argumentation pourrait être rattachée aux idées exposées
ci-dessus, pages 44 et suivantes (voy. surtout p. 46,
n° II), et réfutées dans les pages 149 et suivantes (voyez
surtout p. 158). Mais, dans les termes où la présente la
Cour de Metz, elle semble bien difficile à justifier aujour-

d'hui (voyez ce que nous avons dit plus haut, page 384, note, à propos de certains passages de Schenck et de Delvincourt).

XIII. — Cet arrêt de la Cour de Metz n'est pas le seul que nous ayons à rappeler ici. Il faut ajouter en outre, sauf à discuter leur portée réelle, deux arrêts de la section civile de la Cour de cassation, des 8 mars 1814 (affaire Guillaume Leroi *contre* Colbert de Seignelay : — voy. *Bulletin civil de la Cour de cassation*, t. XVI, 1814, p. 103 ; — Sirey, anc. édit., 1814, I-278 ; — *Journal du palais*, 3ᵉ édit. chronol., à sa date) et 11 août 1818 (affaire Berdin *contre* Thibaut et comtesse de Balby : — voy. Sirey, anc. édit., XIX, I-17 ; — *Journal du palais*, 3ᵉ édit. chronol., à sa date ; — Merlin, *Répertoire*, vᵒ Tutelle, sect. VI, § 1ᵉʳ, 4ᵉ édit., t. XVII, p. 823).

Le premier de ces arrêts, celui du 8 mars 1814, casse l'arrêt de la Cour de Paris du 6 juin 1812 dont nous avons parlé plus haut (p. 388); mais cet arrêt, comme on l'a vu, était certainement infecté de vices étrangers à la question générale qui nous occupe, et c'est la considération de ces vices qui a déterminé la section civile, comme il est facile de s'en convaincre en lisant l'arrêt :

« Vu l'article 2 du titre VIII de la loi du 24 août 1790 sur l'organisation judiciaire, et l'article 46 de celle du 20 avril 1810 ;

» Attendu que la Cour de Paris a excédé ses pouvoirs :

» 1ᵒ En prononçant sur une matière qui ne lui était aucunement dévolue par l'appel interjeté par le sieur Colbert de Seignelay... ;

» 2ᵒ En supposant un appel du procureur général,

qui n'avait pas été interjeté par lui, et qu'il n'aurait même pu interjeter qu'en excédant ses pouvoirs, ou plutôt *s'attribuant le droit d'agir par voie d'action en matière civile, lorsque la loi ne lui accorde que celui de réquisition;*

» 3° En le recevant elle-même et d'office appelant, droit dont usaient autrefois les anciennes cours souveraines, mais qui n'est accordé par aucune loi aux cours nouvellement instituées, et qui tendrait évidemment à paralyser les lois ci-dessus citées, puisqu'il dépendrait alors des Cours impériales de conférer au ministère public une action que la loi leur dénie formellement;

» Attendu que, *de cette disposition* de l'arrêt attaqué, résulte une violation positive des lois précitées... »

A vrai dire, l'arrêt du 8 mars 1814 ne préjuge en aucune manière la question du droit d'action du ministère public dans l'intérêt de l'ordre public. Le considérant souligné n'a pour but que d'écarter l'action du ministère public dans l'intérêt des mineurs, en tant qu'elle se fonderait sur l'article 83-2° du Code de procédure civile; il remarque en effet que la loi accordait dans ce cas, non le droit d'action, mais le droit de réquisition, ce qui est une allusion évidente à l'article 83 précité et ne pourrait se rapporter à l'article 46 de la loi du 20 avril 1810, où il n'est pas question du droit de réquisition. Considérée à ce point de vue, la décision de la Cour de Paris violait en effet, comme le dit la section civile en terminant, l'article 2, titre VIII, de la loi de 1790, et l'article 46-1° de la loi de 1810, puisqu'elle admettait l'action du ministère public dans un cas non spécifié. Mais rien n'au-

torise à supposer qu'on ait prétendu l'ordre public intéressé dans la cause, et que la Cour de Paris ait fondé sa
décision sur l'article 46-2° de la loi de 1810, ou qu'on ait
allégué ce texte pour la défendre devant la Cour de cassation. Le silence complet de l'arrêt de la section civile
doit au contraire faire présumer qu'il n'en avait pas été
question du tout.

XIV. — Le second arrêt de la section civile, celui du
11 août 1818, casse les deux arrêts de la Cour de
Paris des 1ᵉʳ juillet 1816 et 25 mars 1817 que nous avons
également examinés tout à l'heure (p. 390).

Cet arrêt, rendu dans la même matière que le précédent, touche un peu plus à la question générale, car il
ne reconnaît au ministère public le droit d'agir que dans
les « cas spéciaux indiqués ». Cependant son importance
est très-faible encore à ce point de vue, le seul qui nous
préoccupe ici. En effet, ce qui devait frapper surtout,
dans les deux arrêts de la Cour de Paris, c'était bien
moins l'admission de l'action d'office du ministère public,
que les décisions prises sur le fond même du procès.
Aussi est-ce bien à ces décisions que s'attaquent presque
tous les considérants de l'arrêt de la section civile très-
développés et fort énergiques à cet égard. Il ne faut pas
oublier d'ailleurs que trois fois déjà la section civile de la
Cour de cassation avait déclaré que le ministère public
ne devait pas intervenir comme partie principale dans
l'exécution des lois relatives à la tutelle ou pour provoquer
des mesures dans l'intérêt des mineurs et des interdits.
C'est ce qui résulte en effet des arrêts des 27 frimaire

an XIII et 26 août 1807, cités plus haut (p. 298), et de l'arrêt du 8 mars 1814, dont nous venons de parler à l'instant (voy. p. 394). Sans doute les deux premiers de ces arrêts nous reportent à une époque antérieure à la loi du 20 avril 1810. Mais, outre que l'importance de l'article 46-2° de cette loi n'était guère encore aperçue en 1818, les circonstances de la cause n'indiquaient réellement aucune violation de l'ordre public, et peut-être même n'avait-on pas cherché à leur attribuer ce caractère pour légitimer l'action du ministère public. Dans de telles conditions, les termes de la question restaient, sous l'empire de la loi du 20 avril 1810, ce qu'ils étaient auparavant pour la loi de 1790, et l'on conçoit dès lors que la section civile devait tenir grand compte de sa jurisprudence antérieure.

Cependant, comme le pourvoi se fondait en même temps sur la violation des articles 450 et 509 du Code civil, et sur celle des lois régulatrices des fonctions du ministère public en matière civile, c'est-à-dire les articles 2, titre VIII, de la loi de 1790, et 46 de la loi de 1810, il était nécessaire de parler aussi quelque peu de cet article 46. Mais l'arrêt de la section civile est aussi bref que possible sur ce point. On sent que ce n'est pas là qu'il cherche la vraie raison de décider. Il se borne à dire, en effet, « que... ces articles (article 2, titre VIII, de la loi du 24 août 1790, et article 46 de la loi du 20 avril 1810) réfusent au ministère public le droit d'agir par voie d'action, excepté dans quelques cas spéciaux indiqués, d'où il résulte qu'il est sans pouvoir dans les cas non spécifiés; que le minis-

tère public n'est pas nommé dans l'article 406 du Code
civil parmi les personnes qui ont le droit de requérir
la convocation d'un conseil de famille pour nommer un
tuteur.... »

Sans doute, ce considérant paraît bien, au premier
abord, impliquer l'admission du système restrictif des cas
spécifiés, et le rejet du droit d'action du ministère public
en matière civile dans l'intérêt de l'ordre public. Cependant il ne s'explique pas formellement sur ce point; et
cela en effet n'était pas nécessaire, puisque l'ordre public,
ainsi que nous l'avons dit (p. 39), ne devait pas être
considéré comme engagé dans la cause. Mais les termes
de l'arrêt ne sont ni assez clairs ni assez énergiques pour
démontrer avec certitude que, dans la pensée de ses
auteurs, les « cas spéciaux indiqués » n'auraient pas pu
comprendre les cas intéressant l'ordre public dont parle
l'article 46-2° de la loi de 1810. (Comparez la manière
dont nous avons expliqué ce texte, ci-dessus, p. 26.)

§ II. — De 1818 à 1824. Formation de la jurisprudence restrictive de la Cour de cassation. Ses causes politiques.

I.—Dès les premières années de la Restauration, l'année
même où fut rendu le dernier des arrêts dont nous venons
de parler, la question du droit d'action du ministère
public en faveur de l'ordre public se posa de nouveau
devant la jurisprudence, et d'une manière telle, que sa
solution ne pouvait plus être esquivée. Il est remarquable
qu'elle se présentait dans la même matière, si ce n'est
tout à fait dans les mêmes circonstances qu'autrefois à

Bruxelles et à Pau, c'est-à-dire sur le point de savoir si le ministère public pouvait se porter partie principale pour faire prononcer la validité d'un mariage dont l'annulation avait été frauduleusement obtenue.

II.—Voici la première espèce. Le 20 juillet 1813, Pierre Laborie et Pierrette Couderc, tous deux majeurs, se marient en présence de l'officier de l'état civil et de quatre témoins. En janvier 1816 (1), Pierre Laborie fait assigner Pierrette Couderc devant le tribunal de Cahors pour voir déclarer leur mariage nul.

Le 29 avril 1816, un jugement interlocutoire admet Pierre Laborie à fournir la preuve des faits allégués à l'appui de sa demande, à savoir : « que le mariage a été célébré clandestinement et hors de la maison commune; que Pierre Laborie et Pierrette Couderc n'ont pas vécu comme époux et ne se sont pas fréquentés ; et que ce mariage n'a été béni par aucune cérémonie religieuse. » Le 27 mai, sur les conclusions du procureur du roi, un jugement définitif prononce la nullité du mariage, « attendu que, dans l'enquête, Laborie a rempli l'interlocutoire, et qu'il paraît que le consentement donné audit mariage n'a pas été sérieux. »

---

(1) Il ne faut pas oublier que le divorce par consentement mutuel exigeait des formalités qui duraient plus d'une année (voy. art. 281 à 294, Cod. Nap.). Par conséquent, si dans notre espèce les deux époux avaient voulu recourir à ce moyen, — du reste assez coûteux, — les formalités nécessaires n'auraient pu être terminées que bien longtemps après la promulgation de la loi du 8 mai 1816, qui abolit le divorce. Or, les projets du gouvernement devaient déjà être connus en janvier 1816. Il est possible d'ailleurs qu'il existât un obstacle particulier (voy. art. 275 et suiv., Cod. Nap.) à l'admission du divorce. On verra dans un instant (p. 417) pourquoi nous faisons ces remarques.

Redevenu libre, Pierre Laborie en profite bientôt pour contracter un nouveau mariage, le 10 février 1817, avec Toinette Bousquet, sans opposition de qui que ce soit. Mais le lendemain, Pierre Laborie et Pierrette Couderc reçoivent signification d'un acte par lequel le procureur général de la Cour d'Agen interjette appel des deux jugements des 29 avril et 27 mai 1816. Les deux intimés soutiennent naturellement que le procureur général n'a pas qualité pour se porter partie principale en interjetant appel, et invoquent l'article 2, titre VIII, de la loi de 1790.

Mais la Cour d'Agen repousse cette fin de non-recevoir par un arrêt, en date du 14 janvier 1818, dont les considérants (voy. Merlin, *Répert.*, vᵒ Mariage, sect. VI, § 3, nᵒ 3 ; 4ᵉ édit., t. XVI, 1824, p. 791) se fondent uniquement sur l'argument d'analogie tiré des articles 184 et 191 C. Nap., qui autorisent l'action du ministère public en matière de nullité de mariage. Quant à l'article 46 de la loi du 20 avril 1810, il n'en est fait aucune mention ; et cependant, comme les passages de Delvincourt que nous avons cités tout à l'heure (p. 383), l'arrêt de la Cour d'Agen cherche à établir un commencement de théorie de l'ordre public. Voici en effet ce que dit un des considérants :

« Si l'action du ministère public en cas pareil n'était pas suffisamment autorisée par le texte de la loi (ne pas oublier que la Cour d'Agen a invoqué seulement les articles 184, 190 et 191 du Code Napoléon), il ne faudrait pas moins décider qu'elle découle irrésistiblement de son esprit, *parce qu'elle est commandée dans l'intérêt des mœurs et de l'honnêteté publique.* L'opinion contraire pourrait devenir la source des plus grands abus dans l'état actuel de la législation ; et, si l'action du ministère public était paralysée, il ne serait peut-être pas rare de voir des époux légers ou mécontents s'affranchir de la prohibition de la loi, et faire accueillir des demandes en divorce en donnant à leur action la couleur d'une demande en nullité de mariage. »

III. — La Cour d'Agen reste donc dans les mêmes termes que Toullier, Schenck et Delvincourt (voy. ci-dessus, p. 378, 380 et 383). Mais quelque temps après la Cour de Grenoble mettait le doigt sur le véritable nœud de la question. Voici dans quelles circonstances.

Le 23 octobre 1817, l'officier de l'état civil de la commune de Janneyras célébrait, avec toute la publicité requise, le mariage de Louis Combalot et de Marguerite Margnole, mineure. L'acte de célébration constate la présence de la veuve Margnole, la mère de l'épouse, et la déclaration de son consentement au mariage, mais ne porte pas sa signature. Du reste cette signature figurait sur le contrat notarié, en date du 1ᵉʳ octobre même année, destiné à régler les conditions pécuniaires de ce mariage. Cependant, en janvier 1818, la veuve Margnole assigne les deux époux devant le tribunal de première instance de Vienne, pour voir déclarer nul leur mariage, attendu qu'elle n'y a pas consenti et que son consentement était nécessaire pour la validité de ce mariage. Les deux époux concluent à ce qu'elle soit déboutée de sa demande, et déclarent s'en rapporter à la justice. Le 13 avril 1818, le tribunal, sur les conclusions du ministère public, annule le mariage pour défaut de consentement de la veuve Margnole.

Le procureur général de la Cour de Grenoble interjette appel de ce jugement contre toutes les parties. Celles-ci se bornent à leur opposer la fin de non-recevoir tirée de son défaut de qualité pour se porter partie principale. Mais cette fin de non-recevoir est repoussée par un arrêt du 28 juillet 1818, qui invoque d'abord assez longuement, comme l'arrêt de la Cour d'Agen, l'argument d'analogie fourni par les articles 184 et 191 du Code Napoléon, et des considérations générales du même genre sur la possibilité de divorces déguisés; puis il termine en disant « que rien n'est plus précis, au sujet des attributions du ministère public, que l'article 46 de la loi du 20 avril 1810 », dont il reproduit le texte. (Voy. Merlin, *Répert.*, v° Mariage, sect. VI, § 3, n° 3; 4° édit., t. XVI, 1824, p. 787.)

IV. — La question du droit d'action du ministère public dans l'intérêt de l'ordre public se posa encore quelque temps après devant la Cour de Bourges. Il s'agissait cette fois d'une rectification d'acte de l'état civil. Mais la question générale restait la même, et la Cour de Bourges, par un arrêt, en date du 2 février 1820, la résout également dans le sens du droit du ministère public, en se fondant sur l'article 46-2° de la loi de 1810 (Ministère public *contre* Barret; — voy. Dalloz, *Répert. alphab.*, v° Acte de l'état civil, n° 468). Quelques mois auparavant, un arrêt de la même Cour, du 31 août 1819 (Ministère public *contre* Gobillaud ; — voy. Dalloz, *eod. loc.*), avait déjà reçu l'appel du ministère public dans les mêmes circonstances, mais sans contestation de la part de ses adversaires.

V. — Enfin, la question fut soulevée de nouveau, à ? même époque, devant la Cour d'Aix, dans une espèce où la violation de l'ordre public était aussi flagrante que possible. Le 10 avril 1816, c'est-à-dire très-peu de jours avant la promulgation de la loi du 8 mai 1816, abolitive du divorce, un jugement du tribunal de Toulon avait prononcé un divorce au profit d'un nommé Nielly. L'officier de l'état civil de Toulon refusa de prêter son ministère à la consommation de ce divorce, en se fondant sur l'article 2 de la loi du 8 mai 1816, qui restreignait expressément aux effets de la séparation de corps les divorces admis par des jugements ou arrêts non encore exécutés, au moment de sa promulgation, par le prononcé du divorce devant l'officier de l'état civil. Nielly recourut au tribunal, qui, en 1820, ordonna à l'officier de l'état civil d'avoir à exécuter le jugement antérieur en prononçant le divorce. Le procureur général de la Cour d'Aix interjette appel de ce dernier jugement. Malgré la fin de non-recevoir tirée de son défaut de qualité, que Nielly ne manque pas de lui opposer, l'appel du procureur général est admis par la Cour, en vertu de l'article 46 de la loi de 1810, et le jugement du tribunal de Toulon réformé.

VI. — Ainsi, dans l'espace de deux ans seulement, de

1818 à 1820, quatre Cours royales sont appelées à se prononcer sur le droit d'action du ministère public en matière
d'ordre public, et toutes quatre résolvent la question en sa
faveur, comme le tribunal de la Seine et la Cour de Paris
l'avaient déjà fait dès 1812 (voy. ci-dessus, p. 386 et suiv.).
Cette interprétation se serait probablement établie et gé-
néralisée dans la jurisprudence, si la Cour de cassation
n'avait pas eu à intervenir. Mais elle fut saisie du débat
par des pourvois dirigés contre les arrêts que nous venons de rappeler.

La section des requêtes, devant laquelle ces pourvois
durent se présenter en premier lieu, avait admis, peu
de temps auparavant, le pourvoi formé contre les arrêts
de la Cour de Paris des 1er juillet 1816 et 25 mars 1817,
dont il a été question tout à l'heure (p. 390), et qui
avaient reçu l'action du ministère public en matière de
tutelle.

Mais on ne peut pas conclure de là qu'elle avait repoussé dès cette époque le droit d'action du ministère
public dans l'intérêt de l'ordre public; car nous avons
déjà fait remarquer (p. 389) que les affaires de ce genre
ne devaient pas être considérées comme se rattachant à
l'ordre public, et d'ailleurs, en se reportant aux circonstances de la cause (voy. ci-dessus, p. 390), on verra tout
de suite que les décisions des arrêts incriminés pouvaient
être critiquées fort justement à beaucoup de points de vue.

En admettant le pourvoi, la section des requêtes n'approuvait point nécessairement tous les motifs sur lesquels
il était fondé : il suffisait qu'un seul des moyens de cas-

sation lui parût bon pour qu'elle acceptât la requête. Or, en admettant à part la question du droit d'action du ministère public, les arrêts de la Cour de Paris contenaient évidemment plusieurs décisions sujettes à cassation, par exemple celle qui annulait un bail régulièrement consenti par le tuteur d'un interdit sans qu'il ait été allégué aucune fraude, et contrairement à l'avis du conseil de famille, qui déclarait « palpable et manifeste » son utilité pour l'interdit. Il est tout à fait probable que c'est surtout l'irrégularité des décisions sur le fond qui a déterminé l'admission du pourvoi par la section des requêtes, comme c'est elle aussi qui a principalement préoccupé plus tard la section civile dans l'arrêt définitif sur cette affaire (voy. ci-dessus, p. 396).

Mais les pourvois dirigés contre l'arrêt de la Cour d'Agen, et surtout contre celui de la Cour de Grenoble, posaient nécessairement la question générale du droit d'action du ministère public dans l'intérêt de l'ordre public. La section des requêtes ne put se dispenser de l'examiner, et elle dut se former alors une opinion sur le principe, en l'envisageant au point de vue de l'application spéciale, qu'il s'agissait d'en faire. Il paraît que cette opinion ne fut point favorable au droit d'action du ministère public, admis par les Cours d'Agen et de Grenoble, puisqu'elle laissa passer les pourvois qui arrivèrent ainsi à la section civile chargée de décider définitivement.

VII. — Quelque temps après, la section des requêtes eut à trancher elle-même la question, mais dans un cas tout différent.

Un sieur Bergasse avait dénié sa signature apposée sur quatre lettres de change, dans le but de gagner du temps pour se procurer de l'argent pendant les délais de la procédure en vérification d'écriture. Au moment où cette vérification allait avoir lieu, il fait des offres réelles à son créancier Pagès, qui les accepte sous réserve de continuer l'instance en vérification d'écriture, afin de se faire allouer des dommages-intérêts. En effet, le 3 juin 1819, le tribunal de Foix condamne Bergasse à 150 fr. de dommages-intérêts envers Pagès et à l'amende de 150 fr. prononcée par l'article 213 du Code de procédure civile. Sur l'appel interjeté par Bergasse, la Cour de Toulouse, par arrêt du 7 août 1819, le décharge de l'amende, en donnant pour motif que la dénégation d'écriture n'avait jamais été sérieuse dans son esprit et qu'elle n'avait d'autre but que de gagner du temps. Le procureur général de la Cour de Toulouse forme d'office un pourvoi en cassation pour violation de l'article 213 du Code de procédure civile. Ce pourvoi est porté d'abord devant la section criminelle, qui se déclare incompétente, par arrêt du 28 octobre 1819, et renvóie devant la section des requêtes. Celle-ci, par arrêt du 9 décembre 1819, rejette le pourvoi du procureur général de la Cour de Toulouse comme formé sans qualité (1).

(1) La décision de la Cour de Toulouse fut du reste annulée quelques jours après (5 janvier 1820), mais dans l'intérêt de la loi seulement, par un arrêt de la section civile, sur un pourvoi du procureur général près la Cour de cassation, lequel n'invoquait pas d'autres arguments que ceux qui motivaient le pourvoi utile du procureur général près la Cour de Toulouse. (Voy. Dalloz, *Répert. alphab.*, v° PEINE, n° 752-3°.)

« .... Attendu, dit la section des requêtes, qu'il résulte desdits articles (les articles 1, 2, 3, titre VIII, de la loi du 24 août 1790, et 46 de la loi du 20 avril 1810) que les officiers du ministère public ne peuvent exercer leur ministère par voie d'action, mais seulement par voie de réquisition dans les procès dont les juges ont été saisis; — qu'*en matière civile, le ministère public n'agit d'office* QUE *dans les cas spécifiés par la loi* ET *qui intéressent l'ordre public;* — Attendu que le procureur général près la Cour de Toulouse s'est pourvu par action directe contre un arrêt de cette Cour, du 7 août 1819, dans *un cas qui n'intéresse ni l'ordre général ni l'ordre public, et qui n'est pas spécifié par la loi.* » (Affaire Ministère public *contre* Bergasse; — voy. Dalloz, *Répert. alphab.*, v° Peine, n° 752-3°.)

A ne prendre que la date de cet arrêt (9 décembre 1819) comparée à celle des autres, il semblerait que, — si l'on écarte l'arrêt du 11 août 1818, trop peu explicite dans ses motifs et trop peu concluant par suite des circonstances de la cause, — il semblerait, dis-je, que c'est la première décision de la Cour de cassation sur la question générale du droit d'action du ministère public en matière d'ordre public, car le plus ancien des arrêts que nous allons citer dans un instant (p. 413) ne remonte qu'au 1er août 1820. Il est à peu près certain cependant que ce serait une erreur de le croire.

En effet, les arrêts des Cours d'Agen (14 janvier 1818) et de Grenoble (28 juillet 1818), dont nous avons parlé tout à l'heure, sont très-notablement antérieurs à l'arrêt précité de la Cour de Toulouse (7 août 1819). Le pourvoi en cassation contre ces deux arrêts, pour être recevable, a dû être formé dans un délai assez bref après leur date. D'un autre côté, devant la section des requêtes, les lenteurs sont toujours moins grandes que devant la section civile, surtout lorsqu'il s'agit simplement d'admettre un pourvoi pour le laisser arriver à cette dernière section. Or, la section des requêtes n'a pu être saisie du pourvoi contre l'arrêt de la Cour de Toulouse qu'après l'arrêt de la section criminelle du 28 octobre 1819, qui renvoyait ce pourvoi devant elle, et, à cette dernière date, il est tout à fait improbable qu'elle n'eût pas encore rendu sa décision, au moins sur le pourvoi contre l'arrêt de la Cour de Grenoble, dont elle devait déjà être saisie depuis longtemps, et que la section civile, toujours beaucoup plus lente, était en mesure de juger définitivement le 1ᵉʳ août 1820.

Ainsi les diverses décisions de la jurisprudence se sont bien succédé dans l'ordre que nous avons suivi nous-même pour cette exposition. C'est donc sur les arrêts des Cours de Grenoble et d'Agen que la section des requêtes eut à se prononcer d'abord, comme nous venons de le dire (p. 405), — en mettant de côté l'arrêt d'admission qui avait précédé l'arrêt de cassation de la section civile du 11 août 1818, — et c'est dans le cas d'une action en validité de mariage qu'elle discuta et jugea pour la première fois le droit d'action du ministère public en matière d'ordre public. On verra bientôt (p. 417) pourquoi nous insistons sur ce point, qui ne paraît offrir, au premier abord, qu'un intérêt très-secondaire.

Dès que la section des requêtes eut implicitement consacré le principe général, en laissant arriver à la section civile les pourvois contre les arrêts des Cours de Grenoble et d'Agen, elle devait tout naturellement appliquer ce principe aux autres cas qui se présentaient devant elle. Ce n'était plus là, pour ainsi dire, qu'une mesure d'ordre, une conséquence nécessaire de sa première décision.

VIII. — Il ne faudrait donc pas s'étonner que l'arrêt précité (p. 407) du 9 décembre 1819 ait rejeté le principe du droit d'action du ministère public dans l'intérêt de l'ordre public, et cette circonstance ne pourrait pas être opposée, comme une fin de non-recevoir, aux hypothèses que nous indiquerons dans un instant pour expliquer l'établissement de la jurisprudence de la Cour de cassation.

Mais, en fait, cet arrêt du 9 décembre 1819 refuse-t-il au ministère public le droit d'agir d'office en matière civile pour la défense de l'ordre public? Cela n'est pas certain du tout; car, s'il rejette le pourvoi du procureur général, comme formé sans qualité, les motifs qu'il invoque à l'appui de cette décision ne sont pas bien clairs, et peuvent s'expliquer dans les deux systèmes contraires. (Comp. la 1ʳᵉ rédaction de l'art. 46, ci-dessus, p. 337 et 348.)

La section des requêtes paraphrase, pour ainsi dire, plutôt qu'elle ne reproduit, l'article 2, titre VIII, de la loi de 1810. Voici comment elle résume ce dernier texte : « ... En matière civile, le ministère public *n*'agit d'office *que* dans les cas spécifiés par la loi ET qui intéressent l'ordre public... » Mais ces conditions imposées au droit d'action du ministère public, la section des requêtes entendait-elle les exiger distinctement ou cumulativement? Suffisait-il de satisfaire à une seule d'entre elles, ou la réunion des deux était-elle obligatoire? En un mot, le ministère public pourrait-il agir soit dans un cas spécifié, lors même qu'il n'intéresserait pas l'ordre public, soit dans un cas intéressant l'ordre public, mais qui ne serait pas spécifié; ou bien devra-t-il prouver, pour faire admettre son action, que le cas où il se place a été spécifié par la loi, et qu'il intéresse en même temps l'ordre public?

Si c'est la première formule qui exprime la pensée de la section des requêtes, son arrêt se rattache au système extensif, que nous défendons. Si c'est au contraire la seconde, elle adoptait le système restrictif dans son interprétation la plus rigoureuse (voy. ci-dessus, p. 138 et suiv.), et repoussait le droit d'action du ministère public dans l'intérêt de l'ordre public. Sans doute, le considérant que nous venons de rapporter s'accorderait mieux avec la première formule, si les deux conditions qu'il indique étaient séparées par la disjonctive ou, au lieu d'être réunies par la copulative ET. Mais il ne faut pas attacher trop d'importance à ces petits détails de rédaction, qui ne sont souvent que des erreurs de plume ou des fautes d'impression.

Il y a donc réellement incertitude sur la véritable pensée de la section des requêtes dans ce passage, et le considérant qui suit n'est pas fait pour dissiper les doutes que l'autre pouvait légitimement soulever, « attendu,

— dit ce considérant, qui forme la conclusion des motifs de l'arrêt, — que le procureur général près la Cour de Toulouse s'est pourvu... dans un cas qui n'intéresse ni l'ordre général ni l'ordre public, ET qui n'est pas spécifié par la loi ».

Pourquoi mentionner ces deux circonstances, si la section des requêtes avait pensé qu'il suffisait de l'une d'elles pour exclure l'action du ministère public ? Pourquoi indiquer d'abord et avant tout, que l'ordre public n'était pas engagé dans la cause, si l'intérêt de l'ordre n'avait pu légitimer l'action du ministère public ? Pourquoi reléguer au dernier rang la condition principale, et *sine qua non*, qui est le pivot du système restrictif, si c'était ce système qu'on avait voulu adopter ? — Les termes de l'arrêt s'expliquent d'une manière bien plus naturelle, en admettant que la section des requêtes autorisait le ministère public à se porter partie principale, soit dans les cas spécifiés par la loi, soit dans les cas intéressant l'ordre public. En partant de ce système, il était effectivement nécessaire, pour rejeter le pourvoi du procureur général de la Cour de Toulouse, de déclarer, comme le fait l'arrêt du 9 décembre 1849, que les circonstances dans lesquelles ce pourvoi était formé : 1° n'étaient spécifiées par aucun texte de loi, — ce qui est certain ; — 2° n'intéressaient point l'ordre public, — ce qui est beaucoup plus contestable, et devait par conséquent attirer davantage l'attention de la section des requêtes.

Il faut même remarquer qu'aux mots « ordre public » la section des requêtes ajoute ceux d' « ordre général », qui contiennent une allusion évidente à l'article 1ᵉʳ, titre VIII, de la loi des 16-24 août 1790, visé en effet dans l'un des premiers considérants de l'arrêt. Cela ne semblerait-il pas indiquer que, dans la pensée de la section des requêtes, cet article 1ᵉʳ aurait pu, comme le prétend en effet M. Dupin (voyez ci-dessus, p. 218), servir de base au droit d'action du ministère public? La section des requêtes se serait alors rattachée à la doctrine la plus extensive, la plus favorable au ministère public. Il y aurait là en même temps une preuve de plus qu'on n'apercevait pas encore l'étendue de l'innovation introduite par l'article 46-2° de la loi du 20 avril 1810, et que cette loi, en consacrant le droit d'action du ministère public dans l'intérêt de l'ordre public, semblait avoir simplement continué l'état de choses antérieur, et confirmé la conséquence de principes généraux qui existaient avant elle.

Il semblerait que la conclusion de tout ce qui précède, c'est de porter sans hésiter l'arrêt du 9 décembre 1819 à l'avoir du système extensif. Mais nous croyons qu'il faut y mettre plus de réserve, car les termes de l'arrêt sont fort ambigus, et, en définitive, il paraîtrait assez étrange que la section des requêtes, — qui venait tout récemment de repousser d'une manière implicite le droit d'action du ministère public dans l'intérêt de l'ordre public, en admettant les pourvois dirigés contre les arrêts des Cours de Grenoble et d'Agen, — se déjugeât si rapidement sans même attendre que la section civile ait eu le temps de se prononcer sur la même question.

IX.—Revenons maintenant,— en suivant l'ordre chronologique, — aux pourvois dirigés contre les arrêts cités plus haut (p. 400, 402 et 403) des Cours d'Agen, de Grenoble et d'Aix. Nous avons dit tout à l'heure (p. 407) que les deux premiers de ces pourvois avaient dû être admis par la section des requêtes antérieurement à l'arrêt de cette section du 9 décembre 1819.

En arrivant devant la section civile de la Cour de cassation, ils n'y trouvaient d'autre précédent que les arrêts de cassation des 8 mars 1814 et 11 août 1818, dont il a déjà été question plus haut (p. 394). Mais ces arrêts, nous l'avons dit, s'expliquaient par les circonstances de chaque cause, bien plus que par un système arrêté sur le droit d'action du ministère public en général, et c'est par un scrupule d'exactitude que nous les rappelons ici, après avoir montré leur véritable caractère. A vrai dire, la question se présentait donc entière devant la section civile, au point de vue de sa propre jurisprudence ; et, quant aux précédents que pouvaient fournir les décisions des autres juridictions, nous avons vu qu'ils étaient presque unanimement favorables au droit d'action du ministère public dans l'intérêt de l'ordre public.

Cependant les trois arrêts dont il s'agit furent cassés par trois décisions de la section civile : celui de la Cour de Grenoble, le 1ᵉʳ août 1820 (affaire Margnole et Combalot *contre* Procureur général de Grenoble : — voy. Dalloz, *Répert. alphab.*, vᵒ Mariage, nᵒ 521 ; — Sirey, nouvelle édit., t. VI, I-286 ; — Merlin, *Répertoire*, vᵒ Mariage,

sect. VI, § 3, n° 3, 4ᵉ édit., t. XVI, p. 789); — celui de
la Cour d'Agen, le 5 mars 1821 (affaire Pierre Laborie et
Pierrette Couderc *contre* Procureur général de Grenoble :
— voy. Dalloz, *eod. loc.;* — Merlin, *eod. loc.*, p. 791 ;
— Sirey, nouv. édit., t. VI, I-391); — et celui de la
Cour d'Aix, le 5 juillet 1824 (affaire Nielly *contre* procureur général d'Aix : — voy. Dalloz, *Répert. alphab.*,
v° Ministère public, n° 95; — Sirey, anc. édit., t. XXV,
I-121; nouv. édit., t. VII, I-490; — *Journal du palais*,
3ᵉ édit. chronol., à sa date, comme les arrêts précédents).

Dans ces trois arrêts, la section civile de la Cour de
cassation pose en principe que le ministère public ne peut
agir d'office en matière civile que dans les cas spécifiés
par la loi, et repousse les arguments d'analogie, — très-
peu solides du reste (voy. ci-dessus, p. 311), — que l'on
avait invoqués en même temps que l'article 46-2° de la loi
du 20 avril 1810.

Cette fois, la question générale est abordée de front,
et il n'y a pas moyen de se méprendre sur la portée absolue de la doctrine consacrée par la section civile.

« Attendu, dit l'arrêt du 1ᵉʳ août 1820, qu'aux termes
de l'article 2 du titre VIII de la loi du 24 août 1790, le
ministère public ne peut agir au civil que par voie de
réquisition dans les procès dont les juges ont été saisis;
— que, conformément à cet article, il a été consacré
par une jurisprudence constante que le ministère public
n'avait le droit d'agir que lorsque ce droit était spécialement conféré par quelque loi ; — que le même principe a
été formellement exprimé de nouveau dans la première

partie de l'article 46 de la loi du 20 avril 1810 ; — que
la seconde partie de cet article serait diamétralement en
opposition avec la première, si on l'entendait dans le sens
dans lequel la Cour de Grenoble l'a entendue ; — qu'on
ne peut pas cependant supposer que le législateur qui a
répété dans la première partie de l'article un principe
constamment observé, ait entendu lui-même le détruire
dans le même article ; qu'il est naturel d'entendre la seconde partie de l'article dans le sens de la première,
et de la regarder comme un développement qui n'al-
tère en rien le principe ; — qu'il résulte de ce développement, en le rapprochant de la première partie
de l'article, que le ministère public poursuit d'office
l'exécution des lois dans les dispositions qui intéressent
l'ordre public, lorsque ce droit de poursuite lui est spécialement attribué par la loi ; — que, s'il en était autrement,
et s'il fallait donner à la seconde partie l'extension que la
Cour de Grenoble lui a donnée, il aurait été inutile que
le législateur eût déterminé, au titre du Code civil relatif
au mariage, les espèces dans lesquelles le ministère public avait qualité pour agir d'office ; que ces espèces sont
fixées par les articles 184, 190 et 191 du Code civil ; —
qu'en attribuant au ministère public, dans les cas prévus
par ces articles, le droit d'agir d'office en nullité de mariage, le législateur leur a évidemment refusé ce droit
dans les autres cas... »

Il est évident que nous n'avons pas à faire ici la critique des motifs allégués par la section civile de la Cour
de cassation. Ce serait recommencer la discussion du

principe général, qui a reçu plus haut tous les développements nécessaires. Mais il suffit de lire les considérants que nous venons de citer, pour apercevoir tout de suite la faiblesse de l'argumentation sur laquelle ils reposent. Cependant l'arrêt du 5 mars 1821 n'ajoute rien à ces motifs, puisqu'il ne discute point l'article 46-2° de la loi de 1810, et se borne à réfuter les arguments d'analogie, les seuls que la Cour d'Agen eût invoqués. Quant à l'arrêt du 5 juillet 1824, il se contente de poser le principe sans le justifier. — Les Cours de renvoi acceptèrent le système de la Cour de cassation.

Ces trois arrêts fondèrent la doctrine restrictive, qui ne pouvait manquer de s'imposer presque universellement à la jurisprudence, après avoir été consacrée à trois reprises successives par la Cour suprême et dans des circonstances aussi favorables au droit d'action du ministère public. Sous l'influence de l'esprit de tradition, qui est si puissant sur les juges, cette jurisprudence se perpétua longtemps, et peut-être même n'aurait-on plus songé à la reviser, si le terrain de la discussion n'avait été changé depuis, comme on va le voir tout à l'heure (p. 462.) Ces arrêts ont donc une importance exceptionnelle, et nous devons nous y arrêter un instant, pour nous demander comment la Cour de cassation avait pu être conduite à instituer un système qui était si peu en harmonie avec les sentiments du reste de la magistrature, attestés par l'opinion unanime de toutes les Cours saisies de la question (1).

_____

(1) Nous devons rappeler toutefois l'arrêt de la Cour de Metz du 21 janvier 1812, dont il a été question plus haut (p. 392), et qui avait tranché la question

X. — Dans l'examen d'un point de droit, il est souvent bien difficile, — surtout dans une matière comme celle-ci, — d'imposer complétement silence à ses opinions politiques ou sociales, d'écarter ses tendances naturelles, d'absorber l'homme dans le jurisconsulte : ces considérations étrangères, au service desquelles nous mettons des arguments juridiques, déterminent quelquefois nos décisions bien plus que ces arguments seuls placés en évidence, et nous gouvernent presque à notre insu. Mais il est malheureusement bien difficile de pénétrer dans l'esprit des juges, et de déterminer, surtout à cinquante ans de distance, quelle part d'influence ont pu exercer sur une décision juridique des motifs de ce genre. Voici pourtant quelques remarques qui semblent assez spécieuses pour valoir la peine d'être indiquées.

En 1820, la Cour de cassation devait encore com-

dans le même sens que venait de le faire la Cour de cassation. Il faut y ajouter un arrêt plus récent de la Cour de Poitiers, du 5 juin 1819 (affaire Ministère public *contre* Giraudeau ; voy. Dalloz, *Répert. alphab.*, v° Appel civil, n° 469), qui déclare non recevable l'appel du ministère public contre un jugement du tribunal de commerce de Saint-Martin (île de Ré), relatif à une contravention aux priviléges des courtiers ; matière qui, d'après le procureur général, rentrait dans les attributions du tribunal correctionnel. « Considérant, se borne à dire cet arrêt, qu'aux termes de l'article 2, titre VIII, loi du 24 août 1790, les procureurs du roi et les procureurs généraux n'exercent leur ministère au civil que par voie de réquisition et non par voie d'action, et qu'appeler, c'est agir... ». Mais cet arrêt n'a pas une grande importance dans le débat, puisqu'il ne fait aucune allusion à l'article 46 de la loi de 1810, qui est le véritable siége de la matière et la seule base véritable du droit du ministère public. Il ne faut pas oublier non plus qu'il est rendu sur un cas analogue à celui de l'arrêt de la Cour de Metz, c'est-à-dire dans des circonstances où il n'était pas très-évident que l'ordre public fût lésé. Quant aux arrêts de la section des requêtes et de la section civile elle-même, rendus en matière de tutelle, nous nous sommes déjà expliqué à leur égard, et nous avons montré qu'ils n'avaient qu'une portée toute spéciale.

prendre dans son sein un assez grand nombre de conseillers nommés sous l'Empire, et choisis, pour le plus
grand nombre, parmi les hommes imbus, sinon des idées
politiques, au moins des idées sociales de la Révolution.
D'un autre côté, les nouveaux membres venaient des
Cours d'appel où ils avaient sans doute été nommés, pour
la plupart, à la même époque, et une bonne partie d'entre
eux, par conséquent, devaient avoir les mêmes opinions.
Il est donc vraisemblable que la Cour de cassation se
composait alors, en majorité, d'hommes favorables aux
innovations législatives de la Révolution, parmi lesquelles
figurait le divorce que la Restauration s'empressa d'abolir.

Il n'est pas bien hardi de supposer que la loi du 8 mai
1816 ne devait pas être vue de très-bon œil par ces magistrats. Or, dans les trois affaires qui aboutirent aux
arrêts cités plus haut, il s'agissait précisément de divorces,
patents ou déguisés sous forme de nullités de mariage, que
les parties avaient réussi à se procurer, malgré la loi du
8 mai 1816, et dont le ministère public voulait empêcher
la consommation. N'est-il pas permis de croire que les adversaires de la loi de 1816 n'étaient point fâchés de la voir
éluder ainsi en pratique, et que ce sentiment influait sur
leurs opinions juridiques lorsqu'ils adoptaient le système
qui facilitait la réussite de cet ingénieux détour? Merlin,
sans doute, comme nous l'avons remarqué plus haut
(p. 318), ne se laissa point écarter des vrais principes par
de semblables préoccupations. Mais cela ne prouve pas que
ses anciens collègues dussent y échapper également (1).

(1) La date de l'arrêt de la section des requêtes du 9 décembre 1819, cité

Il ne faut pas oublier non plus que le gouvernement
de la Restauration, — et par conséquent ses agents, —
excitait beaucoup de défiance, surtout parmi les classes
moyennes, d'où sortent la plupart des magistrats. Le ministère public en particulier était alors très-impopulaire,
et très-mal jugé, par suite des procès politiques et des
procès de presse qu'il devait intenter. Ortolan et Ledeau
(*Traité du ministère public en France*, publié en 1831,
préface, p. vi et vii), se faisant l'écho de ces sentiments,
allaient jusqu'à dire que « le gouvernement hypocrite »
de la Restauration « l'avait avili », et l'engageaient à
« se relever de l'état d'abjection où il était plongé ». En
admettant qu'aucun des magistrats de la Cour suprême
ne partageât ni ces défiances, ni ces préventions, toujours
est-il qu'ils devaient subir, dans une certaine mesure, la
pression de l'opinion publique.

§ III. — De 1824 à 1828. Les auteurs blâment la jurisprudence
de la Cour de cassation. Celle-ci persiste. — Le gouvernement
de la Restauration accepte cette jurisprudence.

I. — L'année même où la Cour de cassation rendait le
troisième des arrêts dont nous venons de parler, c'est-à-
dire en 1824, Merlin, alors exilé à Bruxelles, y publiait
le second supplément à la quatrième édition de son

---

plus haut (p. 407), pourrait faire croire que la question générale du droit
d'action du ministère public en matière d'ordre public a été résolue pour la
première fois par la Cour de cassation dans une hypothèse différente, celle du
droit de provoquer la condamnation aux amendes civiles édictées notamment
en matière de procédure. Notre tentative d'explication pècherait alors par la
base. Mais nous avons montré (*eod. loc.*) qu'au moment où elle prononçait cet
arrêt, la section des requêtes avait déjà rendu sa décision, au moins sur le
pourvoi contre l'arrêt de la Cour de Grenoble, et qu'elle ne faisait plus que
suivre le principe posé dans cette dernière affaire.

Répertoire (t. XVI). Il y introduisit au mot *Mariage* (sect. VI, § 3, n° 3, p. 782 et suiv.) une vigoureuse dissertation dans laquelle il dissèque, pour ainsi dire, l'arrêt du 1ᵉʳ août 1820 et ne laisse debout aucun des motifs qu'il invoquait. (Voy. ci-dessus, p. 414.)

On a prétendu que l'opinion de Merlin avait varié, et nous avons montré plus haut (p. 319), pour répondre à cette objection, qu'aucun des textes de Merlin, auxquels cette remarque pouvait renvoyer, n'indiquait le moindre changement d'opinion. Mais on trouve dans la seconde partie du second supplément du *Répertoire*, publiée en 1825 (4ᵉ édit., t. XVII, v° Opposition à un mariage, sur l'art. 174, quest. 3, p. 246), un passage qui semble au premier abord rejeter le droit d'action du ministère public dans un cas où l'ordre public est intéressé.

Merlin dit en effet, dans ce passage, « que le *Code civil ne lui a pas attribué* (au ministère public) le droit de s'opposer à un mariage qu'il serait cependant de son devoir de faire déclarer nul s'il était contracté. » Il en donne pour raison « qu'on a craint d'investir le ministère public d'une sorte de pouvoir inquisitorial », et ajoute : « Au surplus, quels qu'aient été, à cet égard, les motifs du Code civil, il suffit qu'il n'attribue pas ce droit au ministère public, pour qu'*en s'en tenant à ses dispositions*, le ministère public ne puisse pas l'exercer; car, à défaut d'attributions spéciales en cette partie, la règle générale qui lui interdit la voie d'action conserve toute sa force; et il est évident que, d'après cette règle, il ne peut pas plus d'office se constituer demandeur à l'effet d'empêcher la célébration d'un mariage qu'il ne peut d'office se constituer demandeur à toute autre fin. »

Ce dernier développement, — depuis le mot *car*, — serait en effet, si on l'isolait, la condamnation du système défendu par Merlin, avec tant d'énergie, dans sa critique des arrêts de la Cour de cassation. Mais en y regardant de plus près, on s'aperçoit que ce développement est simplement la conclusion des passages précédents, où Merlin raisonne exclusivement au point de vue du Code Napoléon, et qu'il faut par conséquent restreindre sa portée dans les mêmes limites. La suite de l'article dissipe du reste tous les doutes.

Après avoir écarté le droit de former opposition, Merlin remarque en effet, avec Toullier, que le ministère public « peut et doit même, ainsi que toute personne quelconque, dénoncer à l'officier de l'état civil les empêchements qui s'opposent à la célébration d'un mariage proposé ». Et il ajoute : « ... En suivant cette marche, le ministère public arrivera tout naturellement au même résultat que s'il formait une opposition directe; car, si l'officier de l'état civil, averti par la dénonciation qui lui est faite, se refuse, comme il le doit, à la célébration du mariage, qu'arrivera-t-il? Les futurs époux le feront assigner devant le tribunal : il y exposera l'empêchement qui lui a été dénoncé; et alors le ministère public, usant de son droit de requérir ce que la loi lui paraît exiger, fera rendre un jugement qui approuvera le refus de ce fonctionnaire.

» Cependant il peut arriver que le refus de ce fonctionnaire se trouve en opposition avec un jugement par lequel il a été précédemment décidé que l'empêchement qui lui a été dénoncé par le ministère public n'existe pas, et qu'ainsi l'autorité de la chose jugée paralyse à l'avance *les réquisitions* que le ministère public pourrait faire à l'appui de ce refus. Dans ce cas, quelle ressource restera-t-il au ministère public? Pourra-t-il attaquer le jugement en vertu duquel on prétend contraindre l'officier de l'état civil à célébrer un mariage qui lui paraît formellement prohibé par la loi ?

» Cette importante question est traitée (dans ce supplément) à l'article *Mariage*, sect. VI, § 3, n° 3; et l'on peut juger par la solution que j'ai cru devoir lui donner d'après l'article 46 de la loi du 20 avril 1810, si cette même loi n'attribue pas implicitement au ministère public le droit, que le silence du Code civil lui refuse, de former directement opposition aux mariages. »

Merlin avait donc aperçu, — peut-être, il est vrai, après avoir écrit la première moitié de son article, — la connexité des deux questions. S'il met quelque réserve à autoriser, d'après l'article 46-2° de la loi de 1810, l'opposition directe du ministère public, cette réserve ne peut pas venir de ses doutes sur le principe lui-même, puisqu'il affirme de nouveau ce principe et renvoie au passage où il l'a si habilement démontré. La valeur de son énergique plaidoyer en faveur du ministère public subsiste donc tout entière.

II. — La protestation de Merlin contre la jurisprudence de la Cour de cassation ne resta point isolée. Les trois ouvrages qui parurent sur le droit civil en 1824 et 1825 s'associent, en effet, à la même doctrine, avec beaucoup plus de réserve, il est vrai.

En 1824, Delvincourt publie la cinquième édition de son *Cours de Code Napoléon*. Au tome Ier, page 149 des notes, on voit qu'à la suite du passage cité plus haut (p. 382), et dans lequel il approuvait le système des Cours de Bruxelles et de Pau, qui avaient permis au ministère public d'agir en validité de mariage, il ajoute ce qui suit :

« La doctrine contraire a été établie par la Cour de cassation dans ses arrêts du 1er août 1820 et 5 mars 1821, qui ont décidé *in terminis* que le ministère public n'avait droit d'agir par voie d'action que dans les cas où cela lui est expressément permis par la loi; que la loi lui donnait bien, dans certains cas, le droit de demander la nullité d'un mariage contracté contre les bonnes mœurs ou l'ordre public, mais que nulle part elle ne lui donnait la faculté de demander la validité d'un mariage.

» Ces décisions peuvent être effectivement plus conformes à la rigueur du droit. Mais je ne puis m'empêcher cependant de faire observer qu'il serait à désirer que le législateur donnât, à cet égard, plus de latitude à l'action du ministère public. Ainsi, par exemple, dans l'espèce qui se présentait devant la Cour de Bruxelles, n'était-il pas pénible que le ministère public fût obligé de rester spectateur impassible des manœuvres frauduleuses qui avaient évidemment pour but de faire contracter un mariage incestueux? (Voyez au surplus la note 5 de la page 113 du texte.) »

Dans cette dernière note (tome Ier, p. 284 des notes), Delvincourt va plus loin encore, car il blâme la doctrine des arrêts de la Cour de cassation des 8 mars 1814 et 11 août 1818 (voy. ci-dessus, p. 394), qui avaient cassé des arrêts de la Cour de Paris décidant que le ministère public avait le droit d'agir d'office dans l'intérêt des mineurs.

« Il est possible, dit Delvincourt, que l'arrêt de Paris fût en effet contraire à la loi de 1790, et qu'il dût, en conséquence, être cassé ; mais alors il nous semble que la disposition de la loi mérite d'être examinée. De tout temps les mineurs ont été regardés comme des personnes privilégiées mises sous la protection de la société entière, et cependant il résulte du système que nous combattons qu'un mineur pourrait être entièrement ruiné et vexé même dans sa personne au vu et au su de tout le monde, sans que le ministère public pût s'y opposer. Car, d'après le texte précité de la loi de 1790, il faut qu'il y ait procès pour que le procureur du roi puisse intervenir, et, d'un autre côté, il est très-possible que le mineur n'ait point de parents sur les lieux, ou que ceux qui sont présents, n'ayant aucune responsabilité à encourir, se soucient fort peu d'entreprendre un procès contre le tuteur prévaricateur ou négligent. C'est donc un point qu'il convient de recommander à l'attention de nos législateurs, et qui doit éprouver d'autant moins de difficulté, que le Code civil a déjà, par son article 114, accordé l'action au ministère public dans l'intérêt des absents, qui ne sont certainement pas plus favorables que les mineurs. »

III. — En 1825, Vazeille publie son *Traité du mariage*, et après avoir rapporté les arrêts de la Cour de cassation qui refusaient au ministère public le droit d'agir en validité de mariage, voici comment il les apprécie (t. I, n° 255, p. 405) :

« Cette décision, dit-il, est très-rigoureuse ; elle accorde trop, peut-être, à la lettre des lois de 1790 et de 1810 contre l'esprit des dispositions du Code civil sur le mariage. Si nous ne l'avions pas connue, il nous aurait semblé que le droit pour le ministère public, de faire annuler un mariage frauduleusement formé, au mépris de la loi, et le droit de faire maintenir un mariage très-valable scandaleusement attaqué, au mépris de la loi, doivent découler du même principe conservateur de la morale et de l'ordre public ; que si la loi n'a littéralement marqué l'application de ce principe qu'à l'une de ces positions, elle a indiqué, plutôt qu'elle n'a exclu, son application à l'autre position analogue, quoique inverse, et que, pour celle-ci, le droit d'exception et d'action ne doit pas plus que pour celle-là se borner à une première juridiction. Les motifs des trois arrêts précités nous auraient paru bien forts. Nous aurions été frappés, principalement, de l'extrême facilité de faire sortir un divorce par consentement mutuel d'un jugement par défaut qui ne sera point attaqué ; car, si l'appel n'est pas accordé au ministère public, l'opposition lui sera refusée aussi par la même raison. Nous aurions été touchés encore de la possibilité de faire prononcer, après la mort d'un conjoint, la nullité d'un mariage valable qui a produit tous ses effets, pour contracter bientôt un second mariage que la validité du premier rendait incestueux. L'arrêt de Bruxelles présente l'exemple d'un homme qui n'avait obtenu l'annulation de son mariage que pour s'unir à la sœur de sa femme décédée. L'ancien usage des dispenses pour le mariage du beau-frère et de la belle-sœur rend cette vue moins odieuse; mais l'abus pourrait aller plus loin. Supporterait-on l'idée d'un homme qui deviendrait le mari de la fille après l'avoir été de la mère? Notre législation est horriblement vicieuse, si elle n'autorise pas tous les moyens possibles pour empêcher de tels abus! »

IV. — Un autre ouvrage publié en 1825, le premier volume de Duranton, blâme aussi la jurisprudence de la Cour de cassation. (Voy. plus loin, p. 445.)

V. — Enfin, les Cours d'appel ne paraissent point disposées à accepter sans résistance la doctrine de la Cour suprême, et, dix jours à peine avant le troisième des arrêts précités de la Cour de cassation, la Cour de Paris recevait encore l'action du ministère public, dans un cas différent, il est vrai.

D'Apchier de la Tour-d'Auvergne avait cité devant le tribunal de la Seine les sieurs de la Tour de Saint-Paulet pour qu'il leur fût fait défense de prendre à l'avenir le nom d'Auvergne. Ceux-ci répliquent en demandant notamment qu'il lui soit interdit de porter le titre de duc de Bouillon et de prince de la Tour-d'Auvergne. Le tribunal de la Seine rejette toutes ces demandes par jugement du 2 juillet 1823, auquel adhèrent les sieurs de Saint-Paulet. D'Apchier de la Tour-d'Auvergne interjette au contraire appel devant la Cour de Paris. Devant la Cour, après les plaidoiries closes, le procureur général conclut à ce qu'il soit fait défense à d'Apchier de la Tour de prendre le nom d'Auvergne. Statuant sur ces réquisitions, la Cour de Paris fait défense aux parties de porter le nom d'Auvergne; ordonne que ce nom soit rayé, à la requête du ministère public, des actes où ce nom avait été introduit, et que l'expédition de l'arrêt soit transmise à l'autorité compétente, « afin qu'elle puisse aviser à la destination des cœurs du grand Turenne et du premier grenadier de France », qui jouaient un certain rôle dans cette affaire. (Arrêt du 26 juin 1824, Dalloz, *Répert. alphab.*, v° Nom, n° 26.)

VI.— Mais la Cour de cassation était en quelque sorte liée par ses arrêts antérieurs, et elle ne pouvait pas se départir aussitôt de sa jurisprudence sans montrer que, dans les circonstances précédentes, elle avait obéi à des préoccupations spéciales à la cause et peut-être même extrajuridiques, au lieu de considérer exclusivement, comme c'était son devoir, les principes de droit engagés dans l'affaire. La section devenue chambre civile (ordonnance du 15 janvier 1826) consacra donc de nouveau sa doctrine antérieure, en cassant l'arrêt de la Cour de Paris par un arrêt en date du 3 avril 1826, rendu sur les conclusions conformes de l'avocat général de Vatismenil (affaire d'Apchier de la Tour-d'Auvergne *contre* de la Tour de Saint-Paulet; — voy. Dalloz, *Recueil périodique*, 1826, I-238; *Répert. alphab.*, v° Nom, n° 26; — Sirey, nouv. édit., t. VIII, I-310; — *Journal du palais*, 3ᵉ édit. chronol., à sa date).

VII. — Du reste, le gouvernement de la Restauration accepta cette jurisprudence.

Avant les arrêts de la Cour de cassation qui l'établirent, il avait, à plusieurs reprises, appliqué l'article 46-2° de la loi du 20 avril 1820, conformément au sens que lui attribue le système extensif.

Ainsi, le 4 novembre 1814, une circulaire du chancelier de France chargea le ministère public de se porter partie principale lorsqu'il s'agissait soit du rétablissement en masse d'un grand nombre d'actes de l'état civil, soit du remplacement de registres perdus ou non tenus.

Une ordonnance du roi des 9-14 janvier 1815 prescrit des mesures particulières pour la recomposition des registres de l'état civil de l'arrondissement de Soissons, incendiés, pour la plus grande partie, pendant la guerre. Le ministère public devait jouer un certain rôle dans cette opération, qui n'était pas conforme aux règles du Code.

Un peu plus tard, le gouvernement introduit dans l'article 75 de la loi de finances du 25 mars 1817 une disposition qui avait pour effet indirect de consacrer légalement le droit d'action du ministère public dans les diverses circonstances prévues par les actes que nous venons de citer, et aussi dans le cas de la décision ministérielle du 6 brumaire an XI (voy. ci-dessus, p. 278

et 363), qui avait continué à s'appliquer. Il ne faudrait
pas croire pour cela qu'on doutât de la légalité de l'action
du ministère public, et qu'on crût nécessaire de la ré-
gulariser. Lors même qu'il en serait ainsi, l'article 75
de la loi de 1817 prouverait toujours qu'on avait le
désir d'étendre cette action, et elle aurait eu de plus,
même en se plaçant au point de vue du système extensif, l'incontestable utilité d'empêcher des chicanes sur
des circonstances dont la relation avec l'ordre public
était loin d'être évidente. Mais, en réalité, cet article 75
n'avait pas pour but de consacrer une action qui paraissait alors suffisamment justifiée par l'article 46-2° de la
loi de 1810; et il se proposait seulement d'en régler
certaines conséquences financières. Il décide, en effet,
qu'il y a lieu d'enregistrer gratis « les actes de procédure
et les jugements à la requête du ministère public, ayant
pour objet : 1° de réparer les omissions et de faire les
rectifications, sur les registres de l'état civil, d'actes qui
intéressent les individus notoirement indigents; 2° de
remplacer les registres de l'état civil perdus ou incendiés par les événements de la guerre, et de suppléer aux
registres qui n'auraient pas été tenus. »

Le 27 novembre 1821, une circulaire du ministre de
la justice, analogue à celle du 22 brumaire an XIV (voy.
ci-dessus, p. 278 et 364), charge le ministère public de
se porter partie principale pour demander la rectification de tous les actes de l'état civil qui contiendraient
des erreurs, ou pour faire porter sur les registres ceux
qui y auraient été omis, lorsque ces erreurs ou ces omis-

sions pourraient fournir à certains individus le moyen
d'échapper à la conscription.

Enfin, le 29 juillet 1824, le procureur général de la
Cour de Rennes adresse une circulaire à ses subordonnés
pour les inviter à poursuivre la rectification des actes de
l'état civil concernant les individus nés, pendant la Révolution, dans les départements de l'Ouest, alors insur-
gés, que ces individus soient ou non indigents. (Massabiau, *Manuel du proc. du roi*, t. Ier, n° 793, 2e édit., 1843.)

VIII.—Ainsi le gouvernement de la Restauration enten-
dit et appliqua longtemps l'article 46-2° de la loi de 1810
dans le sens que lui reconnaît le système extensif. Mais,
lorsque la Cour de cassation eut définitivement repoussé le
droit d'action du ministère public, en matière civile, pour
l'exécution des lois intéressant l'ordre public, le gouvernement se conforma à cette doctrine dans les ordonnances royales des 24 septembre-14 décembre 1828 et
30 décembre 1828-6 février 1829 sur l'organisation de
l'ordre judiciaire et l'administration de la justice, la
première à l'île de la Martinique et à l'île de la Guadeloupe et ses dépendances, la seconde à l'île de Bourbon
(voy. ci-dessus, p. 53, 79 et 95).

Ces deux ordonnances étaient l'exécution d'une ordonnance antérieure, du 22 novembre 1819, qui décidait qu'il serait établi dans les colonies une organisation
judiciaire « analogue à celle de la métropole ». En effet,
les ordonnances relatives aux colonies se bornent presque
toujours à copier les lois correspondantes qui régissent
le territoire européen, sans y introduire d'autres modi-

fications que celles qu'exigent les circonstances locales. Ici, au contraire, au lieu de reproduire exactement l'article 46 de la loi du 20 avril 1810, on y introduit les changements nécessaires pour qu'il soit la consécration littérale du système restrictif que la Cour de cassation venait d'adopter. Voici, en effet, le texte des articles 81 et 82 de l'ordonnance du 24 septembre 1828, qui correspondent à l'article 46 de la loi de 1810 :

« Art. 81. — Dans les affaires civiles, il (le procureur général) n'exercera son ministère par voie d'action QUE dans les cas spécifiés par les lois et ordonnances, ou lorsqu'il s'agira de la rectification d'actes de l'état civil qui, par de fausses énonciations, attribueraient à un homme de couleur libre ou à un esclave une qualité autre que celle qui lui appartient.

« Art. 82. — Il poursuivra d'office l'exécution des jugements et arrêts dans les dispositions qui intéressent l'ordre public. »

Les articles 72 et 73 de l'ordonnance du 30 septembre 1828 sont conçus dans les mêmes termes.

On voit que, dans l'article 82, qui correspond à l'article 46-2° de la loi de 1810, on a effacé le mot *lois*, ajouté en 1810 au texte de la loi de 1790, et qui était la base du système extensif. Au contraire, dans l'article 81, qui correspond à l'article 46-1°, on a introduit les deux petits mots que le système restrictif était obligé d'y supposer pour se justifier.

Il est impossible de ne pas voir là une condescendance pour la doctrine établie par la Cour suprême, car la

modification introduite ici est précisément en sens inverse de celle qu'on aurait pu supposer. En effet, loin
de restreindre les attributions ordinaires des agents du
pouvoir, les ordonnances qui régissent les colonies croient
presque toujours indispensable de les élargir encore pour
donner plus d'énergie à l'action gouvernementale.

§ IV. — De 1829 à 1846. Le système restrictif de la Cour de
cassation triomphe d'une manière complète en jurisprudence.
Ce triomphe compromet même le droit d'action dans les cas
spécifiés.

I. — La Cour de cassation eut encore occasion d'affirmer sa jurisprudence vers la fin de la Restauration et
dans les premières années de la monarchie de juillet.

Le 28 décembre 1829 (affaire Ministère public *contre*
Maillot; — voy. Sirey, nouv. édit., t. IX, I-416; —
Journal du palais, 3ᵉ édit. chronol., à sa date; — Dalloz,
Répert. alphab., vᵒ Ministère public, nᵒ 96, *in fine*), la
chambre civile confirme un arrêt de la Cour de Besançon
qui déclarait le ministère public non recevable à se pourvoir devant les tribunaux civils pour contraindre un
propriétaire à louer sa maison à l'exécution des arrêts
criminels (loi du 23 germinal an IV, art. 1 et 2; et décret du 18 juin 1811, contenant tarif des frais en matière
criminelle, art. 114-2ᵒ); mais il faut reconnaître que
l'ordre public ne paraissait pas bien vivement intéressé
dans cette demande introduite par le procureur du
roi près le tribunal de Vesoul, et que ce n'était pas un
semblable usage du droit d'action qui pouvait engager
la Cour de cassation à revenir sur sa jurisprudence.

Un an et demi plus tard, la chambre des requêtes consacre encore la même doctrine, mais dans des circonstances différentes. Le bureau de bienfaisance de la commune de Faye avait assigné Delamotte, exécuteur testamentaire d'un legs fait au profit des pauvres, en redressement de certaines erreurs qu'il prétendait exister dans le compte présenté par celui-ci. Le tribunal de Chinon, sur les seules réquisitions du ministère public, ordonne la reddition d'un nouveau compte, ce à quoi le demandeur n'avait aucunement conclu. Delamotte interjette appel de ce jugement, qui est réformé par arrêt de la Cour d'Orléans du 27 août 1828, fondé sur ce motif que le ministère public était simple partie jointe, et que ses réquisitions comme partie principale n'avaient aucune valeur. Le bureau de bienfaisance de Faye se pourvoit en cassation, et la chambre des requêtes confirme l'arrêt de la Cour d'Orléans par un arrêt en date du 26 avril 1831, qui rappelle que le ministère public, « pour intenter d'office une action, a besoin d'y être autorisé par une disposition précise et expresse de la loi. » (Affaire Bureau de bienfaisance de Faye *contre* Delamotte : — voy. Dalloz, *Répert. alphab.*, v° Compte, n° 154, *in fine;* — Sirey, 1832, I-785; — *Journal du palais*, 3° édit. chronol., à sa date.)

Enfin, le 29 février 1832, la chambre civile casse un jugement du tribunal de Châtillon-sur-Seine qui, en annulant une cession de droits litigieux faite au profit d'un avocat, déclarait statuer sur le réquisitoire du ministère public, ce qui rendait inutile de prononcer sur l'exception du défendeur qui avait le même objet. (Affaire Viaudey *contre* Raillard-Flajolet : — voy. Sirey, 1832, I-364 ; — Dalloz, *Répert. alphab.*, v° Ministère public, n° 96 ; — *Journal du palais*, à sa date.)

Dans cette dernière affaire, l'avocat général qui portait la parole à la Cour de cassation avait conclu en faveur du droit d'action du ministère public. Mais dans les trois précédentes (arrêts des 3 avril 1826, 28 décembre 1829 et 26 avril 1831), les conclusions des représentants du parquet avaient été conformes à la doctrine adoptée par la Cour de cassation. C'est là une circonstance remarquable, et qui montre que cette doctrine triomphait décidément dans tous les esprits, puisqu'elle trouvait des défenseurs jusque dans ses adversaires les plus naturels, jusque dans ceux qu'elle dépouillait de leurs prérogatives.

II. — La jurisprudence de la Cour de cassation ne se généralisa point tout de suite sans rencontrer une certaine résistance. C'est ainsi qu'un arrêt de la Cour de Colmar du 25 juillet 1828 (Ministère public *contre* Dietschy ; — voy. Dalloz, *Rec. périod.*, 1829, II-33) admet le ministère public à provoquer judiciairement et à faire effectuer sur les registres de l'état civil la constatation d'une naissance qui n'avait pas été déclarée dans le délai de trois jours. Le jugement du tribunal de Belfort, dont était appel, avait également reçu l'action du ministère public, mais en décidant que l'officier de l'état civil pouvait recevoir de son chef la déclaration de la naissance après l'expiration du délai de trois jours. La Cour

de Colmar n'invoque aucun texte pour justifier le droit
du ministère public, qui n'avait pas été contesté, son
adversaire ayant fait défaut en première instance et en
appel.

Mais les Cours royales ne résistèrent point longtemps
à l'influence de la Cour suprême, et nous venons de voir,
en effet, que la Cour d'Orléans, par arrêt du 27 août
1828, et, l'année suivante, la Cour de Besançon, avaient
repoussé l'action du ministère public dans des circonstances peu favorables, il est vrai, à cette action.

Enfin, la Cour de Paris, qui avait toujours soutenu
avec une si constante fermeté le droit d'action du ministère public, même au delà de ses limites raisonnables
(voy. ci-dessus, p. 388 et 394), et qui devait plus tard
donner, une des premières, le signal de la réaction en
sa faveur (voy. p. 464); la Cour de Paris elle-même se
range à la doctrine de la Cour de cassation par un arrêt
en date du 26 avril 1833 (Sponi *contre* Clément et
Picquet : — voy. Dalloz, *Rec. alphab.*, 1833, II-207 ; —
Journal du palais, 3ᵉ édition, à sa date), confirmant
un jugement du tribunal de Rambouillet, qui refusait
au ministère public le droit de former opposition à un
mariage. Le jugement du tribunal de Rambouillet, dont
la Cour de Paris se borne à adopter les motifs, repoussait
l'argument *à fortiori* tiré des articles 184 et 191 Code
Napoléon, mais ne mentionnait pas l'article 46 de la loi
de 1810, qui n'avait sans doute pas été invoqué. Du
reste, les circonstances de la cause n'indiquaient l'existence d'aucun empêchement d'ordre public. Il faut

ajouter que le ministère public avait accepté le jugement
du tribunal de Rambouillet, et que l'arrêt de la Cour
de Paris, rendu sur l'appel d'une des parties, était conforme aux conclusions du représentant du parquet de
cette Cour.

III. — Le système restrictif règne dès lors à peu près sans
opposition en jurisprudence, et on l'exagère bientôt à tel
point, que le droit d'action du ministère public est contesté
même dans les cas spécifiés par la loi. Ainsi, en 1836, le
tribunal de Moissac refuse au ministère public le droit
d'agir pour faire remplacer les registres de l'état civil
d'une commune, qui avaient été volés (Ministère public
contre Commune de Bouloc; — voy. Dalloz, *Répert.*
alphab., v° Acte de l'état civil, n° 116). Le 13 décembre 1837, un jugement du tribunal de Privas (affaire
Combe, représenté par Ministère public; — voy. Dalloz,
Répert. alphab., v° Acte de l'état civil, n° 435) lui refuse
également le droit de demander la rectification d'un acte
de l'état civil au nom d'une personne notoirement indi-
gente. Ces deux cas étaient pourtant spécifiés par l'art. 75
de la loi de finances du 25 mars 1817. Enfin deux arrêts
de la Cour de Rouen, des 16 août et 8 décembre 1843
(Conservateur des hypothèques de Rouen et Ministère public *contre* Baroche; — voy. Dalloz, *Rec. périod.*, 1845,
II-3; *Répert. alphab.*, v° Appel civil, n° 467), lui enlèvent
le rôle de partie principale dans les demandes en restriction de l'hypothèque légale des femmes mariées, au
mépris des termes formels de l'art. 2145, C. Nap.

Le jugement du tribunal de Moissac fut réformé par un

arrêt de la Cour de Toulouse du 1er août 1836 (Dalloz, *Répert. alphab.*, v° Acte de l'état civil, n° 116 ; — Sirey, 1837, II-185), et celui du tribunal de Privas par un arrêt de la Cour de Nîmes du 21 mars 1838 (Dalloz, *Répert. alphab.*, v° Acte de l'état civil, n° 435). La Cour de cassation elle-même n'hésita point à réprimer l'abus qu'on faisait de sa doctrine, en cassant le dernier arrêt de la Cour de Rouen par un arrêt de la chambre civile, du 3 décembre 1844, rendu sur les conclusions conformes de l'avocat général Delangle (Dalloz, *Rec. périod.*, 1845, I-5).

Mais cet abus, — et nous ne parlons point des cas, nombreux sans doute (voyez, par exemple, arrêt de la Cour d'Angers du 27 février 1846, fille Serpin représentée par Ministère public; Dalloz, *Recueil périod.*, 1846, II-86), où les tentatives faites pour écarter le ministère public n'avaient pas réussi; — cet abus était la preuve que la doctrine qui le provoquait compromettait le principe même du droit d'action du ministère public.

Cela est si vrai, que, dans l'arrêt précité du 1er août 1836, la Cour de Toulouse, pour établir le droit d'action du ministère public dans un cas spécifié, se croyait obligée de déclarer « que si l'art. 2, titre VIII de la loi du 24 août 1790, et l'art. 46 de celle du 20 avril 1810, statuent que le ministère public n'agit d'office au civil que dans les cas spécifiés, on voit qu'il est en même temps chargé par le § 2 de cet art. 46 de poursuivre d'office l'exécution des lois dans les dispositions qui intéressent l'ordre public. »

Sans être aussi explicite, l'arrêt de la Cour de Nîmes, du 21 mars 1838, mentionne également l'ordre public à

côté des considérations spéciales seules propres à la cause :
« Si le législateur, dit cet arrêt, a cru devoir n'accorder
d'une manière générale au ministère public aucune action
pour poursuivre d'office les rectifications qui sont à faire
sur les actes de l'état civil irréguliers, cette prohibition
ne peut s'étendre *ni au cas où des intérêts publics exigent
ces rectifications*, ni à celui où les parties qu'elles intéressent, ne pouvant pas fournir aux frais qu'elles occasion-
nent, à cause de leur indigence, demandent elles-mêmes
au ministère public d'agir dans leur intérêt. » Il est
remarquable que la Cour de Nîmes se borne à invoquer
des considérations de divers genres, sans même rappeler
l'art. 75 de la loi du 25 mars 1817, que le jugement du
tribunal de Privas, dont était appel, avait pourtant
discuté. Cela montre bien l'importance prédominante du
droit général de l'article 46-2°, même dans les cas spécifiés par des dispositions particulières.

Quant à l'arrêt de la Cour de cassation, du 3 décembre 1844, il ne sort pas du principe que le ministère
public n'agit que dans les cas spécifiés par la loi. Mais il
est remarquable que la manière dont la Cour suprême
raisonne sur l'article 2145 C. Nap., pour démontrer
que cet article donne au ministère public le rôle de partie
principale, pourrait précisément s'appliquer, mot pour
mot, à l'article 46 de la loi de 1810, et détruire le système restrictif, que cette Cour avait adopté.

IV. — Nous devons citer encore deux arrêts de la Cour
de Poitiers, des 9 mai 1843 et 26 mai 1846 (Sirey, 1846,
II-462), rendus tous deux, sur l'appel du ministère public,

contre des jugements du tribunal de Jonzac qui l'avaient
déclaré non recevable dans ses demandes en rectification : 1° de vingt-huit actes de naissance dressés de 1806
à 1816 par l'officier civil de la commune de Fontaine, et
où des garçons avaient été inscrits comme étant du sexe
féminin ; 2° de trente actes de naissance de la commune
de Polignac, qui n'énonçaient ni le sexe des enfants, ni
les noms des pères et mères. Le premier de ces arrêts ne
vise aucun texte, et déclare « que la rectification des registres de l'état civil, dans ce cas, est un intérêt d'ordre
public, et qu'ainsi l'action du ministère public agissant
d'office est recevable ». Le second vise la loi du 25 mars
1817 et l'avis du Conseil d'État du 12 brumaire an XI ;
il donne également pour motif « que la tenue régulière
des actes de l'état civil est d'ordre public, et que la rectification de ces registres présente le même intérêt, soit
sous le rapport du recrutement de l'armée, soit sous celui
de l'organisation de la garde nationale...; dès lors... le
ministère public a action pour demander d'office la rectification d'actes informes. » Ainsi, ces deux arrêts invoquent l'ordre public d'une manière très-large, mais ni l'un
ni l'autre ne citent l'article 46 de la loi de 1810, comme
s'ils voulaient éviter de contester l'interprétation que la
Cour de cassation lui avait donnée.

§ V. — **Examen de la doctrine de 1825 à 1860. Elle se prononce
de plus en plus énergiquement en faveur du droit d'action du
ministère public.**

Triomphante en jurisprudence, la doctrine de la Cour

de cassation était loin d'obtenir le même succès auprès des jurisconsultes; c'est à peine si elle recueillit parmi les auteurs quelques adhésions isolées, souvent bien chancelantes.

I. — Ortolan et Ledeau (*Le Ministère public en France,* t. Ier, p. 71, 161 et 164) l'adoptent en 1831. Mais cet ouvrage, publié au lendemain de la révolution de juillet (voy. *Préface,* p. vi), et probablement écrit pour la plus grande partie avant la chute des Bourbons, se ressent beaucoup de la défiance excessive dont le ministère public était l'objet sous la Restauration, par suite du rôle qu'il jouait dans les procès politiques. Cette préoccupation, étrangère au domaine du droit pur, a dû exercer ici sur les auteurs une influence prépondérante, à laquelle la Cour de cassation elle-même, comme nous avons essayé de l'établir (p. 417), n'avait pas échappé. Si leur ouvrage paraissait aujourd'hui pour la première fois, ou même était simplement réédité, ils écriraient sans doute dans un sens bien différent.

Dans ses notes sur Toullier (*Droit civil français,* 6ᵉ édition, 1846, t. Iᵉʳ, nº 592, note *a,* et nº 648, note 2), Duvergier accepte aussi le système de la Cour de cassation, mais peut-être sans être personnellement bien convaincu, quoique son langage soit très-net. D'ailleurs, dans son *Traité de la vente* (t. Iᵉʳ, nº 200), publié en 1835, il émettait une opinion contraire sur un point particulier, la cession de droits litigieux faite au profit d'un juge ou d'un avoué du tribunal auquel l'affaire doit être portée :

« ... L'article 1597, nous dit-il, est fondé sur des considérations d'ordre public; la nullité qu'il prononce est donc absolue, et peut être… proposée d'office par le ministère public. » Plus tard, en 1851, M. Duvergier eut occasion d'examiner de nouveau la question générale, à propos de l'affaire Vergniol, dans laquelle il était chargé de représenter une des parties, et il abandonna définitivement le système contraire au droit du ministère public. (Voy. plus loin, p. 465.)

On a cité, à l'appui de ce système, les divers ouvrages de Carré relatifs à la procédure. Mais les ouvrages de ce genre, destinés surtout à la pratique, sont fondés pour la plus grande partie sur la jurisprudence, dont ils acceptent presque toujours fort facilement les décisions. L'opinion de Carré, à son origine (*Analyse raisonnée*, 1812, n° 2669; *Questions de procédure*, 1819, n° 4047; *Lois de la procédure*, quest. 2896), ne touchait pas à la question générale de l'article 46-2° de la loi de 1810, que l'auteur ne cite pas; elle consistait seulement à refuser au ministère public le droit de provoquer la rectification des actes de l'état civil. Son annotateur, Chauveau, semble bien abandonner sa doctrine (*Lois de la procédure civile*, quest. 2896; 3° édit., 3° tir., 1844, t. VI, p. 382), car il la critique en ces termes :

« La décision de M. Carré est juste en thèse générale et lorsqu'il s'agit de l'intérêt des familles; mais *lorsque la rectification des registres intéresse l'ordre public*, si par exemple il y a lieu de croire que des jeunes gens sont parvenus à l'âge de la conscription, M. Pigeau (*Comm.*, t. II, p. 546) enseigne, et *nous croyons* avec lui, *que le minis-*

tère public est en droit de requérir d'office la rectification ;
c'est d'ailleurs ce qui résulte, dans le cas posé, des circulaires des 22 brumaire an XIV et 27 novembre 1821. »

Mais il a réclamé en 1861, dans son *Journal de droit
administratif* (t. IX, p. 18, et t. X, p. 78), contre l'opinion qu'on lui avait prêtée, et déclaré qu'il n'avait jamais
admis le droit d'action du ministère public.

Dans son *Traité des lois sur l'organisation judiciaire et
de la compétence des juridictions civiles* (t. II, p. 190 et
suiv.; nouv. édit., 1833), Carré examine l'article 46 de la
loi de 1810, que ses précédents ouvrages laissaient de
côté, et l'interprète dans le sens du système restrictif. En
reproduisant entre guillemets le texte du premier alinéa,
il le modifie même, peut-être insciemment, en ces termes ;
« Les procureurs généraux *n'*agissent d'office *que* dans
les seuls cas spécifiés par la loi. » Mais après avoir établi
ce principe, il a l'air de l'oublier dans l'application, car
il impose au ministère public (t. II, p. 205 et 207, même
édit.) le devoir de représenter les absents, soit comme
demandeur, soit comme défendeur, dans toutes les actions
qui l'intéressent, et de faire même en son nom les actes
extra-judiciaires nécessaires, et il lui permet (t. II, p. 215,
même édit.) d'agir en validité de mariage. C'est ce qui a
causé la méprise de plusieurs auteurs, qui citent Carré
comme adoptant dans cet ouvrage le système extensif, de
sorte qu'il figurait en même temps à l'avoir des deux doctrines contraires. — Dans ses annotations sur l'ouvrage
de Carré, V. Foucher, qui était avocat général, admet
bien sa doctrine en ce qui concerne l'absence, mais il la

repousse relativement à l'action en validité de mariage (voy. même édit. de 1833).

Ce que je viens de dire, à propos de Carré, sur l'influence décisive de la jurisprudence dans certains ouvrages, s'applique bien plus directement encore aux notes de Dalloz, qui, dès la première édition du *Répertoire alphabétique*, publiée de 1824 à 1832, admettait le système de la Cour de cassation (t. X, v° Mariage, p. 109 et suiv., n°s 1 à 3), et, par une conséquence naturelle, critiquait (t. XI, v° Organisation judiciaire, p. 42, n° 22) comme illégales les décisions du pouvoir exécutif, qui avait chargé le ministère public du rôle de partie principale dans divers cas, en matière d'actes de l'état civil (voy. ci-dessus, p. 428). Ajoutons que cet ouvrage, composé vers la fin de la Restauration par un jeune membre du parti libéral, ne devait pas plus que le traité d'Ortolan et Ledeau, et les arrêts de la Cour de cassation elle-même, échapper à l'influence des préventions excessives soulevées contre le ministère public d'alors. Cette opinion de l'arrêtiste se perpétua dans les diverses notes du *Recueil périodique ;* on la trouve exprimée d'une manière énergique en 1852 (II-113), à l'occasion de l'affaire Vergniol. Dans la seconde édition du *Répertoire alphabétique*, elle est défendue encore en 1846, en 1854 et en 1855 (t. II, XXXI et XXXII), aux mots : Acte de l'état civil, n° 435 ; Mariage, n° 521, et Ministère public, n° 96. Mais en 1860, peu de temps avant l'arrêt de la chambre des requêtes, du 21 novembre, qui restaura, sur le rapport de M. Renault d'Ubexi, la jurisprudence primitive de la Cour de cassation, le *Recueil périodique* insérait en note, sous un arrêt de la Cour de Metz, du 31 juillet 1860 (II-137), une bonne dissertation qui revient sur la doctrine antérieure de Dalloz, et développe avec fermeté le système du droit d'action du ministère public dans l'intérêt de l'ordre public.

On a cité encore, à l'appui du système restrictif, Bonnier (*Procédure civile*, sur l'art. 856). Il n'y a rien, dans le passage indiqué, qui soit relatif à notre question. C'est dans un autre endroit qu'il l'examine, fort brièvement, du reste (*Éléments d'organisation judiciaire*, t. Ier, 1847, n° 165, p. 147), et il ne la résout pas en faveur du ministère public. Mais il faut remarquer que l'année suivante, en 1848, le *Commentaire du Code civil*, par Ducaurroy, Bonnier et Roustain, permet au contraire au ministère public d'agir d'office en vertu de l'article 46-2° de la loi de 1810 (voy. plus loin, p. 449), et telle paraît être aujourd'hui l'opinion de M. Bonnier.

Il ne nous reste donc plus à invoquer à l'appui de la jurisprudence de la Cour de cassation, pendant la période qui finit vers 1860, que trois auteurs seulement : Aubry et Rau (*Cours de droit civil d'après Zachariæ*, 3e édit., t. Ier, § 46, p. 146, et § 63, p. 188; t. IV, § 454, note 27, p. 32, et § 458, p. 40, note 6); Allemand (*Du mariage*, 1853, t. Ier, n°s 285 et 547), et Mourlon (*Répétitions écrites sur le Code Napoléon*, 5e édit., 1858, t. Ier, p. 323, à la note). Encore faut-il ajouter que Aubry et Rau, — dont l'opinion a évidemment beaucoup plus de poids que celle des deux autres auteurs cités, —

permettent au ministère public (t. IV, p. 32) de former opposition aux mariages dont il pourrait demander la nullité en vertu des articles 184 et 191 Code Napoléon, et lui accordent (t. Ier, p. 188), en vertu de textes particuliers, le droit de poursuivre la rectification des actes de l'état civil, lorsqu'elle intéresse directement l'ordre public.

II. — La grande majorité des jurisconsultes admet au contraire le droit d'action du ministère public dans l'intérêt de l'ordre public. Si l'on tient compte des remarques faites plus haut et de la valeur diverse de chaque auteur, on peut dire qu'il y a là une protestation presque unanime de la doctrine contre le système de la Cour de cassation. Il est même remarquable qu'au lieu de céder peu à peu, comme il arrive souvent, devant la constance de la jurisprudence, la doctrine devient au contraire de plus en plus énergique dans ses affirmations.

Duranton (*Cours de droit français*, t. Ier, n° 339 ; t. II, n°s 201, 202, 344 et 345), qui écrivait sa première édition avant 1830 (le premier volume remonte à 1825), n'est pas encore bien ferme, et l'énergie de la jurisprudence de la Cour de cassation lui impose beaucoup. Pour la rectification des actes de l'état civil (I, 339), il admet bien le droit d'action du ministère public, « dans les circonstances qui intéressent l'ordre public », mais ne cite que le décret du 18 juin 1811 et la loi du 25 mars 1817. En matière de mariage, il analyse, en les regrettant (II, 344), les deux arrêts de la Cour de cassation des 1er août 1820 et 5 mars 1821, qui refusent au ministère public le droit de se porter partie principale pour soutenir la validité d'un mariage, et réclame au besoin l'intervention du législateur pour modifier cette jurisprudence.

Quant au droit de former opposition, Duranton remarque (II, 202 et 345) qu'il n'est pas condamné dans les deux arrêts précités, et il le croyait même (II, 201 et 176) consacré par un arrêt plus ancien de la Cour de cassation, du 29 octobre 1811 (Sirey, 1812, I, 46), qui se bornait à déclarer que, pour assurer l'exécution de l'article 228 Code Napoléon, « il est des moyens suffisants dans l'attention plus exacte des officiers de l'état civil et dans *la surveillance active des magistrats exerçant le ministère public* ». Profitant de cette double circonstance, il accorde sans hésiter le droit d'opposition au ministère public, et déclare même (II, 345) que si la jurisprudence de la Cour de cassation allait jusqu'à le lui enlever, il n'en persisterait pas moins dans son opinion. Du reste, Duranton ne mentionne pas la loi du 20 avril 1810. On sent que son ouvrage est contemporain de ceux de Delvincourt et de Vazeille (voy. plus haut, p. 424), et il reste confiné dans le même ordre d'idées.

Deleurie (*Corps de droit civil français*, 1830, t. Ier, p. 311, n°s 1382 à 1384), Desclozeaux (*Encyclopédie du droit*, v° Actes de l'état civil, n° 79) et Massabiau (*Manuel du procureur du roi*, 1re édit., 1837, t. Ier, n° 817), qu'on cite d'ordinaire à l'appui du droit d'action du ministère public, et quelquefois en sens contraire, ne font guère que reproduire, sans les discuter ni les motiver, les dé-

cisions de quelques arrêts et de divers actes du gouvernement. Deleurie, qui se pose la question à propos
de l'action en validité de mariage, transcrit même,
l'une après l'autre, avec une trop grande impartialité,
les solutions directement contradictoires des Cours de
Bruxelles et de Pau (arrêts des 1ᵉʳ août 1808 et 28 janvier 1809) et de la Cour de cassation (arrêt du
1ᵉʳ août 1820), sans avoir l'air de remarquer qu'il est
nécessaire d'opter entre ces deux systèmes. Quant à
Desclozeaux et Massabiau, ils ne parlent que de la rectification des actes de l'état civil. Il en est de même de
Rieff (*Commentaire de la loi des actes de l'état civil*,
2ᵉ édit., 1844, n° 313), qui défend aussi le droit d'action
du ministère public.

En 1840, Taulier (*Théorie raisonnée du Code civil*, t. Iᵉʳ,
p. 181 et 293) replace la question sur son véritable terrain, l'article 46 de la loi du 20 avril 1810, ainsi que
l'avaient fait Merlin et la Cour de cassation (voy. p. 419).
Il invoque cet article pour permettre au ministère public
de former opposition à un mariage qui blesserait une
loi d'ordre public; mais il ne voit dans cette opposition
qu'un acte de surveillance, et non l'exercice d'un droit
d'action, quoiqu'elle ait nécessairement pour résultat
de faire du ministère public l'adversaire de la partie
dans l'instance en mainlevée. Le droit d'action proprement dit lui paraît douteux hors des cas spécifiés; mais
l'extension qu'il donne au droit de surveillance enlève à
ce doute beaucoup de son importance. Taulier ne parle
pas de l'action en validité de mariage; enfin, en ce qui

concerne la rectification des actes de l'état civil, il reste
à peu près dans les mêmes termes que ses devanciers, et
oublie la loi de 1810, qu'il rappelait pourtant dans une
question connexe.

En 1842, dans ses notes sur la troisième édition du
Traité des personnes de Proudhon (t. I⁰ʳ, p. 212, 420 et
444), A. Valette reprend la discussion de Merlin sur l'article 46, que Taulier n'avait fait que rappeler; il défend
le droit d'action du ministère public en l'établissant sur sa
véritable base, et l'applique à la rectification des actes de
l'état civil, ainsi qu'au droit de former opposition à un
mariage ou de soutenir sa validité. La même doctrine
est encore professée, en 1859, dans l'*Explication sommaire du livre premier du Code Napoléon* (p. 46) et dans
le *Cours de Code Napoléon* actuellement sous presse.

C'est dans cette même année 1842 que paraissait le
premier volume de l'*Explication du Code Napoléon*, de
Marcadé. Il pose en principe « que le ministère public
peut agir toutes les fois que l'intérêt de la société le demande », et applique ce principe aux trois cas où la
question se posait (sur les art. 99, 175 et 190, n⁰ˢ 297,
602 et 603), en le déclarant hors de doute. Mais c'est
seulement dans les éditions postérieures de plusieurs
années qu'il cite l'article 46 de la loi de 1810.

En 1845, Demolombe (*Cours de Code Napoléon*, t. I⁰ʳ,
n° 333; t. III, n⁰ˢ 151 et 312) admet également le droit
d'action du ministère public, et le fonde sur l'article 46
de la loi de 1810. Il est vrai qu'il abandonne ensuite sa
doctrine en 1860, dans sa seconde édition; mais il ne

donne guère de motif pour expliquer ce changement.

En 1848, Ducaurroy, Bonnier et Roustain (*Commentaire du Code civil*, t. I⁼ʳ, nᵒˢ 160, 291 et 292, p. 97 et 183) reconnaissent que l'article 46-2° de la loi de 1810 attribue au ministère public le droit d'agir, qu'ils lui accordent effectivement en matière de rectification d'actes de l'état civil et d'opposition au mariage. Dans ce second cas, ces auteurs pensent qu'il doit procéder par voie de défense à l'officier de l'état civil plutôt que par opposition ordinaire ; mais ils motivent cette opinion en disant qu'elle rend « beaucoup plus libre » l'action du procureur impérial.

En 1849, A. M. Demante (*Cours analytique de Code civil*, t. I⁼ʳ, nᵒˢ 122 *bis* II, 249 *bis* et 272 *bis*) accorde aussi le droit d'action au ministère public en vertu de l'article 46. Du reste, il adoptait déjà formellement ce système en matière d'opposition au mariage (t. I⁼ʳ, n° 249) dans son *Programme*, dont la première édition remonte à 1830.

En 1854, Massé et Vergé (sur Zachariæ, t. I⁼ʳ, § 79, notes 6 et 7, § 113, note 11, et § 118, note 2, p. 108, 180 et 192) reconnaissent le droit d'action du ministère public dans les trois cas déjà indiqués, et invoquent l'article 46.

Pour terminer notre liste, citons : Coin Delisle (*Actes de l'état civil*, 1853, sur l'art. 99, n° 5), Bertin (*Chambre du Conseil*, 1856, t. I⁼ʳ, n° 349) et Bioche (*Dictionnaire de procédure*, vᵒ Actes de l'état civil, n° 41), qui admettent l'action du ministère public en matière de rectification des actes de l'état civil, le seul des trois cas discutés sur lequel ils aient eu à se prononcer.

Ajoutons que les annotateurs du recueil d'arrêts de Sirey, Gilbert et Devilleneuve, ont défendu à plusieurs reprises le droit d'action du ministère public dans l'intérêt de l'ordre public en vertu de l'article 46-2° de la loi de 1810 (voy. surtout 1846, II-462, et 1851, II-465), et que les annotateurs du recueil de Dalloz, après avoir combattu ce système, ont fini par s'y ranger également, ainsi qu'on l'a vu plus haut page 443.

§ VI. — De 1830 à 1850. Le gouvernement n'accepte pas la jurisprudence restrictive de la Cour de cassation, et le législateur cherche à en restreindre les effets.

I. — Le gouvernement de la Restauration avait semblé accepter en 1828 la jurisprudence de la Cour de cassation (voy. ci-dessus, p. 430); mais le gouvernement qui lui succéda maintint au contraire le droit d'action du ministère public.

L'article 1ᵉʳ-2° de la loi des 19-24 mai 1834, sur l'état des officiers, fait résulter la perte du grade, de la « perte de qualité de Français *prononcée par jugement* ». Les mots soulignés avaient été ajoutés par la Chambre des pairs (*Moniteur* du 12 avril 1834), et, lorsque la loi revint à la Chambre des députés, ils furent vivement critiqués par M. Dupin, qui trouvait inutile d'organiser une procédure insolite pour faire condamner « un homme à n'être pas Français », puisque cela résultait *ipso facto* de la position dans laquelle il se trouvait (*Moniteur* du 16 mai 1834). Mais M. Dupin, dont on connaît le système très-large en ce qui concerne le droit d'action du ministère public (voy. ci-dessus, p. 218), ne prétendit pas qu'il serait légalement impossible d'engager cette procédure, et il ne fut point question du ministère public, quoique ce fût lui seul évidemment qui pût saisir les tribunaux dans ces circonstances. On présupposait donc, au moins implicitement, que le ministère public aurait le droit d'agir, puisque autrement l'application de l'article devenait légalement impossible dans presque tous les cas; et ce droit, n'étant consacré ici par aucune disposition spéciale, ne pouvait lui appartenir qu'en vertu de l'article 46-2° de la loi de 1810.

Le 30 août 1837, une ordonnance du roi, « voulant pourvoir à l'exécution dudit article 1er, § 2, de la loi du 19 mai 1834, en déterminant dans quelles formes l'autorité judiciaire sera appelée à rendre les décisions prévues par ledit article », décide que « les instances qui auront pour objet de faire prononcer, par jugement, contre un officier, la perte de la qualité de Français, seront intentées et suivies à la requête de nos procureurs près les tribunaux, dans la forme ordinaire des instances poursuivies d'office par le ministère public ».

Cette ordonnance vise « l'article 46 de la loi du 20 avril 1810, qui détermine les attributions *générales* du ministère public », et ce visa ne peut se référer qu'au second alinéa de l'article. Le préambule de l'ordonnance du 30 août indique donc lui-même que cette ordonnance est simplement une application de l'article 46 de la loi de 1810, mais de cet article entendu tel que le fait le système extensif; car, dans le système restrictif, loin d'appliquer cet article 46, elle lui serait au contraire directement opposée, puisqu'elle ordonnerait au ministère public d'agir d'office dans un cas non spécifié par la loi.

Par conséquent, si ce dernier système est le bon, l'ordonnance du 30 août devient inconstitutionnelle et ne peut être regardée comme obligatoire, car le pouvoir exécutif n'a le droit de faire que « des proclamations conformes aux lois », ainsi que l'exprimait très-bien l'Assemblée constituante (voy. ci-dessus, p. 8 et 9), « sans pouvoir jamais ni suspendre les lois elles-mêmes, ni dispenser de leur exécution » (art. 13 de la charte de 1830). — Cependant le dernier défenseur du système restrictif, M. G. Debacq (voy. ci-dessus, p. 38, note), paraît avoir perdu de vue cette conséquence évidente, car il traite l'ordonnance du 30 août 1837 comme si elle était une loi.

On peut remarquer qu'il s'est écoulé plus de trois ans entre la loi du 19 mai 1834 et l'ordonnance du 30 août 1837. Quoique le cas prévu par l'article 1er-2° de cette loi ne doive pas être très-fréquent, il semblerait assez extraordinaire qu'il ne se fût pas présenté une seule fois pendant ces trois années. On peut donc supposer que le ministère public intervenait déjà lorsque les circonstances l'exigeaient, puisqu'il n'y avait pas d'autre moyen d'appliquer la loi; des instructions de la chancellerie y avaient sans doute pourvu. Plus tard (il y avait eu, du reste, un changement de ministres le 15 avril 1837), on aura cru préférable de faire rendre une ordonnance, peut-être parce que la question intéressait deux ministères, ceux de la guerre et de la justice, et qu'il fallait régler leurs rapports pour éviter des conflits; mais, après l'ordonnance comme avant, le droit d'action du ministère public ne pouvait se fonder que sur l'article 46-2° de la loi de 1810.

II. — Le législateur réagit également dans une certaine mesure contre la jurisprudence de la Cour de cassation. Sans doute on ne fit pas une loi spéciale pour renverser expressément cette jurisprudence, comme la loi du 24 juin 1843 qui arrêta brusquement les conséquences d'une autre jurisprudence de la Cour suprême, exigeant la présence réelle du second notaire pour la validité des actes notariés. Les inconvénients du système restrictif sont loin d'être comparables à ceux d'une doctrine qui mettait toutes les fortunes en péril, et ils ne suffisaient pas pour justifier une mesure aussi insolite, d'autant plus qu'il s'agissait d'un état de choses remontant à 1821, et sur lequel aucun fait scandaleux récent n'avait rappelé de nouveau l'attention publique.

Mais, sans attaquer directement la jurisprudence de la Cour de cassation, le législateur saisit toutes les occasions d'en restreindre les effets, et c'est ainsi qu'il attribua spécialement au ministère public le droit d'agir dans les différents cas dont il avait à s'occuper, pour soustraire ces cas à la jurisprudence de la Cour suprême.

Il suffit de rappeler ici les dispositions des lois du 30 juin 1838 sur les aliénés, du 5 juillet 1844 sur les brevets d'invention, et du 10 juillet 1850 sur la publicité des contrats de mariage, qui ont déjà été analysées plus haut (p. 80 et 102). Nous avons montré, du reste (p. 371), que ces dispositions spéciales, permettant au ministère public d'agir d'office dans des circonstances qu'on rattachait à l'ordre public, ne prouvent pas le moins du monde que leurs auteurs entendaient l'article 46-2° dans le sens du système restrictif. Blâmant la jurisprudence de la Cour de cassation, et ne croyant pourtant pas les circonstances ni assez graves ni assez opportunes pour motiver une loi spéciale destinée à la détruire d'un seul coup, le législateur n'avait d'autre parti à prendre que de la détruire en détail dans toutes les occasions qui se présentaient.

Aux trois lois que nous venons de rappeler, ajoutons l'article 3 de la loi du 10 décembre 1850, ayant pour objet de faciliter le mariage des indigents, qui étend la disposition de l'article 75-2° de la loi du 25 mars 1817, en décidant que « tous actes judiciaires ou procédures nécessaires au mariage des indigents seront poursuivis d'office par le ministère public ». (Voy. ci-dessus, p. 428.)

§ VII. — L'article 46 de la loi de 1810 dans la Belgique et la Prusse rhénane.

Passons maintenant la frontière et voyons comment on interprétait l'article 46 de la loi de 1810 dans les pays de la rive gauche du Rhin, séparés de la France en 1814, où cette loi, comme les Codes du premier empire, avait survécu à la chute de notre domination.

En Belgique et dans la Prusse rhénane, le droit d'ac-

tion du ministère public dans l'intérêt de l'ordre public
ne vint point se heurter, comme chez nous, à des considérations politiques, et les circonstances qui influèrent
sans doute sur notre Cour de cassation (voy. ci-dessus
p. 417) ne pouvaient pas se produire dans ces deux pays,
qui avaient conservé et qui pratiquent encore aujour-
d'hui l'usage du divorce conformément aux règles du
Code Napoléon.

I. — La Belgique fut pour ainsi dire le berceau du
système extensif, car des deux arrêts qui provoquèrent
l'article 46-2° de la loi de 1810, et dont nous avons déjà
parlé tant de fois (voy. ci-dessus p. 376), le premier,
celui de la Cour de Bruxelles, du 1er août 1808, appartient à la jurisprudence belge, et cette jurisprudence
resta toujours fidèle à la doctrine qu'elle avait proclamée,
même avant le législateur.

Les 27 juillet 1827 et 26 juin 1832, des arrêts de
cette même Cour de Bruxelles (voy. *Pasicrisie belge*, à
leur date) reçurent l'action directe du ministère public
dans des instances relatives à des ventes de biens de
mineurs. Sans doute, comme nous l'avons remarqué
déjà (p. 389), c'était étendre trop loin le droit d'action
du ministère public que de l'admettre dans des circonstances de ce genre. Mais l'excès même qu'on apportait
dans l'application de ce principe montre combien était
grand l'empire qu'il exerçait sur les esprits.

Cependant un arrêt de la Cour de Liége, du 25 juin
1832 (*Pasicrisie belge*, à sa date), semble au premier
abord être la consécration complète du système restrictif.

Mais en tenant compte des circonstances de la cause, on voit qu'il n'a rien d'inconciliable avec la doctrine qui reconnaît au ministère public le droit d'agir dans l'intérêt de l'ordre public.—Le curé de la paroisse de Sainte-Marguerite, révoqué par l'évêque diocésain, avait refusé de quitter le presbytère pour faire place à son successeur. Le trésorier de la fabrique ne voulant pas poursuivre son déguerpissement, l'évêché s'adressa au ministère public pour le prier d'intenter l'action lui-même, ce qui eut lieu en effet. Mais la Cour de Liége déclara cette action intentée sans qualité, attendu que le décret impérial du 6 novembre 1813, sur l'administration et la conservation des biens du clergé, ne donnait pas au ministère public le droit d'agir d'office dans ces circonstances, et que, d'après l'article 46 de la loi du 20 avril 1810, il ne pouvait agir que dans les cas spécifiés. Cela est exact en se plaçant exclusivement au point de vue du premier alinéa de l'article 46; et tel était en effet le caractère du procès. Les articles 22 et 23 de ce décret de 1813 chargent le ministère public d'agir d'office, à défaut du trésorier de la fabrique, aux risques et périls de ce trésorier et subsidiairement aux risques des paroissiens, pour forcer le curé ou ses héritiers à mettre le presbytère et les autres biens de la cure en bon état de réparations (art. 13 et 21). Il s'agissait de savoir si cette disposition permettait aussi de poursuivre le déguerpissement du titulaire révoqué. On se plaçait donc exclusivement sur le terrain du premier alinéa de l'article 46, puisqu'on discutait l'étendue d'un cas spécifié, et, l'ordre public

n'étant pas intéressé dans la cause, on n'avait pas à s'occuper du second alinéa.

Deux arrêts de la Cour de Cologne, des 9 janvier 1844
et 2 décembre 1846 (*Belgique judiciaire*, 1847, p. 532
et 558), ce dernier rendu en audience solennelle, ont
consacré le droit d'action du ministère public en vertu
de l'article 46-2°.

II. — Plus tard la question se présenta à trois reprises
successives devant la Cour de Bruxelles, dans des circonstances diverses qu'il est intéressant de mentionner.

En 1851, le procureur du roi près le tribunal d'Anvers
avait demandé la rectification d'office des registres de
l'état civil de la commune de Borgerhout, pour l'année 1850, qui contenaient vingt-neuf actes non revêtus
de la signature de l'officier de l'état civil devant lequel
ils avaient été passés. (Comp. les deux arrêts de la Cour
de Poitiers, analysés plus haut p. 438). Le 5 décembre 1851, le tribunal d'Anvers repoussa cette demande
en déclarant que l'intérêt direct de l'ordre public, nécessaire pour légitimer l'action du ministère public,
n'existait pas dans la cause (voy. *Belgique judiciaire*,
1851, p. 1644). Il admet donc le principe et ne conteste
que son application. Sur l'appel du procureur du roi, la
Cour de Bruxelles réforma ce jugement par un arrêt
du 18 février 1852 (Dalloz, *Rec. périod.*, 1852, II-203;
— *Belgique judiciaire*, 1853, p. 1190; — Sirey, 1852,
II-250) qui fonde le droit d'action du ministère public
sur l'avis du conseil d'État du 12 brumaire an XI, le
décret du 18 juin 1811 et l'article 46 de la loi de 1810,

dont il ne cite, il est vrai, que le premier alinéa, le
seul, du reste, qui soit nécessaire à son argumentation.
Cet arrêt peut être rapproché des deux arrêts de la Cour
de cassation de France, chambre civile, du 22 janvier 1862, dont il sera parlé plus loin, page 475.

Le 9 mai 1857, un autre jugement du tribunal d'Anvers, rendu sur la requête d'une femme mariée, ordonnait l'inscription sur les registres de l'état civil du décès
du mari de cette femme, lequel, embarqué en 1845 à
bord d'un navire qui avait péri corps et biens, n'avait
plus jamais donné de ses nouvelles. Le procureur du roi
interjeta appel de ce jugement, contraire aux conclusions qu'il avait données à l'audience comme partie
jointe, et, le 9 novembre 1857, un arrêt de la Cour de
Bruxelles (*Belgique judiciaire*, 1858, p. 1058) admit cet
appel, malgré la fin de non-recevoir tirée du défaut de
qualité du ministère public.

Enfin, le 30 novembre 1860, un troisième jugement
de ce même tribunal d'Anvers ordonna à l'officier de
l'état civil, malgré la prohibition expresse de l'article 298
Code Napoléon, de célébrer le mariage qu'une femme
divorcée pour cause d'adultère voulait contracter avec
l'individu déclaré son complice par l'arrêt de divorce.
Le tribunal prétendait que la complicité de ce dernier
individu n'était pas suffisamment établie. Le procureur
du roi interjette appel, et on lui oppose naturellement la
fin de non-recevoir tirée de son défaut de qualité. La
Cour de Bruxelles, sur les conclusions conformes de
M. le premier avocat général Corbisier, rejette cette fin

de non-recevoir par un arrêt très-bien motivé du 19 janvier 1861. Comme il ne figure pas dans les recueils français, il ne sera pas inutile de reproduire ici ceux des considérants qui se rattachent à notre question.

« Attendu que l'intimé C... oppose à cet appel deux fins de non-recevoir, fondées, la première, sur ce que le ministère public ne peut agir au civil, par la voie d'action, que dans les cas spécifiés par la loi...

» Sur la première fin de non-recevoir :

» Attendu qu'il résulte des articles 1, 2 et 5 du titre VIII de la loi des 16-24 août 1790, que le ministère public a pour mission de faire observer, dans les jugements à rendre, les lois qui intéressent l'ordre général et de faire exécuter les jugements rendus; qu'au civil il agit, non par voie d'action, mais par celle de réquisition; que cependant il poursuit d'office l'exécution des jugements dans toutes les dispositions qui intéressent l'ordre public;

» Attendu que le législateur, après avoir ainsi restreint l'action du ministère public, au civil, à la simple voie de réquisition, s'est vu bientôt obligé d'établir plusieurs exceptions à ce principe par diverses lois spéciales et par différents articles du Code civil, et enfin, pour assurer pleinement l'exécution des lois, dans l'intérêt public, de décréter en principe, dans l'article 46 de la loi du 20 avril 1810 : qu'en matière civile, le ministère public agit d'office dans les cas spécifiés par la loi; qu'il surveille l'exécution des lois, des arrêts et des jugements, qu'il poursuit d'office cette exécution dans les dispositions qui intéressent l'ordre public;

» Attendu que le législateur de 1810 établit ainsi en principe que le ministère public a, au civil, la voie d'action dans tous les cas spécifiés par la loi, sans distinction si l'ordre public y est, oui ou non, intéressé ; qu'il maintient par le paragraphe 2 de l'article 46 la disposition de l'article 5 du titre VIII de la loi des 16-24 août 1790, à savoir que le ministère public poursuit, par voie d'action, l'exécution des dispositions des jugements et arrêts qui intéressent l'ordre public ;

» Attendu que l'analyse seule de ces dispositions prouve à toute évidence que le § 2 de l'article 46 n'est pas la répétition du § 1er ;

» Attendu que ces deux paragraphes ne se contredisent pas davantage ; qu'il est bien vrai que plusieurs des cas prévus par le § 1er le sont également par le § 2, et qu'il en est d'autres qui ne sont pas compris dans la disposition du § 2 ; mais que le § 2, en étendant l'action du ministère public à tous les cas qui ont pour objet l'exécution d'une disposition de la loi, d'un arrêt ou d'un jugement qui intéresse l'ordre public, ne contredit d'aucune manière la disposition du § 1er ;

» Attendu que l'objection que l'on fait, et qui consiste à dire que les mots du § 2 de l'article 46 : *qui intéressent l'ordre public*, ne présentent pas un sens assez précis et défini, prêtent à des interprétations dangereuses et rendent cette disposition inexécutable, n'est pas plus fondée ; qu'en effet, ces termes du § 2 se rencontrent dans d'autres dispositions légales, notamment dans l'article 83 du Code de procédure civile, et qu'il ne paraît pas qu'ils aient

jamais embarrassé le juge dans l'application de la loi;
que rien ne fait supposer que désormais ils doivent lui
susciter, dans leur application, des difficultés sérieuses, ou
l'exposer à des interprétations périlleuses; qu'il n'y a donc
pas lieu de s'y arrêter;

» Attendu qu'il suit de ce qui précède que les termes
de l'article 46 sont clairs et précis; qu'il contient deux
dispositions distinctes qui ne s'entre-détruisent pas, qu'il
donne la voie d'action au ministère public par la première disposition dans tous les cas prévus par la loi, et,
par la seconde, pour l'exécution des lois, arrêts et jugements, dans toutes les dispositions qui intéressent l'ordre
public; qu'il est donc établi que le ministère public peut
poursuivre l'exécution de la loi, par la voie d'action, dans
toutes les dispositions qui intéressent l'ordre public. »

Ajoutons enfin que le droit d'action du ministère public
a été défendu en Belgique par Tielemans (*Répert. de droit
administratif*, v° Acte de l'état civil, sect. VI, n°s 1 à 6)
et par M. le premier avocat général Corbisier, dans une
dissertation pleine de faits et de logique prononcée à l'audience de rentrée de la Cour de Bruxelles, le 15 octobre 1861 (voy. *Belgique judiciaire*, t. XIX, n° 91,
p. 1442).

§ **VIII.** — **De 1846 à 1856. Les Cours impériales admettent l'action du ministère public en matière d'opposition au mariage, et
celle de Paris en matière de validité de mariage. La Cour de
cassation abandonne son ancienne jurisprudence restrictive en
admettant le droit d'opposition.**

Revenons maintenant en France, où nous avons laissé

la jurisprudence de la Cour de cassation triomphant d'une manière si complète qu'elle-même était obligée d'en modérer les excès (voy. ci-dessus, p. 437). Le système restrictif devait déjà être ébranlé par le blâme de plus en plus énergique de la doctrine, et par l'exemple de la jurisprudence étrangère qui l'avait unanimement repoussé. Cette exagération devait achever de le compromettre, en révélant ses dangers, et nous avons vu en effet (p. 437) que les Cours de Toulouse et de Poitiers, en la réprimant, avaient été conduites à se rapprocher du système extensif. Enfin, le législateur lui-même favorisait de plus en plus le droit d'action du ministère public (voy. ci-dessus, p. 453), auquel l'opinion publique cessait d'être défavorable.

I. — Une réaction était donc à prévoir. Elle arriva bientôt en effet, et, ce qui dut contribuer encore à la faciliter, c'est que le terrain de la discussion se trouva déplacé. Le système restrictif s'était établi à propos de l'action en validité de mariage, et on l'avait surtout appliqué ensuite à la rectification des actes de l'état civil. En 1846, au contraire, la question se posa à propos du droit de former opposition à un mariage contraire à l'ordre public. Les raisons de décider restaient les mêmes, mais la matière où elles trouvaient place avait changé. Cela suffisait pour provoquer un nouvel examen et pour diminuer l'influence des arrêts antérieurs ; car, si l'autorité de la tradition est grande en jurisprudence, elle tend toujours à se localiser plus ou moins dans les circonstances des espèces précédentes.

En 1845, Jacques Vignaud, l'ancien curé de la com-

mune de Sainte-Croix (Haute-Vienne), avait abandonné
depuis plusieurs années ses fonctions ecclésiastiques et
cessé d'en porter l'habit pour se livrer au commerce.
A cette époque, il voulut épouser Madeleine Bertrand, et
fit les démarches nécessaires pour la célébration de son
mariage dans la commune même de Sainte-Croix, qu'il
habitait. Les publications étaient déjà faites, lorsque le
procureur du roi près le tribunal de Bellac forma opposition à ce mariage par un acte régulier en date du
19 mai 1845. Jacques Vignaud et Madeleine Bertrand l'as-
signent en mainlevée, et soulèvent contre son opposition
une fin de non-recevoir tirée de son défaut de qualité
pour un tel acte. Par un jugement du 26 juin 1845, le
tribunal de Bellac rejette la fin de non-recevoir, mais en
même temps déclare l'opposition mal fondée, et ordonne
qu'il soit passé outre au mariage. Cette double circonstance montre bien que le tribunal de Bellac, en admettant le droit d'action du ministère public, n'obéissait pas
aux préoccupations extrajuridiques que la cause pouvait
faire naître. Le jugement est du reste très-bien motivé ;
il discute longuement l'article 46 de la loi de 1810, et
déclare que c'est seulement en vertu de cet article que le
ministère public a obtenu le droit d'opposition. Ce jugement est donc aussi explicite que possible en faveur du
système extensif.

Sur l'appel interjeté par les deux adversaires, la Cour
de Limoges, après un arrêt de partage du 22 août 1845
et un long délibéré, décida enfin le 17 janvier 1846, en
audience solennelle, que la fin de non-recevoir n'était pas

fondée, et en outre qu'il existait un empêchement au mariage par suite de la qualité de prêtre de Vignaud. Mais c'est la seconde question et non la première qui arrêta si longtemps la Cour de Limoges. Du reste, l'arrêt comme le jugement fonde exclusivement le droit du ministère public sur l'article 46 de la loi de 1810 (voy. Dalloz, *Rec. périod.*, 1846, II-34 ; Sirey, 1846, II-97).

En 1850, un nommé Juclier, voulant épouser la fille naturelle de sa première femme, alors décédée, fit assigner devant le tribunal de la Seine le maire du 6ᵉ arrondissement de Paris, qui refusait de célébrer ce mariage. Le ministère public intervint pour combattre la prétention de Juclier, et, le 7 février 1850, le tribunal admit cette intervention, « attendu que le ministère public, institué par la loi pour l'examen de toutes les questions qui intéressent l'état des personnes et l'ordre public, a droit et qualité pour intervenir dans la contestation ». Le jugement ne donne pas d'autre motif que celui-là. Sur l'appel interjeté par Juclier, qui avait été débouté de sa demande, la première chambre de la Cour de Paris, par un arrêt du 18 mars 1850, rendu sous la présidence de M. le premier président Troplong, confirme le jugement du tribunal de la Seine, sans donner de motif qui se rapporte à notre question (voy. Dalloz, *Rec. périod.*, 1851, II-30).

II. — Le 13 août 1851, la Cour de Paris admet encore le droit d'action du ministère public, mais les circonstances n'étaient plus les mêmes. Il s'agissait d'un mariage dont les époux avaient obtenu collusoirement l'annulation en

première instance, sous prétexte de clandestinité, et que
le ministère public voulait faire maintenir. C'était donc
précisément le cas des arrêts du 1ᵉʳ août 1820 et du
5 mars 1821 (voy. ci-dessus, p. 416) et en recevant l'appel du ministère public en vertu de l'article 46-2° de la
loi de 1810, l'arrêt très-bien motivé de la Cour de Paris
se mit en opposition aussi formelle que possible avec
'ancienne jurisprudence de la Cour de cassation. (Ministère public *contre* Vergniol et Grosrenaud ; aud. so-
lenn., M. Troplong ; 1ᵉʳ prés., M. le proc. gén. de Royer,
concl. conf.; — voy. Dalloz, *Rec. périod.*, 1852, II-113 ;
Sirey, 1851, II-465).

III.—Le 5 juin 1851, un arrêt de la Cour de Rennes avait
condamné le maire de Paimbœuf à célébrer le nouveau
mariage que voulait contracter la femme d'un individu
condamné par contumace à une peine emportant mort
civile, laquelle peine était exécutée par effigie depuis plus
de cinq ans. Le procureur général se pourvut en cassation, sous prétexte que la dissolution du premier mariage
ne s'opérait que vingt ans après l'exécution par effigie.
Un arrêt de la chambre des requêtes, du 2 décembre 1851,
écarta la fin de non-recevoir opposée à ce pourvoi, en se
fondant sur l'argument *à fortiori* tiré de l'article 184,
Code Napoléon, mais sans citer l'article 46 de la loi
de 1810. Du reste, en déclarant le pourvoi recevable en
principe, la Chambre des requêtes le rejetait en fait, et
confirmait la décision de la Cour de Rennes sur le fond
du procès (affaire Saget ; — voy. Dalloz, *Rec. périod.*,
1852, I-81 ; — Sirey, 1852, I-54).

On sent que la Chambre des requêtes voulait éviter de contredire la jurisprudence antérieure de la Cour de cassation sur l'article 46, comme l'avaient fait les Cours de Limoges et de Paris. Mais l'arrêt n'en montre que mieux combien devenait générale la tendance à favoriser l'action du ministère public, puisque, malgré ce désir manifeste d'éviter un conflit, la Chambre des requêtes se croyait obligée de déclarer le pourvoi recevable en la forme, alors même qu'elle le trouvait mal fondé.

Les arrêts des Cours de Limoges et de Paris prouvaient que les Cours impériales ne se laissaient point arrêter par les mêmes scrupules. Les motifs de l'arrêt de la Chambre des requêtes ne modifièrent point ces dispositions. Le 9 juin 1852, la Cour de Toulouse, en confirmant un jugement du tribunal de Foix, du 14 février 1849, fondait encore le droit d'opposition du ministère public sur l'article 46 de la loi de 1810, et ne mentionnait même pas l'argument qui avait déterminé la Chambre des requêtes (affaire Louet *contre* Ministère public; — voy. Dalloz, *Rec. périod.*, 1852, II-169). Il s'agissait de l'application de l'article 298, Code Napoléon, à la séparation de corps (comp. l'arrêt de la Cour de Bruxelles, cité plus haut p. 458).

IV. — Mais la question se représenta bientôt devant la Cour de cassation. En 1855, le procureur impérial de Vitré forme opposition à un mariage en se fondant sur l'existence d'un mariage antérieur. Un jugement du 18 juillet 1855 écarte cette opposition par la fin de non-recevoir tirée du défaut de qualité du ministère public, et rappelle, en la reproduisant exactement, la doctrine des arrêts de 1820 et de 1821. La Cour de Rennes confirme ce jugement par un arrêt du 22 août 1855 qui adopte simplement les motifs des premiers juges. La Cour de cassation était en quelque sorte mise en demeure de s'expliquer nettement sur sa jurisprudence antérieure. D'un autre côté, l'argument d'analogie invoqué par l'arrêt de la Chambre des requêtes avait été critiqué depuis longtemps par la doctrine, et aucune des Cours impériales qui venaient de consacrer ce droit du ministère public n'avaient voulu l'employer pour justifier ce droit. La Cour de cassation finit donc par abandonner son interprétation restrictive de l'article 46-2° de la loi de 1810, et l'arrêt de la Chambre civile du 21 mai 1856, rendu sur les conclusions conformes de M. le premier avocat général Nicias Gaillard, tout en mentionnant encore l'argument d'analogie, établit formellement le droit d'action du ministère public sur l'article 46-2° de la loi de 1810 (voy. Dalloz, 1856, I-208 ; Sirey, 1857, I-111 ; *J. du pal.*, 1856, p. 230 ; aff. Proc. gén. de Rennes *contre* Pottier).

Bien que l'arrêt du 21 mai 1856 semble motivé d'une manière aussi claire que possible, M. G. Debacq (*Action du ministère public en matière civile*, p. 122), conteste que cet arrêt soit revenu sur la doctrine de ceux du 1er août 1820 et du 5 mars 1821, et qu'il ait reconnu au ministère public le droit d'agir d'office en vertu de l'article 46-2° de la loi de 1810 dans toutes les circonstances intéressant l'ordre public. C'est pourtant ainsi que tout le monde l'a entendu, et il semble impossible d'expliquer autrement ses motifs. Mais puisque ce point est mis en doute, nous pouvons invoquer le témoignage de M. le conseiller Laborie, dans son rapport à la Chambre civile sur les affaires Dartaud et Terrier de la Chaise (voy. p. 475). Ce témoignage est décisif, non-seulement parce qu'il s'exprimait devant la Chambre civile elle-même, mais encore parce que M. Laborie faisait déjà partie de cette Chambre lors de l'arrêt du 21 mai 1856.

Après avoir indiqué le système des arrêts de 1820, 1821 et 1824, rendus non en matière d'opposition au mariage, mais de validité de mariage et de divorce, M. Laborie dit à la Chambre civile : « Mais vous n'avez pas persisté dans la doctrine de ces arrêts. » Plus loin il rappelle que « la Cour de Limoges jugeait, par son arrêt du 17 janvier 1846, que l'article 46 de la loi du 20 avril 1810 attribue au ministère public le droit de *poursuivre d'office* en matière civile l'exécution des lois dans les dispositions qui intéressent l'ordre public, et que de ce droit découle nécessairement celui de *saisir les tribunaux* de la question de savoir si l'engagement dans les ordres sacrés constitue un empêchement au mariage. » « Vous vous êtes ralliés à cette manière d'entendre l'article 46 de la loi de 1810, continue M. Laborie.... Vous avez jugé par arrêt de cassation du 21 mai 1856..., que, l'article 46 de la loi de 1810 chargeant le ministère public de poursuivre l'exécution des lois dans les dispositions qui intéressent l'ordre public, la Cour de Rennes n'avait pu, sans violer ouvertement cet article, dénier au ministère public le droit d'agir d'office. »

M. Laborie revient encore sur le même point dans les conclusions de son savant rapport : « Il n'y a plus d'homogénéité dans votre propre jurisprudence, dit-il à ses collègues. Depuis vos arrêts de 1820 et 1821... vous vous êtes prononcés, par votre arrêt du 21 mai 1856, pour l'interprétation qui, plus conforme au sens naturel de l'article 46 de la loi du 20 avril 1810, investit le ministère public du droit d'agir directement pour l'exécution des lois, comme des jugements ou arrêts, à la seule condition que les dispositions à exécuter intéressent l'ordre public. »

Peut-il y avoir des doutes sur le véritable sens des motifs d'un arrêt, d'ailleurs très-clairs en eux-mêmes, lorsque ses auteurs l'indiquent d'une manière aussi formelle ? — Il est donc incontestable que la Chambre civile avait abandonné en 1856 son ancienne doctrine. Ce point étant très-important, en ce qui concerne l'évolution de la jurisprudence, il ne fallait y laisser planer aucun soupçon, si peu fondé qu'il puisse être.

Il semblait donc en 1856 que le système extensif, depuis longtemps défendu par la doctrine et accepté par presque toutes les Cours impériales, triomphait définitivement, puisque la Cour de cassation elle-même abandonnait le système contraire qu'elle avait fondé autrefois. Mais il allait se produire des faits nouveaux, qui changèrent une seconde fois le terrain de la discussion, et qui remirent tout en question avant que cette nouvelle jurisprudence ait eu le temps de se consolider.

§ **IX. — Loi du 28 mai 1858.** — **Le droit d'action du ministère public, examiné alors en matière de rectification d'actes de l'état civil, est contesté de nouveau en jurisprudence, mais généralement défendu par la critique doctrinale.** — **Il finit par triompher dans cette matière, mais en vertu de textes spéciaux.** — **Le principe général, remis en question par cette controverse, reste en suspens.**

Le 28 mai 1858, une loi vint modifier l'article 259 du Code pénal, afin de punir l'usurpation des titres de noblesse et des particules réputées nobiliaires qui ne seraient pas justifiées par les actes de l'état civil. Cette loi ne pouvait manquer de soulever aussitôt une foule de procès en rectification des actes de l'état civil prétendus incorrects. C'est ce qui arriva en effet, et le ministère public, chargé de poursuivre ce nouveau délit, devait nécessairement intervenir pour empêcher que l'usurpation ne se fît frauduleusement légitimer par les tribunaux.

I. — Mais la loi du 28 mai 1858, comme celle du 8 mai 1816, avait l'inconvénient de présenter un certain caractère politique, et elle n'obtenait pas l'assentiment de tout le monde. Il se produisit alors dans la jurisprudence un mouvement d'opinion analogue à celui que nous avons signalé en 1820 (voy. ci-dessus, p. 417). Lorsque le droit d'action du ministère public, qui semblait définitivement consacré d'une manière générale par le dernier arrêt de la Chambre civile, voulut s'exercer sur le nouveau terrain où l'appelait instamment la loi de 1858, il rencontra tout à coup la plus vive résistance dans le sein même des Cours impériales qui, toutes, jusque-là, s'étaient

unanimement prononcées en sa faveur (sauf l'arrêt isolé
de la Cour de Rennes, cassé le 21 mai 1856; mais il
arriva justement que cette Cour n'eut pas à se prononcer
dans la nouvelle controverse), et qui avaient formellement adopté l'interprétation extensive de l'article 46-2°,
dont il était impossible de contester l'application à la
matière.

Le droit d'action du ministère public fut repoussé coup
sur coup par plusieurs arrêts : Cour de Colmar, 6 mars
1860 (aff. Mathieu; Dalloz, *Rec. périod.*, 1860, II-169;
Sirey, 1860, II-369; *Journal du palais*, 1860, p. 486);
— Cour de Dijon, 11 mai 1860 (aff. du Crest; D., 1860,
II-444; S., 1860, II-369; *J. du P.*, 1860, p. 486); —
Cour de Douai, 18 août 1860 (aff. Laplane; D., 1860,
II-245; S., 1860, II-599; *J. du P.*, 1860, p. 799); —
Cour de Bordeaux, 28 août 1860 (aff. de Lescure; D.,
1860, II-213; S., 1860, II-599).

Cependant le plus grand nombre des décisions judiciaires lui resta favorable. Les unes résolurent la question générale, en se fondant sur l'article 46-2° de la
loi de 1810, comme l'avait fait l'arrêt de la Chambre
civile du 21 mai 1856 pour le droit d'opposition au
mariage : Cour de Montpellier, 10 mai 1859 (aff. Car-
cenac-Bourran; D., 1860, II-143; S., 1860, II-369;
J. du P., 1860); — Cour d'Orléans, 17 mars 1860 (aff.
Chardon-Chênemoireau; D., 1860, II-79; S., 1860,
II-301; *J. du P.*, 1860, p. 799); — Cour de Nîmes,
11 juin 1860 (aff. Giry; D., 1862, II-19; S., 1860,
II-599; *J. du P.*, 1860, p. 1190); — Cour d'Agen,

26 juin 1860 (aff. Comeau; D., 1860, II-141; S., 1860,
II-369; *J. du P.*, 1860, p. 799); — Cour de Metz,
31 juillet 1860 (aff. de Marguerie; D., 1860, II-139;
S., 1860, II-599).

D'autres, au contraire, profitant de l'avis du Conseil
d'État du 12 brumaire an XI et du décret du 18 juin 1811,
éludèrent la question générale de l'article 46-2° de la loi
de 1810, et s'appuyèrent sur ces textes spéciaux, en se
rattachant au premier alinéa de cet article 46. Quelquefois aussi les motifs ne sont pas suffisamment précis, ou
l'admission du droit du ministère public ne résulte qu'implicitement de l'arrêt. Citons quelques décisions dans
cette seconde classe : Cour de Colmar, 29 décembre 1859
(aff. Louis Levy; D., 1860, II-171; S., 1860, II-189);
— tribunal de Schlestadt, 25 janvier 1860 (aff. Mathieu;
D., 1860, II-169); — tribunal d'Angers, 27 mars 1860
(aff. Dartaud); — Cour de Nîmes, 9 août 1860 (aff. Sal-
veyre d'Aleyrac et Monier des Taillades; D., 1862, II-19;
S., 1860, II-599; *J. du P.*, 1860, p. 1201).

II. — La question ne pouvait manquer d'arriver bientôt
devant la Cour de cassation. La Chambre des requêtes
en fut saisie par le pourvoi du ministère public contre
l'arrêt de la Cour de Dijon du 11 mai 1860. Elle rejeta
ce pourvoi, le 21 novembre 1860, sur un rapport fort
énergique du conseiller Renault d'Ubexi, et décida :

1° Que l'article 46-2° de la loi de 1810 ne donne pas
au ministère public le droit d'agir dans les cas non spécifiés qui intéressent l'ordre public; 2° que la rectification
des actes de l'état civil n'est pas au nombre des cas parti-

culiers où des dispositions spéciales autorisent l'action du ministère public (Proc. gén. de Dijon *contre* du Crest; D., 1860, I-473; S., 1861, I-33; *J. du P.*, 1860, p. 1190).

Il n'est pas certain, comme on le croirait au premier abord, que cet arrêt soit en contradiction avec celui que la Chambre des requêtes avait dû rendre cinq ans auparavant pour laisser arriver à la Chambre civile le pourvoi contre l'arrêt de la Cour de Rennes, cassé le 21 mai 1856 (voy. ci-dessus p. 467). En admettant le pourvoi, la Chambre des requêtes indiquait bien qu'elle reconnaissait au ministère public le droit de former opposition au mariage, mais rien n'autorise à dire qu'elle justifiait ce droit autrement que par l'argument d'analogie tiré de l'article 184, Code Napoléon, le seul qu'elle avait invoqué dans son arrêt antérieur du 2 décembre 1851, sur la même question (voy. ci-dessus p. 465).

Le 19 novembre 1860, un second arrêt de la Chambre des requêtes persista dans la même doctrine en rejetant le pourvoi formé contre l'arrêt de la Cour de Bordeaux du 28 août 1860 (aff. de Lescure ; D., 1861, I-87; S., 1861, I-49; *J. du P.*, 1860, p. 1190). Un troisième arrêt, du 6 février 1861, consacra encore ce système (*Gazette des tribunaux* du 5 mars 1861).

III. — La décision sévèrement restrictive de la Chambre des requêtes fut loin de fixer la jurisprudence. La Cour de Limoges l'accepta le 5 décembre 1860 (aff. Leudière de Longschamps; D., 1863, I-452) et celle d'Amiens le 11 décembre 1860 (aff. Torchon de Lihu; D., 1861,

II-47; S., 1861, II-39; *Journ. du P.*, 1861, p. 201).

Mais dans l'espace de quelques mois, sept arrêts de Cours impériales protestèrent contre elle en consacrant le droit d'action du ministère public : Cour d'Angers, 5 décembre 1860 (aff. Dartaud; D., 1861, II-46; S., 1861, II-33; *J. du P.*, 1861, p. 201); — Cour d'Orléans, 29 décembre 1860 (aff. Terrier de la Chaise; D., 1861, II-23; S., 1861, II-33; *J. du P.*, 1861, p. 201); — Cour de Paris, 22 février 1861, sur les conclusions conformes du procureur général Chaix d'Est-Ange (aff. Cartault; D., 1861, II-41; S., 1861, II-200; *J. du P.*, 1861, p. 201); — Cour de Rouen, 18 mars 1861 (aff. Langlois d'Estaintot; D., 1862, II-18); — Cour d'Agen, 23 avril 1861 (aff. Serres; S., 1861, II-279; *J. du P.*, 1861, p. 781); — Cour de Metz, 25 avril 1861 (aff. du Raget); — Cour de Nîmes, 6 mai 1861 (aff. de Seguins-Vassieux; D., 1862, II-17).

La critique doctrinale ne se montrait pas en général moins défavorable à la jurisprudence de la Chambre des requêtes. Elle est défendue par Chauveau (*Journal du droit administratif*, 1861, t. IX, p. 18 et t. X, p. 78), par Dutruc (*Journal du ministère public*, 1860, p. 208) et par un annotateur du *Journal du palais* (1860, p. 800). Ajoutons-y Demolombe, puisque c'est en 1860, peu de temps avant l'arrêt du 21 novembre, qu'il se convertit au système restrictif. (Voy. ci-dessus, p. 448.)

Mais elle est combattue par les annotateurs de Sirey, qui avaient toujours défendu le droit d'action du ministère public (voy. p. 450), par Dalloz qui avait adopté

le système extensif peu de temps avant l'arrêt de la
Chambre des requêtes (voy. ci-dessus p. 443), par Grand
(*Revue pratique*, 1860, t. X, p. 305), par Bertin (*Droit*
des 9 juillet 1860, 2, 3, 4 janvier et 7 novembre 1861,
qui avait déjà manifesté son opinion quelques années
auparavant dans sa *Chambre du Conseil*. Crépon, substitut à Angers, et Ed. de Ventavon publient des bro-
chures spéciales pour l'attaquer. En Belgique, la Cour de
Bruxelles proclame le droit d'action du ministère public
avec plus d'énergie que jamais (voy. ci-dessus p. 460),
et le premier avocat-général Corbisier le défend avec
beaucoup de force, dans son discours de rentrée du
15 octobre 1861.

IV. — C'est dans ces circonstances que la question revint
de nouveau devant la Cour de cassation par suite des pourvois formés contre les arrêts des Cours d'Angers et d'Orléans qui avaient consacré le droit d'action du ministère
public. La Chambre des requêtes admit naturellement ces
pourvois, qui étaient conformes à la doctrine de son arrêt
du 21 novembre 1860, et la question en litige fut soumise
à la Chambre civile. Celle-ci, se séparant de la Chambre
des requêtes, rejeta les pourvois, le 22 janvier 1862, et
reconnut au ministère public le droit d'agir d'office dans
l'intérêt de l'ordre public pour ce qui concerne la rectification des actes de l'état civil (aff. Dartaud et Terrier de
La Chaise ; D., 1862, II-5 ; Sirey, 1862, I-25 ; *J du P.*,
1862, p. 273).

Cet arrêt avait été précédé d'un très-savant rapport
du conseiller Laborie et d'un réquisitoire fort brillant du

procureur général Dupin. Il ne tranche pas la question général du droit d'action du ministère public dans tous les cas où l'ordre public est intéressé ; car, au lieu de se fonder sur l'article 46-2° de la loi de 1810, comme l'avaient fait presque toutes les Cours impériales, il invoque seulement l'avis du conseil d'État du 12 brumaire an XI et le décret du 18 juin 1811.

La Chambre des requêtes se conforma au système de la Chambre civile par un arrêt de rejet du 27 mai 1862, et, la Cour de Bordeaux ayant encore repoussé le droit d'action du ministère public, le 3 mars 1862, son arrêt fut cassé par un arrêt de la Chambre civile du 24 novembre 1862 (aff. Lostau ; D., 1862, I-477 ; S., 1863, I-30 ; *J. du P.*, 1863, p. 259) qui est conçu exactement dans le même esprit que celui du 22 janvier.

V. — Dès lors le droit d'action du ministère public peut être considéré comme établi en jurisprudence pour ce qui concerne la rectification des actes de l'état civil. La Cour d'Orléans le consacre implicitement le 1ᵉʳ août 1863, sans qu'il paraisse avoir été contesté (aff. de Carbonnel ; D., 1864, II-15). Un jugement du tribunal de Besançon, du 10 janvier 1865, et un arrêt de la Cour de la même ville, du 6 février 1866, l'admettent aussi (aff. Hugon d'Augicourt ; D., 1866, II-15), mais en le justifiant de la même manière que l'arrêt du 22 janvier 1862. L'arrêt de la Cour de Besançon ayant été frappé d'un pourvoi, la Chambre des requêtes laissa passer ce pourvoi à la Chambre civile, qui le rejeta le 25 mars 1867, toujours en rattachant le droit du ministère public aux textes spéciaux à la matière (D., 1867, I-300).

Enfin, le 3 juin 1867, un arrêt de la Cour de Paris déclare « certain en jurisprudence que le ministère public chargé de veiller à la fidèle observation des lois relatives à l'état civil des citoyens, a le droit d'agir d'office comme partie principale, même par la voie de l'appel, en matière de rectification d'actes de l'état civil dans toutes les circonstances qui intéressent l'ordre public. » (Aff. Ardigo ; D., 1867, II-98.)

Le 29 décembre 1866 et le 20 juillet 1867, la conférence des avocats à la Cour de Paris décide deux fois de suite que le ministère public n'a pas le droit d'agir d'office, en vertu de l'article 46-2° de la loi de 1810, dans tous les cas intéressant l'ordre public, ni même en matière de rectification d'actes de l'état civil, en vertu des textes spéciaux à la matière. Déjà le 28 février 1852, elle s'était prononcée contre l'action du ministère public en validité de mariage. Mais il ne faut pas oublier que les tendances libérales des membres de la conférence les entraînent presque toujours à rejeter les doctrines juridiques qu'on leur présente comme contraires à la liberté ou à l'initiative des citoyens, et, pour les personnes qui ont assisté aux plaidoiries de décembre 1866 et juillet 1867, il est évident que cette préoccupation a dû exercer une influence prédominante sur le vote.

En 1867, M. G. Debacq publie son travail sur l'*action du ministère public en matière civile*, dans lequel il défend le système restrictif, mais permet au ministère public

d'agir dans l'intérêt de l'ordre public en matière de rectification d'actes de l'état civil, par application des textes
spéciaux à cette matière. Dans un article bibliographique
sur ce travail, publié par la *Revue critique* (t. XXX, p. 90,
1867), M. Léon Caën approuve également ce système
qu'il soutenait encore quelque temps après devant la
conférence des avocats à la Cour de Paris, le 20 juillet
1867.

Mentionnons enfin une étude publiée dans la *Revue
critique* (t. XXVIII, p. 431), livraison de mai 1866, par
M. Edouard Périer, procureur impérial à Villeneuve-
d'Agen, qui adopte le système extensif.

**§ X. — Depuis les arrêts de la chambre civile de 1862. — In-
compétence ratione materiæ. — Conclusion.**

I. — L'arrêt de la Chambre civile du 22 janvier 1862,
qui fait aujourd'hui jurisprudence, a évité de trancher la
question générale du droit d'action du ministère public
dans l'intérêt de l'ordre public en vertu de l'article
46-2°. C'est une réserve dont on ne peut le blâmer, surtout
en présence des vives controverses que cette question
venait de soulever. En effet, au point de vue de la rectification des actes de l'état civil, on arrive au même résultat pratique en se fondant sur l'avis du conseil d'État
du 12 brumaire an XI et le décret du 18 juin 1811, ou
en invoquant l'article 46-2° de la loi de 1810, puisque
ces divers textes caractérisent le droit du ministère
public par la même expression « d'ordre public ». Or,
les tribunaux ne sont point chargés de faire des théories

juridiques, mais de justifier leurs décisions par des motifs qui soient, autant que possible, incontestables; ils doivent donc se garder de résoudre une question controversée lorsque les nécessités de la cause ne les y obligent pas absolument.

Ce n'est point dans la matière des actes de l'état civil qu'une solution sur le principe général pourra être provoquée, puisque cette solution se trouverait en réalité sans intérêt pratique. Mais il peut se présenter d'autres circonstances dans lesquelles la même question soit engagée, et où le ministère public essaye de faire prévaloir son droit d'action. C'est ce qui est arrivé deux fois déjà depuis que les arrêts des 22 janvier et 19 décembre 1862 ont mis fin aux controverses soulevées par l'application de la loi du 28 mai 1858.

II. — Le conseil de discipline des avocats au tribunal d'Oran, élu en octobre 1862 au nombre de cinq membres (minimum fixé par l'ordonnance du 27 août 1830), se trouvait, en juillet 1863, dans l'impossibilité légale de fonctionner, par suite de la démission d'un de ses membres et de l'absence d'un autre. Dans ces circonstances, Mᵉ Chadebec crut devoir s'adresser au tribunal pour obtenir son inscription au tableau, ce qui fut ordonné en effet par un jugement du 6 août 1863.

Le 14 octobre 1863, le conseil de discipline des avocats au tribunal d'Oran décide à l'unanimité que ce tribunal n'était pas compétent pour prononcer l'inscription de Mᵉ Chadebec au tableau, et, la délibération ayant été communiquée au procureur général près la Cour d'Alger,

celui-ci interjeta appel. Mᵉ Chadebec lui opposa notamment une fin de non-recevoir tirée du défaut de qualité
du ministère public pour agir d'office en pareille circonstance, et cette fin de non-recevoir fut rejetée par un
arrêt de la Cour d'Alger du 4 février 1864. « Considérant que, dès qu'il s'agit de compétence, et par conséquent de la violation des lois et règlements, il faut avoir
recours à la disposition de l'article 79 du décret du 30
mars 1808 comme de l'article 46 de la loi du 20 avril 1810 ;
considérant que la question de savoir si le tribunal d'Oran
pouvait connaître valablement de la demande formée par
Chadebec, à l'effet d'être inscrit sur le tableau des avocats,
rentre évidemment dans les cas prévus par ces dispositions. »

Mᵉ Chadebec se pourvoit en cassation, et son pourvoi,
admis tout naturellement par la Chambre des requêtes,
puisque cette Chambre n'était pas favorable au droit d'action du ministère public, aboutit à un arrêt de cassation
prononcé par la Chambre civile, après délibéré, le 3 juillet 1865. « Si, dit cet arrêt, en vertu de l'article 46 de
la loi du 20 avril 1810 combiné avec *l'article 6 du
titre VIII de la loi du* 24 *août* 1790, cette décision pouvait être déférée à la Cour impériale d'Alger par le procureur général près cette Cour, en tant qu'elle renfermerait une usurpation de fonctions et une infraction à
l'ordre des juridictions en matière de discipline, infraction dont le redressement intéresse directement l'ordre
public, le même magistrat était au contraire sans qualité
pour attaquer ladite décision en tant qu'elle avait statué

sur un intérêt privé, le ministère public ne pouvant, d'après les articles 2, titre VIII, de la loi de 1790 et 46 de la loi de 1810, ci-dessus visés, s'exercer par voie d'action directe et d'office *en matière d'intérêts privés ou civils* que dans les cas spécifiés par la loi, cas qui ne se rencontrent pas dans l'espèce. » (Aff. Chadebec; voy. Dalloz, *Rec. périod.*, 1865, I, 262.)

Le renvoi à l'article 6 du titre VIII de la loi de 1790 et les motifs de l'arrêt de la Cour d'Alger montrent qu'on avait voulu fonder l'action du ministère public sur ses droits en matière disciplinaire, et non sur les prérogatives qui lui sont accordées dans l'intérêt de l'ordre public : ce qui place l'arrêt de la Chambre civile, au moins dans son dispositif, sur un terrain différent du nôtre. En réalité, l'action du ministère public prétendait se placer dans un cas spécifié, et par conséquent se rattacher au premier alinéa de l'article 46 en laissant de côté le second.

Quant aux motifs, ils abordent bien notre question; mais qu'y voyons-nous? Que le procureur général pouvait interjeter appel contre la décision du tribunal d'Oran en tant qu'elle léserait l'ordre public, mais qu'il ne le pouvait pas au point de vue de l'intérêt privé sur lequel elle avait statué. Cela est incontestable, et le système extensif n'a jamais dit autre chose. L'arrêt ajoute qu'en matière d'intérêts privés ou civils, le ministère public ne peut agir que dans les cas spécifiés par la loi. N'est-ce pas déclarer qu'en matière d'ordre public (que l'arrêt lui-même vient d'opposer aux intérêts privés), le ministère public peut agir hors des cas spécifiés, comme le prétend le système extensif? N'est-ce pas reconnaître en même temps que certains cas spécifiés sont étrangers à l'ordre public et ne se rattachent qu'à des intérêts privés, ce qui est directement contraire à la base même de la doctrine restrictive (voy. ci-dessus, p. 44)?

Les « intérêts privés ou civils » ne peuvent désigner autre chose que les « intérêts privés », comme le dit plus simplement la phrase précédente; et l'arrêt ne pouvait avoir la pensée de désigner des intérêts « civils » qui ne seraient pas « privés », comme semble le croire M. G. Debacq (p. 131) en faisant remarquer l'emploi de la disjonctive ou au lieu de la copulative ET, — puisque ces « intérêts privés ou civils » sont opposés à l'ordre public. Il ne faut donc voir là que deux épithètes synonymes, accumulées surabondamment, et la particule ou qui les unit me semble plus favorable encore que le mot ET à cette interprétation toute naturelle, car ce dernier mot pourrait faire croire qu'on a voulu désigner deux qualités différentes réunies sur la même chose.

L'arrêt de la Chambre civile du 3 juillet 1865 est donc entièrement favorable en principe à la doctrine extensive. En fait, la seule question que le pourvoi semble lui avoir donnée à juger, c'est de savoir si les textes spéciaux déterminant les droits du ministère public relativement à la discipline des avocats permettaient au procureur général d'interjeter appel dans les circonstances de la cause. C'est ce qui explique la décision de la Chambre civile. Mais, au lieu de se rattacher aux cas spécifiés du premier alinéa de l'article 46, on aurait pu invoquer le second alinéa. En effet, le tribunal d'Oran était incompétent *ratione materiæ*, et je crois que cette incompétence touche à l'ordre public (voy. ci-dessus, p. 389, et plus loin chap. VII, 2ᵉ sect., p. 572). A ce point de vue, le ministère public acquerrait donc qualité pour agir, et la question, ainsi présentée, mettait nécessairement en cause le principe général de l'article 46-2°. Il est probable que, sur ce nouveau terrain, la solution aurait été favorable au ministère public, car, lorsqu'on lit attentivement les considérants précités de l'arrêt du 3 juillet 1865, il semble que la Chambre civile elle-même indique cette voie et l'approuve d'avance.

III. — Dans la seconde affaire à laquelle nous avons fait allusion tout à l'heure, le droit d'action du ministère public se présentait encore en matière d'incompétence *ratione materiæ;* mais les circonstances de la cause n'étaient plus les mêmes. Elle présentait quelque analogie avec l'affaire Lainé, dont il a été question plus haut page 386.

M. Tchitcherine, conseiller de l'ambassade russe à Paris, avait conclu avec M. Léonce Dupont, rédacteur en chef du journal *la Nation*, un traité ayant pour but de faire défendre par ce journal la politique russe en Pologne. Léonce Dupont recevait des appointements de 12 000 francs par an, et rendait compte de sa gestion à Tchitcherine, qui devait fournir 10 000 fr. par mois pour subvenir aux dépenses du journal et percevoir les bénéfices s'il y avait lieu. L'insurrection polonaise ayant été comprimée, les versements mensuels de Tchitcherine cessèrent bientôt; et le journal *la Nation*, ne pouvant se

soutenir par ses seules forces, le gérant Léonce Dupont
fut mis en faillite. Le syndic Pinet, étant parvenu à obtenir connaissance du traité dont il vient d'être question,
soutint qu'il constituait Tchitcherine véritable propriétaire de la *Nation* et le rendait par suite responsable du
passif créé par Léonce Dupont dans sa gérance. Tchitcherine, traduit devant le tribunal de commerce de Paris,
déclina sa compétence en invoquant les immunités diplomatiques qui ne permettaient pas de le soumettre à la
juridiction des tribunaux français. Ce déclinatoire fut
repoussé par un jugement du 15 janvier 1867, déclarant
que les immunités diplomatiques ne pouvaient couvrir
Tchitcherine dans les actes de commerce qu'il avait faits
non en qualité de conseiller d'ambassade, mais au seul
point de vue de ses intérêts privés.

Le procureur général près la Cour de Paris interjeta
appel de ce jugement en même temps que Tchitcherine.
Le syndic Pinet opposa au procureur général une fin de
non recevoir, tirée de son défaut de qualité, et cette fin
de non recevoir fut accueillie le 12 juillet 1867, par la
Cour de Paris (5ᵉ Chambre), sur les motifs suivants :

« Considérant que l'appel du procureur général n'est
pas interjeté en vertu d'une disposition particulière de la
loi qui, au cas spécial dont il s'agit au procès, ouvrirait
une action directe et principale au ministère public, mais
en vertu des dispositions générales de la loi du 24 août
1790 et de l'article 46 de la loi du 20 avril 1810 ; —
considérant qu'en dehors des cas spécifiés par la loi, où
une action directe et principale appartient toujours au

ministère public, le droit du ministère public d'agir comme partie principale ne saurait exister d'une manière absolue et sans distinction dans toutes les affaires qui intéressent l'ordre public, mais seulement dans celles où son action se trouverait commandée par un intérêt supérieur d'ordre public, actuellement mis en péril, et dont la défense nécessiterait son intervention ; — considérant que, lorsque l'ordre public se confond avec une action d'intérêt privé débattue entre les parties intéressées dans une instance contradictoirement engagée, il est pleinement sauvegardé par la partie qui le défend en défendant ses propres intérêts et par la présence du ministère public en qualité de partie jointe ; — qu'en cet état, l'action principale du ministère public n'est pas nécessaire pour la défense de l'ordre public ; — et qu'en l'absence de cette nécessité, qui seule peut servir de base à l'intervention du ministère public en une autre qualité que celle de partie jointe, cette intervention, alors qu'elle ne tend pas à d'autres fins que celles auxquelles tendent les conclusions de la partie et l'action privée elle-même, est sans intérêt et conséquemment non recevable ; — qu'en effet, vis-à-vis du ministère public, l'intérêt est la mesure des actions, et que, tant que cet intérêt n'existe pas, l'action n'existe pas davantage ; — considérant que, dans l'espèce, l'instance est contradictoirement liée entre Tchitcherine, appelant, et Dupont et le syndic de la faillite intimés ; — que l'appel de Tchitcherine soumet à la Cour les mêmes questions d'ordre public que celles qui ont motivé l'appel du procureur général ; que dès lors cet appel, qui n'a pour but de pourvoir à aucune nécessité actuelle, l'ordre public étant pleinement sauvegardé par l'appel de Tchitcherine, doit être déclaré non recevable par défaut d'intérêt. »

Du reste, au fond, la Cour déclara, sur l'appel de Tchitcherine, qu'il n'était pas justiciable des tribunaux français (aff. Tchitcherine *et* Ministère public *contre* Pinet; — voy. Dalloz, *Rec. périod.*, 1867, II-123).

Ainsi la Cour de Paris proclame toujours le droit d'action du ministère public dans l'intérêt de l'ordre public ; c'était du reste pour elle une jurisprudence traditionnelle, remontant même au delà de la loi du 20 avril 1810 (voy. ci-dessus, p. 298, 386, 426, 464 et 474) et dont elle ne s'était départie qu'une seule fois en 1833 (aff. Sponi contre Picquet ; voy. ci-dessus p. 435), sous l'influence des arrêts géminés de la Cour de cassation et dans des circonstances très-peu favorables au ministère public.

La Cour ne conteste pas non plus que la compétence *ratione materiæ* ne touche à l'ordre public, ce qu'elle avait reconnu en 1815 (aff. Lainé ; voy. p. 386). Mais elle veut apprécier l'intérêt de l'ordre public en quelque sorte *in concreto*, au point de vue des circonstances particulières de la cause, et non *in abstracto*, au point de vue de la matière sur laquelle on plaide. Je ne crois pas que cette méthode d'appréciation soit admissible, et il est facile d'en déduire des conséquences pratiques qui la condamnent irrévocablement. Qu'arriverait-il, en effet, si la partie privée se désistait de son appel, si cet appel était irrégulier en la forme ou s'il était sujet à une fin de non-rece-

voir ? L'appel de la partie privée disparaîtrait, et, comme il
peut se faire que ces événements se produisent au moment
où celui du ministère public a déjà été repoussé, la Cour
n'aurait plus même la ressource d'admettre exceptionnellement ce dernier appel, de sorte que la question lui
serait définitivement soustraite. C'est là un résultat que la
Cour de Paris ne semble pas avoir prévu et qu'elle serait
sans doute la première à regretter.

En arrivant au terme de cette longue revue de la jurisprudence, nous laissons la question générale assoupie, mais
non complétement résolue en pratique. Cependant, elle
le sera peut-être bientôt d'une façon décisive ; l'évolution historique de la doctrine et de la jurisprudence, que
nous avons cherché à mettre en lumière, permet même
de prévoir, autant que les prévisions sont possibles en
jurisprudence, quelle est l'opinion qui a le plus de chance
de triompher.

Pendant les premières années qui suivirent la loi du
20 avril 1810, on ne s'inquiète pas beaucoup de l'article 46; mais on paraît admettre presque partout avec
une très-grande facilité l'action du ministère public (voy.
p. 377). Arrive la loi du 8 mai 1816 abolitive du divorce.
Par esprit de réaction contre cette loi, la Cour de cassation repousse l'action du ministère public qui voulait
s'opposer à des divorces déguisés (voy. p. 398), et, une
fois engagée dans cette voie, elle est en quelque sorte
obligée de persister dans une jurisprudence restrictive que
la doctrine blâme (voy. p. 419), et qui a bientôt pour

résultat de compromettre le droit d'action du ministère public même dans les cas spécifiés (voy. p. 436). Bien que ce système finisse par triompher complétement en jurisprudence, la grande majorité des auteurs le repoussent (voy. p. 445), et les Cours de Belgique et de Prusse ne veulent pas non plus l'accepter (voy. p. 454).

Une réaction se produit enfin ; le droit d'action du ministère public est admis, en matière d'opposition, par plusieurs Cours impériales, et ensuite par la Cour de cassation elle-même qui se décide, après quelque hésitation, à revenir ouvertement sur son ancienne jurisprudence, en abandonnant d'une manière explicite l'interprétation restrictive de l'article 46 de la loi de 1810 (voy. p. 462).

C'est alors que des préoccupations politiques viennent encore détourner le cours de la jurisprudence. La loi du 28 mai 1858 change une seconde fois le terrain de la controverse. Le droit du ministère public, qui semblait consacré d'une manière définitive, est remis en question et passionnément discuté pour restreindre les effets d'une loi que beaucoup de gens n'approuvaient point (voy. p. 470). En quelques mois, les arrêts et les dissertations s'accumulent dans les deux sens. La Chambre des requêtes repousse d'abord l'action du ministère public ; ses partisans redoublent d'ardeur et d'arrêts, et la Chambre civile finit par leur donner raison, mais en restreignant sa solution à la matière des actes de l'état civil (voy. p. 475).

Depuis, la question se présente deux fois, en matière de compétence *ratione materiæ*, mais pas d'une manière assez

claire ni assez pressante pour rendre une solution inévitable (voy. ci-dessus, p. 479). Les considérants admettent
le droit du ministère public ; mais comme les circonstances permettaient d'éluder leur 'application au dispositif, ils ne suffisent pas pour fixer la jurisprudence.
Cependant la tendance générale du monde juridique leur
est évidemment favorable ; presque tous les bons jurisconn-
sultes le défendent, même les plus libéraux ; on comprend
de plus en plus que ses adversaires invoquent surtout des
arguments de sentiment. Aussi est-il vraisemblable que le
système extensif sera formellement consacré ; lorsque la
question s'imposera de nouveau à la jurisprudence en
réclamant une solution ; pourvu toutefois que des considérations politiques ne viennent pas encore se jeter à la
traverse, car nous avons trop souvent la malheureuse
habitude de faire intervenir la politique dans le domaine
du droit, et de croire que ce qui est contraire à nos opinions n'a pas dû être consacré par le législateur.

Peut-être le prochain débat s'élèvera-t-il en matière
de validité de mariage, comme dans l'affaire Vergniol
en 1851 (voy. p. 464), car les annulations collusoires de
mariage se produisent plus souvent dans la pratique
qu'on ne le croit généralement, et, lors même que les
causes de nullité sont réelles, on attend presque toujours
pour les chercher que le mariage ait eu le temps de
déplaire. Malgré les réclamations sérieuses qu'elle soulève, et qui finiront sans doute par triompher, la loi du
8 mai 1816 est entrée aujourd'hui dans nos habitudes.
Placée sur ce terrain qui a cessé d'être politique, la Cour

de cassation oublierait d'autant mieux ses préoccupations de 1820, que ses opinions d'aujourd'hui sont loin d'être ce qu'elles étaient alors, et elle prêterait l'oreille aux arguments juridiques du système extensif, surtout si l'annulation collusoire du mariage avait pour but des actes que tous les honnêtes gens réprouvent, comme ceux qui provoquèrent les arrêts des Cours de Bruxelles et de Pau en 1808 et 1809 (voy. ci-dessus p. 76, 345, 382 et 426).

CHAPITRE VII

Une définition juridique est toujours une entreprise fort délicate; les écueils de tous genres y abondent, et il n'en est guère qui soit sans défaut. *Omnis definitio in jure civili periculosa est : parum est enim ut non subverti possit* (loi 202, au Digeste, *De regulis juris*, liv. L, tit. xvii). Cette réflexion du vieux Javolénus n'a point cessé d'être vraie, et s'il est un cas où elle doit s'appliquer, assurément c'est le nôtre. « C'est un grand mot que » l'ordre public, disait Royer-Collard, mais ce mot est » bien vague; il peut avoir dans la langue commune, et » il a dans nos lois des acceptions très-diverses. »

Le chemin où nous allons nous engager est donc bordé d'épines et de précipices; mais nous ne pouvons cependant pas reculer, car la doctrine que nous défendons resterait incomplète, si, après en avoir posé le principe, nous ne montrions pas comment on pourra l'appliquer. Nous n'avons pas le droit d'éluder cette difficulté suprême. Il faut donc l'aborder de front, sans ambages, sans faux-fuyants, sans détours; il faut nous poser nettement cette question : « Qu'est-ce que l'ordre public?

Quelles sont dans nos lois les dispositions qui l'intéressent, et dont le ministère public poursuivra l'exécution comme partie principale en matière civile, aux termes de l'article 46-2° de la loi du 20 avril 1810? » A cette demande catégorique, il faut que nous répondions par une formule précise, dont la clarté soit indéniable. Sans doute, si nos efforts ne parvenaient point à déterminer cette formule, notre système ne périrait pas pour cela; mais il serait accepté à contre-cœur, avec cette demi-conviction qui doute d'elle-même et qui devine vaguement que sa base est chancelante, sans apercevoir les causes qui peuvent l'ébranler; en un mot, il resterait frappé d'une sorte de suspicion inavouée, à peu près comme ces gens trop souvent acquittés par les tribunaux pour que leur innocence soit bien certaine. Par contre, si nous réussissons, ne pourrons-nous pas dire que nous avons forcé nos adversaires dans leur dernier refuge, et détruit tout prétexte de résistance?

PREMIÈRE SECTION

EXAMEN DE LA MÉTHODE ÉNUMÉRATIVE.

Le législateur n'indique nulle part ce qu'il faut entendre par ordre public, et les auteurs ne nous fournissent pas non plus la définition que nous cherchons.

C'est surtout à propos de la jurisprudence qu'on a commenté l'article 46 de la loi du 20 avril 1810, et, le principe même de la doctrine que nous exposons étant vivement contesté, tout l'effort de la discussion a porté sur le point de savoir si, oui ou non, le ministère public avait le droit d'agir d'office en matière civile pour faire exécuter les lois qui intéressent l'ordre public. On parla beaucoup, sans doute, du vague de l'idée d'ordre public et des dangers réels ou imaginaires qui pouvaient en résulter ; mais, comme les circonstances dans lesquelles la question se présentait rendaient presque toujours incontestable que l'ordre public fût intéressé, on n'éprouva le besoin ni d'émettre ni de contester une formule abstraite. Il ne faut pas oublier, du reste, que tous les documents relatifs à la jurisprudence ayant pour seul but de résoudre un point spécial, une affaire déterminée, ont tout avantage à examiner exclusivement les circonstances de la cause, plutôt que de se lancer dans les hasards d'une discussion théorique sur des principes généraux qui introduiraient souvent des difficultés nouvelles, dont la solution n'était nullement indispensable à l'affaire actuellement pendante.

§ 1er. — Opinions des jurisconsultes sur la notion générale de l'ordre public.

Mais, nous l'avons déjà dit plus haut, l'article 46 de la loi de 1810 n'est pas le seul texte qui nous parle d'ordre public. Nous avons notamment, au Code Napoléon, l'article 6 qui défend de « déroger, par des conventions particulières, aux lois qui intéressent l'*ordre public* et les bonnes mœurs ; » l'article 686 qui défend d'établir des servitudes contraires à l'*ordre public;* l'article 1133 qui déclare nulle toute obligation dont la cause « est contraire aux bonnes mœurs ou à l'*ordre public*. »

Le Code Napoléon a été commenté bien des fois, sous des points de vue divers, et, dans certains cas, avec des développements fort étendus; c'est sur lui que se sont concentrées les études de presque tous les jurisconsultes éminents de ce siècle. Il semble donc que les articles 6 et 1133 surtout ont dû les conduire à déterminer le sens précis du mot *ordre public*, car les questions traitées par ces deux articles ne le cèdent assurément en importance, à aucune autre.

Cette attente, en apparence si légitime, serait pourtant trompée, et c'est en vain qu'on chercherait, dans les grands ouvrages consacrés au droit civil, la définition de l'ordre public formulé d'une manière précise. Sauf quelques exceptions, dont nous aurons occasion de parler plus tard, on y trouverait seulement des exemples, des considérations générales, et la vieille classification des lois en impératives, prohibitives et facultatives, tirée de la théorie des statuts de l'ancien droit. Mais tout cela ne nous avance guère; car, lors même qu'on accepterait cette classification pour base, il faudrait se demander si une loi est impérative ou facultative, au lieu de chercher si elle intéresse l'ordre public, et, si l'on n'a aucun principe de distinction, je ne crois pas qu'on gagnerait beaucoup au change.

Aussi les auteurs se déchargent volontiers sur les tribunaux d'une tâche qui leur paraît trop épineuse, et se contentent d'indiquer quelques exemples pour servir de guide dans l'application. « *Ni la législation ni la doctrine*, disent Zachariæ, Aubry et Rau (*Cours de droit civil français*, 3ᵉ édit., t. Iᵉʳ, § 36, p. 109) *ne fournissent de cri-* » *térium à l'aide duquel on puisse déterminer*, d'une ma- » nière certaine, *quelles sont les lois qui doivent être* » *considérées comme intéressant l'ordre public. Et il serait* » *difficile de donner une énumération complète de toutes* » *les dispositions législatives qui*, à des titres divers et à » des degrés plus ou moins prononcés, *présentent ce ca-* » *ractère.* » Et les auteurs se bornent ensuite à indiquer les principales dispositions législatives qu'on s'accorde généralement à ranger parmi celles qui intéressent l'ordre public.

Sur l'article 900 (t. VI, § 692, p. 2 et suiv.; 3ᵉ édit.), qui annule les conditions illicites dans les donations et les testaments, ils se contentent aussi de donner des exemples, du reste assez bien choisis. Sur l'article 686, qui défend d'établir des servitudes contraires à l'ordre public, ils ne s'occupent pas de cette question (t. II, § 247, p. 534 et suiv., 3ᵉ édit.). Enfin ils ne sont pas beaucoup plus explicites sur l'article 1133, qui exige, pour la validité des obligations, une cause non contraire à l'ordre public (t. III, § 345, p. 220, 3ᵉ édit.).

Écoutons maintenant A. M. Demante (*Cours analytique de Code civil*, art. 6, t. Iᵉʳ, nº 12 *bis*, III et IV, p. 55) : « Parmi les lois d'ordre public auxquelles les conventions particulières ne peuvent déroger, il faut évidemment ranger, outre les lois politiques et les lois criminelles, dont nous n'avons pas à nous occuper, celles qui règlent l'état des personnes et l'organisation de la famille, car celles-là se rattachent directement au système d'organisation sociale.

» Quant aux lois qui régissent les biens, et sous ce nom nous comprenons ici celles qui règlent l'effet et l'étendue des obligations dont ces biens sont l'objet, il en est certainement un grand nombre *qui intéressent l'ordre public au point de n'admettre aucune dérogation* par l'effet des conventions entre particuliers. Mais *la distinction n'en est pas toujours facile :* ce n'est qu'en se pénétrant bien du but et du motif de la loi qu'on arrive à reconnaître *si les considérations de morale, d'humanité, de politique ou d'intérêt général, qui l'ont nécessairement dictée, exigent seulement son application comme droit commun à ceux qui n'ont pas fait de convention, ou si elles doivent faire proscrire, comme contraires elles-mêmes à l'ordre public et aux bonnes mœurs, les conventions contraires.* Souvent au reste, pour prévenir tout doute à cet égard, le législateur prend soin, soit de réserver, soit d'interdire expressément la faculté des stipulations dérogatoires » (Voy., pour exemple du premier cas, art. 1627 ; et pour exemples du second cas, art. 1628, 815, 1268, 2220.)

» *Dans l'impossibilité d'établir ici une théorie complète sur cette importante matière,* je crois utile, du moins, de présenter quelques règles de doctrine propres à prévenir dans beaucoup de cas les difficultés d'application.

» Première règle : La liberté des conventions étant admise comme principe fondamental, la loi qui détermine l'effet de certains contrats doit être *facilement crue* ne disposer ainsi qu'en vue de l'intention probable des contractants, et, par conséquent, sauf convention contraire.

» Pareillement, chacun étant maître de disposer de sa chose, et par conséquent de l'aliéner en tout ou en partie, les lois qui règlent les effets du droit de propriété, soit en développant son étendue, soit en la restreignant au contraire, par respect du droit d'autrui, n'excluent point en général la faculté d'y déroger par l'établissement d'une servitude contraire (voy. art. 686).

» Deuxième règle : Dans une loi qui règle l'effet d'un contrat, si l'insertion d'une certaine clause est prohibée, c'est quelquefois parce que cette clause, combinée avec les autres effets du contrat, le rendrait inique ou dangereux ; c'est quelquefois seulement parce que cette clause le dénaturerait. Dans le premier cas, la conséquence serait, soit la nullité du contrat tout entier, soit au moins la nullité de la clause prohibée (voy., à ce sujet, art. 1453, 1521, 1811, 1849, 1855). Dans le second cas, la convention contraire à l'essence du contrat ne le vicierait pas complétement, elle le ferait seulement dégénérer en un autre, soumis à des principes différents. C'est ainsi, par exemple, qu'un *commodat*, essentiellement gratuit (article 1876), dégénérerait en louage ou en contrat innommé se rapprochant du louage, si le prêteur stipulait une récompense. Mais cela n'empêcherait pas la validité de la convention.

» Troisième règle : Les lois qui déterminent les effets des contrats n'excluant point en général la faculté d'y déroger par des conventions particulières, la formule *s'il n'y a stipulation contraire*, quand elle se rencontre dans des lois de ce genre, tend moins à déclarer la permission, toujours sous-entendue, de convenir du contraire, qu'à indiquer la nécessité pour les contractants d'exprimer à cet égard leur volonté par une *stipulation* formelle. »

Il y a là, sans aucun doute, des indications utiles, généralement très-exactes, et dont on peut certainement tirer parti pour éclaircir notre sujet, quoiqu'elles restent toujours assez vagues. Mais la forme elle-même trahit souvent l'indécision ; et, quant à une théorie synthétique, à une définition véritable, il ne faut pas songer à l'y chercher, car l'auteur lui-même nous prévient qu'il ne lui a pas été possible de l'établir *ici*. — Pourquoi pas *ici*? Il semble pourtant que la théorie de cette *importante matière*, comme Demante l'appelle lui-même, ne saurait être nulle part mieux à sa place que sur l'article 6 ; si on l'écarte à cet endroit, il est probable qu'on ne la traitera pas du tout, malgré son importance avouée.

En effet, dans l'explication de l'article 686, qui défend d'établir des servitudes contraires à l'ordre public, l'éminent jurisconsulte (*Cours analytique de Code Napoléon*, t. II, n° 541 *bis* IV, p. 636) se contente de renvoyer à l'article 6 et de citer un exemple.

Sur l'article 900, qui répute non écrites, dans toute disposition entre-vifs ou testamentaires, les conditions « contraires aux lois ou aux mœurs » (*Cours analytique de Code Napoléon*, t. IV, n° 16 *bis* VI, p. 35), il indique comme caractère distinctif de ces conditions l'une des trois circonstances suivantes : « qu'elles tendent ou à prescrire une mauvaise action, ou à empêcher l'accomplissement d'un devoir, ou à gêner l'exercice d'une *faculté d'ordre public* ». Et il continue en ces termes :

« Celles (les conditions) de la première catégorie sont faciles à reconnaître, sans qu'il soit besoin de présenter une application particulière. J'indiquerais sans difficulté, comme appartenant à la seconde, celle de ne point exercer les droits politiques ou les droits de famille, tels que la puissance paternelle ou la puissance maritale. Quant à celles de la troisième catégorie, l'application est plus délicate, car il s'agira toujours de savoir si la liberté qu'elles tendent à restreindre est ou non aliénable, en d'autres termes, si la faculté dont on veut interdire le libre exercice est ou non d'ordre public. Quoi qu'il en soit, je n'hésiterais pas à placer dans cette catégorie la condition d'entrer ou de ne pas entrer dans les ordres sacrés ; j'y placerais également celle d'embrasser ou de ne pas embrasser une profession qui, comme la magistrature ou l'état militaire, demandent une capacité et un dévouement tout spéciaux, et dont l'exercice, pour ceux qui s'y sentent appelés, peut être considéré comme l'accomplissement d'un devoir social. Et pourquoi n'en dirais-je pas autant de la carrière de l'enseignement ? J'indiquerais encore comme telle, au moins en général, la condition de se marier ou de ne pas se marier, sauf peut-être à excepter de la règle la prohibition d'un second mariage, si elle est imposée par le premier conjoint ou par les parents de celui-ci, et surtout s'il y a des enfants du premier lit. Enfin, je considérerais aussi comme rentrant dans la troisième catégorie la prohibition de l'acceptation bénéficiaire. »

Nous ne trouvons donc ici encore que des exemples, indiqués souvent avec quelque hésitation; et cette fois plusieurs sont fort contestables, quelques-uns même certainement erronés. C'était là, du reste, un écueil sur lequel on devait fatalement échouer en procédant de cette manière; comment, en effet, se pourrait-il qu'on ne chancelle pas dans les applications d'un principe, lorsqu'on n'a point commencé par en établir la formule précise, par le définir?

Nous pourrions facilement continuer cette revue des jurisconsultes, et presque tous donneraient lieu aux mêmes remarques.

Toullier, en expliquant l'article 6 (t. Ier, n°s 101 à 111), pose en principe que, « comme chacun est toujours libre de renoncer à ses droits, il s'ensuit qu'*en général* les citoyens peuvent renoncer aux dispositions de la loi qui ne sont introduites qu'en leur faveur et qui n'intéressent qu'eux seuls... Mais on ne peut déroger par des conventions particulières aux lois qui intéressent l'ordre public et les bonnes mœurs. C'est la disposition de l'article 6 du Code civil, qui est tiré du droit romain. Loi 6 au Code, *De pactis;* loi 45 au Digeste, *De regulis juris;* loi 38 au Digeste, *De pactis*.

» Cette maxime, qui paraît évidente, n'est pourtant pas sans exception; par exemple, l'ordre des juridictions ou la compétence des tribunaux est de droit public. Cependant les particuliers soumis à la juridiction d'un tribunal de première instance peuvent se soumettre à être jugés par un autre. C'est ce qu'on appelle proroger la juridiction.

» Mais ils ne pourraient pas porter une affaire directement devant une Cour d'appel, qui ne peut juger en premier ressort. Ils ne pourraient pas non plus convenir que l'appel d'un tribunal de première instance serait porté devant une Cour d'appel qui lui est étrangère, parce qu'ils ne peuvent donner à cette Cour le pouvoir de réformer les jugements d'un tribunal qui n'en dépend point, et qui n'est pas situé dans son ressort. Si les parties peuvent proroger la juridiction d'un tribunal de première instance, c'est que le principe que le demandeur doit plaider dans la juridiction du défendeur est introduit en faveur de celui-ci, et que, suivant la maxime que nous avons établie d'abord, il est permis à chacun de renoncer au droit introduit en sa faveur.

» Cette dernière maxime est aussi sujette à beaucoup de limitations. On peut toujours renoncer à un droit acquis, par exemple à une succession ouverte. Mais on ne peut pas toujours renoncer à un avantage futur, à l'effet futur de la loi, quoiqu'elle n'ait pour objet que l'intérêt des particuliers, quoiqu'elle ne soit introduite qu'en leur faveur. Par exemple, la faculté de tester n'est introduite qu'en faveur des particuliers; il en est de même de la rescision pour cause de lésion, de la prescription, etc. Cependant on ne peut renoncer à la faculté de tester, ni à la rescision pour lésion, avant que l'action soit ouverte

(art. 1674), ni à la prescription avant qu'elle soit acquise
(art. 2220).

» La maxime qu'on peut déroger ou renoncer aux lois
qui ne sont introduites qu'en faveur des particuliers
souffre donc exception : 1° toutes les fois que la loi elle-
même a défendu de déroger à ses dispositions; 2° lorsqu'*on peut induire* de ses dispositions ou de ses motifs
qu'elle est absolument prohibitive; 3° lorsque les dispositions de la loi ont pour fondement *quelque cause publique ou politique*, ou l'intérêt d'un tiers. » Toullier rappelle ensuite la théorie des statuts prohibitifs, et déclare
que « l'imperfection de la législation avait rendu cette
matière tellement obscure que les plus grands génies en
jurisprudence, depuis Dumoulin jusqu'à Bouhier et Duparc-Poullain, n'ont pu la réduire à des principes simples
uniformes et invariables». Il ajoute bien en finissant que
la France, possédant aujourd'hui un Code uniforme, « il
est plus facile de distinguer les lois auxquelles on peut
déroger ». Mais il n'essaye pas de mettre cette opinion
en pratique. Sur les articles 686, 900 et 1133, Toullier
se borne à discuter des exemples (t. V, n°ˢ 248 à 269 ;
t. VI, n°ˢ 161 et suiv., et 181 et suiv.).

Duranton divise les lois en impératives, prohibitives et
facultatives (t. Iᵉʳ, n° 32), et paraphrase l'article 6 en
l'opposant au principe de la liberté des conventions *pour
ce qui n'intéresse que les contractants* (t. Iᵉʳ, n°ˢ 109 et 110).
« Mais, ajoute-t-il, ce ne sera que par le développement
successif de la matière que cette règle, susceptible de
beaucoup de restrictions, pourra être sainement en-

tendue. » Sur l'article 686, pas un mot relatif à l'ordre
public (t. V, nᵒˢ 440 et suiv.). Sur l'article 900 (t. VIII,
nᵒˢ 119 à 147) et sur l'article 1133 (t. X, nᵒˢ 362 et suiv.),
discussion d'un assez grand nombre d'exemples.

Marcadé, sur l'article 6 (t. I, nᵒˢ 94 et 95, p. 67,
5ᵉ édit.), rapproche les articles 6 et 1133, pour remarquer que les conventions qui tiennent lieu de loi à ceux
qui les ont faites, d'après les termes mêmes de l'article 1134, ce sont les conventions légalement formées,
et l'article 1108 exige pour cela « une cause licite dans
l'obligation », c'est-à-dire une cause non contraire « aux
bonnes mœurs et à l'ordre public », comme l'explique
l'article 1133. Ce dernier article ajoute, il est vrai, que la
cause ne doit pas être « prohibée par la loi »; mais ce
n'est pas un troisième cas non prévu dans l'article 6, car
la loi ne prohibe que ce qu'elle juge contraire à l'ordre
public ou aux bonnes mœurs.

Sur l'article 686 (t. II, nᵒˢ 645 à 647, p. 640, 5ᵉ édit.),
Marcadé ne parle même pas d'ordre public. Sur l'article 900 (t. III, nᵒˢ 484 et 484 *bis*, p. 385, 5ᵉ édit.), il
s'exprime ainsi : « La question de savoir si une clause est
ou n'est pas illicite sera souvent fort délicate.—Allons plus
loin, et disons que telle ou telle clause sera nécessairement appréciée d'une manière différente, selon les principes plus ou moins sévères, les mœurs plus ou moins
austères, les sentiments plus ou moins religieux, la délicatesse plus ou moins profonde, et aussi selon les diverses
opinions et manières de voir de l'époque, du pays, et surtout des personnes appelées à prononcer. » Et plus loin,

après avoir discuté un certain nombre de cas : « Ces
divergences nous paraissent démontrer une idée qui doit
dominer toute cette matière, c'est que la plupart des
questions de ce genre ne doivent pas être examinées en
thèse, et ne peuvent être sainement résolues que par l'appréciation des circonstances spéciales à chaque affaire. »

Sur l'article 1128, qui déclare que les choses qui sont
dans le commerce peuvent seules être l'objet des conventions, Marcadé (t. IV, n° 449, p. 373, 5ᵉ édit.) énumère
six catégories de choses hors du commerce, et place dans
la troisième les faits illicites, c'est-à-dire prohibés par la
loi, contraires aux bonnes mœurs ou contraires à l'ordre
public, et il ajoute : « Quant à l'ordre public, il faut entendre par là un état de choses que le législateur tient
évidemment à maintenir comme utile ou même nécessaire au bien de la société : ainsi je ne pourrais pas
m'obliger valablement à ne pas user de mes droits élec-
toraux. » La quatrième catégorie de choses hors du commerce comprend les choses du domaine public; la cinquième, les personnes et tout ce qui concerne leur état
civil; la sixième, les choses qui sont enlevées au commerce par une disposition formelle de la loi, comme les
blés en vert, etc.

Sur l'article 1133 (t. IV, n° 457, p. 378), Marcadé se
contente de renvoyer aux développements présentés à
propos des articles 6 et 1128.

Nous arrivons enfin à M. Demolombe, qui emprunte
beaucoup à ses prédécesseurs, mais souvent en précisant
mieux leurs idées.

Dans son commentaire de l'article 6 (t. Ier, n°s 16 à 20,
p. 14, 2e édit.), il divise les lois en droit public et droit
privé. « ... On pourrait dire que le droit public est celui
qui, directement ou indirectement, a pour but l'intérêt
général, l'*intérêt public* enfin ; tandis que le droit privé,
au contraire, a pour but l'intérêt particulier et relatif des
individus, l'intérêt privé. — En effet, l'une des principales différences qui les distinguent, quant aux résultats,
consiste en ce qu'aucune renonciation, aucune dérogation ne peut être faite au droit public ; tandis que les
particuliers peuvent déroger au pur droit privé. On conçoit, en effet, que si chacun peut sacrifier son intérêt
personnel et privé, nul, au contraire, ne saurait compromettre l'intérêt général, l'intérêt public (art. 6). — Or
la distinction une fois appuyée sur une telle base, doit
nécessairement se produire non-seulement dans les lois
constitutionnelles, mais encore dans tous les autres Codes,
où se rencontrent beaucoup de dispositions d'intérêt général, dont le maintien importe à l'État tout entier. »

M. Demolombe cite divers exemples empruntés aux
lois sur la famille, l'état et la capacité des personnes,
puis il continue ainsi :

« On rencontre encore, dans le Code Napoléon, un
certain nombre de dispositions qui sembleraient, à première vue, n'avoir été introduites que dans un intérêt
privé, et auxquelles néanmoins il n'est pas permis de
renoncer. C'est qu'alors l'intérêt public s'y trouve plus ou
moins directement engagé. Ces sortes de dispositions sont,
en général, fondées sur les considérations suivantes : 1° Les

unes se proposent le maintien des bonnes mœurs, de l'honnêteté publique, et annulent ce qui pourrait y porter atteinte (art. 900, 1172). — 2° Les autres sont surtout dictées par des motifs d'humanité, de haute protection, de tutelle en faveur des individus, qui, à raison de circonstances particulières, comme par exemple de la gêne et de la détresse où ils se trouvent, ne sont pas présumés avoir toute la liberté de consentement désirable. C'est par ce motif, et aussi par respect pour la liberté de l'homme, que la loi assure le bénéfice de la cession de biens au débiteur malheureux et de bonne foi, et le protége, malgré toutes ses renonciations, contre la contrainte par corps (art. 1268). C'est ainsi, et dans le même ordre d'idées, qu'elle ouvre une action en rescision au vendeur d'un immeuble, lésé de plus des sept douzièmes, encore bien qu'il y ait renoncé (art. 1674). — 3° Quelquefois, la disposition a pour but d'assurer la paix, la bonne harmonie, de prévenir les difficultés, les procès; c'est pour cela qu'il n'est pas permis de renoncer d'avance à la prescription (art. 2219, 2220), et qu'en général le partage d'une chose commune peut toujours être provoqué nonobstant prohibitions et conventions contraires (art. 815), l'indivision forcée, source de querelles, étant un obstacle aussi à l'entretien soigneux et à la bonne exploitation des propriétés (voy. *Traité des successions*, t. III, n° 486). — 4° Enfin c'est souvent dans l'intérêt des *tiers*, du *public*, c'est-à-dire de la bonne foi, de la sécurité des transactions, que les dérogations et renonciations ne sont pas permises. Cette observation s'applique à la forme des actes publics, aux modes de la transmission des biens, etc.

» Il ne faut pas croire, au reste, parce que la loi s'est formellement exprimée dans certains cas, qui auraient pu paraître plus ou moins douteux, qu'une prohibition spéciale soit toujours nécessaire à cet égard. Nous avons, outre notre article 6, des dispositions plus générales encore (art. 900, 1133, 1172, 1387), par lesquelles le législateur, *dans l'impossibilité de définir ce qui constitue l'ordre public*, ouvre, sur ce point, la plus vaste et la plus difficile carrière à l'appréciation des magistrats et des jurisconsultes. Nous verrons plus d'une fois ces sortes de questions se produire très-sérieuses et très-controversables. — *Il serait impossible d'énumérer* ici toutes les dispositions qui appartiennent au droit public, dans le sens que nous venons de donner à ce mot, ou *de chercher quelque part un moyen général et absolu de décision*, ainsi qu'on l'a tenté quelquefois, par exemple dans la division des lois prohibitives, préceptives ou permissives. — Il s'en rencontre dans presque tous les Codes, un peu plus ou un peu moins ; et quelquefois même des distinctions peuvent être nécessaires pour faire, dans le même sujet, la part du droit public et celle du droit privé.

» Cette question est donc celle de toute la science du droit, et ne peut se développer que successivement. — Comme moyen général d'application, je dirai seulement que, lorsqu'il s'agira de savoir si telle ou telle disposition est de droit public ou de droit privé, il faudra se rappeler les considérations sur lesquelles repose, *en général*, le droit public (les quatre ordres de considérations indiqués

plus haut), et voir si la disposition en question s'y rattache.
J'ajouterai encore que lorsqu'il y a doute sur le caractère
d'une disposition qui paraît appartenir au droit privé,
mais pourtant intéresser aussi l'ordre général, il faut
craindre que la possibilité d'y renoncer ne finisse par
l'anéantir en fait, et par priver la société du bien qu'elle
pouvait en attendre. »

Sur l'article 686 (*Traité des servitudes*, t. II, n° 666,
p. 173, 3° édit.), M. Demolombe remarque que l'interdiction d'établir des servitudes contraires à l'ordre public
n'a rien de spécial à cette matière, et il se borne à citer
un exemple en renvoyant aux articles 6, 900 et 1133.

Quant à l'article 900, M. Demolombe ne lui consacre
pas moins de 120 pages (*Traité des donations entre-vifs et
des testaments*, tome I, n°ˢ 193 à 320, et particulièrement
n°ˢ 232 à 234, p. 280, 2° édit.). Après avoir remarqué
qu' « il n'est pas nécessaire qu'une condition soit prohibée par un texte de loi pour être contraire à l'ordre public », et tomber par suite sous le coup de l'article 900,
en vertu de la combinaison de cet article avec l'article 6
notamment, il examine quelles conditions doivent être
considérées comme contraires à l'ordre public ou aux
bonnes mœurs.

« Or, dit-il (n° 233 *bis*), il est facile d'apercevoir combien d'éléments divers peuvent se trouver engagés dans
une thèse semblable. — Deux sortes de considérations,
en effet, les unes générales, les autres particulières, y
jouent le plus souvent un rôle décisif. — Et d'abord, on
ne saurait méconnaître que cet ordre de questions ne soit

soumis à l'influence toute-puissante de l'état politique et
social du pays, de ses mœurs, de ses croyances, de ses
idées, de tout ce courant enfin qui n'entraîne pas toujours la société dans la même direction, ni avec une force
uniformément égale. — En second lieu, les faits particuliers de chaque espèce, la position des parties, leurs
qualités respectives, la nature de la condition, l'intention
surtout qui l'a inspirée, et le but spécial qu'elle se propose, le milieu enfin dans lequel ces sortes de questions
s'élèvent avec des caractères si différents et un si grand
nombre de nuances diverses, tout cela reflète sur la condition elle-même des aspects divers; à ce point qu'il n'est
pas impossible que telle condition, qui en soi, et absolument, serait regardée comme illicite, paraisse licite dans
le cadre où elle a été placée; tandis qu'en sens contraire,
telle condition, qui, absolument et en soi, serait regardée
comme licite, pourrait paraître illicite à raison des circonstances qui l'accompagnent. — Pourquoi n'ajoute-
rions-nous pas que ces questions sont encore subordonnées à une autre sorte d'influence, toute-puissante aussi!
au caractère, aux opinions, à la fermeté plus ou moins
arrêtée des principes, à l'austérité plus ou moins grande,
à la délicatesse enfin et à la susceptibilité plus ou moins
vive des sentiments et des impressions de ceux qui sont
appelés à les résoudre (1), — *aussi serait-ce, à notre avis,
une témérité que de vouloir y appliquer à priori une solution absolue et invariable.* »

----

(1) Comparez le passage de Marcadé, cité plus haut, page 503.

« Il est vrai que les lois des 5 septembre 1791, 5 brumaire et 17 nivôse an II, avaient expressément résolu
quelques-unes de ces questions, et même les plus importantes et les plus fréquentes. Mais nous avons remarqué
(n° 198 du même vol.) que ces lois transitoires avaient
été déterminées par des motifs politiques. Elles sont d'ailleurs abrogées aujourd'hui par l'art. 7 de la loi du 30 ventôse an XII, qui abroge, en effet, toutes les lois antérieures sur les objets dont le Code Napoléon s'occupe.
Or, l'art. 900 du Code Napoléon s'occupe des questions
contraires aux lois ou aux mœurs, qui peuvent se rencontrer dans les donations entre-vifs et les testaments;
et *il se borne à les déclarer non écrites, sans les spécifier,
sans les définir, laissant par conséquent aux magistrats le
soin d'apprécier, dans chaque affaire, si telle ou telle condition mérite effectivement ce reproche*... Et les auteurs du
Code Napoléon ont donné certainement, en cela, une
grande preuve de discernement et d'expérience. »

Sur les art. 1128 et 1133, Demolombe (t. XXIV,
n°s 323 et suiv. et 375 et suiv.) se borne à examiner
divers cas particuliers.

Cette revue doctrinale n'a certes rien d'encourageant;
l'impression et l'enseignement qu'on en conserve se trouvent résumés par Dalloz : « La loi n'a pas déterminé les
caractères auxquels on reconnaît qu'une stipulation ou
une disposition est contraire à l'ordre public ou aux
bonnes mœurs; et de là naît le germe des plus sérieuses
difficultés. Quelques auteurs ont *vainement* tenté de formuler certaines règles générales à l'aide desquelles on

pourrait les distinguer des autres lois. *Ces règles*, ou *sont inexactes*, ou, si elles sont vraies, restent toujours *très-insuffisantes dans l'application…; à défaut d'une formule générale, qui est encore à trouver*, on ne peut procéder que par voie d'énumération. » (*Répert. alphabét.*, v° Ordre public, n° 2; t. XXXIV, p. 537, nouv. édit.). Et l'auteur parcourt ensuite un très-grand nombre de questions particulières résolues par des arrêts. Mais, il ne faut pas s'y tromper, ce sont là de simples solutions d'espèces, juxtaposées plutôt que réunies et combinées, car dans un autre endroit du même ouvrage (v° Lois, n° 524, t. XXX, p. 205, nouv. édit.) l'auteur, après avoir examiné les difficultés et les controverses de cette matière délicate, termine en ces termes : « De ces diverses observations, concluons qu'il serait *bien difficile de faire des règles gégérales en jurisprudence pour la distinction des lois qui intéressent l'ordre public* et les bonnes mœurs. »

§ II. — Nécessité d'une définition générale de l'ordre public.

Ainsi voilà qui est bien entendu. L'ordre public ne peut pas et ne doit pas être défini : tous les auteurs arrivent plus ou moins directement à cette conclusion. C'est une pure question de fait, qui regarde les tribunaux et dont ceux-ci auront à se tirer de leur mieux dans chaque affaire.

Faut-il donc nécessairement courber la tête sous cette condamnation ? et n'aurons-nous d'autre ressource que de nous plaindre, avec Dalloz, du peu de soin du législateur? « Lorsqu'on se rend bien compte, dit l'arrêtiste (*Répert. alphab.*, v° Nullité, n° 27, t. XXXII, p. 781, nouv. édit.), de l'embarras qu'éprouvent tous les jours les magistrats et les jurisconsultes à saisir les véritables caractères des actes ou des faits qui touchent à l'ordre public, on ne peut que regretter que le législateur moderne n'ait pas abordé plus franchement les difficultés de sa tâche, et qu'il n'ait pas nettement défini ce qu'il faut entendre par ordre public, de manière à prévenir, au moins dans le plus grand nombre des cas, l'arbitraire auquel se prête une expression d'une telle généralité. On est d'autant plus fondé à s'en étonner que la jurisprudence et la doctrine avaient dès longtemps préparé la voie dans laquelle il devait entrer. »

Mais, avant d'infliger au législateur un blâme aussi grave, il faut être bien sûrs de n'avoir encouru nous-mêmes aucun reproche; il faut pouvoir affirmer que l'obscurité dont nous l'accusons n'est pas tout simplement une œuvre de notre paresse.

Qu'est-ce, au fond, que cette doctrine qui renonce à définir l'ordre public? Un étonnant aveu d'impuissance, une étrange abdication qui devrait peser autant à la conscience du jurisconsulte qu'elle coûte sans doute à son amour-propre.

Dites-moi que vous ne savez comment concilier deux textes qui se contredisent, je comprendrai tout de suite votre embarras. Mais suppléer une définition que la loi n'a pas donnée, qu'est-ce qui peut vous empêcher de le faire? Ce n'est pas un texte illogique ou embrouillé qui vous arrê-

tera, puisque précisément il n'y a pas de texte; vous êtes
donc délivré des entraves qui rendent quelquefois votre
tâche si difficile et si ingrate, vous n'avez pas à torturer
un article mal conçu pour parvenir à le mouler dans une
théorie raisonnable.

La loi est silencieuse, dites-vous? Soit; admettons un
instant, puisque vous le voulez, qu'on ne peut y découvrir
nulle part aucune trace de la définition que vous cherchez. Eh bien, tant mieux, vous dirais-je; il ne faut pas
vous en plaindre, c'est la situation où se trouvèrent avant
vous les jurisconsultes romains, qui, eux aussi, avaient une
loi muette sur les points les plus importants, et qui surent
si admirablement la compléter; tant mieux, car vous
aurez libre carrière pour construire une théorie rationnelle, logiquement liée dans toutes ses parties : les principes généraux du droit, expliqués et limités les uns par
les autres, développés à l'aide d'un raisonnement méthodique, éclairés par leur rapprochement avec les choses
pratiques, contrôlés par les idées des grands jurisconsultes, et vivifiés par leurs études sur des questions analogues, fécondés enfin par nos méditations personnelles,
ne sont-ils point une source inépuisable de théories et de
décisions juridiques pour qui sait et veut y puiser?

Le juge ne doit jamais invoquer le silence, l'obscurité
ou l'insuffisance de la loi pour se dispenser de trancher
le différent qui lui est soumis : c'est le législateur lui-
même qui le lui défend (art. 4, Code Nap.); pourquoi
donc le jurisconsulte le pourrait-il davantage? Si le juge
est obligé de se tirer d'affaire, quelle raison donnera le

jurisconsulte pour prétendre qu'il lui est impossible d'y parvenir? Serait-il moins instruit, moins éclairé, moins ingénieux? Non, assurément. Aurait-il moins de latitude dans son interprétation? C'est tout le contraire. Qu'il nous livre donc sa définition, car il nous la doit, et qu'il la motive d'une façon régulière, car il y est tenu plus strictement encore que le juge.

On prétendra peut-être qu'en définissant la loi, le jurisconsulte la crée en réalité au lieu de se borner à l'interpréter. Mais, quand cela serait, qui aurait le droit de s'en plaindre? Lorsqu'on est en face d'une lacune qu'on ne peut franchir, il faut bien la combler; la responsabilité de cette situation irrégulière ou de ses conséquences ne saurait nous être attribuée, et c'est à la loi elle-même qu'il faudrait reprocher cette anomalie, car, en négligeant de régler un point sans lequel il serait impossible de l'appliquer, elle nous transfère implicitement son pouvoir, elle nous donne le droit de la compléter sur ce point, à peu près comme, dans l'article 27 de la Constitution du 22 janvier 1852, actuellement en vigueur, le pouvoir constituant charge le Sénat de régler « tout ce qui n'a pas été prévu par la Constitution et qui est nécessaire à sa marche ». Lors même que nous aurions agi en législateurs, ce serait donc tout au moins avec une délégation tacite de la loi (1).

___

(1) Le législateur délègue quelquefois son pouvoir d'une manière expresse; il le fait, par exemple, lorsqu'il frappe de certaines peines toute violation des arrêtés ou ordonnances que pourra rendre l'autorité réglementaire, c'est-à-dire le chef du pouvoir exécutif et ses divers agents, chacun selon sa compétence; cela revient, en effet, à instituer une peine, en confiant le soin de définir les

Mais, après tout, ce n'est pas affaire au législateur que de donner des définitions; cette tâche revient naturellement à la doctrine, qui seule est capable de la bien remplir, sans faire naître de nouvelles difficultés. Dans tous les cas, la nécessité qui s'imposait au jurisconsulte le couvrirait toujours suffisamment vis-à-vis du reproche de fantaisie législative, s'il venait à s'élever contre lui, et, puisqu'on prétend la loi muette, au moins ne pourra-t-on jamais l'accuser de l'avoir méconnue ou violée.

La loi, d'ailleurs, est-elle aussi muette qu'on veut bien le dire? Oui, sans doute, elle reste silencieuse quand vous l'interrogez, parce que vous l'interrogez mal, parce que vous lui demandez ce qu'elle ne doit pas fournir, un travail tout fait, au lieu d'y chercher simplement ce qu'elle contient sans doute quelque part, les éléments de la solution. Criez donc plus fort, criez surtout plus juste, et elle vous répondra. Criez plus fort, c'est-à-dire scrutez mieux le sens des articles qui vous paraissent inexplicables : l'obscurité même dont vous les accusez donne lieu de croire qu'ils ont quelque chose encore à vous révéler. Criez plus juste, c'est-à-dire ne songez plus à une définition toute formulée, mais rapprochez les textes pour en faire jaillir la lumière, comparez les éléments de chacun d'eux pour déterminer l'élément qui se retrouve toujours, celui qui vous servira de critérium, celui qui vous donnera enfin la fameuse définition tant cherchée.

cas où elle sera encourue à ces divers fonctionnaires qui n'auraient pas le droit de l'édicter eux-mêmes directement, puisque ce droit est le privilége exclusif du législateur.

Je ne sais si je m'abuse, mais il semble qu'il y ait dans toute cette controverse quelque étrange malentendu, quelqu'une de ces préoccupations inexplicables qui empêcheraient presque un auteur d'apercevoir les conséquences même les plus immédiates de ce qu'il écrit. Ce serait, pour ainsi dire, à croire que la question a été déclarée insoluble de parti pris, et que chacun est venu signer l'arrêt à son tour, sans en examiner les motifs, sans se demander s'il ne pourrait pas être révisé. Il y a, en effet, à côté des plus absolues déclarations de découragement et de scepticisme, des lueurs assez brillantes, des indications assez précises pour qu'on s'étonne grandement de les rencontrer sous un patronage aussi compromettant et qui faisait naître si peu d'espérance.

Sans aucun doute, je n'ai pas l'intention de prétendre que les jurisconsultes nous donnent en toutes lettres cette définition qu'ils déclarent impossible ; il serait vraiment tout à la fois trop irrespectueux et trop plaisant de soutenir qu'ils ont défini l'ordre public sans le savoir. Et cependant, lorsque nous établirons plus tard la formule, représentant, je crois, d'une manière satisfaisante, le sens de cette idée d'ordre public qui jouit d'une si mauvaise réputation parmi les interprètes de la loi, cette formule nous paraîtra toute familière, trop naturelle même, à tel point que nous y soupçonnerons peut-être quelque cercle vicieux, et, après l'avoir demandée en vain à tous les auteurs, nous croirons la retrouver chez chacun d'eux. C'est qu'en effet la définition de l'ordre public ne s'exprime nulle part dans les textes que nous avons cités plus haut, et cependant se fait deviner partout; elle ne se pose point ouvertement pour ce qu'elle est en réalité, mais elle existe à l'état latent ; lorsqu'on est prévenu, on la voit se glisser sous chaque mot, et elle semble à tout moment prête à s'échapper.

Quoi qu'il en soit de ces éclaircies lumineuses, elles passent inaperçues entre les mains de la plupart des jurisconsultes, ou du moins elles ne leur inspirent pas l'idée de les suivre pour en tirer parti. Aussitôt entrevues, ils les abandonnent pour déclarer qu'il n'est pas possible d'établir un principe général, une base théorique, et qu'il faut par conséquent procéder par voie d'énumération, si tant est que cette voie elle-même soit praticable, et qu'on puisse jamais parvenir à s'y entendre.

§ III. — Difficulté de la méthode énumérative. Elle ne peut jamais rien démontrer.

Mais quelle valeur pourrez-vous sérieusement reconnaître à une énumération qu'aucun principe n'aura dirigée? Quand on le force à se placer dans une situation aussi étrange, le jurisconsulte marche à l'aventure, sans autre guide qu'un sentiment personnel, toujours vague et souvent trompeur, sans raison motivée de se prononcer dans un sens plutôt que dans l'autre. Une théorie générale ne suffit pas à tout, et peut même, lorsqu'elle est erronée, insuffisante ou inexacte, devenir d'autant plus funeste qu'elle se multiplie en quelque sorte par ses conséquences. Que ce soit là un motif de plus pour critiquer sévèrement les théories qui se proposent, je le reconnais

de grand cœur. Mais il n'en reste pas moins vrai qu'il est
indispensable d'en adopter une comme point de départ
des déductions particulières : c'est la base même de l'édifice, et il ne serait pas moins insensé de vouloir s'en
passer que d'essayer de construire une maison dont les
fondements n'existeraient pas encore.

Voyons donc un instant comment ce système pourra
fonctionner en pratique, comment se construira cet édifice sans base, cette énumération sans principe.

Il se présente à l'examen d'un jurisconsulte tel cas particulier que vous voudrez : il s'agit de savoir si ce cas
intéresse l'ordre public, c'est-à-dire si vous pourrez en
faire l'objet ou la cause d'une convention, la condition
d'une libéralité, si vous pouvez déroger à la manière dont
la loi l'a réglé, si le ministère public aura le droit d'intervenir pour faire prononcer par le tribunal ce que nul
particulier ne lui a demandé, si vous-même aurez toujours qualité pour l'invoquer contre votre adversaire en
tout état de cause, etc. Que va faire ce jurisconsulte? Il
se recueillera en lui-même, interrogera sa conscience, et,
après une méditation suffisamment prolongée, finira par
répondre : « Mon sentiment est que ce cas intéresse
l'ordre public. »

Mais imaginez qu'un autre jurisconsulte, placé vis-à-
vis de la même question et procédant de la même manière, vous réponde, après un examen non moins ré-
fléchi : « Mon sentiment est que ce cas n'intéresse pas
l'ordre public. » C'est une hypothèse qui, assurément,
n'a rien d'invraisemblable et dont les controverses soule-

vées par notre matière actuelle ne sont pour ainsi dire
qu'un long et perpétuel exemple. Que ferez-vous entre
ces deux affirmations contradictoires? entre ces deux sentiments dont l'un est la négation de l'autre? Pèserez-vous
la valeur relative des jurisconsultes pour apprécier à cette
balance ce que vaut le sentiment de chacun d'eux? Quoiqu'il se trouve encore des doctrines à l'avoir desquelles
leurs défenseurs alignent beaucoup plus d'auteurs et d'arrêts et d'arguments, il n'en est pas moins vrai qu'en droit
comme autre part on ne jure plus guère aujourd'hui sur
la seule parole du maître, et personne, je crois, ne demande à voir restaurer ces habitudes stériles d'un autre
âge. C'est là un procédé de solution étrangement singulier, dont vous rejetterez à coup sûr la formule, tout en
continuant peut-être à pratiquer son esprit sans l'avouer,
et qui ne laisserait pas d'ailleurs que de vous jeter, à l'application, dans les plus inextricables embarras.

Chiffrer d'une manière précise la valeur d'un esprit
juridique n'est jamais chose aisée à faire; beaucoup di-
raient sans doute, n'est jamais chose possible. Combien
ferez-vous de catégories, et quels seront leurs rapports
mutuels? Imaginez-vous de donner à chaque auteur un
nombre variable de bons points, proportionné à son mérite, comme on le fait pour le classement des élèves de
nos grandes écoles, à l'École polytechnique, par exemple?
Que pèseront deux légistes médiocres vis-à-vis d'un meilleur? Combien faudra-t-il d'obscurs gratteurs de papier
pour valoir un Papinien? Qui l'emportera si les deux
adversaires ont une égale réputation et le même sens

juridique, si l'un est Paul et l'autre Ulpien ? Autant de
problèmes insolubles, et qu'il est déjà ridicule de se poser.

Ne me dites pas que je fais de la pasquinade, et que
j'imagine des fantaisies auxquelles personne ne pense, pour
me donner le facile avantage de les réfuter victorieusement. Il me serait aisé d'en trouver des exemples non pas
seulement chez les jurisconsultes, mais, ce qui à coup sûr
doit paraître bien plus bizarre encore, jusque dans les
textes législatifs. Sans chercher bien loin, je pourrais
vous rappeler tout de suite la fameuse constitution rendue
en 426 par les empereurs Théodose II et Valentinien III,
généralement désignée sous le nom de *Loi des citations :*
elle forme la loi 3 *De responsis prudentium*, au Code
Théodosien, liv. I, tit. IV, et voici comment elle est
exprimée :

« Papiniani, Pauli, Gai, Ulpiani atque Modestini scripta
» universa firmamus ita ut Gaïum, quæ Paulum, Ulpia-
» num et cunctos, comitetur auctoritas, lectionesque ex
» omni ejus opere recitentur. Eorum quoque scientiam,
» quorum tractatus atque sententias prædicti omnes suis
» operibus miscuerunt, ratam esse censemus, ut Scœ-
» volæ, Sabini, Juliani atque Marcelli, omnium que quos
» illi celebrarunt, si tamen eorum libri, propter antiqui-
» tatis incertum, codicum collatione firmentur. *Ubi*
» *autem diversæ sententiæ proferentur, potior numerus*
» *vincat auctorum ; vel, si numerus æqualis sit, ejus partis*
» *præcedat auctoritas in quâ excellentis ingenii vir Papi-*
» *nianus emineat, qui,* UT SINGULOS VINCIT ITA CEDIT DUOBUS.
» Notas enim Pauli atque Ulpiani in Papiniani corpus

» factas, sicut dudum statutum est, præcipimus infir-
» mari. *Ubi autem pares eorum sententiæ recitantur,*
» QUORUM PAR CENSETUR AUCTORITAS, quod se qui debeat
» eligat moderatio judicantis. Pauli quoque sententias
» semper valere præcipimus. »

Les termes, souvent obscurs et embarrassés, de cette
constitution impériale, ont donné lieu à plusieurs difficultés d'interprétation que, bien entendu, nous n'avons pas
à examiner ici, d'autant plus qu'elles ne touchent pas au
caractère que nous voulons constater dans cet acte. En
résumé, les écrits des jurisconsultes Papinien, Paul, Gaïus,
Ulpien et Modestin, sauf les notes de Paul et d'Ulpien sur
Papinien, obtiennent ou plutôt conservent force de loi
(car ils l'avaient déjà, excepté ceux de Gaïus), et les
ouvrages des auteurs cités par l'un de ces jurisconsultes
jouissent de la même faveur, soit pour tout ce qu'ils contiennent, comme on l'enseigne assez généralement aujour-
d'hui en Allemagne (1), soit seulement en ce qui concerne
les décisions reproduites par l'un des cinq grands jurisconsultes, ainsi que le croient la plupart des romanistes
français (2).

Voici maintenant comment on procède pour arriver à
découvrir la vérité. Si tous ceux de ces auteurs privilé-
giés qui se sont occupés d'un point déterminé ont émis la
même opinion, le juge à qui ce point est soumis doit conformer sa sentence à cette opinion. S'ils ont été d'avis

---

(1) Voyez notamment Puchta, *Cursus der Institutionen*, t. I, p. 600 et suiv.;
et Walter, *Histoire du droit romain*, liv. II, § 443.

(2) Voyez le *Cours élémentaire de droit romain* de M. Demangeat, t. I, p. 113.

différent, l'avis de la majorité doit l'emporter. Enfin, si chaque système compte un nombre égal d'adhérents, lorsque Papinien s'est prononcé sur le débat, sa voix est prépondérante, mais ne compte jamais double, et, lorsqu'il ne s'est pas prononcé, comme il n'existe plus aucun moyen de vider le partage, le juge a le droit de choisir l'opinion que bon lui semble.

Cette méthode peut se traduire rigoureusement en chiffres, se calculer et s'interpréter par des lois mathématiques. Chacun de ces jurisconsultes, sauf Papinien, a une valeur égale, 10 par exemple : *par censetur auctoritas ;* Papinien vaut un peu plus que chacun des autres, mais il n'en vaut pas deux à lui seul : *ut singulos vincit, ita cedit duobus ;* nous pouvons le coter 15. Tout se réduit alors à une petite opération d'arithmétique. Si l'on arrive à une somme égale de part et d'autre, c'est qu'il y a indétermination, il manque une donnée, c'est-à-dire un auteur, et, de même que le savant peut appliquer plusieurs solutions à son problème, le juge dispose de plusieurs décisions pour son procès, *judici licet quam velit sententiam sequi,* comme le disait déjà Gaïus (*Comm.* I, § 7).

La loi des citations, qui nous jette aujourd'hui dans de si étranges étonnements, était le couronnement et la conclusion dernière d'une série de mesures ayant pour but d'imposer aux juges comme règles, au lieu de leur présenter comme guides, les ouvrages des jurisconsultes(1).

(1) Voyez, notamment au Digeste, un fragment de Pomponius, loi 2, § 47, *De origine juris ;* — Gaïus, *Instit.* Comm. I, § 7, rapportant un rescrit de l'empereur Adrien ; — la constitution de Justinien *Deo auctore,* une des pré-

Elle présente à nos yeux d'utiles enseignements, car elle nous montre où peuvent aboutir ces tentatives qui essayent de substituer les autorités aux raisons, et de remplacer la discussion précise d'une difficulté par des sentiments non analysés, c'est-à-dire incompris.

Quoi qu'il en soit, un pareil procédé vous paraît absurde : vous le déclarez hautement, et je n'en doute pas, j'en prends acte au contraire. Vous me dites aussi que jamais vous n'avez nombré mathématiquement la valeur relative des jurisconsultes, et je le reconnais encore. Mais mieux vaudrait cent fois que vous l'eussiez fait, car au fond votre méthode n'est que ce procédé, pratiqué d'une manière inconsciente et augmenté d'une impossibilité de plus.

Si vous me disiez ouvertement que Papinien vaut 20, Ulpien 18, Gaïus 17, Modestin 16, Javolenus 14, etc., cela sans doute aurait l'air d'un jeu d'esprit plutôt que d'une doctrine sérieuse, mais enfin je saurais à quoi m'en tenir, je connaîtrais la base de vos décisions, je pourrais essayer de vous persuader que l'opinion de Gaïus a autant de poids que celle d'Ulpien, ou que Modestin et Javolenus ont une valeur égale. Qui sait ? peut-être parviendrions-nous à nous entendre sur ce point, et dans tous les cas nous aurions chacun une base d'appréciation fixe.

---

faces du **Digeste**, § 4 et 6; — constitution de Constantin de l'an 321, loi 1re au Code théodosien, *De responsis prudentium*, liv. I, tit. 4; — autre constitution du même empereur en 327, loi 2 au Code théodosien, même titre *De responsis prudentium;* — enfin l'*Interpretatio* que donne à la suite de cette loi 3 *De responsis prudentium*, le bréviaire d'Alaric ou *Lex romana Wisigothorum.*

Au lieu de cela, vous adoptez ici le sentiment de Gaïus contre Ulpien, là celui d'Ulpien contre Gaïus : et quelle est votre mesure pour apprécier la valeur relative de ces sentiments ? Vous n'en avez qu'une seule, votre propre sentiment à vous ; je dis votre sentiment, remarquez-le bien, et non votre raison ; car si vous vouliez raisonner, nous verrions tout à l'heure (p. 326) où cela vous conduirait. Ce sont donc des sentiments mesurés d'après un autre sentiment, c'est-à-dire qu'on veut apprécier des valeurs indéterminables avec une mesure type qui, elle-même, varie sans cesse et ne saurait jamais être exactement déterminée. N'avais-je pas raison de dire qu'il vaudrait mieux encore un chiffre rigoureux et immuable, que votre procédé revient à celui que vous déclarez absurde, avec une nouvelle impossibilité de plus, et une précision de moins, la seule qui lui restât ?

Les médecins, ou du moins certains d'entre eux, invoquent parfois je ne sais quel *tact médical* pour justifier les sentiments dont ils ne peuvent donner les motifs. En sommes-nous donc réduits à ce point de ramasser les vieilles cuirasses de l'arsenal d'Esculape ? Nous aussi aurons-nous à notre service un *tact juridique*, placé en dehors de la raison et dictant des arrêts où celle-ci n'aura rien à voir ?

D'ailleurs, prendre le sentiment pour règle c'est se vouer à l'anarchie et s'interdire toute solution. Les principes de l'intelligence sont communs à tous les hommes, et c'est par là qu'ils peuvent se convaincre les uns les autres; les sentiments, au contraire, sont particuliers à

chacun d'eux, et il n'y a aucun motif pour repousser
celui-ci au profit de celui-là, car, en eux-mêmes, ils se
valent tous ; ils sont tous également légitimes. L'ingénieux système de morale qu'Adam Smith avait essayé de
fonder sur le sentiment n'a pu résister à cette objection.
Dans bien des cas cependant, nous prétendons établir que
telle chose est belle ou laide, tel sentiment bon ou mauvais, mais c'est parce que nous nous sommes fait d'abord
une théorie logique de la beauté ou de la bonté, théorie
qui nous sert de guide et qui dicte nos jugements. On
verra plus loin (p. 530) que cela est vrai aussi en droit.
Séparés de cet élément intellectuel, les seules considérations esthétiques ne nous permettraient jamais de tenir
ce langage. Par nature, tout ce qui vient du sentiment
est vague, comme tout ce qui vient de la raison est précis.

Pour en revenir à la question qui nous occupe, entre
deux sentiments opposés, l'un qui déclare l'ordre public
intéressé dans un cas donné, l'autre qui le déclare désintéressé, il n'y a donc aucune commune mesure, aucun
point de comparaison, aucun moyen de prononcer. Je me
trompe ; il y en a un, c'est de définir l'ordre public ; mais
ce moyen vous n'en voulez pas, vous le repoussez comme
impraticable, vous proscrivez, comme une dangereuse
chimère, toute tentative de le réaliser.

§ IV. — La méthode énumérative suppose des définitions latentes.
Inconvénients de ces définitions.

On ne manquera pas d'objecter que je pousse tout
à l'extrême, et que mon exagération touche ici à l'injus-

tice. Sans doute, me répondra-t-on, nous ne définirons
pas l'ordre public, parce que nous ne croyons pas qu'il
soit possible d'en trouver une définition sérieuse et sou-
tenable ; mais ce n'est pas à dire pour cela que nous ma-
nifesterons un sentiment sans le justifier par quoi que ce
soit ; non, en l'exprimant nous en indiquerons les motifs, nous apporterons à l'appui des considérations et des
raisons propres à l'expliquer.

Ici je vous arrête, car vous sortez de votre système,
vous reniez en pratique vos déclarations théoriques, vous
définissez l'ordre public sans vouloir l'avouer.

En effet, quels seront ces motifs que vous nous pro-
mettez d'indiquer? Apparemment ceux qui vous déterminent à croire l'ordre public intéressé dans tel cas
donné. Quelles seront les raisons propres à expliquer
votre sentiment ? Sans aucun doute, ce qu'on appelle des
raisons de décider, puisque vous y cherchez sa justification. Eh bien ! si ces motifs, si ces raisons sont vraiment
à vos yeux ce que vous dites, si vous leur reconnaissez
cette vertu déterminante dans un premier cas, pourquoi
ne l'auraient-ils pas aussi dans un second, dans un troisième ; en un mot, dans tous ceux où l'on pourrait également les appliquer ? Vous ne sauriez rejeter cette
inévitable conséquence sans détruire du même coup
l'échafaudage dont vous avez prétendu étayer votre sentiment dans une circonstance particulière.

A moins de vous renier vous-mêmes à chaque ligne,
vous êtes donc obligés d'admettre que partout où trouvera place le motif déterminant que vous avez une fois

invoqué, l'ordre public est intéressé. Sans cela, n'est-il
pas évident que votre réplique et vos raisons n'auraient
aucun sens? Lorsque vous me dites, par exemple, que
la condition de ne pas se marier est contraire à l'ordre
public, parce que la loi veut favoriser les mariages,
quelle portée raisonnable voudriez-vous donner à ces
paroles, si elles ne signifiaient pas que, d'après vous, ce
que la loi veut favoriser intéresse l'ordre public? De
même, lorsque vous déclarez encore contraire à l'ordre
public la convention dans laquelle je m'engagerais à ne
pas voter, en donnant pour raison que ce droit m'a été
conféré dans un but d'intérêt général, ne me faites-vous
point clairement entendre que ce qui touche à l'intérêt
général vous paraît rentrer dans l'ordre public?

Mais alors, si cette déduction est incontestable, et,
quant à moi, je ne sais pas comment on pourrait l'attaquer, ne voyez-vous pas que ce motif, allégué à l'appui
de votre décision, est pour vous le critérium de l'ordre
public, le signe caractéristique dont vous avez nié l'existence, et auquel vous espérez maintenant, ou vous êtes
forcés de le reconnaître? En un mot, ne voyez-vous pas
que c'est une définition, définition déguisée sans doute,
qui refuse de s'avouer, et repose peut-être sur une base
tout artificielle, mais définition, après tout, bonne ou
mauvaise.

Ainsi la définition de l'ordre public s'impose à vous
comme à nous; elle s'introduit dans votre système,
malgré tous vos efforts pour l'en exclure. Seulement, au
lieu d'une définition franche, portant son étiquette,

déduisant ses motifs, dévoilant ses difficultés, provoquant la contradiction et l'examen, vous avez une définition hypocrite, qui se cache sous un habit d'emprunt pour esquiver la discussion et réclame sans crainte lorsqu'on lui arrache son masque, lorsqu'on lui rend son vrai nom, et qu'on lui impose sa juste responsabilité. Voilà toute la différence.

Or, il y a évidemment grand avantage pour tout le monde à savoir au juste ce que l'on a devant soi, et l'incertitude ou l'erreur à cet égard peut entraîner aux plus regrettables confusions. Supposez qu'un auteur, en déclarant l'ordre public intéressé dans tel ou tel cas, invoque un motif quelconque à l'appui de ce sentiment : pourvu que la décision en elle-même ne choque pas ce que j'appellerai volontiers vos *instincts* sur la matière, vous n'examinerez point le motif de bien près; son apparence inoffensive détournera votre attention, et vous accepterez ainsi comme naturelle, sans vous enquérir de son origine véritable et de ses conséquences possibles, une doctrine conforme sans doute à vos sentiments irraisonnés, mais qui, au fond, se rattache peut-être dans votre esprit à un ordre de considérations tout diffé- rent, imparfaitement élucidées, et dont la portée serait loin d'être aussi grande, ou de se développer dans un sens identique. En admettant même que le motif vous pa- raisse louche et vous inspire quelque soupçon, il est probable que vous passeriez outre, néanmoins, en disant que la solution est peut-être mal motivée, mais que cela ne l'empêcherait pas, après tout, d'être bonne. On n'arri-

verait donc ainsi qu'à un accord factice marquant un dissentiment réel.

Si, au contraire, vous étiez prévenu que, sous ce
motif aux allures si modestes, se cache en réalité toute
une définition, vous y regarderiez à deux fois avant de
le laisser passer. Sans vous contenter d'un acquiescement
instinctif, vous chercheriez à en analyser les causes,
c'est-à-dire à déterminer l'origine de votre propre sentiment, et vous sauriez alors si vous acceptez réellement
le motif en acceptant la solution. Puis, sortant de cette
première espèce, vous transporteriez cet embryon de
définition dans un certain nombre d'autres cas, pour
voir s'il satisfait à leurs diverses exigences, et s'il pourrait encore servir à justifier l'opinion que vous dicterait
là votre sentiment. Car, s'il se démentait à cette épreuve,
il faudrait y renoncer d'une manière absolue, même
dans le cas où il aurait paru bon d'abord, pour en chercher un meilleur.

D'un autre côté, l'auteur lui-même ferait un semblable travail, critiquerait ses motifs avant de les indiquer,
et ne donnerait plus, à l'appui de son sentiment, les premières raisons qui lui paraîtraient admissibles, sans
songer au chemin que ces raisons, logiquement développées, devraient lui faire parcourir. Il ne se laisserait
plus aller à invoquer ici tel motif, là tel autre, là encore
un troisième, sans se demander si ces motifs divers peuvent se concilier, et si leur réunion ne forme point un
assemblage incohérent et contradictoire miné par une
lutte intestine.

Mais il faut aller plus loin. Dans beaucoup de cas, et peut-être même dans le plus grand nombre, les auteurs se bornent à exprimer leur opinion sans chercher à la justifier. Est-ce à dire cependant que cette opinion ne soit fondée sur rien, qu'elle constitue un effet sans cause, et qu'ils aient pris parti au hasard? Non assurément; une telle supposition ne serait pas moins injuste que peu respectueuse, car il n'est pas dans la nature de l'esprit humain de pouvoir se décider sans raison. Il est vrai que nous n'apercevons pas toujours d'une manière nette les motifs déterminants de nos doctrines, il peut même arriver qu'elles semblent n'en pas avoir. Cette illusion tient tout simplement à ce que nous n'en avons fait qu'une analyse incomplète; mais, pour rester inaperçus, ces motifs obscurs et cachés n'en existent pas moins, et leur influence est d'autant plus irrésistible qu'elle est plus mystérieuse.

Or, si nous partons de ce principe qu'une définition de l'ordre public est inutile ou impossible, c'est là surtout que pourront se glisser les abus. Nos décisions particulières risqueront fort d'être dictées successivement par les motifs secrets les plus inconciliables, dont la contradiction nous échappera d'autant mieux que nous ne chercherons pas à nous rendre compte des motifs eux-mêmes, puisque nous n'admettons aucun type auquel nous puissions les comparer : et, pour n'avoir pas voulu franchement d'une définition, nous en adopterons dix en secret.

§ V. — La méthode énumérative en action. Ses contradictions incessantes.

En nous reportant aux ouvrages des jurisconsultes qui veulent se renfermer dans la méthode exclusivement énumérative, nous voyons en effet que tous les inconvénients de cette méthode ont exercé sur eux la plus fâcheuse influence, et laissé dans leurs décisions les traces les moins contestables.

N'ayant aucune définition qui les domine, aucun principe qui les soutienne, aucun raisonnement précis qui les dirige, ils ne montrent jamais cette conviction vivante, qui se traduit par un langage d'une clarté énergique, marquant sans hésitation ce qu'elle embrasse, excluant sans ambages ce qu'elle ne comprend pas. Les limites de leurs pensées restent toujours vagues et flottantes, comme si elles craignaient d'être saisies corps à corps dans une discussion, et, lorsqu'ils expriment un sentiment, il semblerait qu'eux-mêmes s'en défient, tant ils réunissent de précautions pour amortir toutes les arêtes saillantes qui lui donneraient une physionomie originale capable d'attirer l'attention.

Examinent-ils un cas particulier, ils ont soin d'entourer leurs avis de correctifs et de restrictions qui leur ménagent toujours une retraite. Ils ne parlent jamais qu'« en général », « en principe », sauf les exceptions ou les circonstances particulières; ou bien ils donnent leur opinion comme simple indication, comme exemple de décision, comme guide; ou bien encore, ils conseillent de s'inspi-

rer de telles et telles règles, etc., et surtout ils recomman-
dent de décider suivant les circonstances. Leur langage
serait autrement net s'ils étaient sûrs d'eux-mêmes, et
s'ils croyaient réellement tenir la vraie raison de décider.
On sent partout qu'ils marchent au hasard de leurs impressions. Décider *en général, en principe*, distinguer suivant les circonstances sans indiquer lesquelles, c'est
montrer une seule chose, qu'on n'est pas maître de son
sujet, qu'on n'a point fouillé ses profondeurs intimes,
qu'on n'est point parvenu à saisir ses principes régula-
teurs (1).

Essayent-ils de prendre la question d'une manière un
peu générale, les considérations qu'ils donnent, loin d'é-
claircir le texte ou de le rendre plus précis, augmentent
souvent l'incertitude et le vague qu'elles devraient dissiper ; et, lors même qu'ils indiquent un principe, un motif
véritable, c'est pour l'abandonner l'instant d'après et en
suivre aussitôt un autre.

Ainsi, pour expliquer l'article 6 du Code Napoléon,
M. A.-M. Demante nous dit (voy. plus haut, p. 496) que
parmi les lois relatives aux biens et aux obligations, « il en
» est certainement un grand nombre qui *intéressent l'ordre*

(1) Je prie instamment le lecteur de ne chercher ici ni autre part, dans la
vivacité de mes expressions, aucun esprit de dénigrement contre des ouvrages
que j'admire autant que personne. Bien que je sois obligé quelquefois de citer
des passages précis pour servir de texte à la discussion, ce n'est pas la doctrine
de tel ou tel auteur que je critique, mais bien le système général de la méthode
énumérative, et les conséquences qu'il entraîne fatalement partout, quel que soit
le mérite du jurisconsulte qui le met en œuvre. J'ajoute qu'il est nécessaire,
surtout dans une matière aussi délicate et aussi obscure, d'exagérer un peu la
forme de sa pensée, pour la mettre en relief et ne pas la laisser se perdre dans
un fond vague et terne où toutes les nuances se confondent.

» *public* AU POINT de n'admettre aucune dérogation ». Et
il ajoute que « ce n'est qu'en se pénétrant bien du but
» et du motif de la loi, qu'on arrive à reconnaître si les
» considérations de *morale*, d'*humanité*, de *politique* ou
» d'*intérêt général* qui l'ont nécessairement dictée, exi-
» gent seulement son application comme droit commun,
» ou si elles doivent faire proscrire, comme contraires
» elles-mêmes à l'ordre public et aux bonnes mœurs, les
» conventions contraires. »

En bonne conscience, n'est-ce pas moins clair que le
texte de l'article nous disant : on ne pourra déroger aux
lois qui intéressent l'ordre public? Qu'est-ce que cette
considération de quantité, qui vient nous enlever tout
espoir de distinction sérieuse? Comment, en effet, recon-
naîtrons-nous la dose d'ordre public nécessaire pour que
la dérogation devienne impossible, pour que la loi s'impose non plus seulement à titre de droit commun modi-
fiable, mais à titre de droit obligatoire pour tous? Le
défaut de précision et d'exactitude devient ici une erreur
complète, car, d'après le texte même de l'article 6, dès
que l'ordre public est intéressé, peu ou beaucoup, toute
dérogation devient impossible. Au lieu d'une mesure de
quantité, nous avons donc une distinction de nature, ce
qui est bien moins difficile à déterminer.

Nous disions que lorsque les partisans de la méthode
énumérative posaient un principe, ils l'abandonnaient
aussitôt, et quelquefois sans la moindre raison. Écoutons
par exemple Toullier (t. I, n°s 101 et suiv.; voy. plus
haut, p. 500) : « Comme chacun est toujours libre de

» renoncer à ses droits, il s'ensuit qu'en général les ci-
» toyens peuvent renoncer aux dispositions de la loi qui
» ne sont introduites qu'en leur faveur.....; mais on ne
» peut déroger par des conventions particulières aux lois
» qui intéressent l'ordre public. »

Cela signifie évidemment que les lois qui intéressent
l'ordre public ne sont pas exclusivement introduites en
faveur des citoyens, et n'intéressent pas qu'eux seuls. Les
termes mêmes montrent du reste que cette idée est si
claire, qu'elle n'avait pas besoin d'être exprimée; et cependant, il y a là au moins le germe d'une certaine
notion de l'ordre public. Mais voyez ce qui suit :

« Cette maxime (celle de l'article 6), qui paraît évi-
» dente, *n'est pourtant pas sans exception :* par exemple,
» l'ordre des juridictions, ou *la compétence des tribunaux*
» *est de droit public.* Cependant les particuliers soumis
» à la juridiction d'un tribunal ordinaire de première in-
» stance peuvent se soumettre à être jugés par un autre :
» c'est ce qu'on appelle proroger la juridiction..... Si les
» parties peuvent proroger la juridiction d'un tribunal
» de première instance, c'est que *le principe que le de-*
» *mandeur doit plaider dans la juridiction du défendeur*
» *est introduit en faveur de celui-ci*, et que, *suivant la*
» *maxime que nous avons établie d'abord*, il est permis à
» chacun de renoncer au droit introduit en sa faveur. »

Si ce cas rentre dans votre première règle, il n'est donc
pas compris dans la seconde. Si la loi qui le régit n'est
introduite qu'en faveur des particuliers, elle n'intéresse
pas l'ordre public, et, par conséquent, la permission d'y

déroger ne saurait constituer une exception au principe
de l'article 6. Ne voyez-vous pas que vous exposez successivement, en une demi-page, les trois propositions suivantes : 1° les lois qui intéressent l'ordre public ne sont
pas introduites seulement en faveur des particuliers;
2° on ne peut y déroger; 3° *par exception*, on peut déroger aux règles sur la compétence *ratione personæ* qui est
introduite en faveur des particuliers défendeurs? Tout
cela provient d'une confusion entre la compétence *ratione
materiæ*, qui est l'ordre public et qu'on ne peut changer,
avec la compétence *ratione personæ*, introduite en faveur
des particuliers, et à laquelle ils peuvent déroger.

Du reste, la contradiction continue encore au delà, car
l'auteur examine ensuite dans quels cas on ne peut renoncer au bénéfice de la loi, *quoiqu'elle n'ait été introduite
qu'en faveur des particuliers*, et il cite comme exemples la
faculté de tester, la rescision pour cause de lésion, la
prescription non acquise, et, d'une manière générale, les
dispositions de la loi *qui ont pourfondement quelque cause
publique ou politique*.

Voilà pourtant où une mauvaise méthode peut conduire
les meilleurs esprits. Toullier n'eût certainement pas écrit
des choses aussi peu cohérentes s'il avait songé à se faire
une définition quelconque de l'ordre public, s'il avait mis
en pratique le conseil plein de sens qu'il donne lui-même
sur cette question, quelques lignes plus loin : « cette
discussion doit faire sentir combien il est indispensable
de ne point s'habituer à se contenter de mots et de *n'en
laisser passer aucun sans en pénétrer le sens.* » Comment

ne voyait-il pas que c'était là une condamnation formelle
de son système et de tout ce qu'il venait d'écrire? Mais,
ce qui montre bien que c'est au système lui-même qu'il
faut s'en prendre, et non à l'interprète, c'est qu'il y a
malgré tout, dans cette page, cependant si peu lumineuse,
tous les éléments d'une bonne solution.

M. A.-M. Demante (t. I, art. 6, n° 12 *bis* IV; voy. plus
haut, p. 496) invoque comme principe fondamental la
liberté des conventions, et décide, par conséquent, que la
loi doit être facilement crue ne disposer que sauf convention contraire. A l'inverse, M. Demolombe (t. I, n° 20,
voy. ci-dessus, p. 508) s'effraye du droit de déroger
accordé aux particuliers; il pose en règle générale « qu'il
faut craindre que la possibilité de renoncer à la loi ne
finisse par l'anéantir en fait, et par priver la société du
bien qu'elle pouvait en attendre ». Il annonce en un mot
l'intention d'étendre autant que possible la défense contenue dans l'article 6.

Pourquoi ces deux auteurs choisissent-ils des points
de départ aussi différents? Ni l'un ni l'autre ne le disent.
Mais ce qu'il y a de plus curieux, c'est que les solutions
qu'ils donnent sur les cas particuliers sont loin de répondre
à leurs prémisses générales. M. Demante devrait se montrer plus libéral pour valider les clauses attaquées comme
illicites; M. Demolombe plus enclin à exagérer le droit
absolu de la loi et à sacrifier les prétentions des particuliers qui veulent y déroger. Cependant, autant qu'on peut
affirmer quelque chose d'une manière absolue en pareille
matière, c'est tout le contraire qu'il faudrait dire, car,

dans plus d'un cas, M. Demolombe déclare valables des clauses que M. Demante jugeait illicites. Cela montre bien à quel point les jurisconsultes procèdent en tout ceci d'une manière peu méthodique, et oublient facilement les principes qu'ils ont une fois posés ou les motifs qu'ils ont présentés un instant comme déterminants.

Du reste, lorsque les auteurs donnent des motifs à l'appui de l'opinion qu'ils émettent, ils les empruntent presque toujours à la jurisprudence dont ils acceptent la domination dans cette matière d'une façon à peu près absolue ; ils suivent ses traces presque servilement et se contentent le plus souvent de traduire en une formule abstraite les décisions d'espèces rendues par les Cours. Or, surtout dans un pareil sujet, où la doctrine ne fournit rien ou peu s'en faut, les motifs des arrêts s'inspirent immédiatement des circonstances de la cause, et, lorsqu'on les sort de ce milieu pour leur donner une expression et une portée générales, on les fausse presque toujours d'une manière complète (quand on ne leur enlève pas tout sens sérieux), on s'expose à en tirer des conséquences qui cadreraient souvent fort mal avec l'hypothèse primitive, on peut donner lieu enfin à des déductions étrangement exagérées ou bizarres, qu'on n'exprime pas sans doute ou même qu'on repousse, mais qui n'en sont pas pour cela moins légitimes ni moins logiques. C'est, je crois, une origine de ce genre qui explique pourquoi les motifs invoqués sont souvent si faibles, ou si dangereux par leurs conséquences.

Ainsi M. Demante (sur l'art. 900, t. IV, n° 16 *bis* VI;

— voy. ci-dessus, p. 499) déclare illicites toutes les
clauses qui tendent « à gêner l'exercice d'une faculté
d'ordre public ». Cette formule, comme il le reconnaît
lui-même, ne fait que reproduire la difficulté sans l'é-
claircir le moins du monde. Mais, en l'appliquant, il indique un motif plus précis, qui se rencontrera au moins
dans un certain nombre de cas, et déclare contraire à
l'ordre public toute clause « d'embrasser ou de ne pas
embrasser une profession qui demande une capacité et
un dévouement spéciaux, et dont l'exercice, pour ceux
qui s'y sentent appelés, peut être considéré comme l'accomplissement d'un devoir social ».

Voilà une considération qui est peut-être fort juste et
très-convaincante dans un cas donné, mais qui, prise
d'une manière générale, peut engendrer des conséquences bien lointaines et conduire à des résultats qu'on
serait peu désireux d'admettre. Après tout, toutes les
professions honnêtes se valent, toutes exigent une certaine capacité spéciale, qui précisément est souvent très-
grande dans les professions qu'on serait le moins tenté
de citer ici ; presque toutes aussi exigent un certain
dévouement professionnel, soit par les dangers auxquels
elles exposent, soit par la rémunération relativement insuffisante ou la position inférieure qu'elles procurent ;
enfin, celui qui se sent appelé à exercer un état quelconque peut toujours voir dans cette vocation un devoir
social, avec d'autant plus de raison qu'en définitive la
société ne saurait subsister que par le concours de toutes
les professions, les plus humbles comme les plus élevées,

et qu'il suffirait d'en supprimer brusquement une seule
pour arrêter sa marche.

M. Demante n'indique que trois exemples : la magistrature, l'état militaire, et l'enseignement. Mais aux magistrats j'assimilerai fort naturellement les avocats, puis
les notaires, puis les avoués, puis les huissiers; et, si je
voulais pousser un peu l'argument, il ne me serait pas
difficile d'arriver aux gardes champêtres et aux agents
de la police à tous les degrés, qui, eux aussi, doivent posséder une capacité spéciale, qui font souvent preuve d'un
dévouement incontestable, et qui rendent certainement à
la société des services dont celle-ci ne pourrait se passer.
Quant à l'état militaire, ce qui vous décide, ce sont sans
doute les dangers auxquels il expose. Mais, dans le même
ordre d'idées, ne pourrais-je pas vous citer aussi les
mineurs, que tant de fléaux divers menacent en même
temps, et qui périssent souvent par centaines d'un seul
coup, les marins, les fondeurs en cuivre, soumis à une
intoxication lente, et tous les ouvriers qu'emploient les
industries dangereuses ou insalubres, si nombreuses encore
aujourd'hui ? On voit que la liste une fois ouverte, il ne
serait pas facile de la clore. Du reste, on n'a pas besoin
de sortir des exemples mêmes de M. Demante, pour indiquer des décisions qui le choqueraient probablement lui-
même et montreraient avec évidence qu'il ne se rend pas
compte de la route où il s'engage. C'est ainsi qu'il cite la
carrière de l'enseignement. Supposez qu'un professeur de
droit lègue ses livres de droit à son neveu, pour le cas où il
se consacrerait à l'enseignement du droit. Nous devrions,

d'après M. Demante, déclarer la condition contraire à
l'ordre public : et cependant, qu'y a-t-il de plus naturel,
de plus raisonnable, j'ajouterai même de plus fréquent?
Ce n'est pas à dire pour cela que la condition ne puisse
pas être reconnue illicite; mais il est certain que la première impression n'est pas dans ce sens. Si c'est là qu'on
doit arriver, au moins faut-il qu'on y soit conduit par un
principe général dominant le sujet tout entier, et, si je
puis ainsi parler, qui ait déjà fait ses preuves dans les
diverses matières où on l'a introduit avec succès.

Mais, dans le plus grand nombre des cas, les auteurs ne
donnent pas du tout de motifs, et ils déclarent même
qu'on n'en doit pas donner. Ils enregistrent un certain
nombre de solutions jurisprudentielles, et décident que
tout dépend des circonstances. C'est le système du sentiment dans toute sa nudité, dans toute son audace, et, au
lieu de laisser oublier, en les passant au moins sous silence,
les côtés les plus choquants de ce système, les meilleurs
auteurs n'hésitent pas à le pousser eux-mêmes jusqu'à
des extrémités qu'on ne s'attendrait vraiment pas à voir
accepter et défendre aussi facilement.

Marcadé (t. III, art. 900, n° 484; — voy. ci-dessus,
p. 503) déclare nettement « que la plupart des questions
de ce genre ne doivent pas être examinées en thèse, et
ne peuvent être sainement résolues que par l'appréciation
des circonstances spéciales à chaque affaire ». Et il énumère quelques-unes de ces circonstances. M. Demolombe
(sur l'art. 900, *Donat. entre vifs et Testam.*, t. I, n° 233 *bis;*
— voy. ci-dessus, p. 508) reprend la même énumération,

l'augmente beaucoup, et y introduit des considérations plus vagues encore et plus étranges.

Parcourons rapidement ces circonstances. M. Demolombe indique d'abord « l'influence toute-puissante de l'état politique et social du pays, de ses mœurs, de ses croyances, de ses idées », etc.; puis « la position des parties », « leurs qualités respectives », « l'intention qui a inspiré la clause et le but spécial qu'elle se propose », enfin, « le milieu dans lequel ces sortes de questions s'élèvent » et qui, d'après l'auteur, peut rendre illicites des conditions valables, ou valables des conditions illicites. Nous voilà déjà singulièrement embarrassés ; il n'est guère de décision qui ne puisse se justifier en invoquant l'une ou l'autre de ces considérations si élastiques, et je ne crois pas qu'il y ait au monde un seul jurisconsulte capable de les mettre jamais toutes d'accord pour en tirer quelque chose de précis et de raisonné. Mais ce n'est pas tout, et ce qui reste est le plus curieux. Il y a encore « une autre sorte d'influence, toute-puissante aussi »; et quelle est cette influence? « Le *caractère* », « les *opinions* », « la *fermeté plus ou moins arrêtée des principes* », « l'*austérité plus ou moins grande* », « LA DÉLICATESSE ENFIN ET LA SUSCEPTIBILITÉ PLUS OU MOINS VIVE DES SENTIMENTS ET DES IMPRESSIONS DE CEUX QUI SONT APPELÉS A LES RÉSOUDRE. »

On pourrait croire que ces lignes se rapportent exclusivement aux bonnes mœurs, non à l'ordre public, et que l'auteur a seulement eu le tort de ne pas indiquer nettement, par une distinction précise, de quoi il voulait parler. Les bonnes mœurs, en effet, supposent une certaine appréciation qui relève en quelque sorte de la conscience morale plutôt que de l'intelligence proprement dite, et qu'on ne s'étonnerait pas trop de voir varier d'un individu à un autre, suivant que le premier sera plus austère ou le second plus relâché, sans qu'il soit possible d'établir entre eux une règle fixe et absolue. Et cependant, même en restreignant ainsi son application, ce langage serait encore fort exagéré : l'appréciation des bonnes mœurs elle-même n'est pas livrée à une semblable anarchie ; nous verrons plus tard qu'on peut la diriger d'après certains principes, et que les écarts d'interprétation devraient être réprimés par un correctif que nos adversaires n'admettent pas, la censure de la Cour de cassation (voy. plus loin, p. 557).

Mais en réalité la distinction que nous ne trouvons pas dans le texte de ces auteurs ne doit pas exister non plus dans leur esprit, car les exemples qu'ils citent se rapportent bien à l'ordre public. Marcadé indique la condition de se marier ou de ne pas se marier, d'épouser une personne noble, de ne pas exercer ses droits politiques, de ne pas remplir les fonctions publiques, etc. M. Demolombe rappelle aussi que les lois des 5 septembre 1791, 5 brumaire et 17 nivôse an II avaient expressément résolu quelques-unes des questions qu'il vient d'examiner, en général, de la manière que nous savons ; et, en déclarant que ces lois se trouvent abrogées par l'article 7 de la loi du 30 ventôse an XII, comme relatives aux matières qui font l'objet du Code Napoléon, il reconnaît

« qu'elles avaient été déterminées par des *motifs politiques* ». Nous voyons en effet qu'elles prohibent toute clause gênant la liberté qu'a le bénéficiaire, « soit de se marier même avec une telle personne, soit d'embrasser tel état, emploi ou profession, ou qui tendrait à le détourner de remplir les devoirs imposés et d'exercer les fonctions déférées par la constitution aux citoyens ».

C'est donc bien de l'ordre public qu'il s'agit ici. Et voyez alors dans quel chaos nous allons tomber. Suivant le caractère du juge, ses opinions, son degré d'austérité, *la délicatesse de ses sentiments, la susceptibilité plus ou moins vive de ses impressions*, la clause de ne pas se marier sera interdite ou permise, la condition d'épouser une femme noble valable ou illicite, etc. Or, comme il n'est pas probable que tous les juges de France aient le même caractère, les mêmes opinions, le même degré d'austérité, une égale susceptibilité de sentiments et d'impressions, ils décideront chacun à leur manière ; ce qui sera reconnu valable dans tel tribunal sera déclaré nul dans tel autre, je perdrai ou je gagnerai mon procès parce que le président a été remplacé par un conseiller qui a les impressions plus délicates. Pour comble de miracle, ces décisions, aussi directement contradictoires que possible, seront toutes également légitimes, toutes également conformes à la même loi, et chacune aura le droit de faire jurisprudence : car nos adversaires couronnent leur système en déclarant que les juges du fait ont, à cet égard, un pouvoir souverain, et que la question de savoir, par exemple, si la condition de ne pas se marier est ou n'est pas contraire à l'ordre public, échappe entièrement à la censure de la Cour de cassation (voy. Demolombe, *Donat. et Testam.*, t. I, n° 235).

En vérité, tout cela est-il croyable? N'avais-je pas raison de dire plus haut qu'un système fondé sur le sentiment s'interdit d'avance toute possibilité de solution, parce que les sentiments sont nécessairement variables d'un individu à un autre, et qu'ils sont tous égaux et légitimes lorsqu'on les considère en eux seuls? Marcadé et **M.** Demolombe ne le déclarent-ils pas ouvertement lorsqu'ils essayent d'ériger en motifs juridiques déterminant les impressions les plus fugitives et les particularités de caractère de chacun de nous? Ils perdent dès lors le droit de discuter les décisions qui les choquent; il est remarquable, en effet, qu'ils s'en abstiennent d'une manière assez absolue pour paraître en quelque sorte systématique, et la redoutable verve critique de Marcadé aurait trouvé là si féconde matière, que son silence est très-significatif.

Quant à **M.** Demolombe, il adopte presque toujours l'opinion à l'avoir de laquelle se trouvent le plus grand nombre d'auteurs ou d'arrêts; et cela doit être, en effet, lorsqu'on veut pratiquer avec logique le système du sentiment. En parcourant quelques-unes de ces solutions particulières, nous verrons ce que la méthode énumérative produit à l'application, et nous pourrons facilement nous convaincre que ses résultats ne valent pas mieux que son point de départ et ses règles. Le dernier en date parmi les interprètes du Code, **M.** Demolombe, reproduit d'ail-

leurs ou résume à peu près tout ce que les autres ont dit
avant lui sur cette matière, de sorte qu'en examinant un
seul auteur, nous pourrons en réalité les juger tous du
même coup.

§ VI. — Discussion de quelques cas d'ordre public par les auteurs. Incertitude des décisions.

Prenons, par exemple, les conditions relatives à la
faculté de se marier. M. Demolombe (*Donat. entre-vifs et
Testam.*, t. Ier, n° 240) déclare nulle la condition de ne
pas se marier, à moins que le bénéficiaire ne soit arrivé
à cette époque de la vie « où la société et la nature n'in-
vitent plus au mariage » ; et encore donne-t-il une décision différente lorsque le mariage est « un devoir de réparation » : par exemple, lorsqu'il a pour but de légitimer
des enfants naturels. Mais il déclare (*Ibid.*, n° 241) que
la libéralité ne renfermerait point la condition de ne pas
se marier ,si on léguait une rente pour durer tant que le
bénéficiaire resterait célibataire ou tant qu'il ne serait
pas marié, et il reconnaît valable la condition de ne pas
se marier avant un certain temps, pourvu que le délai soit
raisonnable et ne dégénère point en une prohibition indéfinie (*Ibid.*, n° 243). On peut imaginer, nous dit-il, plus
d'une circonstance d'âge, de santé et de fortune qui rendrait cette condition raisonnable, et dès lors elle est licite.

Quant à la condition de ne point se marier sans le consentement d'un tiers, il la déclare nulle (*Ibid.*, n° 244);
il est vrai qu'il ajoute comme toujours le mot *générale-*

ment, et il use, en effet, des exceptions d'une manière fort libérale. C'est ainsi qu'il permet d'imposer le devoir de prendre le conseil et d'écouter les remontrances d'un tiers (*Ibid.*, n° 245); il autorise même à exiger le consentement exprès de ce tiers, s'il est un des ascendants du gratifié (il faut supposer, bien entendu, que celui-ci pouvait se marier, soit en faisant des actes respectueux, soit en obtenant le consentement d'autres ascendants). On ne saurait, à son avis, considérer comme illicite une condition qui a pour but de resserrer les liens de la discipline domestique et d'empêcher l'enfant de contracter un mariage qui ferait son malheur et la désolation de ses parents (*Ibid.*, n° 246). Mais cet argument est une critique directe de la loi, qui permet aux enfants de se marier malgré leurs ascendants à partir d'un certain âge, et, si le législateur leur accorde cette latitude, ce n'est pas sans doute dans la croyance qu'ils feront ainsi leur propre malheur et la désolation de leurs parents. Cependant l'auteur va plus loin encore; il se demande (*Ibid.*, n° 247) pourquoi il ne déclarerait pas également la condition valable lorsque le tiers est, non plus l'ascendant du gratifié, « mais *un de ses oncles* ou TOUT AUTRE, si d'ailleurs cette condition ne lui était imposée que pour une certaine durée de temps raisonnable et suffisamment limitée »; et il adopte en effet cette opinion pour deux raisons : la première, qu'il a déjà déclaré valable la clause de ne pas se marier du tout pendant un certain temps; la seconde, qu'on peut imaginer des circonstances dans lesquelles la condition dont s'agit serait, de la part du disposant, « un acte de prudente et prévoyante tendresse ». Il faut remarquer qu'il semble bien approuver, en le rapportant au n° 244, un arrêt déclarant nulle la condition imposée à un fils par son père de ne se marier qu'avec le consentement de son oncle.

M. Demolombe (*Ibid.*, n° 248) admet encore comme valable la condition de ne point se marier avec une certaine personne, ou même dans une certaine classe de personnes désignées. Ricard disait déjà, pour justifier cette opinion : « La liberté demeure amplement au légataire de contracter mariage conformément à son inclination. » Oui, pourvu que son inclination ne se dirige pas où on lui a interdit de la placer ; il est libre de faire ce qu'il veut, à condition de vouloir ce qu'on lui permet de faire. Cependant M. Demolombe (n° 249) fait exception pour le cas où le gratifié serait tenu en conscience d'épouser la personne que la condition lui imposerait l'obligation de délaisser. Mais il est évident que, pour profiter de cette exception, le gratifié devra d'abord dévoiler, et peut-être livrer à des débats publics, le déshonneur qu'il veut réparer. Du reste, avant de décider qu'il y a nécessité morale d'épouser la personne déshonorée, peut-être rendue enceinte, M. Demolombe veut qu'on apprécie la réputation de cette personne, sa conduite antérieure, son âge, sa profession, même sa *condition sociale* et toutes les *convenances* diverses qui gouvernent la société. A ce compte, il se pourrait bien qu'on n'y fût jamais obligé.

Quant à la condition de ne pas se remarier, M. Demolombe (n° 250) la déclare toujours licite, lors même qu'elle est imposée par un étranger et qu'il ne reste aucun enfant du mariage.

La condition de se marier (*Ibid.*, n° 251), ou de se marier avec une personne déterminée (*Ibid.*, n° 252), est valable, à moins qu'on ne l'impose à un prêtre ou à un religieux, et pourvu que le mariage soit possible au moins avec des dispenses (n°˙ 253 et 254). Mais M. Demolombe accepte l'exception généralement admise par les auteurs pour le cas où la personne serait indigne, *flétrie d'une condamnation judiciaire*, de mœurs déshonnêtes, etc. (n° 255). Cependant il ajoute qu'il faut ici beaucoup de discernement, et que la condition d'épouser une fille menant une vie déréglée pourrait aussi être considérée comme très-valable. Mais il ne permet jamais d'invoquer l'inégalité du rang, bien qu'il l'ait invoqué lui-même dans une circonstance toute semblable, quelques lignes plus haut (n° 249 *in fine*).

La condition de se faire prêtre (n° 259) sera quelquefois valable et quelquefois nulle. La condition de ne pas se faire prêtre (n° 260) sera licite en général ; cependant elle pourrait aussi être illicite, par exemple, « si le légataire avait déjà prononcé des vœux, *si les circonstances politiques rendaient le recrutement du clergé difficile*», etc. La condition de changer ou de ne pas changer de religion (n° 261) est illicite ; et, cependant, elle pourrait aussi être licite, « comme si, par exemple, le disposant craignant qu'un de ses parents ne se convertît à une religion différente, lui avait imposé l'obligation de garder la religion catholique, qui est celle de ses pères et de toute sa famille». Mais il est clair que si le disposant ne craignait pas de voir le gratifié changer de religion, il ne songerait jamais à lui imposer l'obligation de ne point le faire. On ne comprend donc pas comment il serait possible d'appliquer à des cas distincts ces deux avis contradictoires.

En résumé, l'absence de principe et de toute raison sérieuse de décider se montre à chaque pas dans cette revue de cas particuliers, et, par une suite inévitable de ce premier défaut, les inconséquences ou les contradictions, au moins implicites, n'y sont pas rares. L'enseignement qui résulte, aux yeux de l'auteur lui-même (*ibid,* n° 320, 2ᵉ édit., pag. 354), de son Commentaire sur l'art. 900, et « qu'il lui paraît utile de *faire ressortir comme conclusion* », c'est « l'*influence considérable et souvent décisive que peut avoir, en ce sujet particulièrement, la forme sur le fond* !... à ce point qu'il n'est pas impossible que la même condition, eu égard à la tournure plus ou moins habile qui lui aura été donnée, revête, suivant les cas, un caractère différent, et soit considérée comme licite dans tel acte et comme illicite dans tel autre ! C'est ainsi que nous avons vu que, si une rente est léguée à une personne sous la condition absolue qu'elle ne se mariera point, cette condition doit être regardée comme illicite ; tandis que, si la rente lui est léguée pour ne durer que jusqu'à l'époque où elle se mariera, la condition pourrait être regardée comme licite. »

La forme l'emporte sur le fond ! L'éminent jurisconsulte est-il bien sûr de ne pas se tromper de date en avançant une telle règle ? Lorsque nous étudions les prin-

cipes étroitement formalistes du droit romain primitif,
notre bon sens y répugne tellement qu'il a souvent peine
à les comprendre. A Rome même, ces idées perdirent
chaque jour du terrain. Aujourd'hui l'esprit de notre législation est tout autre, personne ne le contestera, et nos
tendances actuelles sont à cet égard plus libérales encore
que nos lois, puisque nous voyons la jurisprudence consacrer, par exemple, la validité des donations déguisées
sous l'apparence d'un contrat onéreux, en donnant pour
motif que ce que l'on peut faire sous une forme, on peut
également le faire sous une autre.

Pour les testaments en particulier, tout le monde ne
tombe-t-il point d'accord que la principale règle d'interprétation, c'est de rechercher avant tout l'intention probable du disposant? A tel point qu'on écarte même généralement les définitions précises de certains mots donnés
par la loi elle-même dans les art. 533 à 535 du Code
Napoléon.

Pour les donations, qui sont en définitive des conventions, n'avons-nous pas l'art. 1156 du même Code, qui
nous ordonne de « rechercher quelle a été la commune
intention des parties contractantes plutôt que de s'arrêter
au sens littéral des termes »? N'avons-nous pas aussi
l'art. 1157 qui nous dit que, « lorsqu'une clause est susceptible de deux sens, on doit plutôt l'entendre dans
celui avec lequel elle peut avoir quelque effet, que dans
le sens avec lequel elle n'en pourrait produire aucun »?
ce qui, dans ce cas particulier, signifie évidemment que,
si une clause peut être interprétée, soit dans un premier

sens qui la rend contraire à l'ordre public, soit dans un
second qui la rend conforme à ce même ordre public, il
faut préférer ce dernier sens, dans lequel elle sera valable et pourra être appliquée, au premier sens d'après
lequel elle ne produirait aucun effet. Et ces règles, données spécialement par le législateur en ce qui concerne
les conventions, ne s'accorde-t-on point généralement
pour les appliquer à toutes les dispositions de l'homme
et même à celles de la loi ?

La forme ne doit donc pas l'emporter sur le fond, et
la doctrine qui mène à une pareille conclusion montre
par là les vices qu'elle recèle. M. Demolombe lui-même,
qui invoque cette maxime en passant, la dément presque
partout, dans cette matière comme dans les autres.
Lorsqu'il nous enseigne par exemple que tout dépend des
circonstances de la cause, ne fait-il pas prédominer le
fond sur la forme? Lorsqu'il nous dit que la condition de
se faire ou de ne pas se faire prêtre (n⁰ˢ 259 et 260) sera
nulle si le disposant avait pour but de diminuer la liberté
du gratifié, et valable s'il voulait simplement lui donner
des moyens d'existence qui lui permissent d'entrer dans
les ordres ou assurer la conservation d'un nom prêt à
s'éteindre, ne recherche-t-il pas l'intention du disposant,
au lieu de s'inquiéter des expressions plus ou moins in-
correctes qu'il a pu employer? Nous sommes donc heureux de constater que sur cette malheureuse maxime, on
peut en appeler de l'auteur à l'auteur lui-même mieux
inspiré dans tous les autres cas, dès qu'il ne subit plus
l'influence d'une doctrine vicieuse, dont l'empire est si

universel que personne ne songe plus à la mettre en
doute.

§ VII. — La méthode énumérative supprime le rôle de la doctrine et conduit les tribunaux à l'arbitraire.

Tout ce que nous venons de dire en exposant les origines, la nature et les conséquences de la méthode énumérative fait assez pressentir combien doit être effacé le
rôle qu'elle réserve au jurisconsulte, et nous avons vu en
effet que, dans cette matière, les auteurs ne tiraient pas
grand'chose de leur propre fonds ; ils suivent pas à pas la
jurisprudence qui fait à peu près tous les frais de leurs
décisions. C'était là un résultat inévitable. Le juge seul
peut scruter la forme de chaque acte, ou apprécier les
mille et une circonstances, souvent si fugaces, dont on
nous a parlé plus haut. Le jurisconsulte abdique donc
entre ses mains et il se décharge volontiers sur lui d'un
pouvoir dont l'exercice est trop difficile pour être bien
vivement disputé. C'est donc maintenant au juge à s'en
tirer comme il pourra.

Mais que feront les tribunaux là où les jurisconsultes
ont échoué ? Les obstacles que ceux-ci n'ont pu franchir
vont-ils s'aplanir tout à coup sous les pas de leurs héritiers ? Une semblable illusion ne s'expliquerait point, et
c'est à un résultat tout contraire qu'il faut s'attendre.

Au moins, pour établir ses solutions générales, la doctrine peut écarter provisoirement les circonstances minimes ou trop spéciales, dont le nombre indéfini com-

plique énormément des questions déjà trop embrouillées,
et dont le développement parasitaire étouffe les points
vraiment importants du débat sous un amas confus de
chicanes particulières. Puis, lorsqu'elle est parvenue, à
l'aide de cette méthode, à établir quelques principes,
ceux-ci font pénétrer la lumière dans un chaos qui paraissait rebelle à toute loi, et lui permettent alors de
revenir sur les détails jusque-là négligés pour les interpréter en les rattachant à ces principes, les grouper suivant des analogies qui ne se montraient point d'abord,
donner à chacun sa place et son importance relatives,
indiquer enfin ceux qui doivent être sacrifiés et jusqu'à
quel point la théorie générale se refuse à les comprendre.

La jurisprudence au contraire, directement aux prises
avec la pratique, se trouve en face des faits bruts dans
leur complication naturelle. C'est un tableau sans perspective où toutes les circonstances se présentent à ses
yeux sur le même plan et ne lui donnent ainsi que des
images confuses. Cette confusion sans doute n'est pas
longue à se dissiper dans les cas ordinaires ; le juge a
bientôt fait le départ des incidents secondaires et des
points essentiels dont dépend la solution du procès. Mais
pourquoi et comment peut-il établir cette distinction ?
Parce que, sous la multiplicité des circonstances, il dégage
la question de droit, définie, commentée, dénommée,
éclaircie et enfermée dans des limites précises par le travail de la doctrine ; parce qu'il a des principes généraux
qui lui indiquent l'importance relative de chaque fait.

Ici tous ces moyens lui manquent, puisque les juris-

consultes ne fournissent rien ou peu s'en faut. La jurisprudence n'a donc plus ses ressources accoutumées, elle
a perdu sa puissance en perdant le secours de la doctrine, elle est décapitée ; ce n'est plus qu'un corps sans
âme, un cadavre où des excitations artificielles produi-
ront peut-être encore des mouvements, mais sans parvenir à lui rendre cette force intime qui les coordonnait
sur un plan logique et les dirigeait vers un but.

Dalloz (*Répert. alphab.*, v° Lois, n° 524) a donc raison
de conclure, après d'infructueuses tentatives, « qu'il
serait bien difficile de faire des règles générales en jurisprudence pour la distinction des lois qui intéressent
l'ordre public et les bonnes mœurs ».

Ne me dites pas que les juges compareront un grand
nombre de cas divers pour en dégager des principes, car
ils ne doivent connaître que le procès actuellement pendant : comme magistrats, ils ne doivent point faire de
théories générales, puisqu'il leur est interdit de prononcer par voie de disposition générale, mais se borner
à repousser ou consacrer dans l'espèce l'application des
systèmes généraux qu'on leur présente. S'ils voulaient
chercher en dehors des éléments de la cause des principes ou des théories que la doctrine ne leur fournit pas,
ils feraient donc eux-mêmes œuvre de jurisconsultes, non
plus de magistrats. D'ailleurs il est des circonstances où
l'union ne constitue point la force, et, lorsque les jurisconsultes isolés ne réussissent pas à trouver une définition ou une théorie rationnelle, je doute fort qu'on puisse
mieux attendre de ces jurisconsultes à trois, à sept, ou

à onze têtes, qui ne parviennent d'ordinaire à fondre
leurs sentiments particuliers dans une opinion collective
que grâce à l'influence, très-légitime du reste, des travaux antérieurs de la doctrine.

Les tribunaux feront donc ce qu'ont fait les jurisconsultes; ils marcheront au hasard, sans plan régulier, sans
principes fixes, sans but précis; ils invoqueront aujour-
d'hui comme décisif un fait qu'ils négligeront complète-
ment demain, inclinant tantôt dans un sens et tantôt
dans un autre, sans chercher à coordonner leurs décisions, et, en quelque sorte, sans qu'on puisse même dire
qu'elles sont conformes ou contraires les unes aux autres,
tant les directions qu'elles suivent sont différentes et manquent de points communs qui rendent la comparaison
possible. Il ne se formera donc pas, à proprement parler,
ce qu'on appelle une jurisprudence, car une jurisprudence se fonde nécessairement sur la doctrine, lors
même qu'elle contredit la généralité de ses interprètes,
et, lorsqu'il n'y a pas de principes généraux pour servir
de base, on ne peut rencontrer que des solutions d'espèces.

Les idées de Marcadé et de M. Demolombe, dont nous
avons parlé plus haut (p. 549), s'appliqueront donc ici
fort naturellement. Tout dépendra des circonstances, et,
comme le juge, manquant de principes, n'a pas de raison
décisive pour attribuer aux unes beaucoup plus d'importance qu'aux autres, il pourra se faire que tout dé-
pende de circonstances en réalité fort minimes.

Tantôt le juge recherchera l'intention qui inspirait le

disposant et le but qu'il se proposait, tantôt au contraire
il mettra cette intention de côté pour faire prédominer la
forme sur le fond, car le même auteur lui donne à la fois
ces deux préceptes si peu en harmonie l'un avec l'autre
(Demolombe, n° 233 *bis* et 320). Telle condition qui lui
paraissait licite hier lui semblera aujourd'hui contraire à
l'ordre public, parce que la position des parties n'est pas
la même. L'état politique et social du moment, les
croyances en faveur, les idées régnantes, exerceront sur
ses arrêts une influence toute-puissante, qu'on déclare légitime sans se demander si de semblables préoccupations ne
détruiraient pas le prestige des tribunaux, dont le plus
noble caractère est précisément de planer, comme la loi
dont ils sont l'organe, au-dessus de tous ces courants d'opinions qui entraînent les esprits dans des sens divers,
chaque jours changeants.

Enfin le juge écoutera même ses opinions personnelles
et ses sentiments particuliers auxquels on permet aussi
une influence toute-puissante ; il décidera dans un sens ou
dans l'autre, suivant que ses principes seront plus ou
moins austère, son organisation plus ou moins délicate,
ses impressions plus ou moins susceptibles, tandis qu'à
côté de lui un autre juge, dont le caractère est différent,
se prononcera dans un sens opposé, pour des motifs du
même genre : et tous deux auront également raison !
N'est-ce pas le triomphe de l'anarchie et du caprice ?

Ce système qui se caractérise lui-même par cette maxime : tout dépend des circonstances ou de la personne
qui prononce, et la forme peut l'emporter sur le fond, ce

système n'a qu'un seul nom qui lui convienne : l'arbitraire, et l'arbitraire confié non pas à la raison plus ou
moins ferme du juge, mais à ses sentiments personnels et
à ses impressions passagères transformées, pour les besoins
de la cause, en motifs légitimes de décider. L'arbitraire
des tribunaux ! c'est-à-dire le plus dangereux peut-être
de tous les arbitraires puisqu'il échappe même, par le
caractère impersonnel des êtres collectifs qui l'exercent, à
la responsabilité morale, la dernière garantie qui reste
contre les excès du despotisme et les écarts des passions
devenues maîtresses.

Et, comme s'ils craignaient que cet arbitraire ne fût
pas assez complet, nos adversaires s'attachent à l'aggraver
encore en le divisant à l'infini, en fermant le seul recours
qui pût modérer les caprices de la jurisprudence, en
considérant la notion de l'ordre public comme une question de fait sur laquelle la censure de la Cour de cassation
ne doit pas s'étendre (Demolombe, *Donat. et testàm.*,
t. I, n° 235). C'est donc à toutes les Cours impériales,
ou même dans certains cas aux juges inférieurs, qu'est
conféré ce droit arbitraire de juger souverainement,
d'après leurs impressions personnelles et leur caractère
particulier, si telle condition s'accorde ou ne s'accorde
pas avec l'ordre public, s'il est permis par exemple de
convenir qu'on ne pourra pas se marier ou qu'on ne pourra
pas hypothéquer ses biens.

Nous perdons ainsi la seule chance d'introduire quelque
unité dans ce chaos de décisions personnelles, d'uniformiser jusqu'à un certain point l'arbitraire, en le plaçant,

au moins pour la décision finale, dans les mains d'un seul corps, armé du pouvoir d'imposer quelques limites aux écarts des appréciations individuelles, en le confiant dis-je à des magistrats plus élevés, moins accessibles aux influences locales, mieux armés, par suite de leur âge même et des habitudes rigoureusement austères de leurs audiences, contre les surprises de leurs impressions ou les entraînements de l'éloquence, plus habitués enfin, par devoir, à se dégager des faits multiples de chaque cause pour s'élever aux principes qui les dominent et aux règles juridiques qui doivent les gouverner.

Cette opinion est, du reste, une suite naturelle, une dépendance presque forcée de la doctrine de nos adversaires ; et, tout en la repoussant, nous ne devons pas nous en étonner. En effet, si les juges peuvent légitimement se décider d'après leurs impressions ou leurs particularités de caractères, de quel droit la Cour de cassation viendrait-elle réformer leurs sentences ou blâmer leurs sentiments par la seule raison qu'elle ne les partage pas ? Et, d'un autre côté, si l'on considérait la question d'ordre public comme une question de droit, ne deviendrait-il pas évident qu'il faut chercher une règle de droit pour la résoudre ?

Je ne crois pas que la doctrine adverse puisse se choquer de l'épithète d'arbitraire que nous lui avons appliquée, car, si ses partisans ne prononcent pas le mot, ils ne déguisent guère la chose, et ils en exposent nettement la théorie, sans détour comme sans répugnance : « L'article 900 du Code Napoléon, nous dit M. Demolombe au n° 234, s'occupe des conditions contraires aux lois ou aux

mœurs qui peuvent se rencontrer dans les donations
entre-vifs et dans les testaments; et il se borne à les
déclarer non écrites, *sans les spécifier, sans les définir,
laissant par conséquent aux magistrats le soin d'apprécier*
dans chaque affaire *si telle ou telle condition mérite effectivement ce reproche.* — Et les auteurs du Code Napoléon
ont donné certainement, en cela, une grande preuve de
discernement et d'expérience. » Voilà bien l'arbitraire
hautement accepté.

Mais si c'était là en effet ce qu'ont voulu les rédacteurs
du Code, je ne trouve pas qu'il faudrait tant les en louer;
et assurément, ce n'aurait pas été l'avis de Montesquieu.
Rappelons-nous le livre **XI**, chapitre **VI**, de l'*Esprit des
lois*, où il nous indique quelle doit être la distribution des
pouvoirs dans la société, et en particulier le rôle des magistrats : « ... Si les tribunaux ne doivent pas être fixes,
nous dit-il, les jugements doivent l'être à un tel point
qu'*ils ne soient jamais qu'un texte précis de la loi. S'ils
étaient une opinion particulière du juge*, on vivrait dans la
société sans savoir précisément les engagements que l'on
y contracte. » Et quelques lignes plus haut : « Il n'y a
point... de liberté si la puissance de juger n'est pas séparée de la puissance législative et de l'exécutrice. *Si elle
était jointe à la puissance législative, le pouvoir sur la vie
et la liberté des citoyens serait arbitraire*, car le juge serait
législateur. Si elle était jointe à la puissance exécutrice,
le juge pourrait avoir la force d'un oppresseur. — Tout
serait perdu si le même homme ou le même corps des
principaux, ou des nobles, ou du peuple, exerçait ces

trois pouvoirs, celui de faire des lois, celui d'exécuter les
résolutions publiques, et celui de juger les crimes ou les
différends des particuliers. »

Ces paroles de Montesquieu ne sont-elles pas la condamnation la plus formelle de toutes idées que nous venons de critiquer ? Avec la méthode énumérative, telle que
la comprennent la plupart des auteurs, les jugements ne
seront-ils jamais « qu'un texte précis de la loi » ? N'est-il
pas rigoureusement vrai, au contraire, qu'ils sont « une
opinion particulière du juge ? » Et, lorsque les choses en
arrivent là, Montesquieu ne prononce-t-il pas aussitôt le
mot d'arbitraire, comme nous l'avons fait nous-même
tout à l'heure ? Ne déclare-t-il pas qu'il n'y a plus de liberté, parce que « la puissance de juger n'est pas séparée
de la puissance législative » ? Nous avons donc le droit de
placer sous ce nom illustre le blâme que nous avons cru
pouvoir nous permettre.

La modération, souvent même trop scrupuleuse, de
Montesquieu, donne toujours une grande autorité à ses
paroles ; mais cette autorité acquiert ici une force nouvelle, parce que ces idées ont servi de base à la reconsti-
tution de nos sociétés modernes, après le grand ébranle-
ment de 1789, et que, à travers plusieurs révolutions
successives, ce sont elles encore, malgré tout, qui nous
gouvernent aujourd'hui. N'est-il donc pas naturel de chercher l'interprétation à la source où l'on a puisé le principe ?

Les Parlements de l'ancienne France s'étaient mêlés,
dans une certaine mesure, par suite de la tolérance des

rois, à l'exercice de la puissance législative ; ils rendaient notamment, pour combler les lacunes de la loi, des arrêts de règlement qui possédaient, dans le ressort de chaque Parlement, la force obligatoire de la loi elle-même, au moins tant que le roi, c'est-à-dire la puissance législative, n'en avait pas autrement ordonné. Ce n'était donc pas une inconséquence absolue de leur laisser, dans certains cas, le droit de prononcer d'une manière arbitraire, c'est-à-dire à la fois comme législateur et comme juge, car ce mot n'a pas d'autre sens ici.

Tous ces résultats découlaient de la confusion et de l'enchevêtrement des divers pouvoirs dans l'ancien régime. Mais aujourd'hui le rôle de chacun est mieux défini, et l'on sait combien le législateur moderne s'est défié, — surtout pendant les premières périodes de la Révolution, où le souvenir des anciens abus était encore tout récent, — des empiétements des corps judiciaires sur le domaine législatif. Plus tard, ces défiances diminuèrent beaucoup, vis-à-vis d'une pratique qui ne les justifiait à aucun degré. Mais si les craintes d'opposition ou de conflit avaient disparu, le principe subsistait toujours en entier.

L'article 5 du Code Napoléon renouvelle aux juges la défense expresse « de prononcer par voie de disposition générale et réglementaire », déjà contenue dans l'article 12 du titre II de la loi des 16-24 août 1790, et qui remonte même jusqu'à l'ordonnance d'avril 1667 *sur la réformation de la justice*, dont l'article 7, titre Ier, peu respecté il est vrai, ordonnait aussi d'en référer au roi sur les difficultés qui se présenteraient à l'application des ordonnances, édits, etc. L'article 80 de la loi du 27 ventôse an VIII indique comment il sera procédé contre les juges qui *auront excédé leurs pouvoirs*, ce qui se réfère encore évidemment au même ordre d'idées.

Mais la loi ne veut pas seulement proscrire toute disposition générale : une interprétation aussi judaïque du texte fausserait son esprit en prétendant respecter sa lettre. Ce qui a surtout préoccupé les rédacteurs du Code Napoléon, le résultat qu'ils ont voulu prévenir, la filiation de leurs idées le montre clairement, c'est la transformation du juge en législateur, c'est la confusion de deux pouvoirs qui doivent rester essentiellement distincts. Cette confusion n'existe-t-elle pas dans la doctrine que nous avons exposée, puisque le juge n'est soumis à aucun principe, à aucune règle fixe, et qu'il peut librement s'inspirer de toutes les circonstances de la cause, ou de toutes les impressions de son esprit et de son caractère? Sans doute il ne fera pas de dispositions générales, mais les anciens abus n'en revivraient pas moins, avec un inconvénient de plus, l'instabilité et l'inégalité des décisions. Mieux vaudraient cent fois les arrêts de règlements qui eux au moins ne variaient pas tous les jours et restaient les mêmes pour tous. S'ils n'avaient point par leur origine le caractère régulier de la loi, ils en possédaient la généralité et la fixité.

On nous dira peut-être qu'il n'est pas possible d'échapper tout à fait à ces inconvénients, parce que le juge conservera toujours, au moins en ce qui concerne les questions de fait, un droit d'appréciation indéfini et sans règles.

Cela est vrai; mais les deux cas ne se ressemblent pas du tout, comme il est facile de le montrer, en se rattachant aux idées de Montesquieu (voy. ci-dessus, p. 559).

C'est la raison qui doit gouverner la société et présider à chacun des actes qui s'y accomplissent. Mais, comme tous les souverains et même plus qu'aucun autre, la raison a besoin de ministres, d'interprètes, qui pourront la représenter d'une manière infidèle ou la fausser au profit de leurs intérêts et de leurs passions. Ce danger-là, il est inhérent à toute institution humaine, et nous ne pourrons jamais nous en garantir d'une façon absolue, car toutes les combinaisons imaginables finiront toujours par remettre certains pouvoirs à certains hommes qui auront ainsi les moyens d'en abuser. Ce qui est possible, c'est de marquer nettement la part de chacun, de manière qu'ils se balancent et se neutralisent les uns les autres.

Il arrivera peut-être que le pouvoir législatif fasse des lois injustes, que le pouvoir exécutif commette des actes tyranniques, que le pouvoir judiciaire rende des arrêts vicieux; le mal se limitera lui-même. Mais la liberté périt et l'arbitraire commence, lorsqu'un des pouvoirs sort de sa sphère pour réunir deux ordres d'attributions, lorsque les législateurs rendent des arrêts ou lorsque les juges font des lois.

Or, le rôle des juges comprend deux choses : 1° constater l'existence de certains faits; 2° leur appliquer la loi, ce qui implique forcément, dans une certaine mesure, le droit de l'interpréter, car on ne peut évidemment appliquer la loi que de la manière dont on la comprend. Dans l'examen des faits, il est clair que les juges pourraient se montrer partiaux, et, par exemple, déclarer constants des faits imaginaires; c'est un inconvénient qu'on devra chercher à rendre fort rare, mais sans espérer le rendre impossible, car il reste dans les limites rigoureuses de l'ordre judiciaire. Dans l'interprétation de la loi, au contraire, le juge pourrait se substituer au législateur en lui attribuant des intentions qu'il n'a jamais eues.

C'est pour parer à ce dernier danger que la Cour de cassation a été créée; comme on l'a dit avec beaucoup de raison, elle ne juge pas les procès mais les arrêts; elle veille à ce que, sous prétexte d'interpréter la loi, les tribunaux ne la fassent pas eux-mêmes. Ce rôle la rapproche, en quelque sorte, du pouvoir législatif, et l'Assemblée constituante le marquait par les termes mêmes dans lesquels elle l'instituait : « Le tribunal de cassation sera unique et sédentaire *auprès du corps législatif* », décrétait-elle le 12 août 1790, et l'article 1er de la loi des 27 novembre – 1er décembre 1790 reproduit les mêmes termes. Remarquez qu'on ne dit pas, comme d'ordinaire, *à Paris* ou *au siége du gouvernement*, mais *auprès du corps législatif*, comme si ce tribunal suprême en était une sorte d'émanation et recevait la délégation de quelques-unes de ses prérogatives (1).

Aussi a-t-on bien soin de lui interdire sévèrement toute décision sur le fond du procès (2). C'est là une règle

(1) Voyez à l'appendice, note II.
(2) Voyez à l'appendice, note III.

fondamentale qui dérive nécessairement du caractère
tout spécial du tribunal de cassation, caractère mis alors
en évidence par l'abîme qui séparait cette juridiction
suprême des quatre cents petits tribunaux représentant
la justice ordinaire, et que nous apprécions peut-être
moins vivement aujourd'hui depuis que la création des
tribunaux d'appel, en comblant une partie de cet abîme,
nous invite en quelque sorte à considérer l'ordre judiciaire comme une hiérarchie uniforme, où l'importance
varie suivant le degré, sans que la fonction soit différente
dans son essence.

En réalité, les deux prérogatives du pouvoir judiciaire
résident dans des corps distincts. A la Cour de cassation
seule appartient le droit d'interpréter la loi, puisque,
sous ce rapport, toutes les décisions judiciaires sont soumises à sa censure (1) ; aux Cours impériales et aux tribunaux inférieurs reste d'une manière exclusive le droit
de juger les faits. Mais réunissez ces deux droits, confiez
aux mêmes magistrats le soin de poser le principe et
celui de l'appliquer au procès, permettez à la Cour de
cassation de juger le fait, ou aux Cours impériales d'interpréter souverainement la loi (2), et aussitôt vous avez

(1) Voyez à l'appendice, note IV.
(2) On a donc eu raison d'appeler déplorable la loi des 30 juillet-1er août
1828, qui, après deux cassations intervenues entre les mêmes parties sur les
mêmes moyens, donnait à la troisième Cour impériale, saisie par le renvoi de la
Cour de cassation, le droit de juger souverainement le procès; de telle sorte
qu'elle pouvait substituer à l'interprétation admise par la Cour de cassation
une interprétation différente, et devenir ainsi juge du point de droit comme du
point de fait. Ce n'était pas seulement, comme on l'a dit, porter atteinte au
prestige légitime de la Cour suprême, en faisant prévaloir sur son avis celui

l'arbitraire, c'est-à-dire la confusion des pouvoirs, aussitôt la liberté est en péril.

Le sens précis du mot arbitraire s'applique donc fort exactement, sous tous les rapports, à la doctrine résumée par M. Demolombe, après presque tous les auteurs, et l'on voit qu'elle est en opposition directe avec les principes fondamentaux de notre organisation judiciaire et politique.

Au fur et à mesure que notre législation s'est perfectionnée, elle a tendu sans cesse à restreindre le champ, autrefois fort vaste, livré au pouvoir discrétionnaire du magistrat, pour introduire partout des règles fixes et précises ; elle s'est efforcée, en un mot, d'approcher autant que possible, sinon d'atteindre tout à fait l'idéal indiqué par Montesquieu : Les jugements ne doivent être qu'un texte précis de la loi. Aujourd'hui, cette idée domine tous les esprits, et le plus grave reproche qu'on puisse faire à une loi, c'est de prétendre qu'au lieu de

d'une Cour royale, et compromettre du même coup l'unité de la jurisprudence, c'était instituer une véritable confusion de pouvoirs et risquer de livrer la France à l'anarchie de vingt-sept corps législatifs au petit pied.

La loi du 1er avril 1837 remit les choses dans la bonne voie, et elle eut surtout le mérite de ne pas tomber dans un excès contraire à celui qu'elle voulait corriger. Le dernier mot fut rendu à la Cour de cassation, dont l'interprétation dut prévaloir. Il semblait donc naturel de l'autoriser à juger définitivement le procès ; elle ne le fit pas cependant, et l'on eut raison. En effet, décider ainsi, c'était exagérer la réaction, c'était accepter une nouvelle confusion de pouvoir, c'était donner encore à la même magistrature le soin de juger à la fois le point de fait et le point de droit ; c'était renouveler enfin, au profit de la Cour de cassation, la faute déjà commise en faveur des Cours royales. Celles-ci conservèrent donc d'une manière souveraine le jugement du fond du procès, mais à la charge de se conformer sur le point de droit à l'interprétation donnée par la Cour de Cassation. Cette fois au moins les droits de chacun furent respectés.

donner des prescriptions précises, elle abandonne la solution des difficultés à la libre appréciation des magistrats (1).

Ainsi les lois sur la presse, qui attachent des conséquences si graves, pour les publications périodiques, au
fait d'avoir traité des matières d'*économie sociale*, ont été
critiquées bien des fois parce qu'elles ne définissaient
point ce mot, dont le sens est assez élastique pour qu'on
puisse y faire rentrer tout ce qu'on veut, comme certains arrêts en ont donné la preuve : de sorte que ces
lois confient réellement aux magistrats un pouvoir discrétionnaire.

Tout récemment, la discussion de la loi sur l'abolition
de la contrainte par corps a fourni un exemple plus frappant encore des répugnances générales à cet égard. Il
est évident, quand on suit la discussion, que tout le monde
eût été bien aise de trouver un biais qui permît de réprimer
la mauvaise foi sans atteindre le débiteur malheureux.
Certains membres proposèrent donc de rendre la contrainte par corps facultative entre les mains du juge;
d'autres de l'attacher spécialement à la mauvaise foi, en
organisant une petite procédure sommaire pour déclarer
son existence au moment de l'arrestation. Mais on montra
que toutes ces propositions tendaient à remettre au juge
un pouvoir arbitraire, et cet argument les fit rejeter,

(1) Voyez, par exemple, les critiques adressées par M. Batbie à l'article 513
du Code Napoléon permettant de donner un conseil judiciaire aux prodigues,
Revue critique de législation et de jurisprudence, t. XXVIII, p. 132 (févr. 1866),
et surtout t. XXX, p. 226 (mars 1867). — Rapprochez la réponse de M. Duver-
ger, t. XXIX, p. 127 (août 1866).

malgré le désir général de ne pas laisser les fraudes impu-
nies. Comme le disait M. Rouher (séance du Corps
législatif du 28 mars 1867, au *Moniteur* du lendemain),
la magistrature elle-même ne veut pas de cette *faculté*
redoutable, et rien ne serait plus dangereux pour les magistrats que de se trouver *sans boussole législative, au
risque de subir des impressions variables à l'infini.* (Comparez le passage de M. Demolombe critiqué plus haut,
p. 541.)

Nous sommes dans un cas analogue, auquel cette réflexion s'appliquerait également bien. Vouloir laisser aux
magistrats le soin d'entendre comme bon leur semble la
nature de l'ordre public, c'est donc remonter vers un
passé que personne ne regrette, c'est méconnaître à la
fois les tendances les plus incontestables de tous les
esprits et les principes de l'organisation des pouvoirs dans
la société moderne, c'est imposer enfin aux magistrats
une prérogative qu'ils sont loin de désirer, et dont l'exercice est plein de difficultés comme de périls pour eux-
mêmes (1). *Optima lex quæ minimum judici,* dit un vieil
adage ; la meilleure loi est celle qui laisse le moins au
juge, parce que c'est elle qui protége le mieux la liberté
des citoyens, comme Montesquieu nous l'a si nettement
montré tout à l'heure (p. 559).

(1) Je ne crois pas d'ailleurs que la magistrature de l'ancien régime elle-
même ait jamais tenu beaucoup au droit de juger arbitrairement. Les arrêts de
règlement, tout en empiétant sur le domaine législatif, n'étaient-ils pas après
tout des règles que les juges s'imposaient d'avance pour suppléer à celles de la
loi, et pour se lier dans l'avenir? S'ils exerçaient deux pouvoirs incompatibles,
celui de poser le principe et celui de juger le fait, ici au moins les Parlements
ne les exerçaient-ils pas au même moment et dans le même acte.

Il est vrai que dans la matière dont nous nous occupons principalement, celle de l'action du ministère public en matière civile, on a trouvé un moyen fort simple, sinon fort légitime, d'écarter la difficulté : c'est de supprimer, dans la loi du 20 avril 1810, le second alinéa de l'article 46, pour n'avoir pas la peine de chercher les cas d'application du droit qu'il institue. Mais, lors même qu'il faudrait accepter cette doctrine, resteraient toujours les divers articles du Code Napoléon qui nous parlent d'ordre public dans des circonstances si graves, et pour lesquelles on n'est point encore parvenu à imaginer quelques biais ingénieux permettant d'éliminer là aussi la question d'ordre public par un procédé analogue. Cette question subsiste donc malgré tout, et la doctrine doit forcément la résoudre, puisque les tribunaux, sauf la Cour de cassation, ne peuvent pas se charger de cette tâche et sont surtout peu propres à la remplir. La Cour de cassation elle-même, l'expérience l'a montré, procéderait empiriquement, et ne chercherait pas à dégager, en les appliquant, aux circonstances variées de chaque procès, les principes généraux immuables, si les théories de la doctrine ne l'y poussaient point.

Lors même que les textes législatifs ne fourniraient pas au jurisconsulte les éléments de la définition, il ne devrait pas moins les chercher, comme nous l'avons dit (p. 513), en se rattachant aux principes généraux du droit et de la raison. Il semble d'abord que cette méthode indépendante doive l'exposer au reproche d'arbitraire que nous adressions tout à l'heure à la jurisprudence. Mais la situation est bien différente et les inconvénients ne sont pas les mêmes.

En premier lieu la doctrine n'est pas comme le corps judiciaire un pouvoir social ; c'est une simple manifestation, plus ou moins fidèle, de la raison humaine, qui n'a d'autorité que celle qu'elle lui emprunte, et de force que l'influence résultant d'une adhésion volontaire. Il n'y a donc pas à craindre qu'une seule magistrature cumule deux attributions qui doivent rester incompatibles. D'un autre côté, ce qui fait le principal danger du pouvoir arbitraire des juges, c'est que les mêmes hommes décident à la fois du droit et de son application, que le même acte décrète la loi et l'arrêt. La règle doctrinale, au contraire, comme la règle législative, existe avant les procès, et ne se plie pas à changer avec chacun d'eux; n'étant pas l'œuvre des hommes qui l'exécutent, elle ne peut pas non plus s'inspirer de leurs préjugés ou de leurs passions, et ne saurait jamais se prêter à une concentration de pouvoirs abusive. Quant à l'efficacité pratique qu'elle ne possède point en elle-même, c'est l'adhésion de la Cour de cassation qui la lui donnera.

En résumé, lorsque la méthode énumérative essaye de donner des motifs à l'appui de ses décisions particulières, il est facile de lui montrer qu'elle définit en réalité l'ordre public, mais qu'elle le définit d'une manière sournoise, pour ainsi dire inconsciente, qui présente tous les dangers d'une définition franche sans posséder aucun de ses avantages, qui esquive une discussion sérieuse et se prive ainsi des lumières qu'elle ne manquerait pas de faire jaillir, qui laisse enfin la porte ouverte à d'incessantes contradictions.

Lorsque au contraire elle n'indique pas de motifs et se borne à émettre des opinions non justifiées, elle fonde en définitive ses décisions sur des raisons d'autant moins solides et précises, qu'elles ne se formulent même pas, ou bien elle s'en remet au sentiment spontané de chacun; mais dans un cas comme dans l'autre, elle ne peut établir d'accord véritable et permanent, de telle sorte que les mêmes questions seront tranchées d'une manière toute différente, suivant les temps, les lieux, les circonstances ou le tempérament des juges, sans qu'on ait le droit d'uniformiser ou de censurer ces décisions contradictoires.

En autorisant enfin les magistrats à entendre l'ordre public comme bon leur semble, suivant leur manière de voir particulière, elle leur confie une attribution essentiellement législative, et amène ainsi une dangereuse confusion de pouvoirs directement contraire aux principes de notre organisation sociale.

Anarchie, instabilité, arbitraire, voilà donc les trois mots qui caractérisent la méthode énumérative. Quelles que soient les imperfections de la doctrine qu'on essayera de lui substituer, ses défauts ne pourront guère être plus considérables.

D'ailleurs, lorsqu'une difficulté existe, il faut la signaler franchement loin de chercher à la déguiser sous un semblant de solution qui l'écarte sans la résoudre. Il est clair en effet que le mot ordre public ne représente pour nous

aucune idée tant qu'il n'est pas défini. C'est là un procédé aussi funeste que stérile; car, en donnant à l'esprit
un contentement factice, il le détourne de chercher autre
chose et peut-être de trouver mieux dans une autre voie.
S'il n'avait pas été entendu, depuis soixante ans, que la
nature de l'ordre public est une question de fait, qu'on
ne doit pas examiner en thèse, comme dit Marcadé, ni
prétendre résoudre d'une manière générale, tous les jurisconsultes qui ont traité cette matière se seraient efforcés
de trouver une définition précise, et, les difficultés s'élu-
cidant les unes à la suite des autres par les progrès successifs dus à chaque auteur, il est probable que nous
serions aujourd'hui en possession d'une théorie générale,
sinon tout à fait irréprochable, du moins suffisante dans
la plupart des cas, et tout au moins bien supérieure aux
maigres résultats de la méthode énumérative.

SECONDE SECTION

ESSAI D'UNE FORMULE GÉNÉRALE DE L'ORDRE PUBLIC.

L'ordre public, c'est évidemment l'ordre de la société
considérée au point de vue moral comme au point de
vue matériel, dans le domaine des idées comme dans celui
des faits; l'ordre public, c'est donc l'organisation de la société, et, par suite, les lois qui l'intéressent sont celles qui
règlent plus ou moins directement cette organisation.

Mais toutes les sociétés humaines ne sont point orga-
nisées d'une manière identique; la nature de l'ordre pu-

blic ne sera donc pas non plus la même dans chacune
d'elles, et nous avons déjà vu en effet (p. 52 et 177)
qu'elle était susceptible de subir les variations les plus
considérables ou les interversions les plus complètes. Il serait par conséquent bien difficile de donner de l'ordre
public, — comme on peut le faire pour beaucoup d'autres
termes de droit, — une définition tirée de son essence
même, et qui soit également applicable dans toutes les
sociétés.

Prenons par exemple la donation; nous la définirons, je
suppose : « Un acte par lequel une personne se dépouille
gratuitement de certains avantages au profit d'une autre
qui accepte. » Voilà une définition qui sera vraie chez
tous les peuples, si ce n'est que chacun d'eux pourra en
outre exiger certaines circonstances à défaut desquelles
l'acte ne sera pas valable : ainsi, en droit français, il faudrait ajouter « actuellement et irrévocablement ». Mais
les conditions exprimées par ces deux mots ne sont point
des éléments essentiels de l'idée de donation, et, en pri-
vant de tout effet les actes qui ne les réunissent pas, la
loi ne peut pas faire qu'ils ne soient pas au fond des donations. L'idée de donation a une existence logique indépendante ; elle préexistait au législateur et découlait de
la nature même des choses : il ne saurait donc être en
son pouvoir de la changer, car la nature des choses ne
lui est pas soumise.

Il en est tout autrement de l'ordre public. Si nous tra-
cions le plan d'une société idéale, comme la République
de Platon, si nous déterminions philosophiquement les

bases d'une bonne organisation civile, — bonne au moins
à notre avis, — nous pourrions chercher à définir l'ordre
public par la nature même des éléments qu'il comprendrait. Mais il ne s'agirait jamais là que de l'ordre public
de cette cité créée dans notre cerveau, et cette définition
n'aurait rien à voir avec les cités terrestres et réelles.

En effet, quelque opinion que l'on puisse avoir sur
l'origine ou le fondement de la société et sur la manière
dont elle a pris naissance, toujours est-il qu'aujourd'hui,
et aux yeux du jurisconsulte, il ne peut être question de
la société humaine, — pure abstraction de l'esprit au
point de vue qui nous occupe, — mais de sociétés déterminées qui sont une création de la loi et n'existent que par
elle. Ces sociétés nationales sont donc chacune ce que la
fait sa loi constitutive, et c'est cette loi qui crée l'ordre
public en même temps qu'il crée la société.

L'ordre public n'a pas d'existence logique indépendante, comme la donation que nous prenions tout à l'heure
pour exemple; il ne préexiste point comme elle au législateur dans ses éléments essentiels; il en émane au contraire tout entier et n'existe que par lui. La loi, en effet,
est maîtresse d'organiser comme bon lui semble la société
qu'elle institue ou consacre; or, comme l'ordre public est
étroitement lié à cette organisation, dont il n'est qu'une
des faces, on peut dire que la volonté seule de la loi lui
donne naissance, et que par suite elle a le droit absolu
de le faire ce qu'il lui plaît qu'il soit. En réalité, l'ordre
public n'est pas une chose distincte ; c'est simplement un
mode, une manière d'être que possèdent certaines choses,

ou, pour employer des termes plus précis, un point de vue particulier sous lequel le législateur considère certaines de ses dispositions.

Il semble d'abord que ce point de vue, le législateur devrait toujours l'avoir, et que, par conséquent, toutes les lois devraient être regardées comme intéressant l'ordre public. Le but de la loi n'est-il pas en effet d'organiser la société, de régler sa marche dans les circonstances de tout genre qui peuvent se présenter, d'y maintenir l'ordre matériel et moral, d'y assurer le règne de la justice? Quant aux intérêts des particuliers, ne sont-ils point tous égaux à ses yeux, et quelle raison aurait-elle de favoriser les uns plutôt que les autres? La plus exacte impartialité vis-à-vis de chacun d'eux n'est-elle pas son premier devoir? Et lorsque les passions des gouvernants l'en écartent, ne prennent-elles pas soin de se déguiser sous le manteau de l'intérêt public?

Cette première difficulté, — du reste aisée à résoudre, — est signalée notamment par A. M. Demante (*Cours analytique du Code civil*, tome Ier, n° **12** *bis* I) : « La loi positive, nous dit-il, n'ayant d'autre but que de faire régner l'ordre dans la société, en assurant, avec les tempéraments commandés par la raison d'utilité sociale, l'action de la morale universelle, on ne comprend pas bien d'abord que certaines lois seulement soient dites ici (dans l'article 6 C. Nap.) intéresser l'ordre public ou les bonnes mœurs, et soustraites comme telles aux dérogations des conventions particulières. Mais un peu d'examen fait bientôt reconnaître la justesse de la distinction. Souvent, en

effet, la loi ne dispose que pour établir un droit commun
en l'absence de conventions particulières : alors, on le sent
bien, l'ordre public, intéressé à ce que le droit commun
soit tel, ne l'est pas à ce que ce droit commun soit maintenu dans son application aux particuliers qui, par leur
convention, ont établi entre eux une loi spéciale. »

Il n'est même pas nécessaire de supposer l'ordre public
intéressé à ce que le droit commun soit ceci plutôt que
cela. La loi n'a souvent d'autre but que de consacrer l'intention présumée des parties qu'elle apprécie d'après les
usages les plus ordinaires. Il y a aussi des points qu'elle
est obligée de régler d'une manière quelconque, leur nature même faisant que les particuliers n'auraient pas
l'idée de les prévoir ou ne pourraient presque jamais se
mettre d'accord sur eux : telles sont par exemple les règles sur les détails de procédure (je ne parle point de la
compétence), sur l'absence, etc.

Ainsi, on peut faire deux grandes parts de toutes les
dispositions législatives.

Les unes ont pour but le maintien de l'organisation
sociale, la protection des principes sur lesquels repose la
société dont on s'occupe, par exemple les règles relatives
aux divers pouvoirs, à l'organisation et à la défense de la
propriété dans les limites où elle est reconnue, à la morale publique telle qu'on l'a comprend, etc..., en un mot
tout ce que le législateur, à tort ou à raison, regarde
comme utile à la société qu'il régit, tout ce qu'il consacre
en vue de l'intérêt public. L'ensemble de ces règles, dis-
persées dans une foule de matières diverses, constitue ce

qu'on appelle souvent le droit public, mais en donnant à
ce mot un sens bien plus étendu que celui qu'il comporte
lorsqu'il s'applique uniquement à l'organisation des pouvoirs sociaux.

Les autres dispositions législatives règlent des points où
l'on n'a pas cru l'intérêt social engagé et qui concernent
seulement les citoyens; elles ont pour but l'intérêt privé,
non pas l'intérêt privé de tel ou tel individu, ce qui serait
contraire à l'impartialité du législateur, mais tous les intérêts privés en général. Elles forment ce qu'on peut
appeler le droit privé, par opposition au droit public entendu comme nous venons de le dire. (Comp. Demolombe, I, 17.)

Il est vrai que si ces points qui intéressent seulement
les particuliers n'étaient pas réglés du tout, l'absence d'un
moyen légal de terminer les différends, pourrait donner
lieu à des rixes ou à des actes de violence qui mettraient
en péril l'organisation sociale : sous ce rapport, ces règles
sont donc également utiles à son maintien.

Mais il faut remarquer que, dans les cas de ce genre,
si la société est intéressée à ce qu'il y ait une règle, elle
ne l'est plus, comme tout à l'heure, à ce que cette règle
soit ceci ou cela. Elle peut seulement avoir un intérêt
indirect à ce que cette règle soit juste et pratique, pour
que les citoyens en soient satisfaits et fassent remonter
cette satisfaction jusqu'à l'organisation sociale qui la leur
procure. Ainsi, une législation qui offrirait aux époux,
même sans la leur imposer, un régime matrimonial
vicieux ou peu équitable, une loi qui déterminerait d'une

manière inexacte les effets des diverses obligations, exci-
teraient à coup sûr beaucoup de mécontentement et par
suite nuiraient à la société. Mais cela ne les empêcherait
point d'avoir été faites seulement en vue des particuliers.

De ces deux droits que nous venons de définir, il est
clair que le droit public seul intéresse l'ordre public, et
que le droit privé n'intéresse que les particuliers. Mais
comment distinguer ce qui est de droit public et ce qui
est de droit privé? C'est là le nœud de notre question;
et, pour la résoudre d'une manière complétement satisfaisante, il faut trouver un caractère pratique, facile à
reconnaître, que le droit public présente toujours, et que
le droit privé ne possède jamais. Quel sera ce caractère?
Voilà ce qu'il nous faut chercher maintenant.

La combinaison des divers articles de nos lois civiles,
et l'étude de l'esprit général qui les domine, montrent
bientôt que, parmi les caractères des dispositions de
droit privé, il en est un, absolument essentiel, qui ne
leur fait jamais défaut. Ce caractère, c'est que le bénéfice résultant de ces dispositions admet nécessairement,
dans tous les cas, une évaluation pécuniaire. Il n'a guère
figuré jusqu'ici dans la discussion qui nous occupe, et
les auteurs n'y ont pas eu recours pour éclaircir les
obscurités, quelquefois si intenses, de notre matière.
Cependant, il n'est pas difficile d'établir qu'il est rigoureusement général, comme nous le disions à l'instant, et
qu'il s'applique bien à tout ce qui peut être susceptible
d'entrer dans le patrimoine des particuliers, de former la

matière de leurs conventions. Quelques articles du Code Napoléon vont nous le prouver :

« Toute obligation de faire ou de ne pas faire se résout en dommages-intérêts, en cas d'inexécution de la part du débiteur », dit l'article 1142. Sans doute, si l'obligation est de nature à être convenablement accomplie par un tiers, le tribunal peut ordonner qu'elle le sera aux frais du débiteur (art. 1144 Code Napoléon), et, lorsqu'il s'agit d'une obligation de ne pas faire, le créancier peut être autorisé à détruire, toujours aux dépens du débiteur, ce qui aurait été fait en contravention de l'engagement (art. 1143). Mais il est clair qu'au point de vue du débiteur, il ne s'agit encore que d'une somme d'argent. Voilà donc notre principe établi pour la première grande classe d'obligations.

Quant aux obligations de donner, elles ne peuvent également avoir pour objet qu'une chose appréciable en argent, car elles se résolvent aussi en dommages-intérêts dans certains cas, par exemple, si le débiteur n'a pas conservé la chose promise jusqu'à la livraison (voy. art. 1136 C. Nap.), ou si cette chose a péri entre ses mains après sa mise en demeure ou par sa faute (art. 1138-2°, et 1302-2° et 4° C. Nap.). De même la vente suppose nécessairement un prix (voy. art. 1382, C. Nap.), qui est l'équivalent pécuniaire de la chose vendue, et, en cas d'éviction, c'est encore une somme d'argent qui sera remise à l'acheteur évincé; l'échange peut aussi se résoudre en dommages-intérêts, lorsqu'un des co-permutants est évincé de la chose qu'il a reçue (voy. art. 1705 C. Nap.).

L'action civile naissant d'un délit ne procure encore à la victime que des dommages-intérêts, et, lors même que vous êtes atteint dans votre honneur, le tribunal doit apprécier en argent l'importance du tort que vous avez subi, quoique, dans cette dernière hypothèse, l'appréciation devienne presque forcément fictive, la chose à mesurer ayant en elle-même, sinon dans tous ses effets, une nature qui ne ressemble aucunement à celle de la mesure qu'on lui applique.

Dans certains cas, l'offenseur peut être condamné en outre à faire réparation, soit verbalement devant le tribunal, soit par écrit (voyez les articles 226 et 227 du Code pénal). Mais, quoique ces dispositions semblent bien avoir pour but de réparer le tort causé à l'offensé, il n'en est pas moins vrai que le législateur les considère comme des peines, que le ministère public seul peut faire prononcer, et non comme un mode particulier de réparation civile que l'offensé réclamerait lui-même, au lieu de dommages-intérêts. C'est donc encore une disposition de droit public, et nous voyons en effet qu'elle se résout en un emprisonnement indéfini, si l'offenseur refuse de satisfaire à la condamnation. Ajoutons qu'au jugement d'éminents criminalistes, « cette peine n'est plus de notre temps » (Ortolan, *Éléments de droit pénal*, nᵒˢ 1386 et 1546), et qu'en fait, la jurisprudence l'a laissé tomber en désuétude.

Dans tous les cas, il n'y aurait jamais là qu'une disposition particulière fort exceptionnelle, et il n'en resterait pas moins vrai de dire qu'en général, la réparation civile d'une offense consiste seulement dans le payement d'une certaine somme d'argent à l'offensé.

Ainsi, tous les droits qui appartiennent aux citoyens, qui figurent dans leur patrimoine, et dont ils peuvent disposer, tous les droits privés, en un mot, sont susceptibles d'un équivalent pécuniaire. Cette circonstance suffit-elle pour les caractériser? Et avons-nous mis la main sur notre moyen de distinguer, sur notre définition? Il ne faut plus pour cela qu'une seule chose, c'est que la proposition inverse soit également vraie. Nous avons montré que tout ce qui rentre dans le droit privé peut être évalué en argent; il faudrait établir encore que tout ce qui rentre dans le droit public repousse absolument une appréciation de ce genre, et prouver qu'une chose appréciable en argent n'intéresse jamais l'ordre public. Si nous parvenions à faire cette nouvelle preuve, nous aurions saisi l'essence même de l'ordre public, nous aurions trouvé une véritable définition intrinsèque tirée de sa nature intime, et non pas seulement, comme nous le supposions en commençant, une définition artificielle empruntée à des circonstances extérieures. (Voyez cependant ce qui est dit plus loin, page 587.)

Malheureusement, nous sommes moins heureux sur ce second point que sur le premier.

Remarquons tout d'abord que si la plupart des dispositions qu'on s'accorde à ranger dans le droit public ne règlent pas directement des intérêts pécuniaires, il n'en est pas moins vrai qu'elles font naître indirectement des droits appréciables en argent. Par exemple, la qualité d'enfant légitime n'est pas dans le commerce, elle n'admet point d'équivalent pécuniaire ; et cependant n'a-t-elle pas pour effet de donner des droits successifs parfaitement appréciables en argent? Toutefois ce n'est point là une difficulté sérieuse, et nous ne la mentionnons que pour l'écarter.

Il est aisé de voir en effet que le droit, dans son essence, touche à l'ordre public et que les avantages qui en découlent sont de pur intérêt privé : d'où la conséquence que l'état reste imprescriptible (art. 328 C. Nap.), et qu'on ne peut y renoncer, tandis qu'il est parfaitement permis de transiger sur les intérêts pécuniaires qui en découlent, comme « on peut transiger sur l'intérêt civil qui résulte d'un délit » (art. 2046 C. Nap.). Malgré cette transaction, dans le premier cas, on conservera toujours le droit de réclamer son état, et dans le second, les poursuites du ministère public resteront possibles jusqu'à ce que les délais de la prescription particulière établie en matière criminelle se soient écoulés. La distinction est trop simple, en principe, pour nous arrêter longtemps, et nous n'avons point à examiner ici les difficultés de détail qui peuvent se présenter à l'application.

Mais tous les cas ne sont pas de ce genre, et il est des actes que nous sommes obligés de déclarer contraires à l'ordre public bien qu'ils ne règlent que des intérêts pécuniaires et ne touchent qu'à des droits appréciables en argent.

Prenons, par exemple, une société ayant pour but l'exercice de la contrebande, et, afin d'écarter de notre hypothèse les circonstances qui pourraient la compliquer inutilement, supposons que cette société n'entreprend rien qui ressemble à une sorte d'organisation militaire, comme on en rencontre quelquefois chez les contrebandiers ; elle se propose simplement d'introduire en France des marchandises étrangères sans payer les droits de douane qui les frappent, et les personnes chargées de cette introduction ne doivent employer que la ruse pour dépister les recherches des douaniers ; ce seront, par exemple, des femmes qui voyagent en chemin de fer et cachent des dentelles sous leurs vêtements. L'objet d'une pareille société est-il licite (voy. art. 1833 C. Nap.)? Il ne serait pas possible de le soutenir ; et cependant il n'y a là en jeu, de la part de l'État lui-même, que des intérêts pécuniaires, puisqu'il s'agit simplement d'éviter le payement de certaines taxes.

L'article 32, titre II, de la loi du 9 vendémiaire an VI (30 sept. 1797), confirmé par l'art. 40 de la loi du 22 frimaire an VII (12 déc. 1798) sur l'enregistrement, déclare nulles, même entre les parties contractantes, les contre-lettres sous signatures privées ayant pour but d'augmenter secrètement un prix stipulé dans un acte ostensible, de manière à éviter le payement d'une partie des droits d'enregistrement. Il est clair que si le législateur annule radicalement ces contre-lettres, c'est parce qu'à tort ou à raison il les juge contraires à l'ordre public. On ne peut expliquer autrement cette disposition, jugée peu équitable ou même qualifiée d'immorale par beaucoup d'auteurs. Elle rentre donc aussi dans le droit public, bien qu'il ne s'agisse toujours, comme dans le cas précédent, que d'intérêts pécuniaires, de sommes d'argent à payer.

Il est vrai qu'aujourd'hui cette disposition se trouve implicitement abrogée par l'article 1321 du Code Napoléon, au moins d'après l'opinion consacrée [par la jurisprudence et la grande majorité des auteurs. Mais, en admettant même que cette doctrine soit fondée, cela ne détruirait pas notre argument qui se poserait toujours avant la promulgation du Code.

D'ailleurs la jurisprudence, suivie, ici encore, par le plus grand nombre des auteurs, fait exception pour les contre-lettres qui augmentent secrètement les prix de cession des offices de notaires, avoués, huissiers, greffiers, etc. Celles-ci sont déclarées nulles, même entre les parties contractantes, comme contraires à l'ordre public. L'ordre public serait, dit-on, intéressé à ce que ces offices ne soient pas vendus trop cher, et les contre-lettres, soustraites à l'examen de la chancellerie, permettent des exagérations de prix que celle-ci n'accepterait pas dans les traités qui lui sont soumis; c'est même d'ordinaire pour parer à cette éventualité qu'on recourt aux contre-lettres. Je le veux bien. Mais l'analyse des motifs donnés à l'appui de cette opinion démontre facilement que tout se réduit en définitive à des considérations pécuniaires.

A l'égard du cédant et du cessionnaire, cela est je crois assez évident pour n'avoir pas besoin d'être démontré. On invoque l'intérêt des clients : si le nouveau notaire a payé sa charge trop cher, il sera tenté d'exagérer pro-

portionnellement ses honoraires. Soit; je ne le contes-
terai pas, quoique ces deux faits ne me paraissent aucunement corrélatifs : mais n'est-ce point là une question
pécuniaire ? On invoque aussi l'utilité publique, qui serait lésée si le nouveau notaire ne pouvait pas faire honneur à ses affaires. Soit encore. En effet, par suite de ses
fonctions, il reçoit souvent des sommes importantes, et,
dans la plupart des cas, il est responsable de la validité
des actes pour lesquels on a eu recours à son ministère ;
l'utilité publique dont on parle ne peut évidemment s'entendre que de cela : donc toujours intérêt appréciable en
argent. Enfin, quant à l'intérêt fiscal de l'État au point
de vue de la perception du droit proportionnel d'enregistrement sur le prix de la cession, il est bien clair que
c'est là aussi une simple question d'argent. Voilà donc
encore un cas où l'on déclare l'ordre public intéressé et
dont chaque élément est cependant susceptible d'une
évaluation pécuniaire.

Citons la loi du 21 mai 1836 qui a prohibé les loteries,
les lois des 6 et 22 messidor an III qui défendent dans
certains cas les ventes de blés en vert, la loi du 19 juillet
1845 sur les substances vénéneuses, celle du 24 mai
1834 sur les armes et munitions de guerre, etc.

Nous pourrions développer encore d'autres exemples;
mais ils n'apporteraient point de lumières nouvelles dans
la question; ceux que nous venons de donner suffisent
pour montrer que ce qui touche à l'ordre public peut
quelquefois être estimé en argent. C'est là toutefois l'exception, et, lorsqu'il est établi que certains droits compor-

tient un équivalent pécuniaire, il devient très-probable qu'ils n'intéressent pas l'ordre public. Peut-être même pourrait-on dire que dans une législation vraiment rationnelle, cette distinction serait rigoureusement exacte, et qu'on devrait faire deux grandes classes nettement séparées : tout ce qui pourrait s'apprécier en argent rentrerait dans le droit privé ; tout ce qui serait incompatible avec un pareil mode d'estimation constituerait le droit public.

Mais, en attendant, il faut bien nous accommoder des lois civiles actuelles qui n'admettent pas cette délimitation rigoureuse, et chercher une autre définition qui ne puisse plus se trouver en défaut.

Celle-ci pourtant ne nous sera pas inutile. Elle nous permettra d'exclure sans hésiter du droit privé et de soustraire aux conventions des citoyens tout ce qui n'est pas appréciable en argent ; elle fermera en quelque sorte la porte du droit public aux intrus qui voudraient l'envahir. Nous aurons occasion de l'employer utilement à ce point de vue, par exemple en commentant l'article 900 du Code Napoléon. Outre ce rôle négatif dans la détermination de l'ordre public, elle pourra servir aussi d'une manière positive, à titre de définition provisoire et approximative du droit public. Lorsque l'objet sur lequel porte un acte sera reconnu appréciable en argent, on ne pourra point absolument affirmer qu'il n'intéresse pas l'ordre public, mais il y aura une forte présomption dans ce sens, et cette présomption ne devra tomber que devant un texte formel, comme l'article 40 de la loi du 22 frimaire an VII, la loi du 21 mai 1836 sur les loteries, etc., ou au moins des motifs évidents et des principes incontestés, comme ceux qui s'appliquent aux sociétés de contrebande.

Pour trouver une autre définition, il faut remonter à l'origine même de la distinction entre le droit public et le droit privé.

Cette distinction, comme nous l'avons déjà dit plus haut, repose entièrement sur la volonté du législateur, car celui-ci peut à son gré faire passer telle ou telle loi de la première classe dans la seconde ou de la seconde dans la première. Il jouit à cet égard d'une latitude que rien ne vient restreindre, de ce qu'on appelle ordinairement un pouvoir arbitraire : et c'est même pour cela qu'une définition rationnelle sera presque toujours exposée à être prise en défaut sur quelque point. En admettant que le législateur l'ait acceptée comme base, — hypothèse déjà fort contestable, — il suffit qu'il la perde de vue un seul instant, sciemment ou non, pour que cette erreur, peut-être involontaire, la rende aussitôt inexacte et insuffisante.

Tout est donc à la merci des caprices du législateur. S'il lui plaisait, par exemple, d'autoriser chaque citoyen à vendre son nom comme bon lui semble, et de déclarer qu'il n'y a là rien de contraire à l'ordre public, nous serions bien forcés de placer dans le droit privé tout ce qui conserve les noms, quoique ce soient là des choses qui de leur nature ne comportent point d'estimation pécuniaire. Mais, dès que la toute-puissance du législateur aurait permis le commerce des noms, une fiction plus ou moins

pratique leur donnerait forcément ce caractère, car les
conventions que feraient sur eux les particuliers pourraient toujours, dans certains cas, se résoudre par des
dommages-intérêts payables en argent. Voilà pourquoi
nous avons pu dire tout à l'heure que les choses faisant
partie du droit privé étaient nécessairement susceptibles
d'une évaluation pécuniaire : les unes possèdent réellement ce caractère, et les autres en jouissent parce que la
loi le leur attribue fictivement, de même qu'il y a des
immeubles par nature et des immeubles par la volonté
de la loi (voy. art. 517 et suiv. Code Napoléon). Ainsi,
il faut, ce me semble, une fiction de ce genre pour qu'on
puisse évaluer en argent le tort causé par une diffamation ou une offense; car, à côté du tort pécuniaire
(atteinte au crédit, trouble porté dans les affaires de
l'offensé, relations d'intérêt rompues, perte de clien-
tèle, etc.), il y a le tort moral dont la nature est évidemment bien différente.

L'ordre public comprend donc toutes les choses que la
loi a voulu y rattacher. Reste à savoir quelles sont ces
choses.

Si le législateur prenait soin de nous indiquer expressément sa manière de voir sur chacune de ses dispositions, aucune difficulté ne s'élèverait dans aucun cas,
quelque bizarre que puisse paraître le point de vue
adopté. Mais il est loin d'en être toujours ainsi, et, lorsque le législateur reste silencieux, à quoi reconnaîtrons-
nous quelle a été son intention? Voici un criterium qui
pourra nous y conduire.

Le droit privé n'étant introduit qu'en faveur des particuliers, ceux-ci peuvent évidemment disposer comme bon leur semble des avantages qu'il leur confère, car le seul but de la loi étant de leur procurer un bénéfice, elle n'avait aucune raison pour leur imposer ce bénéfice malgré eux. C'est là un principe reconnu de toute antiquité : « *Cùm..... sit regula juris antiqui*, nous dit l'empereur Justinien dans la loi 29 au Code, *De pactis* (liv. II, tit. III), *omnes licentiam habere his quœ pro se introducta sunt renuntiare.* » D'ailleurs, disposer d'un droit ou y renoncer au profit d'un autre, n'est-ce pas encore une manière d'en jouir, quelquefois même la meilleure et la plus utile de toutes ? Les avantages résultant des dispositions du droit privé font partie du patrimoine des particuliers, ou plutôt constituent ce patrimoine, — car dans la société les particuliers possèdent seulement les droits que la loi leur attribue directement ou indirectement. — Ils sont donc propriétaires de ces avantages, ce qui implique le droit d'en user ou d'en disposer, et c'est sur eux que portent les mille conventions qui se font chaque jour.

Quant au droit public, les particuliers peuvent bien, dans certains cas, tirer avantage de ses dispositions ; mais il n'a pas été introduit en leur faveur, il n'est pas leur propriété : s'ils en profitent, c'est par un simple hasard que le législateur n'avait pas en vue, car il ne considérait que l'intérêt social ; ils ne peuvent donc renoncer à ce bénéfice, car on ne renonce qu'à ce qu'on possède. La loi leur impose une règle pour protéger l'ordre public, sans s'inquiéter si cette règle leur sera utile ou nuisible ; il se trouve qu'elle leur est utile, soit; mais ils ne peuvent pas plus céder cette utilité à un tiers qu'ils ne peuvent vendre la maison du voisin.

Le criterium des lois intéressant l'ordre public, c'est donc que les particuliers ne peuvent pas renoncer au bénéfice de leurs dispositions, parce que ces dispositions n'ont pas été établies en leur faveur, mais en faveur de l'État, parce que le véritable intéressé ce n'est pas eux, mais la société.

Il ne faudrait point chercher là une définition intrinsèque de l'ordre public; mais n'est-il pas permis d'y voir au moins une définition extrinsèque à l'aide de laquelle on pourra le reconnaître plus aisément dans les cas particuliers?

Le caractère que nous indiquons satisfait bien à l'exigence de la scolastique, il convient *soli et toti definito*.

Soli definito. En effet, lorsque la loi vous interdit *absolument* (on verra, p. 601 pourquoi nous ajoutons ce mot) de renoncer à un avantage, c'est nécessairement qu'elle ne considère pas exclusivement cet avantage au point de vue de votre utilité particulière, c'est qu'elle croit l'ordre public intéressé à ce que vous le conserviez. S'il n'y avait en jeu que des intérêts privés, cette interdiction ne se comprendrait plus, car les intérêts purement privés sont la propriété des particuliers qui peuvent en disposer comme bon leur semble.

Toti definito. Lorsque le législateur vous permet de disposer librement d'un droit, n'est-il pas clair que c'est parce que ce droit vous appartient? Et si l'on y avait cru l'ordre public intéressé, aurait-on pu le remettre à la discrétion d'un simple citoyen, aurait-on pu lui donner la faculté de pactiser suivant son caprice sur l'intérêt social, c'est-à-dire sur une chose qui ne lui appartient pas ?

Cette définition qui se déduit doctrinalement d'une manière si logique, nous paraît écrite en toutes lettres dans l'article 6 du Code Napoléon, et il semble même que le seul objet de cet article est de donner une définition de l'ordre public. Que nous dit-il en effet? « On ne peut déroger par des conventions particulières aux lois qui intéressent l'ordre public *et les bonnes mœurs.* » Laissons de côté pour le moment ces derniers mots. Il nous reste exactement la définition que nous venons de donner, sauf que les termes s'en trouvent renversés : il semble d'abord qu'on ait voulu définir non pas l'ordre public, mais les lois auxquelles il n'est pas permis de déroger. Au lieu d'écrire : l'ordre public embrasse l'ensemble des lois auxquelles toute dérogation particulière est interdite, le législateur a mis : on ne peut déroger aux lois qui in- téressent l'ordre public. Cela tient sans doute à ce que dans le titre préliminaire, il se préoccupait exclusivement de généralités sur les lois. Mais en définitive, qu'importe cette interversion si l'équivalence des termes est exacte comme elle doit l'être dans toute définition? Et, en fait, elle existe réellement, car les conventions particulières peuvent déroger aux lois qui n'intéressent pas l'ordre public ni les bonnes mœurs (voy. art. 1131 et 1133 C. N.), pourvu d'ailleurs qu'elles réunissent les autres conditions nécessaires à leur validité (voy. art. 1108 et suiv. C. N.).

Arrivons maintenant aux derniers mots « *et les bonnes mœurs* » qui, au premier coup d'œil, paraissent incompatibles avec notre théorie. N'indiquent-ils point en effet que les lois auxquelles les conventions particulières ne peuvent déroger se divisent en deux classes : 1° celles qui intéressent l'ordre public; 2° celles qui concernent les bonnes mœurs? Ce n'est là pourtant, au point de vue du débat actuel, qu'une distinction apparente, et au fond les lois de la seconde classe intéressent l'ordre public tout aussi bien que celles de la première.

Si le législateur consacre certaines règles morales et les transforme en prescriptions de droit positif, c'est parce qu'il juge l'observation de ces règles indispensable au maintien ou à la marche régulière de la société, c'est-à-dire parce qu'elles intéressent à son avis l'ordre public. Le législateur ne doit pas, ne peut pas avoir d'autre préoccupation, et il sortirait complétement de son rôle s'il voulait s'ériger en moraliste (1); aussi ces lois concernant les mœurs sont-elles fort variables d'un pays à un autre, et il est facile de voir qu'elles se trouvent toujours subordonnées à l'organisation sociale politique et religieuse de chaque peuple, ce qui montre bien leur relation intime avec l'ordre public. D'un autre côté, ne pourrait-on pas citer bien des faits immoraux que la loi

(1) Pour prendre un exemple voisin de nous, on sait tout ce qui a été dit à propos de la loi de la Restauration sur le blasphème. Et cependant il s'agissait encore de faits publics contraires à une religion déclarée religion de l'État. On comprend donc que le législateur d'alors ait vu là une atteinte à l'ordre public; c'était conforme à ses vues générales.

réprime énergiquement lorsqu'ils sont publics, et qui cessent d'être illicites dès qu'ils se renferment dans les limites de la vie particulière? Il ne s'agit donc jamais que des mœurs publiques, c'est-à-dire d'un des éléments les moins contestables de l'ordre public.

Et lors même que le législateur se tromperait, en consacrant à tort des règles morales exclusivement relatives à de simples intérêts privés, on pourrait dire que son erreur fait droit, car, s'il interdit toute dérogation, c'est qu'il croit régir un intérêt social ; cette croyance est peut-être le résultat d'illusions momentanées ou de passions politiques. Mais qu'importe? Le législateur est maître de placer où il veut l'intérêt social, puisque la société est ce qu'il la fait, et, au point de vue du jurisconsulte comme du magistrat, sa volonté suffit pour que cet intérêt soit en effet là où il s'est imaginé le voir. Cela s'applique aussi bien aux bonnes mœurs qu'à l'ordre public proprement dit. On peut blâmer la loi, mais on ne l'empêche pas d'exister avec ses conséquences juridiques naturelles.

Ainsi les bonnes mœurs, dans les limites où la loi les consacre, c'est toujours l'ordre public. Il n'y a qu'une différence d'origine. Lorsque le législateur reproduit une règle morale, cette règle lui préexistait : il ne la crée pas, il ne fait que la reconnaître, en lui donnant le caractère d'une obligation civile, et je dirai volontiers en lui prêtant une nouvelle force exécutoire. Lorsqu'il s'agit au contraire de l'ordre public proprement dit, c'est-à-dire de l'organisation sociale, tout est l'œuvre de la loi, tout lui doit la naissance, et elle ne trouve avant elle aucun principe qui la lie. Mais cette distinction d'origine une fois faite, il est clair que les deux ordres de dispositions ont le même caractère, puisqu'elles tirent uniquement de la loi leur force civile.

Il ne faut donc pas attacher trop d'importance aux termes distincts de l'article 6, qui cherchait surtout à être complet, au risque de se répéter, et qui s'explique peut-être par l'habitude où l'on est souvent de désigner surtout par ordre public les règles relatives à l'organisation des pouvoirs. Mais si l'article 6 n'avait parlé que des lois qui intéressent l'ordre public, personne n'hésiterait à y comprendre celles qui concernent les bonnes mœurs (1). Sous la duplicité des termes de l'article 6, il n'y a donc en réalité qu'un seul objet et non deux.

Nous trouvons ainsi la définition générale de l'ordre public à la seule place où elle pouvait logiquement être mise, dans les généralités sur les lois, qui précèdent le premier et le plus important de nos Codes. Cette définition une fois acceptée, le rapprochement des divers textes de notre droit civil relatifs à l'ordre public nous en fait comprendre aussitôt les rapports et la liaison intime, en même temps qu'il les éclaire d'un jour nouveau.

L'article 6 du Code Napoléon caractérise l'ordre public et pose le principe général. L'ordre public est en quelque sorte le patrimoine de la société, et chaque

---

(1) Nous devons remarquer dès à présent que les articles 900 et 1133 du Code Napoléon disent simplement *les bonnes mœurs*, et non plus, comme l'article 6, *les lois qui intéressent les bonnes mœurs*. Mais c'est là une difficulté particulière à ces articles.

citoyen se trouve pour ainsi dire vis-à-vis de lui dans la même position qu'en face du patrimoine d'un autre citoyen; c'est à son égard *res alterius*, la chose d'autrui, avec cette aggravation qu'il ne peut jamais l'acquérir de son propriétaire. Ce qui touche à l'ordre public est donc hors du commerce des particuliers, et l'article 1128 du Code Napoléon déclare qu'il ne peut être l'objet des conventions (1). C'est une proposition qu'on pourrait au fond rapprocher de celle-ci: Pierre n'a pas le droit de transférer à Paul la propriété de ce qui appartient à Jean. Par suite de la même idée, les articles 1131 et 1133 ne permettent pas de s'obliger en vue d'une cause contraire à l'ordre public; l'article 1172 annule les conventions contenant des conditions contraires à l'ordre public; l'article 900 annule seulement ces conditions elles-mêmes lorsqu'elles sont insérées dans un testament ou une donation; l'article 686 interdit l'établissement de servitudes qui seraient contraires à l'ordre public; l'article 2226 empêche la prescription des choses qui ne sont pas dans le commerce, c'est-à-dire de tout ce qui concerne l'ordre public. N'est-ce pas toujours l'application de cette grande règle que les particuliers n'ont jamais le droit de pactiser sur les choses qui intéressent l'ordre public, parce que ces choses ne leur appartiennent point et ne peuvent dans aucun cas leur appartenir?

Mais jusqu'ici le système est incomplet, car il manque

(1) Le mot *ordre public* ne figure pas dans l'article 1128; mais il est clair que la même idée s'y trouve exprimée sous une autre forme, et les développements que donnent tous les auteurs en expliquant ce texte se rapportent en effet à l'ordre public, comme ils ne manquent pas du reste de le dire.

une sanction; cette sanction c'est le second alinéa de l'article 46 de la loi du 20 avril 1810 qui nous l'apporte, en chargeant le ministère public de poursuivre d'office l'exécution des lois qui intéressent l'ordre public. Lorsqu'un citoyen empiète sur les droits d'un autre, et dispose, par exemple, de ce qui lui appartient, le lésé peut saisir les tribunaux qui lui rendront justice et protégeront ses biens. Si je m'avisais de vendre à mon voisin tel bastion qu'on voudra d'une place forte quelconque, la réalisation de ce marché coupable serait sans doute encore empêchée, car l'administration de la guerre est là qui veille à son domaine, et lors même que sa vigilance pourrait être éteinte ou trompée pendant longtemps, elle se réveillerait toujours plus tard, en invoquant au besoin l'article 2226 Code Nap., qui interdit toute prescription.

Mais, dans la plupart des matières qui intéressent l'ordre public, il ne s'agit pas d'empiétements sur le domaine matériel de l'État, pourvu de défenseurs par des lois spéciales. Est-ce à dire que l'ordre public, consacré par la loi, va rester sans protection? que la théorie défendra aux citoyens de lui porter atteinte, mais que la pratique leur permettra de ne tenir aucun compte de cette défense, et de le maquignonner entre eux, sans qu'un tiers ait le droit d'intervenir pour prendre en main la protection des principes outragés, sans que la justice puisse prononcer tant que l'un des auteurs de ce concert frauduleux ne trouve pas utile d'en venir réclamer lui-même l'annulation?

Il est clair que c'est là un résultat impossible, parce qu'il impliquerait un défaut complet de logique et une inconséquence plus funeste qu'une abstention absolue. A quoi bon, en effet, consacrer l'existence distincte d'un intérêt, si vous ne lui donnez pas les moyens de se défendre contre les envahissements des intérêts rivaux ? A quoi bon décider que les citoyens n'ont pas le droit de convenir entre eux de telles et telles choses, si, dans la plupart des cas, ils peuvent le faire publiquement tout à leur aise, sans que personne ait qualité pour les critiquer, et, si, même dans les circonstances exceptionnelles où quelqu'un aura cette qualité, il agira non en vertu d'un intérêt social violé, mais en vertu d'un intérêt pécuniaire connexe qui lui est propre ? Il est évident que, pour aboutir à de pareilles conséquences, il vaudrait mieux que le législateur ne dise rien et laisse toute latitude aux caprices privés, car au moins il ne donnerait pas en spectacle l'impuissance de la loi, et ne tarirait pas ainsi les sources du respect qui lui est dû (1).

(1) Ces considérations montrent les rapports intimes qui unissent l'article 46 de la loi du 20 avril 1810 à l'ensemble de nos lois civiles; mais il est évident qu'elles ne suffiraient pas à elles seules, et en l'absence de tout texte, pour donner un droit d'action au ministère public. Nous avons donc pu, sans nous contredire, repousser le système de M. le procureur général Dupin, qui conduisait à cette conséquence sous l'empire de la loi des 16-24 août 1790. Il ne faut pas oublier, du reste, qu'en 1790 la législation civile actuelle, qui met hors du commerce tout ce qui concerne l'ordre public, n'était pas encore organisée. L'ancien droit contenait, il est vrai, des dispositions du même genre, mais on ne l'appliquait qu'à titre provisoire, et l'on ne pouvait pas songer à compléter ses dispositions, puisqu'il avait été entendu, dès les débuts de la Révolution, qu'on ferait de nouvelles lois dès qu'on en aurait le temps. C'est donc seulement lorsque le Code Napoléon vint remplir cette promesse, et consacrer aussi la mise hors du commerce de tout ce qui concernait l'ordre public, que la nécessité d'une sanction devint évidente. Aussi l'article 46 de la loi de 1810 est-il, à ce point de vue, un complément du Code Napoléon, et il aurait été préférable qu'il y figurât sous une forme quelconque.

Le second alinéa de l'article 46 de la loi de 1810 se rattache donc étroitement aux dispositions que nous venons
de parcourir; il institue un défenseur aux intérêts reconnus,
aux droits consacrés par ces dispositions, il leur permet
de s'affirmer en justice, et donne en quelque sorte la vie
à une lettre morte. Il me semble que la doctrine exposée
dans les chapitres antérieurs acquiert par ce rapprochement une nouvelle force. Cette singulière anomalie d'un
intérêt que la loi consacre sans le pourvoir comme tous
les autres d'un représentant et d'un moyen de s'exprimer,
cette anomalie saute aux yeux dans toute son étrangeté.
On touche pour ainsi dire du doigt les lacunes de l'édifice
primitif, on sent l'urgente nécessité de les combler, et la
disposition de l'article 46 s'impose alors à notre esprit
d'une manière si énergique, qu'on est naturellement tenté
de la découvrir partout, de la sous-entendre où elle n'est
point : et, pour emprunter les paroles du poëte, si elle
n'existait pas il faudrait l'inventer.

Comme nous traitons seulement des matières civiles,
nous avons renfermé nos exemples dans ce cercle ; mais
la définition donnée plus haut ne serait pas moins exacte
en matière criminelle, si l'on écarte les cas spéciaux où
l'expression d'ordre public désigne seulement l'ordre matériel des lieux publics.

Il est clair que toutes les lois établissant des peines intéressent l'ordre public, et nous voyons en effet le ministère public chargé d'en poursuivre l'exécution. Mais
n'est-il pas vrai aussi que ces lois ne doivent point figurer
dans les pactes des citoyens, que les conventions particu-

lières ne peuvent y déroger, comme dit l'article 6 du Code Napoléon? « On peut transiger sur l'intérêt civil qui résulte d'un délit », dit l'article 2046, 1ᵉʳ alinéa, du Code Napoléon, c'est-à-dire qu'on peut renoncer au bénéfice de l'article 1382 du même Code, décidant que « tout fait quelconque de l'homme qui cause à autrui un dommage, oblige celui par la faute duquel il est arrivé à le réparer » (rapprochez les art. 1383 à 1386 *ibid.*, qui développent le principe). Mais l'article 2046 lui-même a bien soin d'ajouter aussitôt que « la transaction n'empêche pas la poursuite du ministère public », et, lorsqu'une transaction porte sur une matière où il y a lieu de soupçonner l'existence de quelque délit, le législateur prend des mesures pour que cet accord d'intérêts privés ne puisse servir à en dérober la connaissance au procureur impérial (voy. art. 249 Code de procédure civile). Il ne s'agit là que de l'action civile, purement privée, dérivant d'un délit, et parfaitement distincte de l'action publique. Quant à celle-ci, « l'action pour l'application des peines n'appartient qu'aux fonctionnaires auxquels elle est confiée par la loi » (art. 1ᵉʳ Code d'instruct. crim.), et « la renonciation à l'action civile ne peut en arrêter ni en suspendre l'exercice » (art. 4 *ibid.*).

Sans doute l'adultère et la diffamation ne peuvent être poursuivis que sur la plainte de l'époux trompé (voy. art. 336 et 339 Cod. pén.) ou de la personne offensée (art. 2 à 5 de la loi du 26 mai 1819); et cependant, puisque le législateur prononce des peines, c'est qu'il croit ces actes contraires à l'ordre public, entendu au sens général que nous donnons à ce mot. Mais notre criterium ne se trouve pas en défaut pour cela. En effet, si deux époux s'engageaient mutuellement, par exemple dans leur contrat de mariage, à ne pas dénoncer l'adultère que l'un ou l'autre pourrait commettre, cette convention serait-elle valable? Non assurément. Si je convenais avec vous de ne pas porter plainte contre les diffamations que vous pourriez commettre à mon égard, cet engagement serait-il obligatoire pour moi? Pas davantage. On voit donc bien qu'il n'est pas permis de déroger à ces dispositions de la loi, de renoncer au droit qu'elles confèrent. Il est vrai que, l'adultère commis, ou la diffamation consommée, le mari ou l'offensé peut rester inactif, et personne alors n'aura le droit de faire punir les coupables. Mais, en réalité, ce que le lésé abandonne dans ce cas, c'est simplement son droit privé à obtenir une réparation, et si son silence a pour résultat de paralyser l'action publique, c'est que les poursuites du procureur impérial, entraînant la divulgation publique de l'adultère, ou une diffusion plus grande des propos diffamatoires, auraient presque toujours aggravé le préjudice qu'il a déjà subi. La société ne pouvait donc lui imposer ce nouveau dommage sans devenir elle-même passible d'une réparation civile, et, pour éviter cet inconvénient, le législateur a mieux aimé renoncer aussi à l'action publique au nom de la société.

La théorie est donc la même en droit civil comme en droit pénal; l'ordre public se prête à une définition plus constante qu'on ne l'aurait cru d'abord, et nous ne venons pas nous choquer, en passant d'une matière à une autre ', aux divergences radicales dont on ne manquait pas de nous menacer.

Nous avons dit (p. 590) que l'ordre public embrassait les dispositions auxquelles la loi défend d'*une manière absolue* de renoncer. Mais, à côté de ces droits dont il n'est jamais permis de disposer, il y en a d'autres qu'on peut céder ou abandonner à certaines époques seulement et sous certaines conditions. Donnons quelques exemples.

Le mineur, ni au moment où il contracte des engagements irréguliers, ni postérieurement, tant qu'il reste dans le même état, ne peut renoncer au droit de se faire restituer contre ces engagements ; au contraire, lorsqu'il est devenu majeur, il peut les ratifier fort valablement, et il perd alors la faculté d'invoquer la lésion qu'il a pu subir (voy. art. 1311 Code Napoléon).

Le vendeur d'immeubles ne peut renoncer dans l'acte de vente au droit de demander la rescision pour lésion de plus des sept douzièmes du juste prix (voy.-art. 1674 Code Napoléon); cependant il le pourrait plus tard, et une simple inaction de deux ans emporterait le même effet (voy. art. 1676 Code Napoléon).

Il est clair que l'on ne pourrait renoncer valablement, dans l'acte même que l'on signe sous l'empire de la violence, au droit d'en demander la nullité ; la violence cessée, une semblable renonciation devient parfaitement obligatoire (voy. art. 1115 Code Napoléon).

Il ne peut jamais être convenu dans un contrat de mariage (voy. art. 2140 Code Nap.), ni, à plus forte raison, décidé dans le cours même du mariage (voy. art. 2144

Code Nap.), que la femme n'aura pour la sûreté de sa dot et de ses reprises et conventions matrimoniales aucune espèce d'hypothèque légale, même restreinte à certains immeubles, sur les biens de son mari. Cependant, le mariage conclu, en principe, et sauf des circonstances particulières, rien n'empêche plus la femme de renoncer à son hypothèque légale en faveur d'un tiers, c'est-à-dire de la lui céder, pour garantir les engagements de son mari : c'est même là une chose tout à fait usuelle dans la pratique des affaires.

On ne peut renoncer d'avance à la prescription ; on peut le faire lorsqu'elle est acquise (art. 2220).

On ne peut jamais vendre la succession d'une personne vivante à laquelle on est appelé (voy. art. 1600 Code Nap.); on ne peut, même par contrat de mariage, renoncer à la succession d'un homme vivant, ni aliéner les droits éventuels qu'on aurait à cette succession (voy. art. 791 Code Nap.); mais, une fois la succession ouverte, il devient loisible à chaque héritier de donner, vendre ou transporter ses droits, en tout ou en partie, comme bon lui semble (voy. art. 780 Code Nap.), ou d'y renoncer purement et simplement (voy. art. 775 Code Nap.).

Il faut remarquer en outre qu'une succession non ouverte peut être l'objet de conventions dans deux cas particuliers. D'abord, en vertu de l'article 1082 du Code Napoléon, on peut, dans un contrat de mariage, disposer irrévocablement de tout ou partie de sa succession au profit des époux et des enfants à naître du mariage ; c'est ce qu'on appelle d'ordinaire une donation de biens à

venir, ou, plus énergiquement, une institution contrac-
tuelle.

Puis, en vertu de l'article 761 du même Code, l'enfant
naturel qui a reçu de ses père et mère, de leur vivant, la
moitié de ce qui lui serait attribué dans leur succession
par les articles 756 à 758, avec déclaration expresse que
leur intention est de le réduire à cette portion, cet enfant
naturel perd le droit de réclamer davantage. Même dans
l'opinion consacrée par la jurisprudence, mais que la
doctrine paraît définitivement abandonner aujourd'hui (1),
opinion qui permet aux père et mère d'imposer cette
réduction à leur enfant naturel malgré la volonté de
celui-ci, il y a toujours là, au moins de la part des père
et mère, une disposition portant sur une succession non

---

(1) Cette opinion est soutenue par Toullier, t. II, n° 262 ; — Duranton, t. VI,
n°s 304 et 305 ; — Belost-Jolimont sur Chabot, art. 761, note II ; — Taulier,
t. III, p. 191 et 192 ; — Cadrès, *Traité des enfants naturels*, n° 200 ; —
Rodière, *Revue de législation*, t. III, p. 468 ; — Paul Pont, *Revue de législation*, nouv. série, t. IV (1846), p. 88 ; — Recueil de MM. Devilleneuve et
Carette, 1847, I-187 ; — Journal *le Droit* du 24 septembre 1856 ; — Massé
et Vergé sur Zachariæ, t. II, p. 278, note 22 ; — Dalloz, *Répert. alphab.*,
v° Succession, n° 326. — Quant à la jurisprudence, voyez l'arrêt de rejet de
la Cour de cassation, chambre civile, du 31 août 1847 (Dalloz, *Recueil périodique*, 1847, I-324; — Devilleneuve, 1847, I-785; — affaire de Rollindes),
et un arrêt de la Cour de Metz du 27 janvier 1853 (affaire Lahner ; — Dalloz,
Recueil périodique, 1854, II-252 ; — Devilleneuve, 1854, II-721).

L'opinion contraire, que nous croyons préférable, est adoptée par Merlin,
Répert., v° Réserve, sect. IV, n° 18 ; — Delvincourt, t. II, p. 22, n° 3 ; —
Chabot, *Des successions*, sur l'art. 761, n° 3 ; — Favard, v° Successions, § 1;
— Grenier, *Des donations*, t. II, n° 675;—Poujol, sur l'art. 761, n°s 3 et 9;—
Richefort, *État des familles*, t. III, n° 423 ; — Vazeille, sur l'art. 761, n° 7;—
Malpel, n° 163 ; — Ducaurroy, Bonnier et Roustaing, t. II, n° 524 ; — Duver-
gier, sur Toullier, t. II, n° 262, note *a*;— Marcadé, sur l'art. 761, n° II ; —
Zachariæ, Aubry et Rau, t. IV, p. 215 ; — A. M. Demante, t. III, n° 80 *bis* I ;
— Demolombe, *Des successions*, t. II, n°s 105 et 106.

ouverte. Mais, dans le système contraire, le consentement de l'enfant naturel réduit étant nécessaire pour que la réduction soit valable, il y a de sa part une véritable renonciation à succession future moyennant un certain prix, et la loi qui, exceptionnellement, autorise cette renonciation, exige cependant pour la valider qu'elle ne contienne pas une lésion trop forte, c'est-à-dire une lésion d'outre-moitié comme celle qu'on interdisait autrefois en matière de ventes ordinaires, et qui est devenue dans le Code Napoléon la lésion de plus des sept douzièmes.

De même qu'on ne peut renoncer au droit résultant de cette dernière lésion tant qu'on est sous l'empire des circonstances qui obligent à la subir, on ne pourra pas non plus se dépouiller de la protection fournie par l'article 761 contre la lésion d'outre-moitié, car on rentrerait dans le cas général des renonciations à successions futures, interdites par l'article 791, et permises par l'article 761 sous certaines conditions seulement. Mais, après le décès de ses père et mère, il est toujours loisible à l'enfant naturel de ne pas invoquer son droit et de le laisser ainsi périr, ou même d'y renoncer expressément.

On ne peut s'engager d'avance plus de cinq ans à ne pas demander le partage d'un bien indivis (voy. art. 815 C. Nap.); mais rien n'empêche les copropriétaires de rester dans l'indivision aussi longtemps que bon leur semble, sans exercer leur droit de procéder au partage.

Un débiteur ne peut renoncer d'avance, soit dans les actes qui contiennent ses engagements, soit dans des actes distincts, au bénéfice de la cession de biens judiciaires (voy. art. 1268 C. Nap.); mais lorsqu'il était sur le point d'être contraint par corps (la loi sur l'abolition de la contrainte par corps qui vient d'être votée par le corps législatif supprime cette hypothèse), rien ne l'empêchait de renoncer à ce bénéfice en n'invoquant point sa bonne foi.

Voilà donc un certain nombre de droits auxquels la loi ne permet point de renoncer pendant un temps donné, et dont elle autorise au contraire l'abandon à une autre époque. Faut-il voir dans ces dispositions des règles de droit public, en prenant ce mot dans le sens qui lui a été précédemment donné? Devons-nous dire qu'elles intéressent l'ordre public pendant les périodes déterminées où la renonciation est défendue, et qu'elles cessent d'intéresser ce même ordre public lorsque, ces périodes étant écoulées, la renonciation devient valable? Quant à moi, je ne le crois point. Le caractère d'ordre public me paraît être essentiel et permanent; les règles légales le présentent ou ne le présentent pas; mais celles qui le possèdent doivent toujours le conserver, tant que leur nature propre n'est pas transformée, et celles qui ne le possèdent point ne peuvent jamais l'acquérir, à moins que leur essence même n'ait été modifiée.

On me dira qu'il y a là une situation analogue à celle d'une chose faisant partie du domaine public et qu'une loi vient distraire de ce domaine (voyez l'hypothèse inverse formellement prévue dans l'art. 1302 notamment), par exemple une fortification déclassée, qui rentre désormais dans le commerce, tandis qu'auparavant elle ne pouvait faire l'objet des conventions des citoyens puisqu'elle n'était pas légalement susceptible de propriété privée (1). Cependant la ressemblance est peut-être plus apparente que réelle. En effet, lorsque le législateur place une chose dans le domaine public ou l'en fait sortir, c'est que sa manière de voir sur une des parties de l'ordre public s'est modifiée. Ainsi, quand il déclasse une place forte, c'est que cette place ne lui paraît plus, comme autrefois, nécessaire à la défense nationale. Mais, sous l'empire d'une même loi, la nature et l'étendue de l'ordre public ne doivent pas varier.

Quels sont d'ailleurs les motifs de la classe de disposition qui nous occcupe? « Des motifs d'humanité, de haute protection, de tutelle en faveur des individus qui, à raison de circonstances particulières, comme par exemple de la gêne et de la détresse où ils se trouvent, ne sont pas présumés avoir toute la liberté de consentement désirable (Demolombe, t. I, n° 18). » Ainsi ce qui préoccupe le législateur, ce ne sont pas les choses elles-mêmes, — dont il ne recherche pas la nature (2), — mais les individus qui les possèdent. Il s'agit donc bien d'intérêts privés, car des considérations d'ordre public dépendraient évidemment de la situation spéciale des choses auxquelles elles devraient s'appliquer.

---

(1) Cela ne veut pas dire que les choses de ce genre, même pendant qu'elles font partie du domaine public, ne puissent figurer à aucun titre dans des conventions particulières. Leur indisponibilité étant le résultat d'une fiction de la loi, n'existe que sous le point de vue auquel le législateur a cru l'ordre public intéressé. Par exemple, s'il n'est pas possible d'acheter ou de vendre une fortification, il est parfaitement permis de louer le droit de couper l'herbe qui croît sur ses bords ou de traiter relativement aux réparations qu'elle exige.

(2) Quoique l'article 1674 ne s'applique pas aux ventes de meubles, il est clair qu'il n'y a point là de spécification contraire au principe exprimé au texte.

Nous avons dit que tout ce qui rentre dans le droit privé devait être susceptible d'un équivalent pécuniaire. La classe de dispositions qui nous occupe possède ce caractère. L'article 1268 C. Nap., le seul qui pourrait soulever quelque doute, contient bien comme les autres un avantage appréciable en argent ; car le bénéfice de la cession de biens se résume en définitive à éviter la contrainte par corps, et celle-ci a, dans chaque cas, un équivalent pécuniaire incontestable, au moins au point de vue légal, la dette pour le payement de laquelle on est emprisonné, la somme qui peut vous rendre votre liberté. Or, le caractère pécuniaire d'un droit, s'il n'est pas la preuve *absolue* de sa nature privée, constitue au moins dans ce sens une présomption très-forte, qui doit tomber seulement, ainsi que nous l'avons dit plus haut (p. 586), devant un texte formel ou un principe incontestable : et nous n'avons ici ni l'un ni l'autre. Notre première définition vient donc nous aider sur ce point à préciser la seconde, et à mieux marquer ses limites.

En réalité, ces dispositions ne dépassent point le cercle des droits privés. La loi ne vous défend pas précisément d'y renoncer ; mais il est des circonstances où, malgré une renonciation apparente, elle présume que vous n'avez pas réellement voulu renoncer, soit que vous ne fussiez pas suffisamment libre, soit que vous ne fussiez pas en état d'apprécier les avantages que vous abandonniez. Dès qu'on admet ce point de vue, les considérations d'ordre public et d'indisponibilité de droits disparaissent aussitôt ; nous sommes en face d'une question de validité de consentement, et il est tout simple que cette question ne s'élève plus lorsque les circonstances qui rendaient le consentement douteux ont cessé d'exister.

Cette interprétation est incontestable dans les cas de minorité ou de violence, qu'on ne cite pas d'ordinaire comme exemples de la classe de dispositions qui nous occupe en ce moment. Mais lorsqu'un propriétaire accepte, pour vendre ses immeubles, une perte de plus des sept douzièmes de leur valeur, n'est-il pas tout à fait vraisemblable — à moins de le supposer fou — qu'un impérieux besoin d'argent lui enlevait sa liberté d'action? Lorsqu'un débiteur renonce d'avance au bénéfice de la cession de biens judiciaires, n'est-il pas évident qu'il subit la loi d'un créancier dont il a trop besoin pour avoir la liberté de lui résister?

Quand je cède mes droits à une succession non ouverte, je ne sais pas ce que j'abandonne, et mon acquéreur n'ignore pas moins ce qu'il doit recueillir, car la consistance d'un patrimoine peut varier du jour au lendemain dans les limites les plus imprévues, et il est même possible que des clauses testamentaires augmentent, diminuent ou détruisent complétement mes droits. La femme, au moment du mariage, se laisserait aller plus d'une fois à des entraînements d'autant moins difficiles à comprendre qu'elle sera le plus souvent jeune et inexpérimentée, bien que l'article 2140 la suppose majeure; et, en même temps, elle ne peut prévoir encore si la conduite de son mari fera courir des périls à sa dot. Après le mariage, au contraire, on ne lui demandera la cession de son hypothèque légale que dans des limites déterminées, en vue d'un but précis plus facile à juger, et d'ailleurs cette seule demande la mettra sur ses gardes en lui indiquant les exigences des affaires de son mari.

Enfin, lorsque je renonce d'avance à la prescription, je suis presque toujours dans la dépendance de mon créancier, je subis de sa part une pression à laquelle ma situation présente ne me permet pas de résister, et, de plus, je ne sais pas au juste à quoi je m'engage, car j'ignore si des circonstances fortuites, ou peut-être ma négligence, ne me feront point perdre plus tard les preuves de ma libération. Je ne le sais pas mieux lorsque je m'engage pour un trop long terme à rester dans l'indivision, car je ne saurais prévoir toutes les causes de mésintelligence qui, dans dix ans, vingt ans ou davantage, peuvent s'élever entre moi et mes copropriétaires ou leurs ayants-cause. Cependant ces deux derniers cas soulèvent plus de difficulté que les autres et doivent nous arrêter un instant.

Et d'abord la prescription. On s'accorde généralement à la rattacher à l'ordre public; et c'est ainsi qu'on explique la première partie de l'article 2220 qui défend d'y renoncer tant qu'elle n'est pas acquise. Mais reste la seconde partie qui permet d'y renoncer après son échéance, et force à reconnaître qu'elle présente alors un caractère purement privé. Voilà donc un droit qui intéresse l'ordre public tant qu'il n'existe qu'à titre de simple espérance, et qui cesse aussitôt de l'intéresser lorsqu'il se consolide.

Cela peut bien paraître singulier, au moins au premier abord.

Puis il s'agit d'expliquer pourquoi la prescription se rattache à l'ordre public. On met alors en avant l'utilité « de prévenir les procès pour des droits anciens » et, par conséquent, fort obscurs. Soit, mais alors comment expliquerez-vous l'article 2223, qui interdit aux juges de suppléer d'office le moyen tiré de la prescription? Je sais bien qu'il s'agit là de la prescription acquise, où vous reconnaissez que l'ordre public n'a plus rien à voir. Mais il n'en est pas moins vrai que cet article enlève précisément aux juges le moyen de mettre obstacle à un certain nombre de procès, et que l'intérêt de l'ordre public, s'il existe, se trouve ainsi remis aux mains des particuliers, avec cette seule restriction qu'ils n'ont point pu se lier avant l'échéance de la prescription. Ainsi formulée, cette restriction peut-elle avoir un autre but que de protéger leur volonté contre des entraînements irréfléchis?

Et, en effet, un des motifs que l'on invoque encore généralement pour justifier l'article 2220, c'est que la renonciation à la prescription deviendrait de style si elle était permise, c'est-à-dire qu'elle cesserait d'être réellement consentie, qu'elle ne serait plus libre. Cette dernière raison ne s'applique évidemment qu'à la prescription libératoire. Mais c'est aussi la seule qui soit ici en question, car une renonciation à la prescription acquisitive non encore échue, constituant presque toujours son auteur à l'état de détenteur précaire, rendrait la prescription désormais impossible (voy. art. 2236, C. Nap.).

Arrivons maintenant à l'indivision. Il n'est pas difficile de dire qu'elle est contraire à l'intérêt général parce qu'elle empêche l'amélioration des biens, qu'elle entrave leur circulation, et qu'elle est une source de dissentiments ou de querelles par les rapports compliqués qu'elle engendre. C'est ainsi qu'on rattache l'article 815 à l'ordre public. Mais alors, comment se fait-il que l'engagement de rester dans l'indivision puisse être indéfiniment renouvelé? Je comprendrais qu'on sacrifiât l'intérêt public à un intérêt de famille en limitant ce sacrifice à un certain temps, cinq ans par exemple. Mais ce que l'on fait est tout autre chose.

Vous convenez de rester cinquante ans dans l'indivision : la convention est nulle. Vous convenez d'y rester cinq ans seulement, et vous renouvelez cet engagement dix fois de suite, de cinq ans en cinq ans : la convention est valable. Quelle différence y a-t-il entre ces deux hypothèses? Dans un cas comme dans l'autre, l'indivision aura duré cinquante ans, et l'ordre public, s'il est intéressé, aura subi la même atteinte. Mais, dans la seconde hypothèse, chaque copropriétaire pouvait, tous les cinq ans, examiner s'il était probable qu'il restât cinq ans encore en bonne intelligence et en parfaite communauté de vues avec ses copropriétaires, tandis que, dans la première, il acceptait, probablement sans réflexions suffisantes, des chances de discorde pour cinquante ans.

Le but de l'article 815 est donc bien d'empêcher des engagements inconsidérés ; sa protection a pour objec-

tif non l'ordre public, mais la liberté du contractant.
Parle-t-on en effet, dans l'article 815, d'une nullité que
toute personne puisse invoquer, comme le sont nécessairement celles qui touchent à l'ordre public ? Pas le
moins du monde. Il s'agit simplement d'une nullité semblable à celle qui résulte des vices du consentement.
Celui qui s'est engagé à rester dans l'indivision pendant
plus de cinq ans, pourra, malgré cet engagement, demander le partage au bout de ce délai. Voilà tout ; et
ceci, je crois, montre avec évidence, que l'ordre public
n'a rien à voir dans cette affaire.

La prescription et le droit de réclamer le partage d'une
chose indivise peuvent soulever des doutes sérieux, que
nous venons d'examiner rapidement. Mais il n'en est pas
de même des autres cas. On ne parvient presque toujours
à les rattacher à l'ordre public que par des involutions
de raisonnement beaucoup trop vagues pour être con-
vaincantes, et dont la meilleure réfutation se tire précisément des conséquences extrêmes auxquelles elles devraient logiquement conduire.

Par exemple, d'après Marcadé (sur l'art. 6, nº II), si
« le législateur défend toute convention sur la succession future d'une personne encore vivante, *c'est qu'il voit
là un empressement peu décent et que réprouve une saine
morale* ». Mais jusqu'où n'irions-nous pas s'il fallait interdire tout ce qui peut être l'indice d'un « empressement
peu décent »? Le législateur ne montre pas d'ordinaire
tant de scrupules, et il a bien raison. C'est donc là un
argument visiblement imaginé pour les besoins de la

cause, et qui, en outre, s'applique difficilement au cas
d'une renonciation pure et simple. Il resterait peut-être
à supposer qu'on veut faire injure à la personne dont on
repousse d'avance l'hérédité. Mais cette supposition, qui
me semble très-peu pratique, supposerait nécessairement
que la renonciation est rendue publique, ce qui serait
fort loin d'être toujours vrai.

Pothier (*De la vente*, n° 527) donne un autre motif :
à ses yeux, une telle convention est contraire aux bonnes
mœurs, parce qu'elle implique le vœu de la mort du
de cujus. Cette nouvelle raison ne s'applique pas mieux
que les précédentes à une renonciation ; et, d'un autre
côté, si elle est fondée, n'aurait-elle pas dû faire proscrire
le contrat de rente viagère, l'usufruit et toutes les stipulations qui peuvent donner intérêt à une personne de
souhaiter la mort d'une autre, c'est-à-dire tous les droits
subordonnés à la condition d'un décès. Lorsque cette
règle a pris naissance en droit romain, il paraît bien en
effet qu'elle avait surtout pour but de protéger la vie des
futurs *de cujus*. Mais, en se transmettant jusqu'à nous,
elle ne paraît point avoir conservé les mêmes motifs dans
l'esprit de nos législateurs, car le consentement du *de
cujus*, meilleur juge que personne de sa propre sécurité,
ne rend plus la convention valable, comme cela avait lieu
en droit romain.

Parmi les autres exemples de stipulations que la loi
prohibe à certaines époques, et qu'il déclare en conséquence contraires à l'ordre public, Marcadé (*loc. cit.*)
range encore notamment la renonciation au bénéfice de

l'article 1674 (rescision pour lésion de plus des sept
douzièmes), sans indiquer, il est vrai, par quels motifs il
croit devoir rattacher cette disposition à l'ordre public.
Mais plus tard, en étudiant spécialement l'article 1674,
il se dément lui-même (sur l'art. 1674, notamment
I *princ.*, et III *in fine*, t. VI, p. 312 et 314, 5ᵉ édit.), car
il répète plusieurs fois que le motif de cet article, c'est
que le vendeur ne peut subir une lésion aussi énorme
que sous l'influence de besoins d'argent impérieux qui ne
lui laissent pas une liberté suffisante pour valider son
consentement. Invoquer un pareil motif, n'est-ce pas reconnaître qu'il s'agit d'un vice du consentement et non
d'une nullité d'ordre public? Tout notre système se réduit
à cela, et l'on voit que Marcadé y arrive dès qu'il échappe
à l'influence d'une préoccupation théorique sans fondement sérieux.

Ainsi, dans toute la classe de dispositions légales dont
nous venons de nous occuper, et auxquelles il n'est permis
de renoncer qu'à certaines époques, nous retrouvons bien
le caractère indiqué plus haut; lorsque la renonciation
est interdite, c'est que le consentement ne paraît pas suffisamment libre ou suffisamment éclairé, et celui qui l'a
donné conserve le droit d'en invoquer les vices. Ce sont
là, en quelque sorte, des cas particuliers du principe général de l'article 1109, annulant les obligations consen-
ties sous l'empire de la violence ou de l'erreur, avec cette
différence qu'il suffira, pour établir la violence ou l'erreur,
d'invoquer une présomption légale fondée sur les circonstances spéciales où s'est produit l'engagement. Mais

l'action en nullité résultant de l'article 1109 n'est pas d'ordre public, elle n'appartient qu'aux parties dont le consentement n'était point complet. Il en est de même des dispositions qui nous occupent; il ne faut pas non plus les rattacher à l'ordre public. La société a sans doute un certain intérêt à ce que les propriétaires d'immeubles ne les vendent pas à trop vil prix, à ce que les femmes aient des sûretés pour la restitution de leur dot, à ce qu'on ne profite pas de l'inexpérience des mineurs pour leur faire contracter des engagements onéreux, etc.; mais elle est intéressée au même titre à ce que l'on ne s'oblige pas sous l'empire de la violence ou de l'erreur, comme elle est intéressée à ce que toutes les relations des citoyens entre eux soient réglées de manière à éviter le désordre et le trouble. Seulement cet intérêt social, qui s'appliquerait à la législation tout entière, n'est pas celui qu'on doit regarder comme constitutif de l'ordre public.

Les considérations qui précèdent permettent peut-être d'expliquer certains mots de l'article 1133 du Code Napoléon, qu'on est d'abord tenté de déclarer inutiles comme ne s'appliquant à rien qui ne soit déjà compris dans les autres termes de l'article.

« La cause (d'une obligation) est illicite, nous dit ce article 1133, *quand elle est prohibée par la loi*, quand elle est contraire aux bonnes mœurs ou à l'ordre public. » Marcadé (sur l'article 6, n° II, t. I, p. 95), en rapprochant ce texte de celui de l'article 6 du Code Napoléon, dit qu'il ne contient pas une troisième hypothèse que ce dernier

article n'aurait pas visée, celle d'une cause prohibée par
la loi, quoique non contraire à l'ordre public ni aux
bonnes mœurs. En effet, ajoute-t-il, lorsque la loi
prohibe telle ou telle stipulation, c'est toujours parce
qu'elle la croit contraire à l'ordre public ou aux bonnes
mœurs ; et, si elle prend la peine de se prononcer d'une
manière spéciale sur ce cas particulier, c'est parce qu'elle
craint qu'on n'aperçoive pas assez clairement le rapport qui le rattache à l'une ou l'autre de ces considérations.

Mais il n'est guère contestable que les cas d'ordre
public sur lesquels le législateur s'est spécialement prononcé, ne sont pas toujours ceux qui auraient le plus
risqué d'être méconnus, et la vérité, c'est qu'il a simplement visé les cas sur lesquels son attention se trouvait
éveillée par une circonstance quelconque, sans se demander si leur liaison avec l'ordre public était évidente
ou obscure. D'un autre côté, nous avons vu tout à l'heure
combien étaient quelquefois subtils ou dangereux les
arguments auxquels il faut avoir recours pour faire rentrer dans le giron toujours ouvert de l'ordre public, certains cas où la renonciation n'est point autorisée par le
législateur. Des raisonnements semblables prouvent trop
pour prouver quelque chose. On conçoit très-bien que
la loi refuse de prêter son appui à un engagement
qui ne lui paraît point librement accepté, sans qu'on
doive en conclure pour cela qu'elle regarde l'objet
même de l'engagement comme contraire à l'ordre public.

Si l'on admet avec nous que ces diverses dispositions ne doivent pas être rattachées à l'ordre public, bien qu'il ne soit pas toujours permis de renoncer à leur bénéfice, on leur appliquera tout naturellement les termes critiqués de l'article 1133 Code Napoléon, et l'on trouvera en elles ces causes prohibées par la loi qu'il place à côté des causes contraires à l'ordre public ou aux bonnes mœurs. Dans cette manière de voir, les conventions portant, par exemple, sur une succession non ouverte seraient nulles à la fois pour insuffisance du consentement et pour caractère illicite de la cause.

En même temps que nous expliquons ainsi les termes de l'article 1133 Code Napoléon, nous montrons du même coup pourquoi ils ne se retrouvent point dans l'article 6 Code Napoléon, qui traite exclusivement de l'ordre public et en donne la définition. Il ne s'agit là que des choses et de leur situation légale, ou, si l'on aime mieux, des droits considérés en eux-mêmes : ils sont disponibles ou indisponibles, suivant qu'ils appartiennent au droit public ou au droit privé; c'est une qualité qui leur est propre et sur laquelle la situation particulière de celui qui prétend en disposer ne peut avoir d'influence.

Dans l'article 1133, au contraire, les choses sont considérées dans leurs rapports avec les personnes qui veulent faire des conventions. Les difficultés relatives à la validité du consentement, restées étrangères à l'article 6, s'introduisent nécessairement ici, et, sans parler des questions de capacité générale traitées tout à fait à part, ni même des vices généraux du consentement régis par les articles 1109 et suivants, on est bien forcé de prévoir le cas où la nature même de l'engagement, rapprochée des circonstances dans lesquelles il a été contracté, emporte présomption que la liberté n'était pas entière. Ce n'était pas non plus une question que l'on peut rattacher à la capacité, car elle ne s'élève précisément que pour des personnes capables, et elle se rattache à la nature ou aux circonstances spéciales de l'engagement.

Ces nuances, un peu subtiles peut-être, ont-elles été saisies par les rédacteurs du Code, et faut-il y chercher l'origine de la différence des deux rédactions? Je n'en sais rien; et, à vrai dire, je crois même que non. Ces incidents de plume sont presque toujours fortuits; nous découvrons bien des fois, dans un détail de texte, des distinctions et des arrière-pensées que ses auteurs ne songèrent jamais à y mettre. Mais, bien que ces différences ne soient peut-être pas réfléchies, il ne nous est pas défendu de montrer qu'elles se trouvent conformes à la nature des choses. C'est une consolation pour les cas, malheureusement trop nombreux, où nous sommes obligés de critiquer la rédaction du législateur.

Jetons maintenant un coup d'œil en arrière et résumons en quelques traits rapides la notion que nous nous sommes formée de l'ordre public.

L'ordre public se rattache essentiellement à la constitution de la société, et embrasse tout ce qui a été établi en vue de son intérêt, comme le droit privé comprend tout ce qui avait pour but l'intérêt des particuliers. Le caractère *ordinaire* du droit public, c'est de ne pouvoir pas être estimé en argent, le caractère du droit privé, c'est d'admettre ce mode d'évaluation. Mais, comme le législateur est souverain pour juger de ce qui intéresse la société qu'il régit, il peut ranger dans le droit public des questions purement pécuniaires, comme il peut attribuer, d'une manière fictive, un équivalent en argent à des choses dont la nature ne semblait point admettre un tel équivalent. Le signe véritable de l'ordre public doit donc se chercher dans la volonté du législateur, et cette volonté implique nécessairement, pour les citoyens, la défense de modifier un état de choses établi non en vue de leurs intérêts privés, mais dans le but de sauvegarder les intérêts sociaux. Celui qui se trouve en profiter n'a donc *jamais* le droit d'y renoncer.

Mais pour rattacher une loi à l'ordre public, exigerons-nous, soit que le législateur lui ait attribué formellement ce caractère, soit qu'il ait édicté en termes exprès la défense absolue de toute renonciation. Au point de vue de la simplicité des controverses et de la sûreté des décisions, il serait assurément fort désirable qu'on pût s'en tenir là. Mais le législateur ne songe pas à tout, et il oublie souvent les choses les plus essentielles, lorsque rien n'y attire spécialement son mention. Il ne faut donc pas nous étonner qu'une intention si utile fasse défaut dans un grand nombre de cas, et il est hors de doute que nous sommes contraints à la suppléer, au moins quelquefois. Malgré l'absence de cette mention, lorsque l'esprit d'une loi, les motifs qui l'ont inspirée et le but qu'elle poursuit démontreront clairement que son auteur n'admettait pas qu'on pût y déroger dans aucune circonstance, on devra la rattacher à l'ordre public.

« Mais alors, me dira-t-on, c'est en vain que vous vous êtes efforcés d'écarter le vague de votre matière, de préciser l'ordre public : tout est remis en question, et vous n'êtes pas plus avancés qu'au commencement; car, si l'on ne possède pas la liste des dispositions qui intéressent l'ordre public, on ne sait pas davantage à quelles lois il n'est pas permis de déroger, et ce second point n'est pas plus facile à éclaircir que le premier. Vous n'avez fait que reprendre l'ancienne théorie des statuts prohibitifs et facultatifs qui n'élucide rien du tout. C'est Toullier lui-même (t. Ier, n°s 109 et 110) qui nous le montre. »

« Les jurisconsultes, dit cet auteur, qui ont écrit sur la matière des statuts, où l'on examine quelles sont les lois auxquelles on peut ou l'on ne peut pas déroger, avaient cherché une règle de décision dans la distinction entre les lois prohibitives et non prohibitives. Mais l'imperfection de la législation avait rendu cette matière tellement obscure, que les plus grands génies en jurisprudence, depuis Dumoulin jusqu'à Bouhier et Duparc-Poullain, n'ont pu la réduire à des principes simples, uniformes et invariables. Les plus anciens auteurs enseignaient communément qu'on ne peut déroger aux lois ou statuts prohibitifs. Mais ceux qui ont écrit après eux (1) ont

(1) Voyez Bouhier, *Sur la coutume de Bourgogne*, observ. 21, n°s 62, 68, 71, 72; — d'Argentré, sur l'art. 218, gloss. 3, de l'*Ancienne coutume de Bretagne*; — Basnage, *Sur la coutume de Normandie*, t. II, p. 217, édition de 1720.

observé et prouvé que toutes les lois conçues en forme de prohibition, *nul ne peut, ou ne peut*, etc., ou autres semblables, ne sont pas absolument prohibitives, en ce sens qu'on ne puisse y déroger, et qu'on ne peut juger que par le motif de la loi et par son objet, *secundum subjectam materiam*, si elle est absolument prohibitive.

» Duparc-Poullain (t. VIII, pages 202 et 204) distingue les statuts prohibitifs et les statuts exclusifs ou négatifs, et dit que les statuts prohibitifs sont ceux auxquels on ne peut déroger par aucune convention. Il avoue ensuite qu'on ne peut donner de règles certaines pour connaître si les lois ou les statuts sont prohibitifs ou s'ils ne sont qu'exclusifs.

» Ce n'est donc point dans la distinction des lois prohibitives ou non prohibitives qu'on peut trouver une règle invariable pour connaître celles auxquelles on peut déroger. »

L'objection est spécieuse; mais il n'est pas très-difficile d'y répondre, et le passage de Toullier nous aide lui-même à le faire.

Le système exposé plus haut est-il en effet la résurrection de l'ancienne théorie des statuts prohibitifs et facultatifs? On pourrait le croire peut-être au premier coup d'œil; mais, en l'examinant mieux, on voit apparaître sous cette analogie superficielle les différences les plus considérables. Dans la théorie des statuts, certains auteurs s'étaient attachés servilement aux termes mêmes de la loi, d'autres se décidaient d'après la considération de son objet *secundum subjectam materiam*. Ni la première ni la seconde de ces deux manières de voir ne se confond avec notre système.

Et d'abord, si j'ai caractérisé le droit public par la défense absolue d'y renoncer, je n'ai point fondé cette défense sur les expressions plus ou moins exactes échappées au législateur, comme semblent le faire les anciens juris-consultes rappelés par Toullier. Bien plus, lorsqu'il était certain que les termes prohibitifs employés par le législa-teur traduisaient fidèlement sa pensée, je n'ai pas toujours reconnu l'ordre public intéressé, puisque j'exige en outre que l'interdiction de renoncer soit absolue et non pas seulement temporaire ou spéciale à certaines circon-stances (voyez ci-dessus, p. 601). Voilà donc un assez grand nombre de lois prohibitives, fort importantes, que la première théorie des statuts classerait nécessairement dans le droit public et que je rattache à des questions de consentement. C'est là une différence considérable ; et je dois ajouter que, sous ce rapport, les jurisconsultes d'au-jourd'hui sont encore presque tous les disciples de l'an-cienne théorie des statuts, car ils rattachent toujours la plupart de ces cas à l'ordre public.

Je n'ai pas adopté davantage la seconde forme de la théorie des statuts telle qu'elle est indiquée par Toullier, celle qui s'attache à l'objet de chaque loi pour en déter-miner la nature. Assurément cette seconde forme est bien plus raisonnable que la première ; mais elle est en même temps d'une application fort difficile. Aussi, ce que j'exa-mine, ce n'est pas l'objet de la loi, c'est l'intention de celui qui l'a faite.

En écrivant tel article le législateur voulait-il qu'on ne pût jamais y déroger. Telle est la question que je pose? Si le législateur y a répondu lui-même, tout va de soi. S'il n'y a pas répondu, il est, je crois, bien plus facile de suppléer à son silence en étudiant les travaux préparatoires, l'origine, les motifs et le but de la disposition, etc., que de savoir si telle matière se rattache ou non à l'ordre public; d'autant plus que, sur ce dernier point, la souveraineté sans limites du législateur peut venir bouleverser les raisonnements les plus justes. Dans l'ancien droit, beaucoup de lois dérivant simplement de la coutume, — écrite il est vrai le plus souvent, — leurs motifs et surtout l'intention de leur auteur impersonnel sur l'objet qui nous occupe n'étaient pas toujours aisés à saisir. Mais, dans le droit actuel, surtout depuis la confection des Codes, l'histoire de chaque loi est beaucoup mieux connue et par suite la difficulté beaucoup moindre.

Ajoutons enfin que dans la recherche de l'intention du législateur nous avons un guide infaillible, avec certaines restrictions, et dont les indications ne sont ni vagues, ni ambiguës, ni obscures : ce guide c'est notre première définition, notre définition rationnelle. Un droit est-il susceptible d'un équivalent pécuniaire? Nous l'abandonnons à la libre disposition des citoyens, à moins que le législateur n'ait montré son intention de le rattacher à l'ordre public en prohibant la renonciation. Un autre droit, au contraire, se refuse-t-il, par sa nature propre, à se laisser estimer en argent ? Il intéresse l'ordre public, à moins que le législateur n'intervienne pour lui attri-

buer l'équivalent pécuniaire qu'il ne comportait pas
naturellement, ou pour déclarer qu'on aurait la faculté d'y
renoncer. Ainsi réduit à ses termes les plus simples, il me
semble que ce procédé de distinction est réellement pratique.

Nous avons examiné d'une manière générale ce qu'on
doit entendre par ordre public. Il faut maintenant rentrer
dans notre sujet, le droit d'action du ministère public en
matière civile, et lui appliquer notre définition, pour voir
si elle lui convient réellement et si elle n'y rencontre
point d'obstacle particulier. C'est à la fois sa mise en pratique et une épreuve de plus pour elle.

D'après cette définition, rapprochée de l'article 46,
2° alinéa, de la loi du 20 avril 1810, l'action devant les
tribunaux civils appartient au ministère public toutes les
fois qu'il s'agit d'un droit auquel les particuliers ne peuvent renoncer, et elle lui est refusée au contraire, — à
moins qu'on ne rentre dans un des cas prévus par le premier alinéa de l'article 46, — toutes les fois qu'il s'agit
d'un droit dont les citoyens peuvent valablement se dépouiller au moins dans certaines circonstances.

Les résultats de cette distinction sont fort raisonnables.
En effet, lorsque les particuliers peuvent renoncer à un
droit, pourquoi ne pourraient-ils pas faire cet abandon
sous une forme aussi bien que sous une autre, tacite-
ment comme expressément? Pourquoi, par exemple, ne
pourraient-ils pas le faire en se bornant à ne pas invoquer
ce droit lorsqu'on le viole ou qu'on leur oppose en jus-

tice une prétention qui l'infirme et le nie? Et, si leur seul silence contient une renonciation valable, comment le procureur impérial pourrait-il annuler ses effets en ressuscitant, pour le défendre, le droit volontairement délaissé? Au contraire, lorsque les citoyens sont légalement incapables de se dépouiller d'une prérogative que la loi leur attribue, le représentant de la société, dans l'intérêt de laquelle cette prohibition est établie, ne doit-il pas nécessairement avoir le droit de la faire respecter?

Et d'un autre côté, si la renonciation n'est interdite que pour protéger le renonçant lui-même (c'est ce qui arrive lorsque cette interdiction est temporaire ou spéciale à certaines circonstances), le ministère public qui représente la société dans son ensemble, comme être moral distinct, mais non les individus qui la composent, peut-il encore avoir qualité pour agir d'office? En thèse générale, ce serait une inconséquence, puisque le renonçant seul est supposé intéressé, et que le ministère public n'ayant point qualité pour le représenter, se trouverait ainsi agir, sans intérêt. Il est vrai que, dans quelques-uns des cas spécifiés, nous avons cru pouvoir expliquer le droit d'action du ministère public par une sorte de mandat légal qui lui permettait de représenter certaines personnes (voyez ci-dessus, p. 94); il est vrai encore que l'article 200 du Code Napoléon le charge expressément d'un mandat de ce genre. Mais ce sont là des exceptions qui, loin de détruire la règle, la confirment en y dérogeant. Nous sommes alors en face d'un texte formel qui nous dispense de recourir aux principes généraux; et ce texte,

destiné à régir des circonstances spéciales, peut très-bien
y appliquer un système particulier que ces circonstances
justifient. En ce moment, au contraire, nous devons
donner une solution de droit commun qui se rattache
aux principes généraux ; or, d'après ces principes, le
ministère public, organe de la société, ne représente pas
les citoyens, et par conséquent ne doit pas avoir qualité
pour défendre leurs intérêts en justice par voie d'action.

Ainsi les diverses parties de notre définition générale
de l'ordre public s'appliquent convenablement à notre
sujet.

Avec cette définition, le droit d'action du ministère
public, dans l'intérêt de l'ordre public, se trouve en-
fermé dans des limites assez précises pour qu'on n'ait
plus à craindre de sa part des tracasseries de tous les
instants ; le peu d'indétermination qui reste est tout
entière à son désavantage, car c'est toujours lui qui
devra prouver l'existence de son droit d'agir. Il y est déjà
obligé par sa qualité de demandeur ; mais il l'est bien
plus étroitement encore par le grand principe de la
liberté des conventions. S'il ne parvient pas à établir
clairement que la loi a supprimé cette liberté dans le cas
où il se place, le droit de renoncer restera aux particuliers, en vertu du principe général, et son action ne sera
pas recevable. Du reste, le caractère pécuniaire ou non
pécuniaire du droit débattu est assez facile à constater ; et, une fois ce premier point acquis, le cercle dans
lequel le ministère public peut encore chercher la base

de son action n'est pas moins rigoureusement restreint que s'il s'agissait d'un des cas spécifiés, prévus par le premier alinéa de l'article 46. Les abus sont donc bien difficiles.

APPENDICE

NOTE I

RAPPORTS DU TRIBUNAL DE CASSATION AVEC LA CONVENTION NATIONALE;
HISTORIQUE DE SA DIVISION EN CHAMBRES ET DE LEUR COMPÉTENCE
RELATIVE.

(Voyez ci-dessus page 66.)

I. — Dès les premières années du fonctionnement du Tribunal de cassation, les lenteurs, résultant surtout du nombre et de l'importance des affaires, avaient commencé à se produire. Mais la Convention, qui décrétait les victoires et les découvertes scientifiques, entendait bien introduire partout la même célérité, et elle n'hésitait pas à trancher dans le vif comme le prouvent les décrets suivants.

Le 27 juillet 1793, elle vote un « décret portant injonction fraternelle au Tribunal de cassation pour la prompte expédition des affaires portées devant lui », décret dont voici le texte :

« La Convention nationale, sur la motion d'un membre, décrète :

» Article 1er. Le Tribunal de cassation sera tenu de lui adresser, *sous huit jours*, le tableau de toutes les affaires civiles et criminelles dont il est saisi.

» Article 2. Il sera tenu également, *sous peine de forfaiture*, de statuer, *dans la huitaine* de l'envoi des pièces, sur toutes les affaires criminelles qui seront portées par-devant lui. »

Le Tribunal de cassation adresse alors à la Convention une pétition pour se disculper en exposant les difficultés qu'il rencontre dans sa tâche. Le 22 août 1793, après avoir entendu le rapport de son comité de législation sur cette pétition, la Convention rapporte son décret du 27 juillet précédent et décrète :

« Article 1er. Le Tribunal de cassation est tenu de juger, *dans deux mois à compter de ce jour,* toutes les affaires dont les pièces et les moyens lui sont complétement parvenus, *à peine de destitution.*

» Article 2. Provisoirement et pour accélérer l'expédition des affaires, le Tribunal de cassation pourra, s'il le juge à propos, se diviser en trois sections.

» Article 4. Le Tribunal est tenu, *sous les peines portées en l'article 1er,* d'*expédier dans le mois,* à compter de la remise complète des pièces et moyens, toutes les affaires qui, à l'avenir, seront portées devant lui. »

On voit que la Convention menace de destitution le Tribunal de cassation tout entier, ce en quoi elle s'arrogeait évidemment une prérogative qui ne lui appartenait pas légalement, car le Tribunal de cassation, étant institué par la constitution (constitution des 3-14 septembre 1791, tit. III, chap. v, art. 19 et suiv.; et constitution du 24 juin 1793, art. 98 à 100), issu, comme la Convention elle-même, du suffrage des électeurs, avait évidemment, dans la sphère de ses attributions, un droit indépendant du sien et auquel il n'était pas permis de toucher, l'article 2, 2e alinéa, du chapitre v du titre III de la constitution des 3-14 septembre 1791 déclarant que les juges ne pouvaient être destitués que pour forfaiture dûment jugée. Mais la Convention avait concentré en elle tous les pouvoirs, même le pouvoir constituant, de sorte qu'elle ne se croyait liée par aucun des actes antérieurs à elle. C'est ainsi qu'au lieu de faire procéder à des élections, comme l'exigeait la loi des 27 novembre-1er décembre 1790, la Convention pourvut elle-même au remplacement des membres du Tribunal de cassation qui avaient cessé d'en faire partie, notamment parce qu'ils avaient été élus députés (voy. le décret du 29 septembre 1793, art. 4 et 5). Il est vrai que ces nominations ne lui parurent pas très-régulières à elle-même ; car, dans la loi du 5 vendémiaire an IV (25 septembre 1795), qui fixait le mode d'élection et de renouvellement du Tribunal de cassation, elle désigna pour sortir les premiers les juges qui n'avaient « point été nommés par le choix du peuple » (art. 5), ce qui fut confirmé par l'article 4 de la loi du 25 messidor an IV (12 juillet 1796).

La Convention s'arrogea aussi le droit d'annuler des jugements du Tribunal de cassation (voy. notamment les décrets des 1er, 6 et 10 brumaire an II, 22, 27 et 31 octobre 1793 ; — 7 frimaire an II ; — 19 pluviose an II, 7 février 1794 ; — 28 germinal-6 floréal an II, 17-25 avril 1794), en ordonnant elle-même l'exécution des jugements qu'il avait cassés, ou en renvoyant directement devant les tribunaux criminels des prévenus que les autorités judiciaires compétentes avaient régulièrement déclarés ne pouvoir y être traduits ; c'était empiéter sur le droit des tribunaux ordinaires de prononcer relativement aux questions de fait, et sur la prérogative donnée au Tribunal de cassation d'interpréter les lois, prérogative restreinte, il est vrai, par un recours qu'il devait adresser au pouvoir législatif, mais seulement en cas de seconde cassation intervenue dans le même procès, entre les mêmes parties, sur les mêmes moyens (art. 21 de la loi des 27 novembre-1er décembre 1790 ; — et art. 21, tit. III, chap. v, de la constitution du 3 septembre 1791).

Cependant l'article 1er, titre III, chapitre v, de la constitution des 3-14 septembre 1791, déclare expressément que « *le pouvoir judiciaire ne peut*, en aucun cas, *être exercé par le corps législatif* ni par le roi » ; et l'article 16 de la *déclaration des droits de l'homme et du citoyen*, qui la précédait, constatait que toute société dans laquelle la séparation des pouvoirs n'est point déterminée n'a point de constitution. Ces principes sont confirmés par les articles 10 et 11 de la déclaration des droits des 29 mai-8 juin 1793, et par les articles 10, 11 et 24 de celles qui précèdent la constitution du 24 juin 1793. Il est vrai que le 19 vendémiaire an II (10 octobre 1793) la Convention avait rendu un décret portant que le gouvernement provisoire de la France était révolutionnaire jusqu'à la paix ; l'article 11 de la section II du décret des 14-16 frimaire an II (4-6 décembre 1793), qui organisait le mode de ce gouvernement, était conçu en ces termes : « Il est expressément défendu à toute autorité et à » tout fonctionnaire public de faire des proclamations ou de prendre » des arrêtés extensifs, limitatifs ou contraires au sens littéral de la » loi, sous prétexte de l'interpréter ou d'y suppléer. A la Conven- » tion seule appartient le droit de donner l'interprétation des » décrets, et l'on ne pourra s'adresser qu'à elle seule pour cet » objet. » Mais cet article ne paraît pas avoir voulu se référer aux actes des tribunaux.

Du reste, ces décrets, directement contraires au principe de la séparation des pouvoirs, parurent à la Convention elle-même devoir exiger au moins quelques formes protectrices. Le 26 pluviose an III, elle chargea son comité de législation d'examiner si, dans le cas où le recours à la Convention serait nécessaire contre les jugements du Tribunal de cassation, il ne serait possible d'établir des formes et des règles assez certaines pour que les parties pussent être entendues dans leurs moyens. Heureusement cette ouverture, qui risquait d'organiser en principe stable un arbitraire de circonstance, ne paraît avoir eu aucune suite. Plus tard, en édifiant la constitution du 5 fructidor an III (22 août 1795), la Convention, revenue à des sentiments plus justes, voulut prévenir le retour des abus dont elle avait eu le tort de montrer l'exemple. Les articles 46 et 202 de cette constitution déclarent l'un et l'autre, comme l'article précité de la constitution du 3 septembre 1791, que le corps législatif ne peut jamais exercer le pouvoir judiciaire ni directement ni par délégation; et l'article 264, sans doute par souvenir des décrets cités plus haut, défend spécialement au corps législatif d'annuler les jugements du Tribunal de cassation.

Mais on abandonna plus tard encore ce principe salutaire dans le *sénatus-consulte organique de la constitution* du 16 thermidor an X (4 août 1802), rendu pour modifier l'organisation du gouvernement par suite de la proclamation de Napoléon comme consul à vie (14 thermidor an X-2 août 1802). L'article 55 de ce sénatus-consulte, complétant les articles 20 et 21 de la constitution du 22 frimaire an VIII, déclare, dans son 4ᵉ alinéa, que le Sénat « annule les jugements des tribunaux lorsqu'ils sont attentatoires à la sûreté de l'État. »

II. — C'est l'incident dont nous venons de parler qui donna lieu à la division du Tribunal de cassation en trois sections, telle qu'elle subsiste encore aujourd'hui. Auparavant, en vertu des articles 6 et suivants de la loi des 27 novembre-1ᵉʳ décembre 1790, il était divisé en deux sections seulement. L'une, sous le nom de *bureau des requêtes*, admettait ou rejetait les demandes en cassation ou en prise à partie et prononçait définitivement sur les demandes en renvoi d'un tribunal à un autre pour cause de suspicion légitime, sur les conflits de juridiction et les règlements de juges (art. 6 et 9). L'autre, sous le nom de section de cassation, prononçait définitivement sur les prises à partie et les demandes en cassation admises par le bureau des requêtes, soit en matière criminelle, soit en matière civile.

Cette division en trois sections est régularisée, *à titre provisoire*, il est vrai, par un décret de la Convention du 29 septembre 1793, qui prend en outre diverses mesures pour compléter le personnel du tribunal et assurer son assiduité. En vertu de ce décret, c'est l'ancienne section de cassation qui se trouve divisée en deux sections jugeant chacune indifféremment toutes les affaires qui étaient autrefois de la compétence de la section unique (art. 1ᵉʳ, 2 et 3).

La loi du 23 septembre 1791 avait accordé des vacances au Tribunal de cassation comme aux autres tribunaux. Le 21 fructidor an IV (7 septembre 1796), l'article 6 de la loi relative aux vacances des tribunaux décida qu'il n'en aurait plus, ce qui fut maintenu par l'arrêté du 5 fructidor an VIII. Il est probable qu'on y suppléait par des congés successivement répartis entre tous les membres, ainsi que cela se pratique aujourd'hui encore pour la section criminelle, de telle sorte que cette exigence ne pouvait pas accélérer beaucoup le jugement des affaires arriérées. Du reste, l'ordonnance des 24-27 août 1815, article 1er, rendit deux mois de vacances aux deux chambres civiles de la Cour de cassation comme aux autres corps judiciaires. Quant à la chambre criminelle, elle continua à n'en pas avoir, et elle dut faire le service de chambre de vacations pendant les vacances des deux autres (art. 2 et 3). Mais ses membres obtiennent successivement des congés qui ont été réglés par les articles 52 et suivants de l'ordonnance du 15 janvier 1826.

Le 2 brumaire an IV (24 octobre 1795), la Convention rendit un nouveau décret concernant l'organisation de la Cour de cassation et 'a procédure qui doit y être suivie. La division en trois sections est définitivement confirmée, et les attributions de chacune d'elles réglées comme elles l'étaient déjà dans le décret du 29 septembre 1793, sauf que la troisième section, c'est-à-dire la seconde des deux sections de cassation, est exclusivement chargée de prononcer sur les demandes en cassation en matière criminelle, correctionnelle et de police, sans qu'il soit besoin de jugement préalable d'admission (art. 4,2e alinéa) ; mais elle conserve toujours, concurremment avec l'autre section de cassation, le droit de prononcer définitivement sur les prises à partie et les demandes en cassation en matière civile admises par la section des requêtes (art. 4, 1er alinéa).

Malgré tout, l'encombrement des affaires ne disparut point, et les retards persistant toujours, une loi du 12 vendémiaire an VI (3 octobre 1797) autorisa le Tribunal de cassation à former *temporairement* dans son sein, chaque fois et pour aussi longtemps qu'il serait nécessaire, une quatrième section à l'effet de juger les affaires criminelles ou civiles arriérées, ou qui pourraient rester en retard à l'avenir (art. 1er). Cette section temporaire n'avait pas de compétence nettement définie ; cependant les articles 3 et 5 déclarent que, *dans le concours des différentes affaires qui lui auront été renvoyées*, elle s'occupera de *préférence* des affaires criminelles, des réquisitoires qui seront présentés par les commissaires et substituts près le Tribunal de cassation, des mémoires adressés par les commissaires près les tribunaux criminels de département et de police, et de toutes les affaires qui intéressent la République. Cette quatrième section fonctionna du 4 brumaire an VII à la fin de germinal an VIII.

Il ne paraît pas que cette mesure ait suffi pour supprimer toute lenteur ; car, un an plus tard, le 29 fructidor an VI (15 septembre 1798), une nouvelle loi, qui fixait à sept le nombre des substituts du commissaire du directoire exécutif près le Tribunal de cassation, portait, dans son considérant, « qu'il est instant d'adopter des mesures efficaces *pour accélérer la décision des affaires multipliées pendantes au Tribunal de cassation.* » D'après l'article 23 de la loi des 27 novembre-1er décembre 1790, le commissaire du roi près le Tribunal de cassation ne devait pas avoir de substituts; c'est un décret des 21 septembre-14 octobre 1791 qui lui en adjoignit deux, autant qu'il y avait alors de sections dans le tribunal. Le décret de la Convention, du 29 septembre 1793, en autorisant l'établissement provisoire d'une troisième section, autorisa également le conseil exécutif à nommer un troisième substitut, ce qui fut aussi confirmé d'une manière définitive par l'article 6 de la loi du 2 brumaire an IV (24 octobre 1795). L'article 4 de la loi du 12 vendémiaire an VI (3 octobre 1797), qui permettait l'établissement temporaire d'une quatrième section, institua en même temps un quatrième substitut. Enfin le nombre de sept, fixé par la loi du 30 fructidor an VI, fut réduit à six par l'article 67 de la loi du 27 ventose an VIII (18 mars 1800) sur l'organisation des tribunaux, e c'est encore celui qui existe aujourd'hui (ordonnance des 15-17 février 1815, art. 1er, 2e alinéa).

Cette loi du 27 ventose an VIII ne maintint pas l'autorisation d'établir une quatrième section temporaire. D'un autre côté, en vertu de l'article 60, 3e alinéa, la troisième section n'avait plus compétence que pour les demandes en cassation en matière criminelle, correctionnelle ou de police ; elle cessait de pouvoir juger en outre les affaires civiles concurremment avec la deuxième section, ce qui devait évidemment augmenter encore l'encombrement des affaires pendantes devant celle-ci. Cette organisation n'a plus été modifiée par les lois postérieures (ordonnance des 15-19 janvier 1826, art. 1er).

Depuis cette époque, les lenteurs n'ont fait que s'accroître à la Cour de cassation; mais on n'a plus pris aucune mesure sérieuse pour y remédier (voy. Règlement sur le service du Tribunal de cassation du 4 prairial an VIII, 14 avril 1800, art. 4, 5 et 6). Il serait cependant fort utile de diminuer autant que possible cet inconvénient, sinon en créant une seconde section de cassation pour les matières civiles, du moins en augmentant le nombre des conseillers, ce qui permettrait d'accélérer les rapports. Ce nombre avait été fixé à quarante-deux par la loi d'institution des 27 novembre-1er décembre 1790, en vue d'une division en deux sections seulement. La création d'une troisième section en montra l'insuffisance. L'article 258 de la constitution directoriale du 5 fructidor an III (22 août 1795), sans déterminer précisément le nombre des juges du Tribunal de cassation, prévoyait et préparait son augmentation, en fixant son maximum aux trois quarts du nombre des départements. Un mois après, la Convention arrêta ce nombre à 50 par la loi du 5 vendémiaire an IV (28 septembre 1795) ; il fut ensuite réduit à 48 par l'article 58 de la loi du 27 ventose an VIII (18 mars 1800), et reporté à 49, où il est encore aujourd'hui, par l'institution d'un troisième président de section en vertu du décret impérial du 28 janvier 1811.

NOTE II

LES ATTRIBUTIONS DE LA COUR DE CASSATION RENTRENT-ELLES DANS LE POUVOIR
LÉGISLATIF OU DANS LE POUVOIR JUDICIAIRE? — HISTORIQUE.

(Voyez ci-dessus, page 564)

Sous l'ancien régime, la cassation semblait bien émaner du pouvoir législatif, c'est-à-dire du roi; dans le principe elle exigeait même son intervention personnelle au sein du Parlement qui avait mal jugé (ordonnances de Philippe le Bel du 23 mars 1302, et de Philippe le Long en 1320). Plus tard, il est vrai, elle fut attribuée au conseil des parties; mais ce conseil n'était qu'une section du conseil du roi, il se composait des ministres, des intendants des finances, des conseillers d'État, enfin du grand doyen et du doyen de quartier des maîtres des requêtes (collection Denisart, 7ᵉ édition, 1771, vᵒ conseil du roi, nᵒ 12), c'est-à-dire de personnes étrangères à l'ordre judiciaire, qui, la plus grande partie de la semaine, s'occupaient de l'administration active ou siégeaient au moins dans les autres sections du conseil où se traitaient les affaires de gouvernement, de finances, de commerce, etc., qui avaient enfin le caractère de personnages politiques et d'agents directs de la royauté. Depuis longtemps le roi ne présidait plus ce conseil des parties, qu'on peut comparer sous certains rapports à la section du contentieux de notre conseil d'État actuel; mais il était toujours réputé y être présent, et le fauteuil présidentiel restait vide, ainsi que cela se pratique encore aujourd'hui dans les audiences solennelles de la Cour de cassation, où ce fauteuil devrait être occupé par le ministre de la justice.

C'était donc le roi qui cassait les arrêts contre lesquels il croyait devoir user de son autorité, comme dit le *Nouveau Denisart* (vᵒ Cassation, nᵒ 4); c'était le pouvoir législatif qui défendait la loi contre les infractions des juges. Aussi Joly de Fleury disait-il dans son mémoire sur la juridiction du conseil des parties, qu' « on a toujours tenu pour principe au conseil que la cassation a été introduite plutôt pour le maintien des ordonnances que pour l'intérêt des justiciables. » En 1786, les auteurs du Nouveau Denisart déclaraient formellement que le droit de casser les jugements faisait « partie intégrante du pouvoir législatif, et que sans lui ce pouvoir serait en quelque sorte nul ».

Il ne faut donc pas s'étonner de voir, lorsque l'Assemblée constituante discuta, dans les séances des 24 mai 1790 et jours suivants, l'institution d'un tribunal de cassation, certains membres proposer d'en attribuer les fonctions au corps législatif lui-même. « Unique-
» ment établi pour défendre la loi et la Constitution, disait Robes-
» pierre, nous devons le considérer non comme une partie de l'ordre
» judiciaire, mais comme placé entre le législateur et la loi ren-
» due pour réparer les atteintes qu'on pourrait lui porter... Aux
» législateurs appartient le pouvoir de veiller au maintien des lois...
» Quand il y avait quelque obscurité, les lois romaines ne voulaient
» pas que les juges se permissent aucune interprétation, dans la
» crainte qu'ils n'élevassent leur volonté au-dessus de la volonté des
» législateurs. D'après ces réflexions, j'ai pensé que vous ne trouve-
» riez pas étrange qu'on vous proposât de ne pas former de tribunal
» de cassation distinct du corps législatif, mais de le placer dans ce
» corps même. On objectera que vous avez distingué les pouvoirs,
» et que vous confondriez le pouvoir judiciaire et le pouvoir légis-
» latif ; mais *un tribunal de cassation n'est point un tribunal judi-*
» *ciaire.* »

Le système de Robespierre ne fut pas admis ; Barrère lui-même le combattit ; Merlin, Tronchet et le comte de Clermont-Tonnerre firent prévaloir l'idée d'un tribunal sédentaire malgré les efforts de Barnave, Barrère, Dandré, Goupil de Préfeln, Mongins, etc., qui auraient voulu des juges ambulants. Cependant, les propositions émises par Robespierre ne furent pas absolument sans résultat, et on peut montrer dans certains articles de la loi des 27 novembre-1er décembre 1790, qui organisa le tribunal de cassation, la trace irrécusable de leur influence.

Nous trouvons d'abord l'article 24 du titre Ier de cette loi, décidant que, « chaque année, le tribunal de cassation sera tenu d'envoyer à la barre de l'assemblée du Corps législatif une députation de huit de ses membres, qui lui présenteront l'état des jugements rendus, *à côté de chacun desquels sera la notice abrégée de l'affaire et le texte de la loi qui aura décidé de la cassation* ». N'est-ce pas un mandataire qui rend compte de l'exercice de son mandat ?

Cette disposition se trouve reproduite dans l'article 22, chapitre v, titre III, de la constitution des 3-14 septembre 1791, et par l'article 257 de la constitution du 5 fructidor an III (22 août 1795). A partir du Consulat, ce rapport du Tribunal de cassation fut présenté non plus au Corps législatif, dont les attributions avaient été bien amoindries, mais au gouvernement, qui tendait de plus en plus à envahir le domaine législatif. L'article 86 de la loi du 27 ventose an VIII (18 mars 1800) y ajoutait même pour le tribunal de cassation l'obligation d'« indiquer les points sur lesquels l'expérience lui aura fait connaître les vices ou l'insuffisance de la législation ». Il était tout naturel que ces dernières observations fussent adressées au gouvernement, qui, en vertu de l'article 25 de la Constitution du 22 frimaire an VIII (13 décembre 1799), avait seul le droit de proposer des lois nouvelles. Ajoutons que c'était là en même temps une mesure fort utile, malheureusement tombée en désuétude.

Mais l'article 21, titre Ier, de la loi de 1790 est encore bien plus caractéristique que l'article 24 ; il montre dans tout son jour le véritable esprit qui dirigeait le législateur sur cette question. Voici en effet ce que porte le second alinéa de cet article 21 : « Lorsque » le jugement aura été cassé deux fois et qu'un troisième tribunal » aura jugé en dernier ressort de la même manière que les deux pre- » miers, la question ne pourra plus être agitée au tribunal de cassa- » tion, qu'elle n'ait été soumise au Corps législatif, qui, en ce cas, » portera un décret déclaratoire de la loi, et *lorsque ce décret aura* » *été sanctionné par le roi*, le Tribunal de cassation s'y conformera » dans son jugement. » On exige donc bien toutes les formes nécessaires à la confection de la loi ; c'est le pouvoir législatif seul qui a le droit d'interpréter ses actes, conformément à la vieille maxime : *hujus est interpretari cujus est condere.* Le tribunal de cassation n'est, comme nous le disions au texte, qu'une sorte de délégué chargé de réprimer les écarts des juges lorsqu'il n'y a point de doute sur la réalité de ces écarts. Mais lorsque la persistance des tribunaux inférieurs « annonce qu'il peut y avoir dans la loi des dispositions qui ne soient pas assez clairement entendues », comme dit l'instruction pour la procédure criminelle décrétée par l'Assemblée constituante les 29 septembre-21 octobre 1791, alors il faut en référer au déléguant, c'est-à-dire au pouvoir législatif en qui réside réellement le droit d'interpréter la loi.

La disposition précitée de l'article 21 de la loi de 1790 est confirmée par l'article 22, chapitre v, titre III, de la constitution des 3-14 septembre 1791, par l'article 256 de la constitution du 5 fructidor an III (22 août 1795), qui exige le référé au Corps législatif après une seule cassation, et par l'article 78 de la loi du 27 ventose an VIII (18 mars 1800), qui permet de nouveau la seconde cassation, mais la fait prononcer par les trois sections réunies. La loi des 16-26 septembre 1807 ne modifie ce système qu'en autorisant la Cour de cassation à réclamer l'interprétation réglementaire avant de casser pour la seconde fois (art. 3), et en faisant donner cette interprétation non plus par le Corps législatif, mais par le gouvernement en conseil d'État, innovation tout à fait en rapport avec la part de plus en plus grande que le gouvernement prenait à la confection des lois, lorsqu'il n'y suppléait point entièrement par des décrets impériaux.

Sous la Restauration, l'arrêt du conseil d'État des 17-26 décembre 1823, tout en refusant à cette interprétation le caractère législatif qu'elle avait autrefois, lui reconnaît toujours l'autorité judiciaire obligatoire qui permet seule à la Cour de cassation de trancher le procès actuellement pendant.

C'est seulement la loi des 30 juillet-1er août 1828 qui effaça les dernières traces du système de Robespierre, en accordant à l'ordre judiciaire le droit d'interpréter et d'appliquer souverainement la loi aux procès, sans avoir jamais besoin d'attendre, pour prononcer ses arrêts, que le pouvoir législatif, ou l'un des corps qui y participent, lui ait donné une interprétation réglementaire de la loi, à laquelle il soit obligé de se conformer. Mais, en attribuant ce pouvoir souverain à la troisième Cour royale saisie par le renvoi de la Cour de cassation, le législateur de 1828 eut le tort de commettre une méprise fort regrettable, qui fut heureusement réparée par la loi du 1er avril 1837.

Il faut remarquer, du reste, que, sous la Convention, lorsque le pouvoir fut aux mains des hommes du parti de Robespierre ou de ses diverses nuances, on s'inspira d'idées absolues, comme celles dont il s'était fait l'organe le 24 mai 1790 devant l'Assemblée constituante, et l'on dépassa beaucoup les limites fixées par la loi des 27 novembre-1er décembre 1790 à l'intervention du pouvoir législatif. Plusieurs décrets de l'omnipotente Assemblée annulèrent des jugements du tribunal de cassation qui ne lui semblaient pas conformes à la loi, sans même prendre la peine de renvoyer devant un tribunal compétent pour statuer sur le point de fait (décrets des 1er, 6, 10 brumaire, 7 frimaire, 19 pluviose, 28 germinal-6 floréal an II). On exécuta ainsi des individus en vertu de jugements que le Tribunal de cassation avait, peut-être à tort, mais dans tous les cas légalement cassés, et qui par suite n'avaient plus aucune existence aux yeux de la loi. Cet arbitraire de circonstance risqua même de passer en principe; car le 26 pluviose an III, la Convention chargea son comité de législation de chercher si l'on ne pourrait pas instituer des formes suivant lesquelles seraient instruites ces annulations extraordinaires. Mais il ne paraît pas qu'il ait été donné aucune suite à cette idée.

Nous avons déjà dit autre part (voy. ci-dessus, page 632) que, pour prévenir le retour de pareils abus, l'article 264 de la constitution du 5 fructidor an III (22 août 1795) avait formellement défendu au Corps législatif d'annuler les arrêts du Tribunal de cassation.

NOTE III

DU PRINCIPE QUE LA COUR DE CASSATION NE JUGE PAS AU FOND,
ET DES EXCEPTIONS QUE REÇOIT CE PRINCIPE.

(Voyez ci-dessus, page 564.)

Le principe que la Cour de cassation ne juge pas le fond des procès est l'essence même de son institution. Presque tous les orateurs
qui prirent la parole à l'Assemblée constituante dans les séances des
24 mai 1790 et jours suivants, lorsqu'on discuta l'établissement de
cette juridiction suprême, eurent occasion d'énoncer ce principe :
« Elle ne peut que casser les arrêts sans toucher au fond », disait
Barnave, par exemple, et il ajoutait qu'elle « ne pourrait exercer
aucune tyrannie, car elle n'aurait pas le pouvoir de mettre un autre
jugement à la place de celui qui aurait été rendu. » l'Assemblée
constituante avait déjà consacré ce principe par avance, le 20 octobre 1789, lorsqu'en autorisant le conseil des parties à continuer ses
fonctions il avait fait exception pour les affaires dans lesquelles les
anciennes règles lui donnaient le droit de prononcer sur le fond.
Du reste la voie de la cassation n'était jamais ouverte pour mal jugé
au fond, ainsi que le constate Denisart (voy. *Cassation*, n° 6), et, par
conséquent, le conseil des parties n'avait pas non plus en principe,
sauf les exceptions prérappelées, le droit de prononcer sur le
fond.

Dans la loi des 27 novembre-1er décembre 1790 qui organisa le
Tribunal de cassation, le 3e alinéa de l'article 3 du titre Ier exprima
ce principe avec la plus grande énergie : « Sous aucun prétexte et
dans aucun cas, le tribunal (de cassation) ne pourra connaître du
fond des affaires. Après avoir cassé les procédures ou le jugement, il
renverra le fond des affaires aux tribunaux qui devront en connaître, ainsi qu'il sera fixé ci-après.» Ainsi, par un excès de précaution,
le législateur ne permettait même pas alors au Tribunal de cassation
de désigner, comme il le fait aujourd'hui, parmi les tribunaux com-

pétents à raison de la matière, celui qui devait prononcer sur le
fond. C'étaient les parties elles-mêmes qui le désignaient, en
observant, comme pour l'appel, certaines règles de proximité
(art. 19).

Le principe fondamental que nous venons d'indiquer se trouve
reproduit dans toutes les constitutions postérieures qui déterminèrent les attributions du Tribunal de cassation. (Voyez : Constitution
des 3-14 septembre 1791, titre III, chap. v, art. 20; — constitution
du 24 juin 1793, art. 99; — constitution du 5 fructidor an III
(22 août 1795), art. 255; — constitution du 22 frimaire an VIII
(13 décembre 1799), art. 66). Cela ne montre-t-il point que l'on considérait alors cette distinction des deux ordres de pouvoirs judiciaires comme une garantie de liberté ? Si les constitutions postérieures
se bornent à confirmer les attributions de la Cour de cassation sans
contenir formellement la même mention, c'est que la nature de son
pouvoir était devenue familière à tous les esprits et que personne
n'aurait plus songé à l'altérer.

Nous trouvons cependant un décret de l'Assemblée constituante
des 8-17 juin 1791 décidant que les jugements des tribunaux de district statuant sur la validité de la nomination des commissaires du
roi pourront être attaqués devant le Tribunal de cassation, qui, dans
ce cas, jugera à la fois sur la forme et sur le fond, dit l'article 3 de
ce décret, c'est-à-dire prononcera en dernier ressort sur la validité
ou l'invalidité de la nomination, de telle sorte que le tribunal de
district sera forcé d'exécuter sa décision. Mais il est facile de voir
qu'il n'y a là qu'un point de droit à trancher, puisqu'il s'agit d'apprécier la régularité d'une nomination et de constater l'existence
d'aptitudes légales.

Dans les règlements de juges et les conflits de juridiction, le Tribunal de cassation ne prononce pas non plus sur les faits, mais sur
un point de droit. Enfin, dans les renvois d'un tribunal à un autre
pour cause de suspicion légitime, il se livre sans doute à une certaine appréciation de faits, mais distincts de ceux qui seront l'objet
du procès; il exerce une sorte de délégation que lui a donnée le
législateur pour modifier dans certains cas les règles ordinaires de
compétence.

C'est seulement dans les prises à partie et les poursuites intentées
contre des juges en vertu des articles 80 et suivants de la loi du
27 ventose an VIII que la Cour de cassation prononce réellement
sur les faits. Mais cette dernière loi prend des mesures pour que le
pourvoi en cassation, c'est-à-dire l'interprétation de la loi puisse être
portée devant d'autres juges que ceux qui ont prononcé sur le fond
du procès. Comme il s'agissait de poursuites criminelles, il semblait

naturel de les attribuer à la section criminelle; cependant le législateur s'en garde bien ; il fait prononcer la dénonciation par la section des requêtes, et le fait admettre par la section civile, qui renvoie l'affaire devant un tribunal criminel (art. 80 et 81) : de telle sorte que si la décision de ce tribunal donne lieu à un pourvoi en cassation, ce pourvoi trouve dans les membres de la section criminelle des juges du point de droit qui n'ont pas été juges du point de fait.

Ce qui montre bien que telle est, en effet, la préoccupation du législateur, c'est que, lorsque la section civile ou la section criminelle trouvent dans les affaires qui leur sont soumises des traces de forfaiture ou de délits commis par les juges, elles doivent, l'une comme l'autre, les dénoncer à la section des requêtes, qui cette fois prononce sur la mise en accusation ; s'il y a plus tard pourvoi en cassation sur l'arrêt intervenu, ce pourvoi, au lieu d'être porté devant la section criminelle, comme le voudraient les règles ordinaires de compétence, est expressément attribué à celle des trois sections qui n'a pas connu de l'affaire en point de fait (art. 82 et 83) ; l'article 84 pousse même la précaution jusqu'à écarter de la section chargée de prononcer sur le recours en cassation ceux de ses membres qui faisaient partie des autres sections lorsqu'elles ont connu de l'affaire. (Comparez les art. 491 à 493 et 503 du Code d'instruction criminelle.)

Quant aux prises à partie déférées à la Cour de cassation, elles sont admises par la section des requêtes et jugées par la section civile. Dalloz (*Répert. alphabét.*, vº Prise à partie, nº 69) pense que ces prises à partie ne sont pas susceptibles de recours en cassation. Nous croyons cependant que ce recours serait possible, et que, par analogie des dispositions que nous venons de voir, il devrait être porté à la section criminelle.

Du reste, il n'est pas inutile de remarquer qu'en vertu de l'article 101 du sénatus-consulte organique du 28 floréal an XII (18 mai 1804) et de l'article 509 du Code de procédure civile, ces divers procès dans lesquels la Cour de cassation prononce sur le point de fait se trouvaient attribués à la haute Cour impériale. Mais cette haute Cour ne fut jamais organisée.

Enfin le nouvel article 446 du Code d'instruction criminelle, tel qu'il est modifié par la loi des 29 juin-5 juillet 1867 sur la révision des procès criminels et correctionnels, introduit un nouveau cas dans lequel la Cour de cassation juge le fait. Voici le texte de cet article :

« Lorsqu'il ne pourra être procédé de nouveau à des débats oraux » entre toutes les parties, notamment en cas de décès, de contumace » ou de défaut d'un ou de plusieurs condamnés, en cas de prescrip-

» tion de l'action ou de celle de la peine, la Cour de cassation, après
» avoir constaté expressément cette impossibilité, statuera au fond,
» sans cassation préalable ni renvoi, en présence des parties civiles,
» s'il y en a au procès, et des curateurs nommés par elle à la mé-
» moire de chacun des morts. — Dans ce cas, elle annulera seule-
« ment celle des condamnations qui avait été injustement portée,
» et déchargera, s'il y a lieu, la mémoire des morts. »

Il s'agit là d'une circonstance tout exceptionnelle dans laquelle
les débats ne peuvent avoir lieu d'une manière régulière, de sorte
qu'il serait inutile et illusoire de les renvoyer devant un tribunal
ou une cour ; n'oublions pas d'ailleurs que l'évidence est presque
toujours acquise au profit de certains condamnés, de sorte que sa
constatation n'est plus pour ainsi dire qu'une simple formalité. Mais
on perdait si peu de vue le principe auquel la force des choses imposait une exception passagère que le commissaire du gouvernement
repoussa l'extension fort équitable que quelques députés voulaient
donner à la révision, en remarquant qu'il faudrait pour l'admettre
autoriser la Cour de cassation à juger le point de fait.

NOTE IV

DES CAS EXCEPTIONNELS OU LA VIOLATION DE LA LOI NE DONNE PAS
OUVERTURE AU POURVOI EN CASSATION.

(Voyez ci-dessus page 565.)

1. — Les décisions des juges de paix ne sont pas attaquables pour
simple violation ou fausse interprétation de la loi, mais seulement
pour incompétence ou excès de pouvoirs.

L'article 4 de la loi des 27 novembre - 1er décembre 1790,
portant institution d'un Tribunal de cassation, réglant sa composition, son organisation et ses attributions, excluait formellement ce
recours, et cela d'une façon générale, sans même admettre les deux
exceptions que nous venons d'indiquer. L'article 254 de la constitution du 5 fructidor an III (22 août 1795), qui ouvrait la voie de la cassation contre tous les jugements en dernier ressort, ne reproduisit
pas la même exception ; mais il faut le considérer comme posant
simplement le principe, ainsi que l'avait fait également l'article 19
du chapitre V du titre III de la constitution des 3-14 septembre
1791 : ces deux textes se réfèrent implicitement pour les détails à
la loi des 27 novembre-1er décembre 1790, et ni l'un ni l'autre par
conséquent n'avait l'intention d'abroger l'article 4 de cette loi. C'est
d'ailleurs ainsi qu'on le considéra. Il existe cependant un jugement
du Tribunal de cassation, section civile, du 21 brumaire an V, qui
admet implicitement le pourvoi en cassation contre les décisions
en dernier ressort des juges de paix, en se fondant sur le silence à
cet égard de l'article 254 de la constitution du 5 fructidor an III.

L'article 77 de la loi du 27 ventose an VIII sur l'organisation des
tribunaux reproduit l'interdiction du recours en cassation contre
les sentences des juges de paix, mais fait exception à ce principe en
cas d'incompétence ou d'excès de pouvoir.

L'article 15 de la loi du 25 mai 1838 sur les justices de paix n'admet plus qu'un cas de cassation, celui d'excès de pouvoir, l'incompétence étant devenue simplement un moyen d'appel en vertu de l'article 14 de cette même loi.

L'exception au principe général introduite relativement aux décisions des juges de paix se justifie par la nécessité de mettre promptement un terme à des procès dont l'importance pécuniaire est minime, et par le caractère en quelque sorte paternel et arbitral qu'on a voulu donner à cette juridiction. N'oublions pas d'ailleurs qu'une violation un peu grave de la loi en arriverait bien vite à constituer un excès de pouvoir et donnerait lieu, par conséquent, au recours en cassation.

Certains auteurs veulent assimiler sous ce rapport les sentences des prud'hommes aux décisions des juges de paix : elles ne seraient donc également susceptibles de recours en cassation que pour excès de pouvoir. Quant à l'opinion qui refuse même la voie de la cassation dans ce dernier cas, elle est, à notre avis, tout à fait exagérée, et nous paraît aussi peu conforme aux textes que contraire aux principes. Il est, du reste, facile de voir que les motifs qui justifient l'exception introduite en faveur des décisions des juges de paix s'appliquent tout aussi bien à celles des prud'hommes.

II. — Diverses lois révolutionnaires enlevèrent aussi la garantie du recours en cassation. Leur objet et les circonstances dans lesquelles elles furent rendues indiquent assez les motifs de cette grave dérogation aux principes généraux de l'organisation des pouvoirs.

Ainsi, dès le début de la guerre contre l'Europe, en instituant la Cour martiale destinée à juger les délits commis dans l'expédition de Mons et de Tournay, l'Assemblée nationale décréta que ses jugements ne seraient sujets ni à l'appel ni à la cassation. Un autre décret, des 15-20 août 1792, décida que les délits commis dans la journée du 10 août (l'invasion des Tuileries par le peuple) ou relatifs à cette journée seraient jugés sans recours au Tribunal de cassation, *vu leur grand nombre et pour obtenir l'effet qu'en attend la société.* Le 7 avril 1793, l'article 2 du décret relatif à la répression des *révoltes* ou *émeutes contre-révolutionnaires* déclara aussi que « les jugements seront exécutés dans les vingt-quatre heures, sans recours au Tribunal de cassation ».

L'article 3 de la loi du 30 juillet 1793, relative aux assignats faux, décide que « les fabricateurs de faux assignats seront jugés sans appel au Tribunal de cassation. Un décret de la Convention, du 30 septembre 1793, déclare que les tribunaux criminels connaîtront des crimes d'embauchage sans recours au Tribunal de cassation.

L'article 9 du décret du 30 frimaire an II confirme et complète ces deux dispositions en excluant le recours en cassation contre tous les jugements rendus par les tribunaux criminels en matière d'*embauchage*, de *complicité d'émigration* et de *fabrication, distribution ou introduction de faux assignats*.

Une autre loi du 4 messidor an III attribue immédiatement aux tribunaux criminels de départements la connaissance de tous les crimes de meurtre et d'assassinat commis dans toute l'étendue de la République depuis le 1er septembre 1792, et déclare que ces jugements ne seraient pas sujets au recours en cassation, ce qu'on devait mentionner dans l'acte d'accusation.

L'article 13 du décret relatif au Tribunal révolutionnaire, voté par la Convention les 10-12 mars 1793, porte que « les jugements de ce tribunal seront exécutés sans recours au Tribunal de cassation ». Disposition confirmée par les décrets des 19 floréal an II et 8 nivose an III (art. 75), qui complétèrent l'organisation de ce tribunal et donnèrent des attributions plus ou moins analogues aux tribunaux criminels des départements. Toutefois, l'article 4 de la loi du 17 germinal an III introduisit une exception en faveur des fonctionnaires jugés conformément à la loi du 19 floréal an II. La loi du 12 prairial an III, qui supprima le Tribunal révolutionnaire et investit les tribunaux criminels ordinaires de la connaissance des faits qui lui étaient attribués, maintint cependant, par son article 4, la prohibition du recours en cassation. Mais la loi du 16 pluviose an V (4 février 1797) supprima cette prohibition et abrogea formellement l'article 13 de la loi du 10 mars 1793 ; elle permit même à ceux qui avaient été condamnés d'après le mode et les principes de la loi des 16-29 septembre 1791, de présenter dans le délai d'un mois leur requête en cassation, ou d'en suivre l'effet si elle avait été présentée.

Le 23 nivose an VIII (13 janvier 1800), une loi suspendit l'empire de la Constitution dans tous les lieux des 12e, 13e, 14e et 22e divisions militaires (départements de l'ouest), auxquels le gouvernement jugerait nécessaire d'étendre cette mesure. En vertu de cette loi, les consuls prirent, le 26 nivose an VIII (16 janvier 1800), un arrêté contenant des mesures relatives aux lieux où la Constitution est suspendue, qui autorisait le général en chef de l'armée de l'Ouest à faire des règlements, même emportant peine de mort (art. 1er), à imposer, par forme de peine, des contributions extraordinaires qu'on recouvrerait suivant les modes usités en pays ennemi (art. 2), etc., et qui établissait, pour rendre la justice criminelle, un tribunal extraordinaire (art. 5) procédant suivant les formes des conseils de guerre (art. 8) et jugeant sans appel, révision, *ni cassation* (art. 11).

Cet état de choses, qui s'appliquait à quatre départements, fut supprimé par un arrêté du 1er floréal an IX (21 avril 1800).

Peu de temps après, le 22 frimaire an IX (13 décembre 1800), une autre loi suspendit également l'empire de la Constitution dans les deux départements de la Corse (Golo et Liamone) ; par application de cette loi, un arrêté des consuls du 17 nivose an IX (7 janvier 1801), nomma un administrateur général de l'île de Corse, en lui conférant notamment le pouvoir d'instituer des tribunaux criminels jugeant sans appel, révision, *ni cassation*, pouvoir dont celui-ci usa en effet. (Voy. jugement du tribunal de cassation, section criminelle, du 7 brumaire an XI, affaire François Galloni.)

La loi du 18 pluviose an IX (8 février 1801), relative à l'établissement des tribunaux spéciaux, n'admettait pas non plus le recours en cassation contre les jugements de ces tribunaux, car l'article 26 du titre II de cette loi n'en parle qu'en ce qui concerne les jugements de compétence qu'ils auraient rendus ; encore, même dans ce cas, le recours en cassation n'arrêtait ni l'instruction ni le jugement sur le fond, il suspendait seulement l'exécution. L'article 29 excluait, du reste, le recours en cassation pour autres causes.

Cette loi du 18 pluviose an IX fut confirmée par une autre du 23 floréal an X. Dans le code d'instruction criminelle de 1808, le titre VI du Livre II (art. 553 à 599), décrété le 15 décembre 1808, réorganisa ces cours spéciales, en se conformant aux principes de la loi de l'an IX, et l'article 597 prohiba encore d'une manière expresse le recours en cassation. (V. arrêts de rejet de la Cour de cassation, section criminelle des 16 prairial an IX, 26 juin 1812, 10 septembre 1813.)

Un décret impérial du 18 octobre 1810 établit des cours prévôtales des douanes pour la répression de la contrebande ; son article 5 excluait le recours en cassation, si ce n'est sur la question de la compétence de ces cours. (V. arrêt de rejet de la Cour de cassation, section criminelle, du 18 février 1813.)

Le 3 avril 1813, un sénatus-consulte suspendit pour trois mois (qui furent prolongés de trois autres mois par un second sénatus-consulte daté du 1er juillet 1813) le régime constitutionnel dans les départements allemands de l'Ems-Supérieur, des Bouches-du-Wéser et des Bouches de l'Elbe, composant la 32e division militaire ; en exécution de ce sénatus-consulte, l'empereur rendit, le 10 avril, un décret dont les dispositions sont fort analogues à celles de l'arrêté des consuls en date du 26 nivose an VIII, cité plus haut. Il est également institué une cour extraordinaire (art. 8), dont les arrêts sont rendus en dernier ressort et sans recours en cassation (art. 14).

On ne peut s'empêcher de remarquer, à cette occasion, que, dès les premiers jours de la rentrée des Bourbons en France, un décret du comte d'Artois, en date du 26 avril 1814, supprima les cours prévôtales instituées en 1810, en donnant notamment pour raison que leurs arrêts, pouvant prononcer des peines afflictives et infamantes, auraient dû être soumises au recours en cassation. Le comte d'Artois ne faisait, du reste, que suivre un exemple venu d'autre part. En effet, les 1er et 2 avril 1814, le Sénat, réuni extraordinairement par Talleyrand, avait nommé un gouvernement provisoire de cinq membres, en tête duquel il fut placé, avec mission de préparer un projet de Constitution pour la France. Cette Constitution fut votée par le Sénat les 6-9 avril 1814 : son article 18 *in fine* déclarait expressément que les commissions et tribunaux extraordinaires étaient supprimés et ne pourraient jamais être rétablis.

Mais cette Constitution n'entra point en vigueur. La Charte octroyée des 4-14 juin 1814 ne maintint qu'en partie cette sage disposition et celle du décret du comte d'Artois, car l'article 63, tout en prononçant l'abolition des juridictions extraordinaires, permettait éventuellement le rétablissement des cours prévôtales s'il était jugé nécessaire. Ce rétablissement eut lieu, en effet, en vertu d'une loi du 20 décembre 1815; d'après l'article 39 de cette loi, les chambres de mises en accusation des cours royales prononçaient souverainement sur la compétence des cours prévôtales, sans aucun recours possible en cassation, et l'article 45 excluait également le recours en cassation contre les arrêts de ces cours prévôtales sur le fond des procès.

A cette époque, l'article 60 de l'acte additionnel aux Constitutions de l'Empire, en date des 22-23 avril 1815, et l'article 91 du projet de Constitution du 29 juin 1815, rédigé par une commission de la Chambre des représentants après la seconde abdication de Napoléon, avaient supprimé d'une manière absolue les juridictions extraordinaires. Mais le gouvernement de la Restauration ne reconnut naturellement à ces actes aucune existence légale.

Nous devons signaler aussi une ordonnance du gouverneur de la Martinique, en date du 12 août 1822, qui établissait une Cour prévôtale, en vertu du pouvoir que ce gouverneur tenait du décret du 6 prairial an X. C'est l'article 63 de la Charte de 1814 qu'il eût fallu invoquer, car le décret de l'an X devait être considéré comme abrogé. La Cour de cassation jugea à cette occasion qu'il était de l'essence des arrêts des cours prévôtales de ne tomber sous sa censure qu'en ce qui concerne la compétence (arrêt de rejet de la Chambre criminelle, du 25 août 1826).

C'est l'article 54 de la Charte des 14-24 août 1830 qui supprima définitivement les juridictions extraordinaires en prohibant leur

rétablissement sous quelque forme ou dénomination que ce puisse
être. Depuis cette époque on s'est contenté, dans les temps de troubles, de soumettre les simples citoyens, en vertu de décrets d'état de
siége, à la compétence des conseils de guerre dont les arrêts, ainsi
que nous le verrons tout à l'heure, ne sont susceptibles de pourvoi
en cassation que pour cause d'incompétence ou d'excès de pouvoirs.
Il faudrait cependant faire exception pour les attributions conférées
à la haute cour de justice par le second alinéa de l'article 91 de la
Constitution des 4-10 novembre 1848, et par l'article 54 de la Constitution du 14 janvier 1852. Nous parlons plus bas de ces deux
articles.

III. — L'article 23 du chapitre v du titre III de la Constitution
des 3-14 septembre 1791 établit une haute cour nationale chargée
de juger les délits des ministres et des agents principaux du pouvoir
exécutif, ainsi que les crimes contre la sûreté générale de l'État et
les actes par lesquels les juges auraient excédé leur pouvoir
(art. 27), le tout sur un décret d'accusation rendu par le Corps législatif. Cette haute cour nationale était formée des membres du
Tribunal de cassation avec adjonction de hauts jurés, et cette circonstance montre assez que ses décisions n'étaient pas susceptibles de
recours devant le Tribunal de cassation. Du reste, le 29 août 1792,
l'Assemblée nationale décida que le but de l'institution de la haute
cour nationale, le mode de son organisation, la nature de ses fonctions, la circonstance qu'elle est unique, l'esprit des lois existantes et
même leur lettre ne permettent pas de penser que ses décisions
puissent être soumises au recours devant le Tribunal de cassation.
Cette haute cour nationale fut supprimée par la Convention, dès ses
premières séances, par décret des 25-26 septembre 1792.

L'article 265 de la Constitution du 5 fructidor an III (22 août 1795)
rétablit une haute cour de justice pour juger les accusations admises par le Corps législatif, soit contre ses propres membres, soit
contre ceux du Directoire exécutif. La loi du 19 thermidor an IV
(6 août 1796) déclara « que les décisions et jugements rendus par la
haute cour de justice ne sont pas soumis au recours devant le Tribunal de cassation ». Cette haute cour de justice fut organisée par une
loi datée du lendemain, 20 thermidor.

L'article 73 de la Constitution du 22 frimaire an VIII (13 décembre 1799), en instituant une haute cour destinée, le cas échéant, à
juger les ministres, excluait aussi le recours en cassation. L'article 132 du sénatus-consulte organique de l'empire, du 28 floréal
an XII (18 mai 1804), déclare aussi que les arrêts de la haute cour
impériale, dont les attributions sont réglées par les articles 101 et
suivants du même acte, n'admettent aucune espèce de recours, et,

par conséquent, ne tombent pas sous la censure de la Cour de cassation. Cette haute cour impériale, qui ne fut jamais organisée en fait, est supprimé par l'article 56 de l'acte additionnel aux Constitutions de l'empire, des 22-23 avril 1815, qui renvoie devant les tribunaux ordinaires les crimes et délits jugés autrefois par cette Cour, et dont le présent acte n'attribuait pas la connaissance à la Chambre des pairs.

Le projet de Constitution arrêté par le Sénat les 6-9 avril 1814, déjà cité plus haut, donnait au Sénat, par son article 13, le droit exclusif de juger ses membres et ceux du Corps législatif. L'article 33 de la Charte constitutionnelle des 4-14 juin 1814, attribuait à la Chambre des pairs la connaissance des crimes de haute trahison et des attentats à la sûreté de l'État. L'article 34 lui donnait le droit exclusif de juger ses propres membres en matière criminelle, et l'article 55 la chargeait de juger les ministres sur la dénonciation de la Chambre des députés. L'acte additionnel aux Constitutions de l'Empire des 22-23 avril 1815 contient des dispositions fort analogues. L'article 16 de cet acte reproduit l'article 34 de la Charte ; l'article 40 contient une disposition identique avec celle de l'article 55 de cette même Charte, et enfin l'article 41 correspond à peu près à l'article 33 précité. Les articles 30, 31 et 65 du projet de Constitution arrêté par la Chambre des représentants, après la seconde abdication de Napoléon, le 29 juin 1815, attribuent les mêmes priviléges à la Chambre des pairs. Enfin la Charte des 14-24 août 1830 reproduit dans ses articles 28, 29 et 47 les articles précités de la Charte des 4-14 juin 1814.

De plus, chacune des deux chambres, celle des députés comme celle des pairs, pouvait, en vertu de l'article 15 de la loi du 25 mars 1822, faire venir à sa barre et condamner elle-même les personnes qui avaient offensé, par l'un des moyens prévus dans la loi du 17 mai 1819, soit la Chambre entière, soit quelques-uns de ses membres.

Quoique les textes ne se prononcent pas sur ce point, on n'a jamais douté que toutes ces décisions ne fussent complétement soustraites au recours en cassation. En effet, il ne peut être question de censurer l'interprétation donnée à la loi, puisque cette interprétation émane sinon du législateur tout entier, au moins d'un des corps qui le forment. Mais où était l'abus et la confusion de pouvoirs, surtout lorsqu'on sortait des cas de responsabilité ministérielle, c'était lorsqu'on attribuait le droit de juger à une partie du Corps législatif. On arrivait alors à un véritable arbitraire, à un cumul d'attributions, aussi choquant en théorie que dangereux en pratique. Les termes mêmes de l'article 42 de l'acte additionnel aux Constitutions de

l'Empire, des 22-23 avril 1815, et de l'article 33 du projet de Constitution arrêté par la Chambre des représentants le 29 juin 1815,
montrent bien la réalité de cet inconvénient, car ces deux articles
déclarent d'une manière expresse que « la Chambre des pairs, en ce
cas, exerce, soit pour caractériser le délit, soit pour infliger la peine,
un pouvoir discrétionnaire ». C'est donc bien la confusion du légis-
teur et du juge : le même corps institue la peine, dénomme le
délit et frappe le coupable. Tout cela s'explique par le caractère
politique de ces procès.

Les Constitutions postérieures évitèrent ce cumul d'attributions
essentiellement différentes. L'article 91 de la Constitution des 4-10
novembre 1848 instituait une haute cour de justice formée de cinq
juges nommés par la Cour de cassation elle-même parmi ses membres et de trente-six jurés tirés des conseils généraux des départements (art. 92). Cette haute cour jugeait les attentats ou complots
contre la sûreté intérieure ou extérieure de l'État, ainsi que les accusations portées par l'Assemblée nationale contre le président de
la République ou les ministres. Elle devait prononcer sans appel
ni recours en cassation. L'article 54 de la Constitution du 14 janvier 1852 établit aussi une haute cour de justice, jugeant également sans appel ni recours en cassation, et dont les attributions sont définies à peu près de la même manière. Cependant le
président de la République, plus tard l'empereur, cesse d'en être
justiciable, d'autant plus que c'est lui seul qui peut la saisir et non
plus la Chambre des députés. « Le président de la République est
responsable devant le peuple français auquel il a toujours le droit
de faire appel » (art. 5 de la Constitution). Quant aux ministres,
l'article 13 déclare qu'ils ne peuvent être mis en accusation que par
le Sénat, sans indiquer expressément devant quelle juridiction ils
seraient traduits, lacune à laquelle l'analogie permettait de suppléer
facilement, et qui fut comblée du reste par l'article 3 du sénatus-
consulte des 4-13 juin 1858. Cette haute cour fut organisée par un
sénatus-consulte des 10-13 juillet 1852, qui en prit toujours les juges
parmi les membres de la Cour de cassation, mais en les faisant désigner par le président de la République. Le sénatus-consulte des
4-13 juin 1858 étendit sa compétence à tous les crimes et délits commis par les princes de la famille impériale ou de l'empereur, les
ministres, les grands officiers de la couronne, les grands-croix de la
Légion d'honneur, les ambassadeurs, les sénateurs et les conseillers
d'État, et dans ces divers cas, elle continue toujours à juger sans
appel ni recours en cassation.

IV. — La loi du 22 septembre 1790, la première qui organisa la justice militaire depuis le commencement de la révolution, ne parle nulle part du pourvoi en cassation. Il est vrai que la loi organique du tribunal de cassation est un peu postérieure (27 novembre-1er décembre 1790). Mais le 12 août 1790, c'est-à-dire plus d'un mois avant la loi du 22 septembre, l'Assemblée constituante avait déjà décidé qu'il y aurait un tribunal de cassation ; bien antérieurement, le 20 octobre 1789, elle avait en quelque sorte préjugé la question en autorisant le conseil des parties à continuer de connaître des pourvois en cassation ordinaires, et le 24 mai 1790, elle avait formellement consacré le principe du pourvoi en cassation. Le silence de la loi du 22 septembre 1790 peut donc être considéré comme excluant le recours en cassation.

Un peu plus tard, l'article 9 du titre Ier du Code militaire des 30 septembre-19 octobre 1791, admit d'une manière formelle le recours en cassation contre les jugements des tribunaux militaires, et l'article 10 permit également la prise à partie devant le tribunal de cassation contre les membres de ces tribunaux qui auraient prévariqué. Il est remarquable que, quelques jours à peine après le vote de cette loi, la loi du 12 octobre 1791 qui organisait les juridictions maritimes établies pour juger les marins et les forçats, repoussait implicitement, par l'article 48 de son titre Ier, toute espèce de recours en cassation (tribunal de cassation, section criminelle, jugements de rejet des 24 floréal, 4 messidor, 3 et 21 thermidor, 6 fructidor an II et 19 nivose an V).

Mais bientôt l'article 17 du titre XIII de la loi du 3 pluviose an II 2 janvier 1794), sur l'organisation de la justice militaire, décida que « les jugements des tribunaux criminels militaires ne seront point sujets à cassation. » L'article 290 de la Constitution du 5 fructidor an III (22 août 1795) maintient implicitement cette disposition en déclarant que l'armée de terre et de mer est soumise à des lois particulières. La loi du 17 germinal an IV (6 avril 1796) est plus décisive encore, puisqu'elle soumet seulement les décisions des tribunaux militaires à la révision d'un tribunal militaire supérieur, et déclare ensuite qu'elles doivent être exécutées dans les vingt-quatre heures, sans qu'il soit question d'aucun recours en cassation.

Cependant, quelques mois après, une loi du 21 fructidor an IV (7 septembre 1796) décida que « le recours en cassation contre les jugements des commissions militaires est admissible pour cause d'incompétence ». Une loi du 13 thermidor an VII (31 juillet 1799) étendit le bénéfice de ces deux dernières lois aux jugements rendus par les tribunaux maritimes à dater du mois d'août 1790 (art. 1er) ; elle alla même plus loin, car les articles 2 et 3, en supposant que le jugement annulé avait été rendu par une juridiction compétente,

admettent implicitement le recours en cassation pour mal jugé et
non plus seulement pour incompétence, comme le faisaient les deux
lois visées.

Enfin l'article 77 de la loi du 27 ventose an VIII (18 mars 1800) sur
l'organisation des tribunaux, qui est encore en vigueur aujourd'hui
à cet égard, n'admet le recours en cassation contre les jugements
des tribunaux militaires de terre et de mer que pour cause d'incompétence ou d'excès de pouvoir, et lorsqu'il est proposé par un citoyen
non militaire ou non assimilé aux militaires à raison de ses fonctions. Toutefois, le décret du 1er mai 1812, qui établissait un conseil
de guerre extraordinaire pour juger les généraux et commandants
de troupes accusés d'une capitulation déshonorante, admettait dans
tous les cas le pourvoi en cassation contre les jugements de ce conseil extraordinaire.

Il ne faut pas oublier qu'en temps de troubles, des dispositions législatives spéciales ont souvent attribué aux conseils de guerre juridiction sur les civils qui ne peuvent plus alors se pourvoir en cassation
que pour cause d'excès de pouvoir. On organise même, en pareil
cas, des cours martiales dont les arrêts de mort s'exécutant aussitôt
qu'ils sont rendus, échappent à toute censure de la cour de cassation. Mais les procédés expéditifs de ces commissions militaires ne
permettent plus de les considérer comme des juridictions sérieuses.

V. — Les différents actes qui organisèrent l'administration de la
justice en Algérie depuis la conquête française, mentionnent aussi
diverses restrictions au droit de se pourvoir en cassation. L'article 46
de l'ordonnance royale des 10 août-2 septembre 1834, *concernant
l'organisation de l'ordre judiciaire et l'administration de la justice dans
les possessions françaises du nord de l'Afrique,* n'admet le recours en
cassation que contre les jugements du tribunal supérieur d'Alger,
mais non contre les décisions des tribunaux de première instance
qui prononçaient en dernier ressort sur les contraventions de simple
police et sur les affaires civiles dont la valeur n'excédait pas 1000 fr.
de capital ou 50 fr. de revenu (art. 7). Quant aux jugements des tribunaux indigènes musulmans (art 38 et 39) ou israélites (art. 43),
ils n'étaient pas susceptibles d'être révisés par aucune juridiction
française, au moins en matière civile : en matière de crimes ou
de délits, le tribunal supérieur d'Alger pouvait réformer les décisions des cadis (art. 40 et 41).

L'article 53 de l'ordonnance royale des 28 février, 23 avril 1841
sur l'organisation de la justice en Algérie, n'admet plus de pourvoi en
cassation qu'en matière criminelle ou correctionnelle.

D'après l'article 37 du décret impérial des 31 décembre 1859-

14 janvier 1860 *sur l'organisation des tribunaux civils musulmans*, les jugements des cadis et les jugements et arrêts rendus sur l'appel de ces jugements par les tribunaux de première instance (art. 22) ou par la Cour d'Alger (art. 23), ne sont pas susceptibles du recours en cassation.

VI. — Enfin la loi toute récente du 21 avril 1871, qui institue des jurys mixtes de propriétaires et de locataires pour prononcer sur les remises de loyer à Paris pendant la durée du siége, soustrait les décisions de ces jurys à la censure de la Cour de cassation pour violation de la loi. Cela est naturel, puisque leur mission, inspirée uniquement par l'équité, constitue elle-même une dérogation à la loi.

L'énumération des cas où le pourvoi en cassation a été interdit montre assez qu'il y a là une garantie essentielle dont la suppression caractérise presque toujours des mesures arbitraires, puisqu'elles impliquent la concentration dans les mêmes mains de pouvoirs radicalement distincts.

TABLE DES MATIÈRES

CONTENUES DANS LE PREMIER VOLUME

ral? — A cette époque l'action appartenait à des fonctionnaires distincts du ministère public.................. 294

§ 10. Le système de M. Dupin avait été repoussé par la jurisprudence... 297

Troisième partie. — L'art. 46 de la loi de 1810 a modifié le système de la loi de 1790........... 301

§ 1er. Quelle importance faut-il attribuer au silence des travaux préparatoires sur l'innovation indiquée par le système extensif dans l'art. 46 de la loi de 1810 ?................ 302

§ 2. Le silence des travaux préparatoires peut s'interpréter avec plus de raison contre le système restrictif que contre le système extensif.................................... 308

§ 3. Inconvénients du principe de 1790. — Les cours de Bruxelles et de Pau n'y ont obvié qu'en violant la loi..... 309

§ 4. Opinion de Merlin sur le sens de la loi de 1790 et de l'article 46 de celle de 1810. — Cette opinion n'a jamais varié. — Son importance particulière.................... 315

§ 5. Les vrais travaux préparatoires de l'article 46 ce sont les faits relatifs aux arrêts de Bruxelles et de Pau, et surtout les textes de Merlin.............................. 323

§ 6. Les documents réunis d'ordinaire sous le nom de travaux préparatoires n'avaient plus en 1810 la même valeur qu'en 1803. D'ailleurs les plus importants de ces documents sont restés inconnus jusqu'ici. 329

§ 7. Découverte au conseil d'État de nouveaux documents relatifs à la préparation de la loi du 20 avril 1810. — Discussion de ces documents. — Corrélation intime de la loi de 1810 avec les scandales de Bruxelles et de Pau.............. 335

I. Rédactions successives de l'article 46 au ministère de la justice et au conseil d'État, 335. — II. Composition de la section de législation du conseil d'État à cette époque; rapports de Treilhard sur la suppression du tiers des tribunaux de première instance et deux projets de réorganisation judiciaire, 338. — III. La loi de 1810 a été rédigée en 1808, au moment même des affaires de Bruxelles et de Pau, où le ministre de la justice faisait agir les procureurs généraux, 341. — IV. Quels étaient les considérants des instructions ministérielles envoyées à Bruxelles et à Pau? 346. — V et VI. La rédaction du ministère de la justice consacrait le droit d'action dans l'intérêt de l'ordre public, 348. — La rédaction actuelle émane de la section de législation; elle n'avait pas pour but de modi-

FIN DE LA TABLE DU PREMIER VOLUME.

ERRATA ET ADDENDA

Page 83, ligne 8. — *Au lieu de* des rectifications *lisez* les rectifications.

Page 156, ligne 27. — *Après* n° 274 *ajoutez* v° Huissier, n° 118.

Page 200, ligne 24. — *Ajoutez :*

Après la loi sur la presse du 11 mai 1868, le ministre de la justice, M. Baroche, adressa le 4 juin suivant aux procureurs généraux une circulaire relative à l'exécution de cette loi (Dalloz, *Rec. périod.*, 1868, III-57 et sqq.). Le paragraphe 4 de cette circulaire défend aux procureurs impériaux et aux autres substituts du procureur général d'intenter des procès de presse sans l'autorisation de celui-ci. Le procureur général lui-même doit en référer au ministre de la justice, qui décide si les poursuites doivent avoir lieu. En cas d'urgence, lorsque le préfet du département est d'accord avec lui, le procureur général peut agir sans attendre les instructions du ministre de la justice, mais à charge de lui en donner avis aussitôt.

Ces règles sont vivement critiquées par l'arrêtiste (*loc. cit.*, page 57, note 2) comme attribuant au ministre de la justice un droit d'amnistie tout à fait en dehors de la loi.

Page 212, ligne 27. — *Au lieu de* ci-dessus *lisez* ci-dessous.

Page 215, ligne 3. — *Ajoutez :* Voyez aussi les textes cités par Dalloz (*Rec. périod.*, 1862, I-12 à la note).

Page 231, ligne 12. — *Au lieu de* 283 *lisez* 284.

Page 271, ligne 2. — *Ajoutez :* Les dispositions précitées des lois de 1791 et de l'an VII sont reproduites dans l'article 29 de la loi du 25 avril 1844 sur les patentes.

Page 278, ligne 8. — Après la parenthèse, *ajoutez :* En vertu d'un arrêté des consuls du 13 brumaire an X, il doit requérir d'office le renvoi devant l'autorité compétente de toutes les questions attribuées par la loi à l'autorité administrative, et dont les tribunaux auraient été indûment saisis.

Page 298, ligne 11. — Après « du mineur »; *ajoutez :* Des jugements du tribunal de première instance de Lyon des 28 frimaire et 22 nivôse an IX avaient admis que le ministère public pouvait provoquer la nomination d'un tuteur, et un jugement du tribunal d'appel de Lyon du 29 ventôse an XI l'admet encore implicitement.

Page 298, ligne 17. — Après le mot « mineur », *ajoutez :* Un arrêt de la cour d'Amiens du 21 prairial an XIII (Sirey, 1809, II-252) admet le droit d'action du ministère public dans le cas de l'article 1597 du Code civil.

Page 298, ligne 18. — *Ajoutez dans la parenthèse :* Dalloz, *Répert. alphab.,* v° Acte de l'état civil, n° 436, Veuve Jessens contre ministère public.

Page 341, ligne 19 à 22 de la note. — Ce texte primitif de la loi du 20 avril 1810 explique la rédaction de l'article 180 du Code d'instruction criminelle d'où semble résulter que les tribunaux de première instance ne peuvent prononcer à trois juges qu'en matière correctionnelle seulement. Cet article 180 a été voté par le Corps législatif le 19 novembre 1808, avant que le conseil d'État n'eût modifié le projet du ministre de la justice qui exigeait quatre juges en matière civile.

Page 409, ligne 25. — *Au lieu de* l'article 2, titre VIII *lisez* l'article 46.

Page 432, ligne 21. — *Au lieu de* l'exécution *lisez* l'exécuteur.

Page 350, dernière ligne. — *Au lieu de* altération *lisez* allitération.

Page 453, ligne 7. — *Ajoutez :*

Depuis l'ordonnance du 30 août 1837, il n'existe pas d'arrêt qui ait prononcé sur sa constitutionnalité. L'action du ministère public intentée en vertu de cette ordonnance n'a donc pas rencontré d'obstacle. Cela prouve qu'au moins dans cette matière on admettait implicitement le système extensif dont elle est une application.

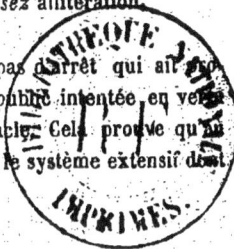

Paris. — Imprimerie de E. MARTINET, rue Mignon, 2.

ERRATA ET ADDENDA

Page 83, ligne 8. — *Au lieu de* des rectifications *lisez* les rectifications.

Page 156, ligne 27. — *Après* n° 274 *ajoutez* v° Huissier, n° 118.

Page 200, ligne 24. — *Ajoutez :*

Après la loi sur la presse du 11 mai 1868, le ministre de la justice, M. Baroche, adressa le 4 juin suivant aux procureurs généraux une circulaire relative à l'exécution de cette loi (Dalloz, *Rec. périod.*, 1868, III-57 et sqq.). Le paragraphe 4 de cette circulaire défend aux procureurs impériaux et aux autres substituts du procureur général d'intenter des procès de presse sans l'autorisation de celui-ci. Le procureur général lui-même doit en référer au ministre de la justice, qui décide si les poursuites doivent avoir lieu. En cas d'urgence, lorsque le préfet du département est d'accord avec lui, le procureur général peut agir sans attendre les instructions du ministre de la justice, mais à charge de lui en donner avis aussitôt.

Ces règles sont vivement critiquées par l'arrêtiste (*loc. cit.*, page 57, note 2) comme attribuant au ministre de la justice un droit d'amnistie tout à fait en dehors de la loi.

Page 212, ligne 27. — *Au lieu de* ci-dessus *lisez* ci-dessous.

Page 215, ligne 3. — *Ajoutez :* Voyez aussi les textes cités par Dalloz (*Rec. périod.*, 1862, I-12 à la note).

Page 231, ligne 12. — *Au lieu de* 283 *lisez* 284.

Page 271, ligne 2. — *Ajoutez :* Les dispositions précitées des lois de 1791 et de l'an VII sont reproduites dans l'article 29 de la loi du 25 avril 1844 sur les patentes.

Page 278, ligne 8. — Après la parenthèse, *ajoutez :* En vertu d'un arrêté des consuls du 13 brumaire an X, il doit requérir d'office le renvoi devant l'autorité compétente de toutes les questions attribuées par la loi à l'autorité administrative, et dont les tribunaux auraient été indûment saisis.

Page 298, ligne 11. — Après « du mineur », *ajoutez :* Des jugements du tribunal de première instance de Lyon des 28 frimaire et 22 nivôse an IX avaient admis que le ministère public pouvait provoquer la nomination d'un

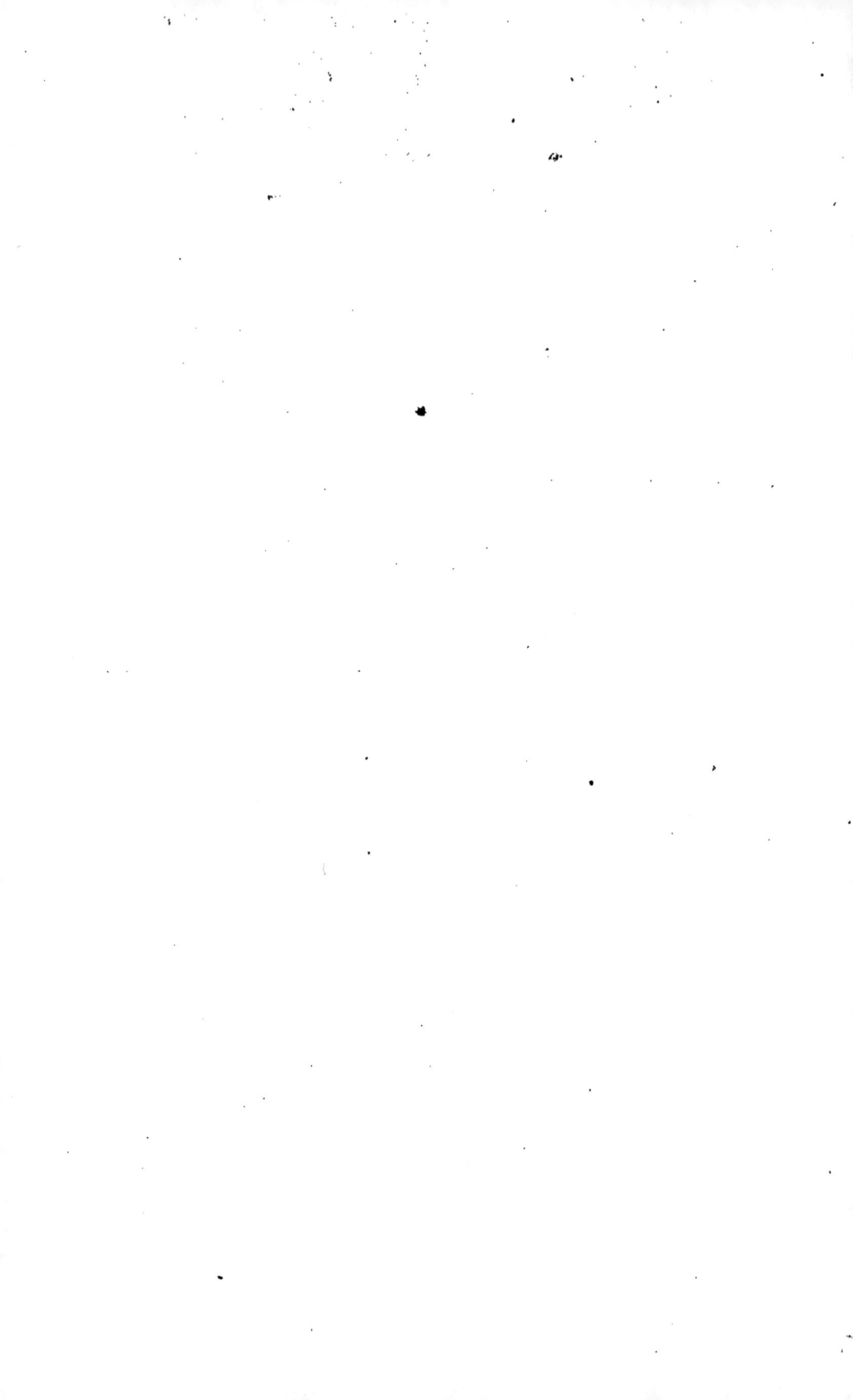